■2025年度高等学校受験用

水戸葵陵高等学校

収録内容一覧

★この問題集は以下の収録内容となっています。また、編集の都合上、解説、解答用紙を省略させていただいている場合もございますのでご了承ください。

（〇印は収録、一印は未収録）

入試問題の収録内容			解説	解答	解答用紙
2024年度	一般	英語・数学・社会・理科・国語	〇	〇	〇
	推薦	英語・数学・国語	一	〇	〇
2023年度	一般	英語・数学・社会・理科・国語	〇	〇	〇
	推薦	英語・数学・国語	一	〇	〇
2022年度	一般	英語・数学・社会・理科・国語	〇	〇	〇
	推薦	英語・数学・国語	一	〇	〇

★当問題集のバックナンバーは在庫がございません。あらかじめご了承ください。

リスニングテストの音声は、下記のIDとアクセスコードにより当社ホームページで聴くことができます。
（実際の入試で使用された音声です）
ユーザー名：koe　アクセスコード（パスワード）：89186　使用期限：2025年3月末日

※ユーザー名・アクセスコードの使用期限以降は音声が予告なく削除される場合がございます。あらかじめご了承ください。

JN004669

●凡例●

【英語】

≪解答≫

〔　〕　①別解
②置き換え可能な語句（なお下線は置き換える箇所が2語以上の場合）
（例）<u>I am</u>〔I'm〕glad〔happy〕to ~

（　）　省略可能な言葉

≪解説≫

1, 2… 本文の段落（ただし本文が会話文の場合は話者の1つの発言）

〔　〕　置き換え可能な語句（なお〔　〕の前の下線は置き換える箇所が2語以上の場合）

（　）　①省略が可能な言葉
（例）「（数が）いくつかの」
②単語・代名詞の意味
（例）「彼（＝警察官）が叫んだ」
③言い換え可能な言葉
（例）「いやなにおいがするなべにはふたをするべきだ（＝くさいものにはふたをしろ）」

//　訳文と解説の区切り

cf.　比較・参照

≒　ほぼ同じ意味

【数学】

≪解答≫

〔　〕　別解

≪解説≫

（　）　補足的指示
（例）（右図1参照）など

〔　〕　①公式の文字部分
（例）〔長方形の面積〕＝〔縦〕×〔横〕
②面積・体積を表す場合
（例）〔立方体ABCDEFGH〕

∴　ゆえに

≒　約、およそ

【社会】

≪解答≫

〔　〕　別解

（　）　省略可能な語

＿＿　使用を指示された語句

≪解説≫

〔　〕　別称・略称
（例）政府開発援助〔ODA〕

（　）　①年号
（例）壬申の乱が起きた（672年）。
②意味・補足的説明
（例）資本収支（海外への投資など）

【理科】

≪解答≫

〔　〕　別解

（　）　省略可能な語

＿＿　使用を指示された語句

≪解説≫

〔　〕　公式の文字部分

（　）　①単位
②補足的説明
③同義・言い換え可能な言葉
（例）カエルの子（オタマジャクシ）

≒　約、およそ

【国語】

≪解答≫

〔　〕　別解

（　）　省略してもよい言葉

＿＿　使用を指示された語句

≪解説≫

〈　〉　課題文中の空所部分（現代語訳・通釈・書き下し文）

（　）　①引用文の指示語の内容
（例）「それ（＝過去の経験）が ～」
②選択肢の正誤を示す場合
（例）（ア，ウ…×）
③現代語訳で主語などを補った部分
（例）（女は）出てきた。

／　漢詩の書き下し文・現代語訳の改行部分

水戸葵陵高等学校

所在地	〒310-0851 茨城県水戸市千波町2369-3
電　話	029-243-7750（募集室直通）
ホームページ	https://www.kiryo.ac.jp
交通案内	JR常磐線・水郡線・鹿島臨海鉄道 水戸駅より バスまたは自転車15分

普通科
男女共学
くわしい情報はホームページへ

応募状況

年度	募集数	受験数		合格数	倍率
2024	280名	推　薦	139名	138名	1.0倍
		一　般	1,329名	1,274名	1.0倍
		チャレンジ	115名	102名	1.1倍
2023	280名	推　薦	26名	26名	1.0倍
		一　般	1,347名	1,286名	1.0倍
		チャレンジ	181名	159名	1.1倍
2022	280名	推　薦	134名	134名	1.0倍
		一　般	1,786名	1,663名	1.1倍
		チャレンジ	205名	176名	1.2倍

※募集数は中高一貫連携校からの進学者を含む。

試験科目　（参考用：2024年度入試）

［推薦（学業奨学生・総合・特技）］
国語・数学・英語，面接
［一般／チャレンジ］
英語・国語・数学・社会・理科
※英語は聞き取りテストを含む。

教育理念

21世紀を担う人材の育成。「文武不岐」を教育方針とし，学業・スポーツに高い目標を掲げ，その実現を目指す。

建学の精神　**「国を愛し 人を愛し 平和を愛して**
真に社会に貢献し得る
有為な人材を育成する」

校訓　**「質実剛健」**

施設

充実した学校生活が送れるよう，施設・設備が整えられている。視聴覚室にはコンピュータ40台，美術室や音楽室には専用デスクを導入している。体育施設は，体育館の他に剣道場・柔道場を敷地内に設置。野球場は水戸市高田に，サッカー場は茨城町大戸にあり，夜間照明も完備している。

本校の特色

本校では，特色豊かな３つのコースが設置されている。

＜医歯薬コース＞

医療現場を支えるための「知力・体力・慈愛の精神」を兼ね備えた人材を育成する。希望進路の実現に向けた学習面でのサポートはもちろんのこと，医療人としての人間性を養うことにも重点を置く。医師講演会や卒業生との交流など，目標を明確にするための情報提供の場も数多く設けられ，医学部をはじめとする難関校現役突破を目指す。

＜特進ｉコース＞

グループワークを通して，新たな時代に必要なスキルである協調性や表現力，応用力や幅広い思考力の育成に力を入れている。ＩＣＴ教育も一層の充実を図ることで，難関国公私立大の現役合格を目指す。

＜進学Ｖコース＞

一人ひとりが持つ個性・能力・適性を発掘して，それぞれの目標達成の道筋をデザインするコース。生徒が自らの意志で，将来のビジョンを構築できるよう，進路講演会や職業研究，専門分野の体験学習といった多種多様なプログラムを実施している。

進路状況

2024年春の大学合格実績（2024年３月11日現在）

東京大学（文科一類），獨協医科大学（医学部医学科），産業医科大学（医学部医学科），東北医科薬科大学（医学部医学科），筑波大学，茨城大学，東京外国語大学，早稲田大学，明治大学，中央大学など。

編集部注―本書の内容は2024年3月現在のものであり，変更されている場合があります。正確な情報は，学校のホームページ等で必ずご確認ください。

出題傾向と今後への対策　英語

出題内容

	2024	2023	2022
大問数	6	6	6
小問数	41	38	36
リスニング	○	○	○

◎県立高校の入試問題とほぼ同じ出題形式である。大問６題の出題で，構成は会話文形式の長文を含めて読解問題４題，作文問題１題，放送問題１題となっている。小問は40問程度。

2024年度の出題状況

1 放送問題

2 対話文完成

3 長文読解総合

4 対話文完成―表を見て答える問題

5 長文読解総合―物語

6 対話文完成―作文総合

解答形式

2024年度	記　述／マーク／併　用

出題傾向

長文読解の文章は，450語程度の長文が出題される。ジャンルは物語が多く，中学生の生活に身近な内容である。

この他，放送問題，短い文章で適切な語を補充する問題，資料を読み解く問題など県立高校の入試問題と似た出題が見られる。

作文は県立高校入試に準じる形で毎年出題されている。

今後への対策

基本単語は自分なりにまとめて単語帳を作成するとよい。文法・作文問題は，教科書に出てくる基本構文・連語などを覚えよう。読解対策も教科書のおさらいから始めよう。力のある人は副読本を辞書なしで読み，大筋をつかむ練習をするといいだろう。放送問題はラジオなどの講座を毎日聞くようにしよう。仕上げに過去問を解き，出題形式や時間配分を確認。

英語出題分野一覧表

分野			2022	2023	2024	2025予想※
音声	放送問題		★	★	★	◎
	単語の発音・アクセント					
	文の区切り・強勢・抑揚					
語彙・文法	単語の意味・綴り・関連知識					
	適語(句)選択・補充		●	●		△
	書き換え・同意文完成					
	語形変化		●	●	●	◎
	用法選択					
	正誤問題・誤文訂正					
	その他					
作文	整序結合				●	△
	日本語英訳	適語(句)・適文選択				
		部分・完全記述			●	△
	条件作文		●			△
	テーマ作文		●	●		△
会話文	適文選択			●		△
	適語(句)選択・補充		■	●	■	◎
	その他					
長文読解	内容把握	主題・表題		●		△
		内容真偽	●	●	●	◎
		内容一致・要約文完成		●	●	◎
		文脈・要旨把握	●	●	●	◎
		英問英答	●	●	●	◎
	適語(句)選択・補充				●	△
	適文選択・補充					
	文(章)整序		●	●	●	◎
	英文・語句解釈(指示語など)				●	△
	その他(適所選択)		●	●	●	◎

●印：１～５問出題，■印：６～10問出題，★印：11問以上出題。
※予想欄　◎印：出題されると思われるもの。　△印：出題されるかもしれないもの。

出題傾向と今後への対策　数学

出題内容

2024年度　証

①は計算を主とする問題５問。②は数の性質，確率，方程式など計４問。③はデータの活用。箱ひげ図やヒストグラムを利用した問題。④は平面図形で，計量題２問と証明問題。証明問題は，２つの三角形が相似であることを示すもの。⑤は関数で，放物線と直線に関するもの。条件を満たす点の座標などが問われている。⑥は空間図形で，三角柱について問うもの。

2023年度　証

大問６題，21問の出題。①，②は小問集合で，計算を主とする問題のほか，確率や方程式の応用，関数などが出題され，計９問。③は平面図形で，証明問題と計量題。証明問題は，２つの三角形が相似であることを示すもの。④は関数で，点が移動したときにできる図形について，時間と面積の関係を問うもの。⑤はデータの活用から，ヒストグラムや箱ひげ図などを利用した問題。⑥は空間図形で，正四角錐について問う計量題３問。

作…作図問題　証…証明問題　グ…グラフ作成問題

解答形式

2024年度	記　述／マーク／併　用

出題傾向

解答形式が記述式で，証明問題も出題され，茨城県の公立高校の試験を意識したつくりになっている。内容は，基本的な計算力や基礎知識の定着度を見るものが中心であるが，やや応用レベルのものも出題されている。中学で学習する分野からまんべんなく出題されている。

今後への対策

まずは教科書内容の徹底理解に努めることが肝要である。教科書内容が理解できたら，標準的な問題集等で，できるだけ多くの問題に接し，問題に慣れるようにしよう。本校の過去の問題に加えて，公立高校の過去の問題にもふれておくとよいだろう。証明問題の対策も忘れずに。

◆◆◆◆◆ 数学出題分野一覧表 ◆◆◆◆◆

分野		2022	2023	2024	2025 予想※
数と式	計算，因数分解	●	★	★	◎
	数の性質，数の表し方			●	△
	文字式の利用，等式変形	■			△
	方程式の解法，解の利用		■	●	△
	方程式の応用	●	●	●	◎
関　数	比例・反比例，一次関数				
	関数$y=ax^2$とその他の関数	●	●	★	◎
	関数の利用，図形の移動と関数	★	★		△
図　形	（平面）計　量	★	■	■	◎
	（平面）証明，作図	■	●	●	◎
	（平面）その他				
	（空間）計　量	●	★	■	◎
	（空間）頂点・辺・面，展開図	■			△
	（空間）その他			●	
データの活用	場合の数，確率	★	●	●	◎
	データの分析・活用，標本調査	●	★	★	◎
その他	不　等　式				
	特殊・新傾向問題など				
	融合問題				

●印：１問出題，■印：２問出題，★印：３問以上出題。
※予想欄　◎印：出題されると思われるもの。　△印：出題されるかもしれないもの。

出題傾向と今後への対策 社会

論…論述問題

出題内容

2024年度

地理・日本と世界の産業や自然，社会等に関する問題。
・地形図の読み取り問題。

歴史 論・年表や資料を用いた古代から現代の政治や社会，文化等の問題。

公民 論・表や写真を用いた人権や国会の仕事，経済に関する問題。

総合 論・貨幣の歴史をテーマとした三分野総合問題。

2023年度

地理 論・日本と世界の気候や産業等に関する問題。
・地形図の読み取り問題。

歴史 論・年表や資料を用いた古代から現代の政治や社会，文化等の問題。

公民 論・表や資料を用いた人権と憲法や政治，経済等に関する問題。

総合・京都市に関する三分野総合問題。

2022年度

地理 論・日本と世界の地形や気候，産業等に関する問題。
・地形図の読み取り問題。

歴史 論・年表や資料を用いた古代から現代の政治や社会，文化等の問題。

公民 論・図や資料を用いた政治や人権，経済等に関する問題。

総合・東京オリンピックに関する三分野総合問題。

解答形式

2024年度	記　述／マーク／併　用

出題傾向

地理，歴史，公民から各１題と，三分野総合問題が１題の計４題。

三分野とも，幅広い範囲から基本的事項について問われている。

地理，歴史，公民から論述形式で答える問題が頻出。

表やグラフを読み取る問題，地形図を読み取る問題は必ず出題されている。

今後への対策

三分野とも，広範囲から出題されているため，特定の分野にヤマを張るのは厳禁。

中学３年で学ぶ公民は，授業が受験勉強と思って，毎日の予習復習をしっかりと。

基本的事項が問われているとはいえ，図や表からの出題も多い。本県やその他の公立高校入試の過去問題を繰り返し解いて，問題に慣れておくとよい。

◆◆◆◆◆ 社会出題分野一覧表 ◆◆◆◆◆

分野	年度	2022	2023	2024	2025予想※
地理的分野	地形図	●	●	●	◎
	アジア	産		総	◎
	アフリカ			地	△
	オセアニア				△
	ヨーロッパ・ロシア	産	産	産	◎
	北アメリカ				△
	中・南アメリカ		地	人	◎
	世界全般	地	地　人	地	◎
	九州・四国		産　総		△
	中国・近畿			産	△
	中部・関東	産		産	◎
	東北・北海道	地 産 人			△
	日本全般		地 産		◎
歴史的分野	旧石器～平安	●	●	●	◎
	鎌倉	●	●	●	◎
	室町～安土桃山		●	●	◎
	江戸	●	●	●	◎
	明治	●		●	◎
	大正～第二次世界大戦終結	●	●	●	◎
	第二次世界大戦後	●	●	●	◎
公民的分野	生活と文化	●	●		◎
	人権と憲法	●	●	●	◎
	政治	●	●	●	◎
	経済	●	●	●	◎
	労働と福祉	●			△
	国際社会と環境問題				△
	時事問題				

※予想欄　◎印：出題されると思われるもの。　△印：出題されるかもしれないもの。
地理的分野については，各地域ごとに出題内容を以下の記号で分類しました。
地…地形・気候・時差，　産…産業・貿易・交通，　人…人口・文化・歴史・環境，　総…総合

出題傾向と今後への対策 理科

出題内容

2024年度 作 記

1は小問集合で８問。光の性質，蒸留，マツの花のつくり，地震，電流が磁界から受ける力，イオン，進化，台風に関する問題。いずれも基礎～標準的なもの。　2は力の分解や物体の運動に関する問題。　3は化学変化と原子・分子から化学変化と物質の質量に関する問題。　4は植物の蒸散に関する問題。　5は火山から火成岩に関する問題。　6は動物の体のつくりとはたらきに関する問題。

	2024	2023	2022
大問数	6	6	6
作図問題	2	1	1

2023年度 作 記

1は小問集合で８問。光の性質，原子の構造，動物のなかま，日本の気象，物体の運動，化学変化，植物の生殖，雲のでき方に関する問題。いずれも基礎～標準的なもの。　2は電流と回路に関する問題。　3はだ液のはたらきに関する問題。　4は大地の変化から地震に関する問題。　5は酸とアルカリの反応，硫酸銅水溶液に関する問題。　6は音の性質と音が聞こえるしくみに関する物理と生物の融合問題。

作…作図・グラフ作成問題　記…文章記述問題

解答形式

2024年度	記　述／マーク／併　用

出題傾向

大問６題のうち，１，２題が小問集合，残りは物理・化学・生物・地学の４分野からの出題である。問題は，実験・観察を題材に，基礎的な知識から応用力・考察力を問う問題となっていて，さまざまな分野から出題されている。作図問題や文章記述問題も見られ，総合力を試すものとなっている。

今後への対策

まずは教科書を中心に学習し，正確な知識を身につけること。特に，実験・観察の手順や目的，結果や考察については，１度，自分でまとめておこう。次に，苦手な分野をつくらないこと。模擬試験などでできなかったところは必ず復習しよう。

最後に，県立高校の過去問題で，実践的な練習をすると効果的である。

◆◆◆◆◆ 理科出題分野一覧表 ◆◆◆◆◆

分野 ＼ 年度		2022	2023	2024	2025予想※
身近な物理現象	光と音		●	●	◎
	力のはたらき（力のつり合い）	●			◎
物質のすがた	気体の発生と性質	●			◎
	物質の性質と状態変化			●	△
	水溶液	●			◎
電流とその利用	電流と回路		●		◎
	電流と磁界（電流の正体）	●		●	◎
化学変化と原子・分子	いろいろな化学変化（化学反応式）	●	●	●	◎
	化学変化と物質の質量	●		●	◎
運動とエネルギー	力の合成と分解（浮力・水圧）			●	◎
	物体の運動		●	●	◎
	仕事とエネルギー	●			◎
化学変化とイオン	水溶液とイオン（電池）	●	●	●	◎
	酸・アルカリとイオン		●		◎
生物の世界	植物のなかま			●	◎
	動物のなかま		●		◎
大地の変化	火山・地震	●	●	●	◎
	地層・大地の変動（自然の恵み）	●			◎
生物の体のつくりとはたらき	生物をつくる細胞				
	植物の体のつくりとはたらき	●		●	◎
	動物の体のつくりとはたらき	●	●	●	◎
気象と天気の変化	気象観察・気圧と風（圧力）				△
	天気の変化・日本の気象	●	●		◎
生命・自然界のつながり	生物の成長とふえ方	●	●		◎
	遺伝の規則性と遺伝子（進化）	●		●	◎
	生物どうしのつながり				△
地球と宇宙	天体の動き				△
	宇宙の中の地球				
自然環境・科学技術と人間					
総合	実験の操作と実験器具の使い方	●	●	●	◎

※予想欄　◎印：出題されると思われるもの。　△印：出題されるかもしれないもの。
分野のカッコ内は主な小項目

出題傾向と今後への対策　国語

出題内容

2024年度

一 小説　二 古文　三 論説文　四 国語の知識

課題文

一吉野万理子『100％ガールズ　2nd season』
二『一休ばなし』
三齋藤　孝『「型破り」の発想力』／樋口裕一『発信力』

2023年度

一 小説　二 古文　三 論説文　四 国語の知識

課題文

一中村　航『あのとき始まったことのすべて』
二松平定信『退閑雑記』
三榎本博明『「さみしさ」の力』／加藤秀俊『人間関係』

2022年度

一 小説　二 古文　三 論説文　四 国語の知識

課題文

一吉野万理子『時速47メートルの疾走』
二浅井了意『浮世物語』
三内山　節『自由論』

解答形式

2024年度	記述／マーク／併用 (記述に○)

出題傾向

出題形式や問題構成は，県公立高校入試に準じたものになっており，大問は４題で，現代文には５～７問，古文には４～５問程度の設問が付されている。また，合計で50字程度の記述式の設問があるほか，作文や資料問題が出されることもある。

出題範囲は広いが，レベルは標準的なものが中心となっている。

今後への対策

現代文については，あらゆるジャンルの文章を読みこなす基礎学力を身につける必要がある。そのためには，標準的な問題集などで練習を積むのがよい。また，記述式解答や作文にも対応できるよう，日頃から書くことを意識しておくこと。国語の知識は，漢字や文法などを復習しておくこと。県公立高校の入試問題も見ておくとよい。

◆◆◆◆◆ 国語出題分野一覧表 ◆◆◆◆◆

分野		年度	2022	2023	2024	2025 予想※
現代文	論説文 説明文	主題・要旨	●		●	◎
		文脈・接続語・指示語・段落関係	●	●	●	◎
		文章内容	●	●	●	◎
		表現	●	●	●	◎
	随筆 日記 手紙	主題・要旨				
		文脈・接続語・指示語・段落関係				
		文章内容				
		表現				
		心情				
	小説	主題・要旨				
		文脈・接続語・指示語・段落関係				
		文章内容	●	●	●	◎
		表現	●	●	●	◎
		心情		●	●	◎
		状況・情景				
韻文	詩	内容理解				
		形式・技法				
	俳句 和歌 短歌	内容理解	●			△
		技法	●			△
古典	古文	古語・内容理解・現代語訳	●	●	●	◎
		古典の知識・古典文法		●	●	◎
	漢文	(漢詩を含む)			●	△
国語の知識	漢字 語句	漢字	●	●	●	◎
		語句・四字熟語	●			△
		慣用句・ことわざ・故事成語				
		熟語の構成・漢字の知識	●		●	◎
	文法	品詞				
		ことばの単位・文の組み立て	●			△
		敬語・表現技法		●	●	◎
	文学史					
作文・文章の構成・資料			●	●	●	◎
その他						

※予想欄　◎印：出題されると思われるもの。　△印：出題されるかもしれないもの。

2024年度 水戸葵陵高等学校

【英　語】（50分）〈満点：100点〉

1　次の(1)～(4)は、放送による問題です。それぞれ放送の指示にしたがって答えなさい。

■リスニングテストの音声は，当社ホームページで聴くことができます。（実際の入試で使用された音声です）
　再生に必要なユーザー名とアクセスコードは「収録内容一覧」のページに掲載しています。

(1)　これから、No. 1からNo. 5まで、5つの英文を放送します。放送される英文を聞いて、その内容に合うものを選ぶ問題です。それぞれの英文の内容に最もよく合うものを、ア、イ、ウ、エの中から1つ選んで、その記号を書きなさい。

No. 1

No. 2

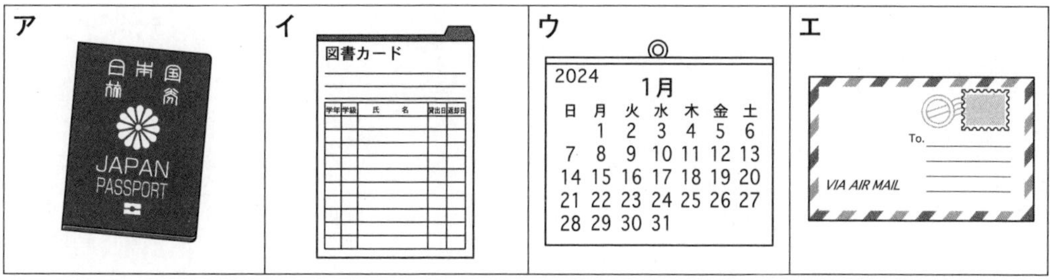

No. 3

No. 4

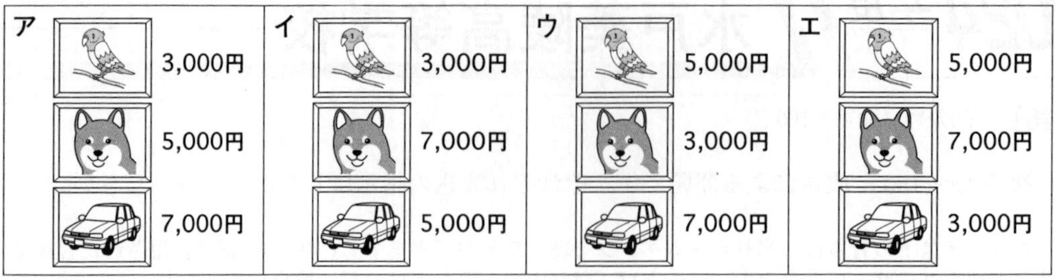
ア
3,000円
5,000円
7,000円
イ
3,000円
7,000円
5,000円
ウ
5,000円
3,000円
7,000円
エ
5,000円
7,000円
3,000円

No. 5

ア
イ
ウ
エ

(2) これから、No. 1 から No. 4 まで、4つの対話を放送します。それぞれの対話のあとで、その対話について1つずつ質問します。それぞれの質問に対して、最も適切な答えを、ア、イ、ウ、エの中から1つ選んで、その記号を書きなさい。

No. 1

ア A T-shirt.
イ A towel.
ウ A pen.
エ A poster.

No. 2

ア Two.
イ Three.
ウ Four.
エ Five.

No. 3

ア She did her English homework.
イ She talked with Ms. Sato in English.
ウ She visited her favorite place.
エ She climbed the mountain.

No. 4

ア He is going to read a book.
イ He is going to make a movie.
ウ He is going to go to see a movie.
エ He is going to go to the library.

(3) これから、リサ(Lisa)とコウタ(Kota)の対話を放送します。そのあとで、その内容について、Question No. 1とQuestion No. 2の2つの質問をします。それぞれの質問に対して、最も適切な答えを、ア、イ、ウ、エの中から1つ選んで、その記号を書きなさい。

No. 1

ア He uses a computer with Lisa.

イ He sends Sam e-mails.

ウ He visits Sam's house.

エ He reads Japanese comics.

No. 2

ア Yesterday.

イ Two days ago.

ウ Last month.

エ Last year.

(4) 外国から来ている友達に、ユウジ(Yuji)が明日の予定を説明しています。これからその内容を放送します。その内容について、次の①、②の問いに答えなさい。

① ユウジと友達がすることを、する順番に並べかえて、記号で答えなさい。

② 次の質問の答えになるように、(　　　)に適切な**英語1語**を書きなさい。

What is Yuji worrying about?

— He is worrying about the (　　　　　).

これで、放送による聞き取りテストを終わります。

※ 放送による問題の放送文は，英語の問題の終わりに付けてあります。

2 中学生のメグ(Meg)とジュン(Jun)が学校で話をしています。次の会話文を読んで、下の(1)、(2)の問いに答えなさい。

Meg : When I visited Sakura Park with my dog this morning, I saw you. You were ①(run) there.

Jun : I do that every morning. Do you sometimes go there with your dog?

Meg : Yes. I get up at six thirty, ②(w) my face, and walk with my dog. After coming back home, I eat breakfast.

Jun : I see. I get up ③(early) than you. I get up at six and go to the park at six thirty. Last Sunday, I practiced basketball in the gym in the park.

Meg : I know the gym. It was ④(build) last month. There is a *pool in it.

Jun : Yes. I wanted to ⑤(s) in the pool last Sunday, but I couldn't.

Meg : Why not?

Jun : It was ⑥(f) of people there.

* pool プール

(1) 会話文が完成するように、文中の①、③、④の(　　)の中の語を、それぞれ1語で適切な形に直して書きなさい。

(2) 会話文が完成するように、文中の②、⑤、⑥の(　　)内に、最も適切な英語を、それぞれ1語ずつ書きなさい。なお、答えはすべて、(　　)内に示されている文字で書き始めるものとします。

3 次の(1)、(2)の問いに答えなさい。

(1) 次の英文は、新聞記事の一部です。この記事が伝えている内容として最も適切なものを、下のア～エの中から１つ選んで、その記号を書きなさい。

In Japan, we can drink clean water. But in some foreign countries, people can't do that. Now some Japanese companies are trying to *change *dirty water into clean water. In *Africa, Japanese *engineers made a special *machine to make water in the river clean. So some people in Africa can drink clean water. There are a lot of problems in the world. We should learn about them and take action.

* change ～ into … ～を…に変える dirty 汚れた Africa アフリカ
engineer(s) 技術者 machine 機械

ア More Japanese engineers will be needed in the future.
イ We need a lot of water to make things such as special machines.
ウ It's necessary to learn about problems in the world and take action.
エ It's not difficult to change dirty water into clean water.

(2) 次の英文中の下線部が「～に興味がある」という意味になるように、(　　)内に適切な英語を１語ずつ書きなさい。また、[　　　]には、下のア～ウの３つの文が入ります。意味の通る英文になるように、ア～ウの文を並べかえて、記号で答えなさい。

I'm (　　　) (　　　) *fashion. I usually buy some clothes every year. I enjoy wearing them, but they get old after a few years. I sometimes *threw them away. But now I don't do that. [　　　　　　] I was happy to hear that. Now I sell the bags on the internet.

* fashion ファッション threw ～ away ～を捨てた

ア One of them also said, "It looks like a bag sold at a shop."
イ When I showed my friends the bag, they said that it was very good.
ウ I make nice bags from the old clothes.

4 高校生のリョウジ(Ryoji)と日本に留学中のアンディ(Andy)が、リョウジの家でウェブサイトを見ながら話をしています。次の対話文を読んで、(1)、(2)の問いに答えなさい。

Ryoji : This is the English website of Green *Cafe.

Andy : Oh, I know it. It's a very popular cafe near Keyaki Station. I've wanted to go there since I heard about it from one of my friends.

Ryoji : I hear we can have some kinds of delicious cakes and *drinks at the cafe. ( )( )( ) go there together?

Andy : OK!

Ryoji : Look. We can get a different *special offer at the cafe each day. For example, we can get 50 *percent off the price of (①) on Mondays.

Andy : I see. We can't go to the cafe in the morning, so we can't get the special offer on (②).

Ryoji : You're right.

Andy : On Fridays and weekends, we can't get any special offer, but (③) kinds of cakes are sold. What do you think about it?

Ryoji : It sounds good. But I want to have (④), so I want to go there next Thursday. On Thursdays, we can get 30 percent off the price if we *order food and drink.

Andy : OK. I usually practice soccer in the afternoon on Thursdays, but I don't have *practice next Thursday. Let's meet in front of Keyaki Station.

Ryoji : Yes, let's. The cafe (⑤). What time can you come to the station?

Andy : At 3:30 p.m.

Ryoji : Then, let's meet at 3:30 p.m.

* cafe カフェ　drink(s) 飲み物　special offer 特別サービス
～percent off ～割引　order～ ～を注文する　practice 練習

Green Cafe

We have daily special offers.

Mondays	You can have hot drinks at 50 percent off.
Tuesdays	You can have cookies *for free from 9 a.m. to 11 a.m.
Wednesdays	You can have cakes at 20 percent off.
Thursdays	You can get 30 percent off if you order both food and drinks.
Fridays and weekends	There are no special offers.

We usually have five kinds of cakes. On Fridays and weekends, we have seven kinds of cakes.

Open hours

Monday to Friday	9 a.m. to 5 p.m.
Weekends	10 a.m. to 7 p.m.

* for free 無料で

(1) 対話の流れに合うように、文中の□の(　　)に適切な英語を1語ずつ入れ、英文を完成させなさい。

(2) 対話文中の(①)～(⑤)に入る最も適切なものを、ア～エの中から1つ選んで、その記号を書きなさい。

① ア cookies　イ cakes　ウ juice　エ hot drinks

② ア Tuesdays　イ Wednesdays　ウ Saturdays　エ Sundays

③ ア five　イ seven　ウ twenty　エ thirty

④ ア two cakes　イ only coffee
　ウ a cake and coffee　エ tea and coffee

⑤ ア opens at 10 a.m　イ closes at 5 p.m
　ウ closes at 7 p.m　エ closes at 9 p.m

5 次の英文を読んで、(1)〜(5)の問いに答えなさい。

Mari is a junior high school student. In May last year, her parents told her that they were going to visit the U.S. that summer. She got excited to hear that. She thought, "It will be my first trip to a foreign country. [ア]"

On August 1, Mari and her parents arrived in the U.S. That evening, they had dinner at a restaurant. Her father speaks English well, so he enjoyed talking with the staff in English. Mari wanted to talk with *someone in English like him.

After eating dinner, Mari told her father that she wanted to talk with foreign people in English. Then, he said, "Try to use English. You don't have to worry about your English *skills. [イ]"

The next morning, Mari went to a park near the hotel with her father. There were some girls practicing dancing there. He said to her, "You are in the dance club at school. How about talking with those girls about dance?" She was nervous, but she talked to them in English. She told them that she liked dancing and enjoyed talking with them about it for about thirty minutes. When she left there, Emily, one of the girls, said to her, "I want to talk with you more. Come here again tomorrow." She said, "OK. I will. [ウ]"

The next day, Mari went to the park again and met Emily. They talked about a lot of things. Emily asked Mari about her dream, so Mari said, "I have wanted to be a dancer since I started to dance. But I also have been thinking about becoming a *translator for two days. By talking with you and your friends in English, I *realized communicating with foreign people was interesting. I want to *overcome the language *barrier and understand how foreign people think about things. I also want to help Japanese people and foreign people communicate with each other. [エ]" Emily smiled and said, "Both becoming a dancer and becoming a translator are nice dreams. I don't think you should decide what to do *in a hurry. I have some dreams, and I *can't decide, either. I want to *keep on learning a lot of things and thinking about my future. Well, after you go back to Japan, let's send e-mails to each other." Mari was so glad to hear that, and she said, "<u>Yes, let's.</u>"

Mari's stay in the U.S. gave her a new dream and a good friend. Now she studies English hard. She and Emily send e-mails to each other, and they write about their school lives, problems, dreams, and so on.

* someone だれか　skill(s) 技能　translator 翻訳者
realize(d)〜 〜だと気づく　overcome〜 〜を乗り越える
barrier 壁　in a hurry 急いで　can't〜, either 〜もできない
keep on 〜ing 〜し続ける

(1) 本文の内容に合う文を、次のア～クの中から3つ選んで、その記号を書きなさい。

ア Mari has visited foreign countries with her parents many times.

イ Mari talked with the restaurant staff in English on the first evening in the U.S.

ウ Mari's father told her to improve her English skills in the U.S.

エ Mari went to the park because she wanted to practice dancing.

オ Mari enjoyed talking with the girls in the park for about thirty minutes.

カ On the third day in the U.S., Mari told Emily about her dreams.

キ Emily said that she wanted to overcome the language barrier.

ク Emily told Mari that she wanted to keep on thinking about her future.

(2) 次の文は、文中の［　ア　］～［　エ　］のどこに入るのが最も適切か、記号で答えなさい。

Don't be shy.

(3) 次の①、②の文を、本文の内容と合うように完成させるには、［　　　］の中に、それぞれ下のア～エのどれを入れるのが最も適切か、記号で答えなさい。

① Before Mari talked to Emily and her friends, ［　　　］.

ア she was happy

イ she was nervous

ウ she was excited

エ she was tired

② By talking with Emily and her friends, Mari realized that ［　　　］.

ア it was interesting to communicate with foreign people

イ it was important to practice dancing hard

ウ she helped Japanese people and foreign people

エ she should decide what to do in a hurry

(4) 下線部の内容を次の［　　　］内のように表したとき、(　　　)に入る適切な英語を、本文から5語で抜き出して書きなさい。

Yes, let's (　　　　　　　　　).

(5) 次の質問の答えとなるように、(　　　)内に適切な英語を1語ずつ書きなさい。

① When did Mari hear about the trip to the U.S. from her parents?

She heard about it (　　　) (　　　) (　　　) year.

② What did Mari get during her stay in the U.S?

She got a new dream and (　　　) (　　　) (　　　).

6 高校生のアヤ(Aya)が、次の２つのイベントの案内を見ながら留学生のリリー(Lily)に話しています。会話の流れに合うように、①の(　　　)内の日本文を英文に直しなさい。また、②～④の(　　　)内の英語を並べかえて、記号で答えなさい。ただし、それぞれ**不要な語(句)が１つずつ**あります。

図書館ツアー

２月４日(日)　午後２時～
中央図書館　１階～３階

図書館内にあるさまざまなおもしろいものを見ることができます。ふだんはなかなか見られないものばかりで、図書館職員が説明をします。

図書館コンサート

２月18日(日)　午後５時～
中央図書館　１階小ホール

市の弦楽クラブのみなさんによるミニコンサートです。
くつろいだ気分で音楽を楽しんでください。

Aya : Do you know Chuo Library?

Lily : Yes, but ①(私は今までそこに行ったことがありません).

Aya : There are some events there every month. This month, a Library *Tour and a Library Concert will be held there. I'm *looking forward to them. If we join the tour, we can see a lot of interesting things in the library. Some ②(ア working　イ reading　ウ there　エ the staff　オ will　カ of) tell us about those things. It will be held on February 4.

Lily : I want to join it with you.

Aya : I'm happy to hear that.

Lily : *I'm curious about the Library Concert, too. What concert is it?

Aya : Our city has a *string club. On February 18, we can ③(ア listening　イ enjoy　ウ finish　エ performance　オ their　カ to) in the concert.

Lily : I want to go to the concert with you, too. Well, can you tell ④(ア where　イ time　ウ what　エ those　オ me　カ events) will start?

Aya : Sure. The Library Tour will start at 2 p.m., and the Library Concert will start at 5 p.m.

Lily : OK. Let's enjoy the events together.

Aya : Yes, let's.

* tour　ツアー　　look forward to～　～を楽しみに待つ
I'm curious about～　～が気になる　　string club　弦楽クラブ

<放送による問題放送文>

それでは，問題を開いて受験番号・氏名の記入を始めてください。これより１分後，リスニングテストの放送を始めます。

ただいまから 1 の，放送による聞き取りテストを行います。問題は(1)から(4)までの４つです。放送中メモを取ってもかまいません。

それでは(1)の問題から始めます。

(1)　これから，No. 1 から No. 5 まで，５つの英文を放送します。放送される英文を聞いて，その内容に合うものを選ぶ問題です。それぞれの英文の内容に最もよく合うものを，ア，イ，ウ，エの中から１つ選んで，その記号を書きなさい。

それぞれの英文は，２回放送します。

では，はじめます。

No. 1　My sister is skiing now.

繰り返します。

No. 2　You need this when you travel overseas.

繰り返します。

No. 3　The boy got up at seven after sleeping for eight hours.

繰り返します。

No. 4　The picture of a bird is cheaper than the one of a dog.　The one of a car is the cheapest of the three.

繰り返します。

No. 5　Jenny is in this picture.　She is standing by the girl who is playing the guitar.

繰り返します。

これで(1)の問題を終わります。

次に，(2)の問題に移ります。

(2)　これから，No. 1 から No. 4 まで，４つの対話を放送します。それぞれの対話のあとで，その対話について１つずつ質問します。それぞれの質問に対して，最も適切な答えを，ア，イ，ウ，エの中から１つ選んで，その記号を書きなさい。

対話と質問は，２回放送します。

では，はじめます。

No. 1

A：　What did you do during your stay in London, Akira?

B：　I saw a soccer game at a stadium, and I bought this for you.

A：　Oh, it's a nice T-shirt.　Thank you.　Did you buy something for yourself?

B：　Yes, I bought a poster.　I also bought a towel for my brother and a pen for my sister.

Question：　What did Akira buy for himself at the stadium?

繰り返します。

No. 2

A：　Your birthday party will start at 1 p.m. tomorrow, Josh.　Who will join the party?

B： You, Mei, and Daiki will come to my house.
A： How about Naoto?
B： Oh, he can't come. He is going to see his grandmother.
Question： How many people will visit Josh for his birthday party tomorrow?
繰り返します。

No. 3
A： Have you done your English homework, Taku?
B： Yes, Mary. Ms. Sato told us to write about our favorite things in English. I wrote about my favorite place.
A： I see. Yesterday I wrote about the picture I took in a mountain.
B： You often climb mountains with your family, don't you?
Question： What did Mary do yesterday?
繰り返します。

No. 4
A： What are you doing, Paul?
B： Oh, Kumi. I'm reading a book. This story is very interesting.
A： I know that story. I saw the movie about it at the movie theater.
B： Really? Then, I'm going to see it this weekend.
Question： What is Paul going to do this weekend?
繰り返します。

これで(2)の問題を終わります。

次に，(3)の問題に移ります。

(3) これから，リサ(Lisa)とコウタ(Kota)の対話を放送します。そのあとで，その内容について，Question No. 1 とQuestion No. 2 の２つの質問をします。それぞれの質問に対して，最も適切な答えを，ア，イ，ウ，エの中から１つ選んで，その記号を書きなさい。
対話と質問は２回放送します。
では，はじめます。

Lisa： Do you have your own computer, Kota?
Kota： Yes, Lisa. I use it every day. I often send e-mails to my friend, Sam, in Australia. Last year, I stayed at his house for a week.
Lisa： Oh, I see.
Kota： Two days ago, he asked me about my favorite Japanese comics in his e-mail. So, I sent him an e-mail yesterday.
Lisa： Which does he use, Japanese or English, in his e-mails?
Kota： Japanese. He started to study it last month.
Questions：
No. 1 What does Kota often do?
No. 2 When did Sam start to study Japanese?
繰り返します。

これで(3)の問題を終わります。

次に，(4)の問題に移ります。

(4)　外国から来ている友達に，ユウジ(Yuji)が明日の予定を説明しています。これからその内容を放送します。その内容について，次の①，②の問いに答えなさい。

英文は，２回放送します。

では，はじめます。

First, we will go to the oldest temple in our town in the morning. After that, we will go to the winter festival in Momiji Park. Let's eat snacks there. You will enjoy eating Japanese food there. In the afternoon, maybe the weather will be bad, so we should not be outside. Let's go to the museum and see Japanese pictures. We will take a train when we go from the temple to Momiji Park, and we will walk from the park to the museum.

繰り返します。

これで，放送による聞き取りテストを終わります。続いて，問題**2**に進みなさい。

【数　学】 (50分) 〈満点：100点〉

1 次の(1)、(2)の問いに答えなさい。

(1) 次の①～④の計算をしなさい。

① $-8+10$

② $3(2x+y)-(5x-6y)$

③ $3a^2 \div 4ab \times 8b^3$

④ $6\sqrt{7}+\dfrac{21}{\sqrt{7}}$

(2) x^2-x-30 を因数分解しなさい。

2 次の(1)〜(4)の問いに答えなさい。

(1) $\sqrt{99n}$ の値が自然数となるような、最も小さい自然数 n の値を求めなさい。

(2) 下の**図**のように、Aの袋の中には、1、2、3の数が1つずつ書かれた3枚のカードが入っており、Bの袋の中には、1、2の数が1つずつ書かれた2枚のカード、Cの袋の中には、2、3の数が1つずつ書かれた2枚のカードが入っている。A、B、Cの袋の中からカードをそれぞれ1枚ずつ取り出したとき、取り出した3枚のカードに書かれた数の和が7以上になる確率を求めなさい。

ただし、それぞれの袋において、どのカードが取り出されることも同様に確からしいとする。

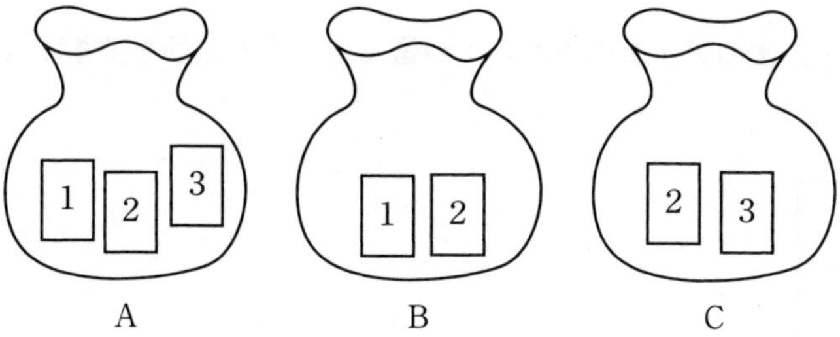

図

(3) x についての2次方程式 $x^2 - ax + a^2 - 19 = 0$ がある。

この方程式の解の1つが $x = 2$ であるとき、a の値を**すべて**求めなさい。

(4) ある中学校の1年生の生徒と2年生の生徒を合わせた25人に、赤と黒のボールペンを配った。1年生の生徒には赤のボールペンを1人あたり4本ずつ配り、2年生の生徒には黒のボールペンを1人あたり6本ずつ配ったところ、配ったボールペンの本数の合計は122本だった。

このとき、配った赤のボールペンの本数を求めなさい。

3 ある中学校の野球部とサッカー部の３年生の生徒について、靴《くつ》のサイズを調査した。
このとき、次の(1)、(2)の問いに答えなさい。

(1) 下の**データ**は、野球部の３年生13人について、それぞれの生徒の靴のサイズのデータを大きさの順に並べ、まとめたものである。

データ

21.5	21.5	22.0	22.0	22.5	22.5	23.0	23.0	23.5	24.0	25.0	25.5	26.0

（単位：cm）

① **データ**の範囲を求めなさい。

② **データ**に対応する箱ひげ図を、次の**ア**～**エ**の中から１つ選んで、その記号を書きなさい。

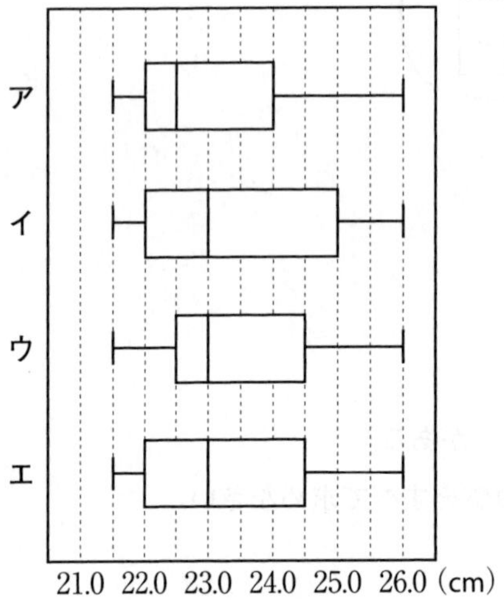

(2) 下の**図１**、**図２**は、野球部の３年生13人とサッカー部の３年生16人について、それぞれの生徒の靴のサイズのデータをヒストグラムで表したものである。**図１**と**図２**から読みとれることとして、下の①～④は正しいといえるか。「**ア**　正しいといえる」、「**イ**　正しいといえない」、「**ウ**　**図１**と**図２**からはわからない」の中からそれぞれ１つ選んで、その記号を書きなさい。

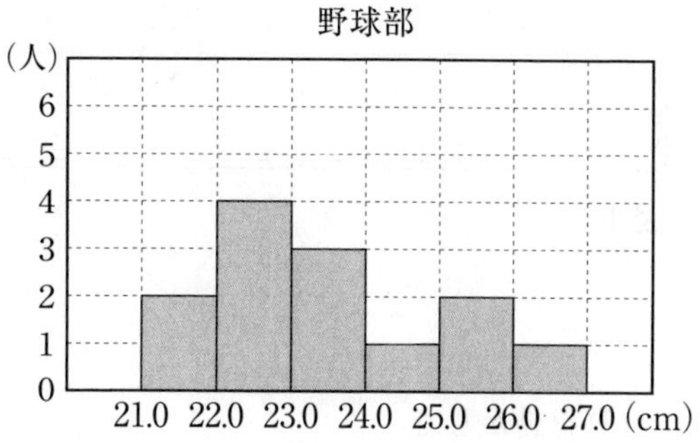

図１

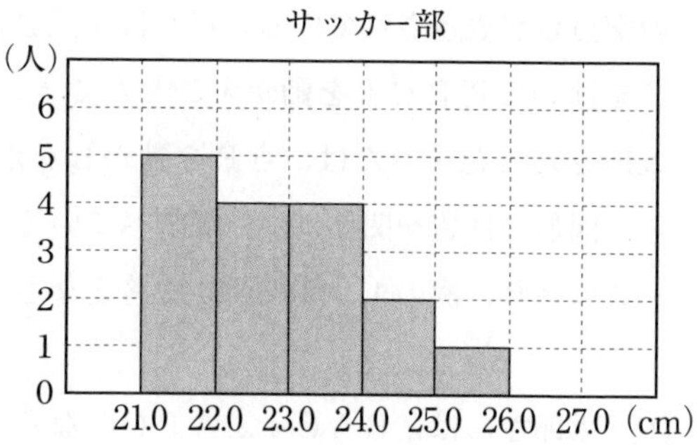

図２

①　野球部とサッカー部の最小値は同じである。

②　野球部とサッカー部の最頻値(モード)を比べると、野球部の方が大きい。

③　野球部とサッカー部の22.0cm以上23.0cm未満の階級の相対度数を比べると、サッカー部の方が大きい。

④　野球部とサッカー部の第１四分位数が含まれる階級は同じである。

4　右の**図１**のように、タブレット端末の画面にＡＢ＝８cm、ＡＣ＝６cm、ＢＣ＝12cmの△ＡＢＣが表示されている。さらに、辺ＢＣ上には点Ｐが、辺ＡＢ上には、点Ｐを通り辺ＡＣに平行な直線と辺ＡＢとの交点Ｑが表示されている。点Ｐは２点Ｂ、Ｃを除いた辺ＢＣ上を動かすことができ、太郎さんと花子さんは、点Ｐを動かしながら、図形の性質や関係について調べている。

　このとき、次の(1)、(2)の問いに答えなさい。

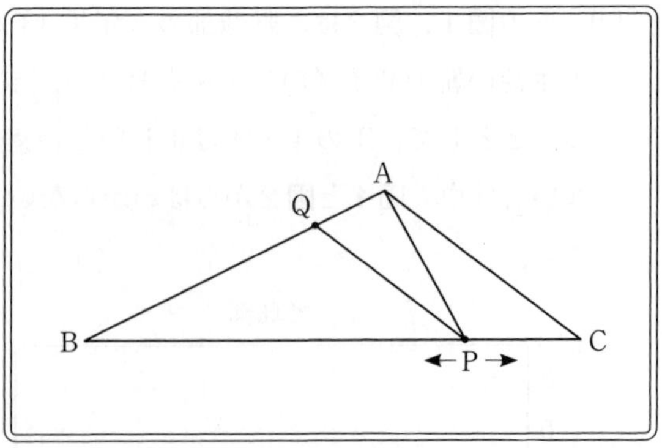

図１

(1)　太郎さんは∠ＢＡＣ＝∠ＡＰＣとなるように点Ｐを動かした。

①　線分ＰＣの長さを求めなさい。

②　△ＢＰＱ∽△ＡＣＰであることを証明しなさい。

(2)　花子さんは、右の**図２**のように∠ＣＡＰ＝∠ＣＰＡとなるように点Ｐを動かし、３点Ａ、Ｂ、Ｐを通る円Ｏを表示させた。直線ＰＱと円Ｏとの交点のうち、点Ｐと異なる点をＲとするとき、線分ＱＲの長さを求めなさい。

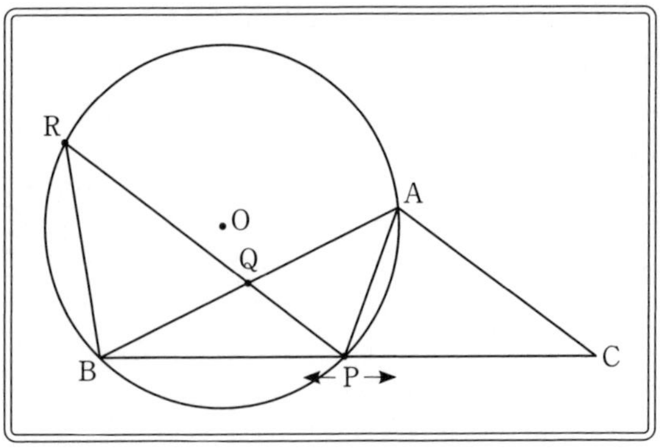

図２

5 右の**図1**において、mは関数$y = ax^2$のグラフを表している。m上の点で、座標が(4, 8)である点をAとし、y座標が点Aのy座標と等しく、x座標が負である点をBとする。また、m上の点で、x座標が-2である点をCとし、点Bを除いた線分OB上に点Pをとる。

このとき、次の(1)～(3)の問いに答えなさい。

ただし、原点Oから点(1, 0)までの距離と原点Oから点(0, 1)までの距離は、それぞれ1cmとする。

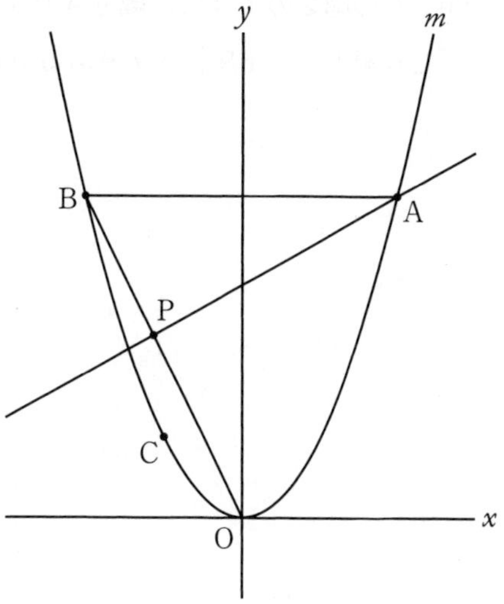

図1

(1) aの値を求めなさい。

(2) 次の文章の［ Ⅰ ］～［ Ⅲ ］に当てはまるものの組み合わせを、下の**ア**～**カ**の中から1つ選んで、その記号を書きなさい。

> 点Pのx座標を大きくしていくと、点Pは［ Ⅰ ］の方に動き、直線APの傾きは［ Ⅱ ］なる。
> また、直線APが点Cを通るとき、直線APの傾きは［ Ⅲ ］となる。

ア [Ⅰ 点O Ⅱ 小さく Ⅲ $\frac{1}{2}$]
イ [Ⅰ 点O Ⅱ 大きく Ⅲ 1]
ウ [Ⅰ 点O Ⅱ 大きく Ⅲ 2]
エ [Ⅰ 点B Ⅱ 小さく Ⅲ $\frac{1}{2}$]
オ [Ⅰ 点B Ⅱ 小さく Ⅲ 1]
カ [Ⅰ 点B Ⅱ 大きく Ⅲ 2]

(3) 右の**図２**のように、線分ＡＰをＡの方向に延長した直線上に、x座標がtである点Ｑをとる。

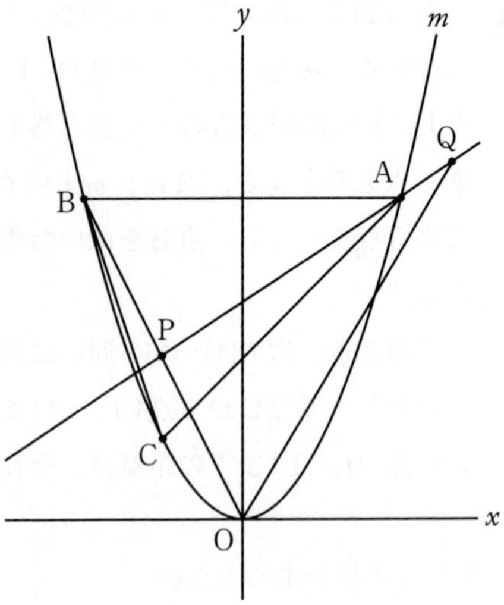

図２

このとき、次の[**条件１**]と[**条件２**]の両方を満たすときのtの値を求めなさい。

[**条件１**]　線分ＣＰはy軸と平行である。
[**条件２**]　△ＡＢＣの面積と△ＰＯＱの面積は等しい。

6　右の**図**のような、三角柱ＡＢＣＤＥＦがあり、ＡＢ＝3cm、ＡＣ＝6cm、ＢＣ＝$3\sqrt{5}$cm、ＢＥ＝4cm、∠ＢＡＣ＝90°である。点Ｐ、Ｑはそれぞれ辺ＤＦ、ＥＦの中点である。また、線分ＡＦと線分ＣＰとの交点をＲとし、線分ＢＦと線分ＣＱとの交点をＳとする。

このとき、次の(1)〜(3)の問いに答えなさい。

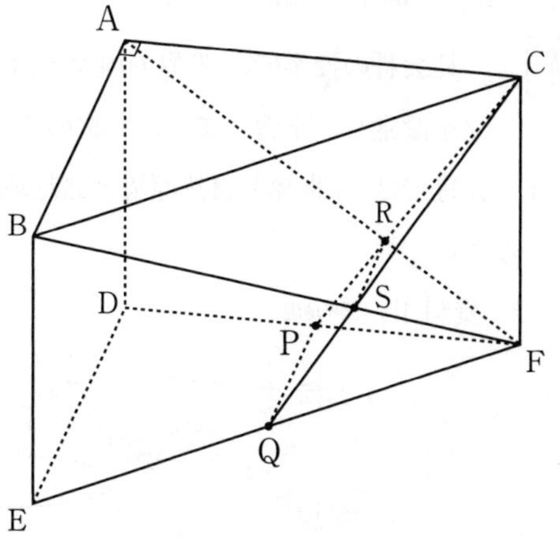

図

(1) **直角三角形ではない**三角形はどれか。最も適切なものを、次の**ア**〜**エ**の中から１つ選んで、その記号を書きなさい。

ア　△ＡＢＦ　　**イ**　△ＢＦＣ　　**ウ**　△ＣＰＱ　　**エ**　△ＤＥＱ

(2) 線分ＲＳの長さを求めなさい。

(3) 立体ＦＰＱＳＲの体積を求めなさい。

【社　会】（50分）〈満点：100点〉

1　社会科の授業で、「世界の国々と日本の特色を見いだそう」という課題で、班ごとにテーマを設定し、学習しました。次の**1**、**2**に答えなさい。

1　A班では、「世界の自然環境と諸地域」というテーマを設定しました。(1)〜(4)の問いに答えなさい。

資料１　世界地図

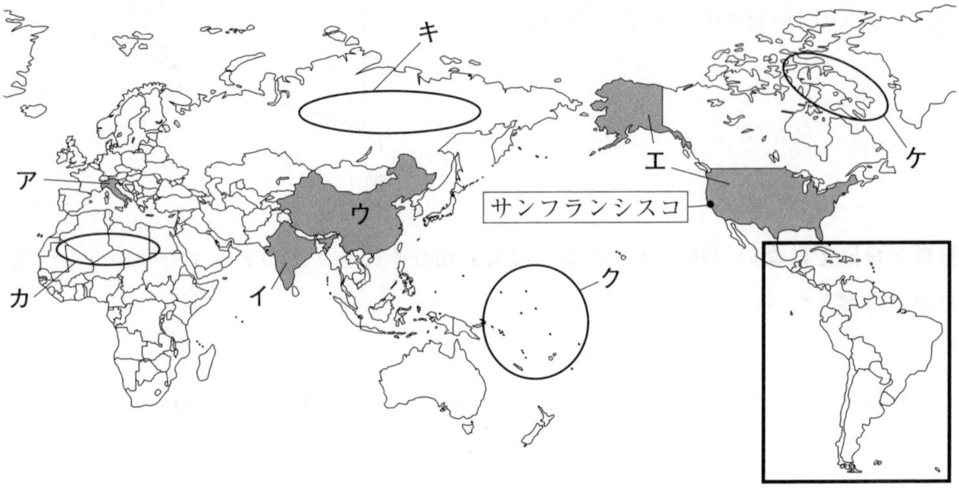

(1)　太郎さんは、主な農産物の生産国について調べました。**資料２**は、オリーブの生産量が多い上位３か国を示したものです。**資料２**の**P**に当てはまる国として最も適切なものを、**資料１**の**ア**〜**エ**の中から１つ選んで、その記号を書きなさい。

資料２　オリーブの生産量が多い上位３か国(2020年)

	P	チュニジア	
スペイン 34.4%	9.3%	8.5%	その他 47.8%

〔「世界国勢図会　2022/23年版」より作成〕

(2)　太郎さんが見つけた**資料３**は、**資料１**の**カ**〜**ケ**のいずれかの地域で見られる様子です。**資料３**の様子が見られる地域として最も適切なものを、**資料１**の**カ**〜**ケ**の中から１つ選んで、その記号を書きなさい。

資料３　資料１のカ〜ケのいずれかの地域で見られる様子

⑶ **資料１**のサンフランシスコを現地時間の12月29日午前10時に出発した航空機は、関西国際空港に日本時間の12月30日午後３時に到着しました。この航空機がサンフランシスコを出発してから関西国際空港に到着するまでの所要時間は何時間か、書きなさい。ただし、標準時の基準となる子午線は、サンフランシスコは西経120度、関西国際空港は東経135度とします。

⑷ 花子さんは、南アメリカ州の国々に関心をもちました。**資料４**は、**資料１**の□の地域を示しています。

① **資料４**のブラジルで近年生産量が増えている、さとうきびなどの植物を原料としてつくられるアルコール燃料の名称を書きなさい。

② **資料５**は、**資料４**に示した４か国(ペルー、パラグアイ、アルゼンチン、ブラジル)の主な人種・民族別割合を示しています。**資料５**を読み取ったものとして最も適切なものを、下の**ア**～**エ**の中から１つ選んで、その記号を書きなさい。

資料４　地図

資料５　南アメリカ州の４か国の主な人種・民族別割合（2018年）

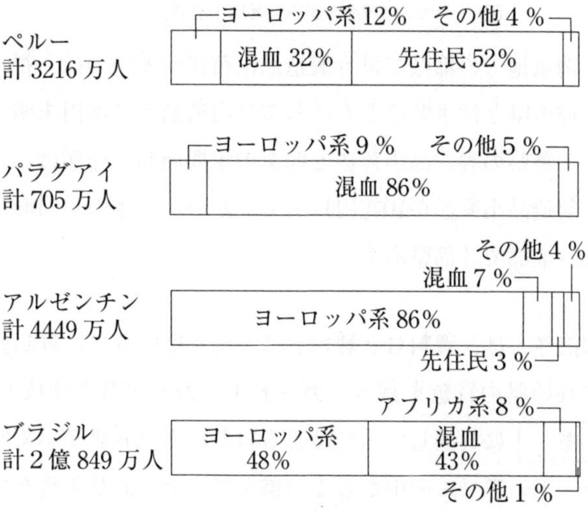

〔「Demographic Yearbook 2018」などより作成〕

ア　アルゼンチンとブラジルはヨーロッパ系の割合が最も高く、ペルーとパラグアイは混血の割合が最も高い。

イ　ブラジルのヨーロッパ系の人口は、アルゼンチンのヨーロッパ系の人口より１億人以上多い。

ウ　**資料４**の４か国の中で先住民の割合が最も高いのはペルーで、先住民はペルー国内に1800万人以上いる。

エ　**資料４**の４か国のうち３か国は、ヨーロッパ系と混血の割合の合計が90%以上を占めている。

2　B班では、「関東地方の各都県の特色」というテーマを設定して、産業や人々の暮らしの様子について調べました。(1)～(3)の問いに答えなさい。

(1)　次郎さんは、**資料6**と**資料7**から関東地方の各都県の工業や商業の特徴がわかりました。**資料6**と**資料7**を読み取った下の**ア**～**エ**のうち、**適切でないもの**を１つ選んで、その記号を書きなさい。

資料6　関東地方の都県別の製造品出荷額（2019年）

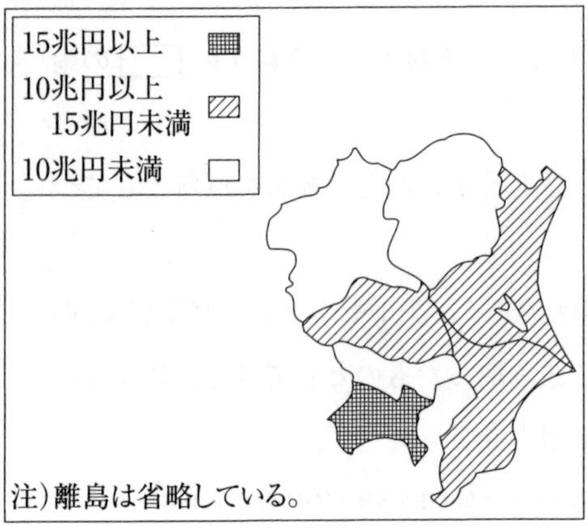

〔「データでみる県勢　2023年版」より作成〕

資料7　関東地方の都県別の商業の年間商品販売額（2019年）

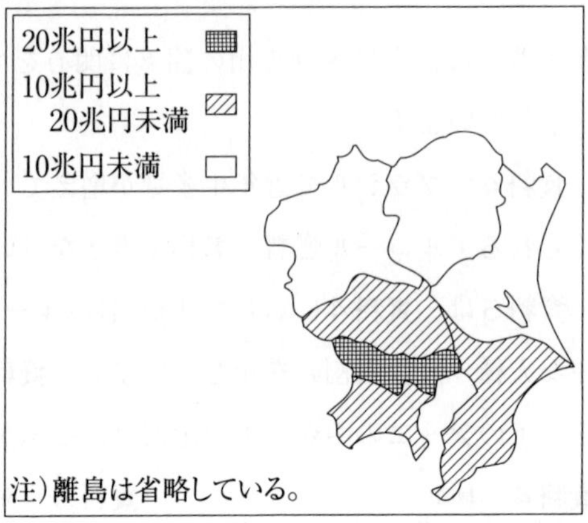

〔「データでみる県勢　2023年版」より作成〕

ア　関東地方の都県で最も製造品出荷額が多いのは、神奈川県である。

イ　群馬県と栃木県はともに製造品出荷額が10兆円未満で、茨城県より少ない。

ウ　千葉県の製造品出荷額と商業の年間商品販売額は、ともに東京都より少ない。

エ　製造品出荷額が10兆円以上で、かつ、商業の年間商品販売額も10兆円以上である都県は、全部で３都県ある。

(2)　次郎さんは、**資料6**と**資料7**に示した県のうち、群馬県、茨城県、千葉県について、それぞれの県の特色を調べ、**カード１**～**カード３**を作成しました。**カード１**と**カード３**の［**あ**］に共通して当てはまる語と、**カード２**が示す県名の組み合わせとして適切なものを、下の**ア**～**エ**の中から１つ選んで、その記号を書きなさい。

カード１	**カード２**	**カード３**
［**あ**］がさかんで、特にはくさいの収穫量は全国で最も多い。近年、都心への鉄道路線が整備されてきている。	嬬恋《つまごい》村で冷涼な気候を生かしたキャベツの栽培がさかんである。上越新幹線や北陸新幹線が通っている。	［**あ**］がさかんで、特にねぎの収穫量は全国有数である。日本最大の貿易港である成田国際空港がある。

ア　［**あ**　抑制栽培　　**カード２**　茨城県］

イ　［**あ**　抑制栽培　　**カード２**　群馬県］

ウ　［**あ**　近郊農業　　**カード２**　茨城県］

エ　［**あ**　近郊農業　　**カード２**　群馬県］

(3) 良子さんは、都心までの交通の便が良く、近年、土地開発が進んでいる埼玉県所沢市に興味をもち、地形図を取り寄せました。次の**資料８**は、埼玉県所沢市の一部を示した地形図です。**資料８**を読み取った下の**ア**～**エ**について、正しいものには○を、誤っているものには×を書きなさい。

資料８　埼玉県所沢市の一部の地形図

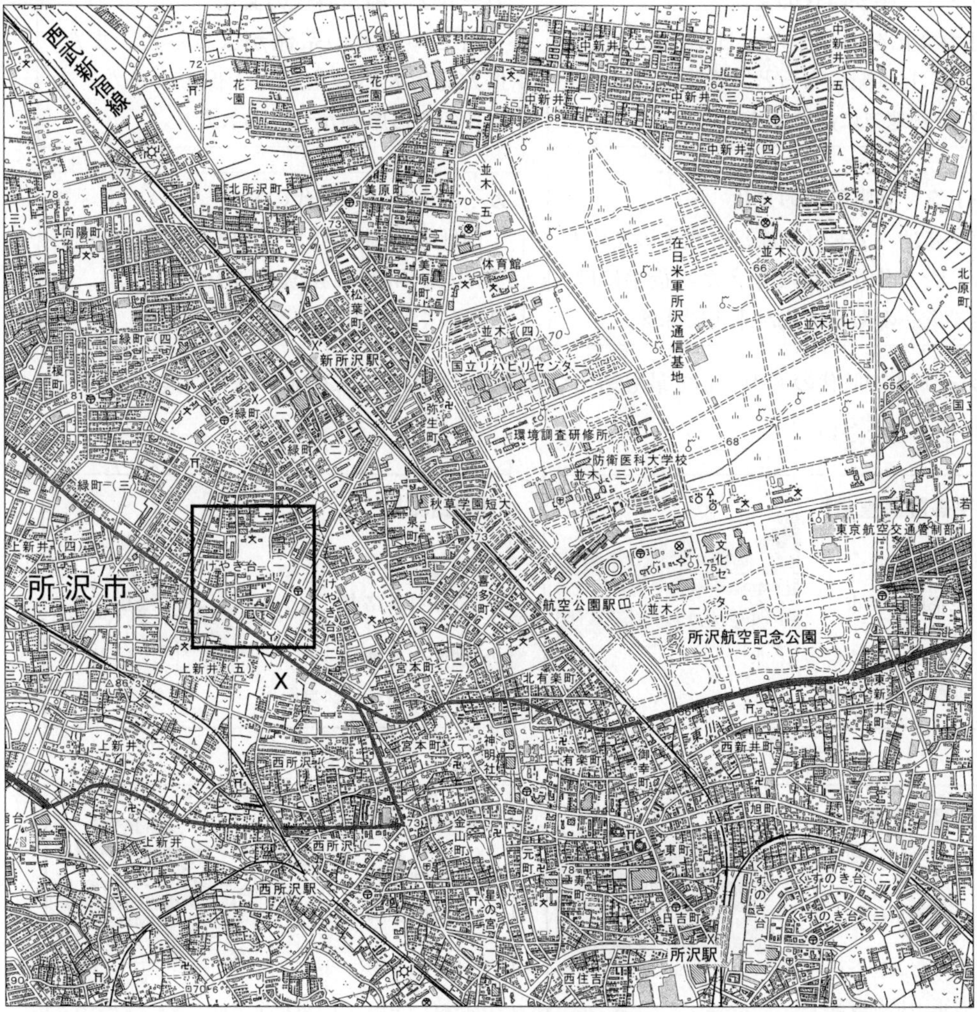

〔国土地理院平成29年発行２万５千分の１地形図「所沢」より作成〕

〈編集部注：編集上の都合により原図の88％に縮小してあります。〉

ア　「新所沢駅」から見て、「航空公園駅」は南西の方角にある。

イ　「所沢航空記念公園」には、広葉樹が見られる。

ウ　**資料８**の**X**の範囲には、高等学校や消防署が見られる。

エ　「所沢駅」から市役所までの地形図上の長さは約６㎝なので、実際の直線距離は約1500ｍである。

2　社会科の授業で、「日本のそれぞれの時代にはどのような特色があるか」という課題で、班ごとにテーマを設定し、学習しました。次の**1**、**2**に答えなさい。

1　A班では、「日本の文化の歴史」というテーマを設定し、調べたことをまとめ、**カード1**～**カード4**を作成しました。(1)～(4)の問いに答えなさい。

カード1　平安時代の文化
　唐《とう》の文化をふまえた、日本風の文化が栄えた。11世紀になると、浄土《じょうど》信仰（浄土の教え）が地方に広まった。

カード2　鎌倉時代の文化
　新しい仏教の宗派が広まった。また、東大寺南大門の金剛力士像のような、力強さのある彫刻がつくられた。

カード3　室町時代の文化
　前半には、公家（貴族）と武士の文化が融合した文化が北山で栄えた。後半には、質素で気品のある文化が東山で栄えた。

カード4　江戸時代の文化
　19世紀前半に江戸を中心に町人文化が栄えた。川柳《せんりゅう》や狂歌《きょうか》が流行したほか、小説が広く読まれるようになった。

(1)　**カード1**の時代のものとして最も適切な資料を、次の**ア**～**エ**の中から1つ選んで、その記号を書きなさい。

【平等院鳳凰堂】
<所在地>
京都府宇治市
<建てた人物>
関白　藤原頼通

ア

【姫路城】
<所在地>
兵庫県姫路市
<建てた人物>
守護大名　赤松貞範

イ

【慈照寺銀閣】
<所在地>
京都府京都市
<建てた人物>
将軍　足利義政

ウ

【法隆寺金堂】
<所在地>
奈良県斑鳩町
<建てた人物>
摂政　聖徳太子（厩戸皇子）

エ

(2)　**カード2**の時代のできごとについて述べた文として最も適切なものを、次の**ア**～**エ**の中から1つ選んで、その記号を書きなさい。

ア　幕府に借金の帳消しを求めた正長《しょうちょう》の土《つち》《ど》一揆《いっき》が起こった。
イ　農民の一揆を防ぐため、刀狩令を出して刀や鉄砲などの武器を取り上げた。
ウ　御家人の苦しい生活を救うため、幕府が（永仁《えいにん》の）徳政令を出した。
エ　院政の実権をめぐり、上皇側と天皇側とに分かれて保元《ほうげん》の乱が起こった。

(3) 太郎さんと花子さんは、**カード２**と**カード３**の間の時期の政治について調べる中で、**資料１**を見つけ、話し合いをしました。次の会話文中の あ に当てはまる天皇として最も適切なものを、下の**ア**～**エ**の中から１つ選んで、その記号を書きなさい。

資料１　二条河原落書

このごろ都ではやっているものは、
夜襲《やしゅう》、強盗《ごうとう》、天皇のにせの命令。
囚人《しゅうじん》、急ぎの使いを乗せた早馬、
たいしたこともないのに起こる騒動《そうどう》。
（部分要約）

太郎：鎌倉幕府の滅亡後、建武《けんむ》の新政と呼ばれる、天皇による新しい政治が行われたよ。

花子：**資料１**は、このころの社会の様子を示した文書の一部だよ。

太郎：混乱した社会の様子がわかるね。**資料１**の「天皇」は建武の新政を行った あ のことだね。

ア　後白河天皇　　**イ**　後醍醐《ごだいご》天皇
ウ　持統《じとう》天皇　　**エ**　白河天皇

(4) 太郎さんは、**カード４**のころに日本近海に外国船が接近するようになったことについて興味をもち、調べていく中で、**資料２**と**資料３**を見つけ、**<まとめ>**を作成しました。**<まとめ>**の い ～ え に当てはまる語の組み合わせとして最も適切なものを、下の**ア**～**エ**の中から１つ選んで、その記号を書きなさい。

資料２　主な外国船の来航

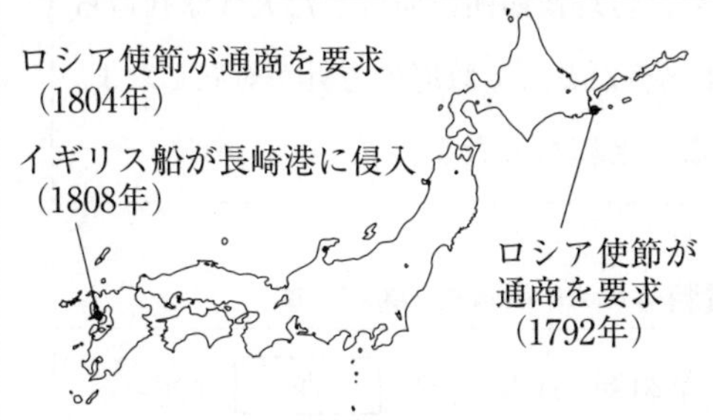

資料３　高野長英《たかのちょうえい》の『戊戌夢物語《ぼじゅつゆめものがたり》』の一部

…こんなことがなくても、打払ってしまえば、道理もわからぬ乱暴な国と思い、不義の国と言いふらし、礼儀の国の面目《めんもく》を失ってしまう。…
（部分要約）

<まとめ>

18世紀末から19世紀前半にかけて、外国船が日本近海に現れるようになると、幕府は い 方針をとった。そのような中、1837年に う 事件が起こると、幕府の対応を批判した渡辺崋山《わたなべかざん》や高野長英らが罰《ばっ》せられた え が起こった。

ア［**い**　砲撃《ほうげき》を認める　**う**　モリソン号　**え**　蛮社《ばんしゃ》の獄《ごく》］
イ［**い**　水や燃料を与える　**う**　ノルマントン号　**え**　蛮社の獄］
ウ［**い**　砲撃を認める　**う**　ノルマントン号　**え**　安政《あんせい》の大獄《たいごく》］
エ［**い**　水や燃料を与える　**う**　モリソン号　**え**　安政の大獄］

2　B班では、「近現代の日本」というテーマを設定し、19世紀から20世紀にかけて活躍した日本人について調べたことをまとめて、**カード５**～**カード７**を作成しました。(1)～(3)の問いに答えなさい。

カード５

伊藤博文《いとうひろぶみ》は副使として岩倉《いわくら》使節団に同行し、帰国後、政府の中心となった。内閣制度が創設されると、初代内閣総理大臣に就任した。1909年に安重根に暗殺された。

カード６

原敬《はらたかし》は、米騒動《こめそうどう》で寺内内閣が退陣した後、内閣を組織した。この内閣はほとんどの大臣が立憲政友会の党員であったことから、初めての本格的な政党内閣であった。

カード７

吉田茂《よしだしげる》は1946年に内閣総理大臣となり、1951年には首席全権としてサンフランシスコ講和会議に出席し、サンフランシスコ平和条約と日米安全保障条約に調印した。

(1)　①　**カード５**について話し合っている次の会話文中の [お] に当てはまる内容を、当時の国名にふれて書きなさい。

次郎：岩倉使節団は不平等条約の改正のための予備交渉のために派遣されたね。
良子：でも、交渉は失敗に終わって、欧米の政治や産業、社会などを視察して帰国したよ。
次郎：そうだね。国内では、西郷隆盛が [お] とする征韓論を主張していたけど、岩倉使節団の全権大使を務めた岩倉具視や、岩倉使節団に同行した大久保利通らは、国内の改革による国力の充実を優先すべきだとして政府の方針が対立したよ。
良子：主張を退けられた西郷隆盛らは政府を去ることになったよ。

②　**資料４**は、**カード５**の伊藤博文が中心になって制定し、1889年に発布された大日本帝国憲法の条文の一部である。**資料４**の [か] に共通して当てはまる語を、次の**ア**～**エ**の中から１つ選んで、その記号を書きなさい。

ア　慣例
イ　帝国議会
ウ　法律
エ　判例

資料４　大日本帝国憲法の条文の一部

第20条　日本臣民ハ [か] ノ定ムル所ニ従ヒ兵役ノ義務ヲ有ス
第29条　日本臣民ハ [か] ノ範囲《はんい》内ニ於《おい》テ言論著作印行集会及結社ノ自由ヲ有ス

⑵　**カード６**の下線部よりも後に起こった世界のできごととして最も適切なものを、次の**ア**～**エ**の中から１つ選んで、その記号を書きなさい。

ア　アメリカ合衆国の北部と南部が奴隷《どれい》制などをめぐって対立し、南北戦争が起こった。

イ　義和団《ぎわだん》が各国大使館を包囲し、清政府が列強に宣戦布告した義和団事件が起こった。

ウ　ドイツとオーストリアの同盟関係にイタリアが加わり、三国同盟が結ばれた。

エ　ワシントン会議が開かれ、列強の海軍軍備の制限などが決められた。

⑶　次郎さんは、**カード７**の下線部の前年に始まった朝鮮戦争について調べていく中で、**資料５**と**資料６**を見つけ、**＜まとめ＞**を作成しました。**資料５**と**資料６**を参考にして、**＜まとめ＞**の［　き　］と［　く　］に当てはまる語の組み合わせとして最も適切なものを、下の**ア**～**エ**の中から１つ選んで、その記号を書きなさい。

資料５　地図

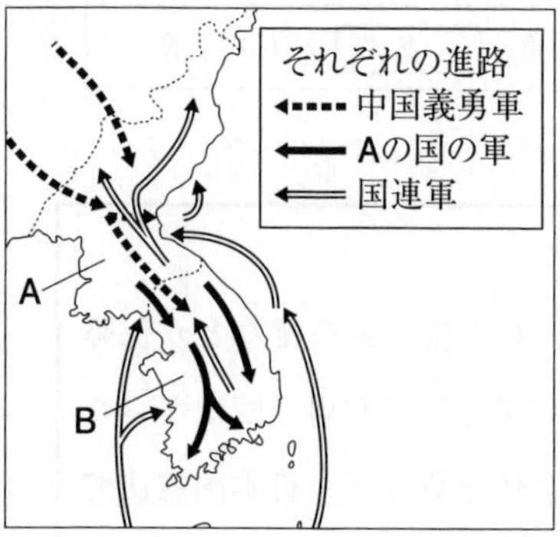

資料６　製造品出荷額の変化

	製造品出荷額(億円)
1950年	22941
1951年	40280
1952年	47588
1953年	58763
1954年	62466
1955年	67695

〔数字で見る日本の100年改訂第７版より作成〕

＜まとめ＞

1950年、朝鮮の統一を目指して、**資料５のA**で示した［　き　］が**資料５のB**の国に侵攻し朝鮮戦争が始まった。アメリカ合衆国を中心とする国連軍は**B**の国を、中国の義勇《ぎゆう》軍は**A**の国をそれぞれ支援した。この戦争のときにGHQの指令により日本国内の治安維持を目的に、［　く　］が組織された。また、日本は、アメリカ軍の要請で戦争に必要な軍事物資の生産を引き受けたことで、製造品出荷額が大幅に増加して好景気(好況)となった。これにより日本の経済復興が早まった。

ア　［ **き**　朝鮮民主主義人民共和国(北朝鮮)　**く**　自衛隊 ］

イ　［ **き**　朝鮮民主主義人民共和国(北朝鮮)　**く**　警察予備隊 ］

ウ　［ **き**　大韓民国(韓国)　**く**　自衛隊 ］

エ　［ **き**　大韓民国(韓国)　**く**　警察予備隊 ］

3　次の１～３の問いに答えなさい。

1　ひよりさんは、「日本国憲法が保障している基本的人権」というテーマを設定し、**資料１～資料３**をもとに、**＜まとめ１＞**を作成しました。⑴、⑵の問いに答えなさい。

資料１　憲法第14条①

> 第14条　①すべて国民は、[あ] の下に平等であつ《(っ)》て、人種、信条、性別、社会的身分又は門地により、政治的、経済的又は社会的関係において、差別されない。

資料２　駅のスロープ

資料３　基本的人権

自由権	社会権	参政権など
自由に生きるための権利	人間らしく生きるための権利	人権を保障するための権利
平等権（個人の尊重、[あ] の下の平等）		

> **＜まとめ１＞**
> 個人の尊重と [あ] の下の平等に基づき、自由権、社会権、参政権などが保障されている。これらの権利は、国民の不断の努力によって保持し、濫用《らんよう》してはならないのであって、常に公共の福祉のためにこれを利用する責任を負うと、日本国憲法で定められている。

⑴　**資料１**、**資料３**、**＜まとめ１＞**の [あ] に共通して入る語を、**漢字１字**で書きなさい。

⑵　**資料２**は、バリアフリーの考えを反映した駅のスロープである。**資料３**で示した人権のうち、バリアフリーの考えと最も関係の深いものを、次の**ア**～**エ**の中から１つ選んで、その記号を書きなさい。

ア　平等権　　**イ**　自由権　　**ウ**　社会権　　**エ**　参政権

２　洋子さんは、「国会の主な仕事」というテーマを設定し、下のような**資料４**と**＜まとめ２＞**を作成しました。⑴〜⑷の問いに答えなさい。

資料４　法律案の議決における衆議院と参議院で異なった議決をした場合の流れ（先議が衆議院の場合）

衆議院の［　い　］で審議・可決された法律案が本会議で可決される。

衆議院で可決された法律案が参議院で否決される。

衆議院の出席議員の［　う　］の賛成で再可決する。

衆議院の議決が国会の議決となり、法律が成立する。

＜まとめ２＞

国会の主な仕事には、法律の制定や予算の議決などがある。法律案が法律として成立するには、原則衆議院と参議院の議決の一致が必要である。しかし、衆議院で可決された法律案が参議院で否決された場合などには、衆議院が出席議員の［　う　］の賛成で再可決したときには法律となる。これを衆議院の［　え　］という。これは、衆議院は参議院より任期が短く、また、解散があることから、参議院よりも［　お　］と考えられるため認められている権限である。

⑴　**資料４**の［　い　］に入る語として最も適切なものを、次の**ア**〜**エ**の中から１つ選んで、その記号を書きなさい。

ア　公聴《こうちょう》会　　**イ**　両院協議会　　**ウ**　閣議《かくぎ》　　**エ**　委員会

⑵　**資料４**と**＜まとめ２＞**の［　う　］に共通して入る語として最も適切なものを、次の**ア**〜**エ**の中から１つ選んで、その記号を書きなさい。

ア　４分の３以上　　**イ**　３分の１以上　　**ウ**　３分の２以上　　**エ**　過半数

⑶　**＜まとめ２＞**の［　え　］に当てはまる語を、**漢字２字**で書きなさい。

⑷　**＜まとめ２＞**の［　お　］に当てはまる内容を、「**反映**」という語を用いて書きなさい。

3　太郎さんと花子さんは、「私たちの暮らしと経済」というテーマを設定し、話し合いをしました。(1)～(3)の問いに答えなさい。

太郎：私たちは、食料品や衣服などさまざまな商品を購入して生活しているね。

花子：そうだね。これらの商品は財(モノ)と a サービスの大きく二つに分けられるよ。

太郎：インターネットショッピングや電子マネーなどによるキャッシュレス決済の普及によって、商品の購入が以前よりも手軽で便利になってきたから、商品の購入には十分気をつけないといけないね。

花子：私たち消費者は b 企業や事業者と比べて弱い立場にいることから、 c 政府は消費者を保護するための法律や制度を整えているよ。

(1)　下線部aについて、サービスへの支払いとして最も適切なものを、次のア～エの中から1つ選んで、その記号を書きなさい。

ア　スマートフォン本体への支払い

イ　映画鑑賞のチケットへの支払い

ウ　食料品や日用品への支払い

エ　雑誌や書籍への支払い

(2)　下線部bについて、次のア～エのうち、株式会社について述べた内容として、正しいものには○を、誤っているものには×を書きなさい。

ア　株式会社は私企業のうち法人(共同、会社)企業に分類される。

イ　株主は株主総会に出席し、経営方針など重要事項の議決に参加することができる。

ウ　株主は、株式会社の利益の一部を保有する株式の数に応じて配当(配当金)を受け取ることができる。

エ　株式会社が倒産した場合、一般に株主は出資した金額以上の負担を負う。

(3)　下線部cに関連して、商品の欠陥が原因で消費者が被害を受けた場合に、損害賠償《ばいしょう》を請求することができることを定めた法律あるいは制度の名前として最も適切なものを、次のア～エの中から1つ選んで、その記号を書きなさい。

ア　クーリング・オフ

イ　消費者基本法

ウ　製造物責任法(PL法)

エ　消費者契約法

4　次の１、２に答えなさい。

１　次の会話は、太郎さんと花子さんが、「日本で流通した貨幣の歴史」について話し合ったものです。これを読んで、(1)〜(4)の問いに答えなさい。

太郎：古代に畿内《きない》を中心に流通した貨幣に a和同開珎《わどうかいちん》があるね。

花子：朝廷《ちょうてい》が唐《とう》の銅銭をモデルにつくった貨幣だね。

太郎：中世には、b中国から輸入された銅銭が使われたよ。特に、室町時代に輸入された銅銭は、全国的に流通したね。

花子：銅銭は市での取引などに使われ、c産業の発達を後押ししたね。

太郎：そうだね。近世には江戸幕府が貨幣をつくる権利を独占し、金・銀・銅の貨幣がつくられたよ。

花子：明治時代になると、現在使われている「円」という通貨の単位が生まれたね。このころには円のほかに、銭《せん》・厘《りん》という単位があったみたいだね。

太郎：そうだね。紙幣がつくられたのもこのころのようだよ。

花子：その後、日本はアメリカ合衆国や dヨーロッパの国々にならって、金貨と紙幣を交換できるしくみを取り入れたね。

(1)　下線部aについて、和同開珎が流通したころ、戸籍に登録された６歳以上のすべての男女に口分田があたえられ、その人が死んだ後、その土地を国に返す制度がとられていました。この制度の名称を書きなさい。

(2)　下線部bについて、太郎さんは、中国の自然環境や産業などについて調べました。次のア〜カのうち、適切なものを**２つ**選んで、その記号を書きなさい。

ア　アジア州を細かい地域に分けたとき、中国は中央アジアに属している。

イ　中国の北部からモンゴルにかけて、チベット高原が広がっている。

ウ　中国とネパールの国境付近には、ヒマラヤ山脈が連なっている。

エ　黄河《こうが》《ホワンホー》の中・下流域では、米や茶の栽培がさかんに行われている。

オ　中国の沿岸部に位置するシェンチェンなどには、経済特区が設けられている。

カ　中国は隣接するベトナムやタイとともに、ASEAN（東南アジア諸国連合）に加盟している。

(3) 下線部**c**について、太郎さんの話を聞き、花子さんは室町時代の産業に興味をもち、**<まとめ1>**を作成しました。**<まとめ1>**の[あ]、[い]に当てはまる語の組み合わせとして最も適切なものを、下の**ア**～**エ**の中から1つ選んで、その記号を書きなさい。

> **<まとめ1>**
>
> 南北朝の動乱後、社会の安定や貨幣の全国的な流通などにより諸産業が発達した。運送業では、年貢などの物資の輸送を行う[あ]などが、お金の貸し付けを行う金融業では、京都や奈良などに[い]と呼ばれる質屋が現れ、大きな富を築いた。

ア［あ 町衆《まちしゅう》　い 問《とい》(問丸)］　**イ**［あ 町衆　い 土倉《どそう》］
ウ［あ 馬借《ばしゃく》　い 問(問丸)］　**エ**［あ 馬借　い 土倉］

(4) 下線部**d**について、太郎さんは、ヨーロッパで芽生えた人権思想の歴史について調べました。次の**ア**～**エ**を年代の古い順に左から並べて、その記号を書きなさい。

ア ワイマール憲法が制定された。　**イ** 世界人権宣言が採択された。
ウ フランス人権宣言が発表された。　**エ** 権利(の)章典が制定された。

2 次の会話は、次郎さんと良子さんが、「茨城県の文化財」について話し合ったものです。これを読んで、(1)、(2)の問いに答えなさい。

> 次郎：水戸市には偕楽園《かいらくえん》と呼ばれる日本庭園があるね。
> 良子：国の史跡、価値の高い文化財として名勝に指定されているね。
> 次郎：そうだね。偕楽園は、a岡山県岡山市にある後楽《こうらく》園、石川県金沢市にある兼六《けんろく》園とともに、日本三名園の一つといわれているみたいだよ。
> 良子：日本三名園はすべてb江戸時代につくられたものだね。その地域の観光資源にもなっていて、毎年多くの観光客が訪れているようだよ。

(1) 下線部**a**について、岡山県について述べた文として最も適切なものを、次の**ア**～**エ**の中から1つ選んで、その記号を書きなさい。

ア 瀬戸内海沿岸では濃霧《のうむ》が発生しやすく冷涼な気候のため、酪農が発達している。
イ 伝統工業が発達しており、伝統的工芸品に指定されている津軽塗《つがるぬり》が生産されている。
ウ 水や木材が入手しやすい富士市では、製紙・パルプの生産がさかんである。
エ 倉敷《くらしき》市水島地区には石油化学コンビナートがあり、石油化学工業が発達している。

(2)　下線部**b**について、良子さんたちは、江戸時代の幕政改革の一つである享保の改革について興味をもち、**資料１**と**資料２**から**＜まとめ２＞**を作成しました。**＜まとめ２＞**の[　う　]、[　え　]に当てはまる語の組み合わせとして最も適切なものを、下の**ア**～**エ**の中から１つ選んで、その記号を書きなさい。また、**＜まとめ２＞**を参考にして、享保の改革が行われた目的を、「**米**」、「**財政**」という２つの語を用いて書きなさい。

資料１　年貢の収納高の変化

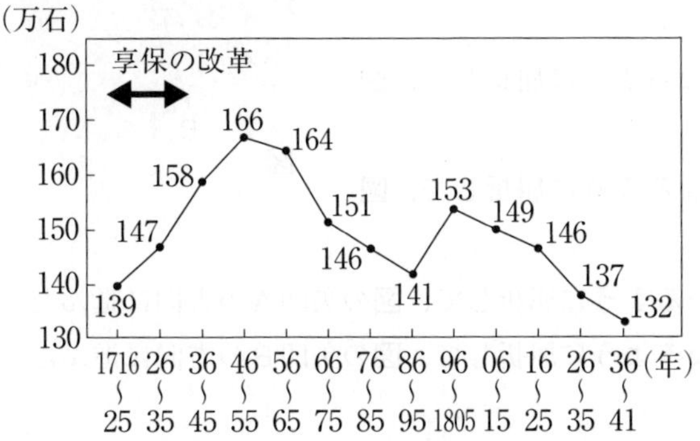

注）グラフの数値は期間内の平均値を示している。

〔詳説日本史図録より作成〕

資料２　耕地面積の変化

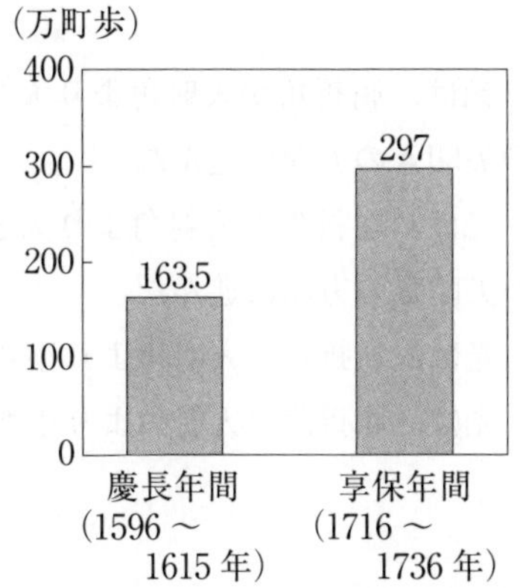

〔詳説日本史図録より作成〕

＜まとめ２＞

[　う　]が行った享保の改革では、年貢率の引き上げなどにより、改革の期間の年貢の収納高が増加したことが**資料１**から読み取れる。また、[　え　]を進めたことにより、慶長《けいちょう》年間と比べて耕地面積が拡大したことが**資料２**から読み取れる。

ア　［**う**　徳川吉宗《とくがわよしむね》　**え**　株仲間の解散］
イ　［**う**　徳川吉宗　**え**　新田開発］
ウ　［**う**　松平定信《まつだいらさだのぶ》　**え**　株仲間の解散］
エ　［**う**　松平定信　**え**　新田開発］

【理　科】 (50分) 〈満点：100点〉

1 次の(1)～(8)の問いに答えなさい。

(1) **図**のように、光源装置の光を水面に対して斜めに当てた。このとき、水中に進んだ光の道すじを説明したものとして最も適切なものを、次の**ア**～**エ**の中から１つ選んで、その記号を書きなさい。

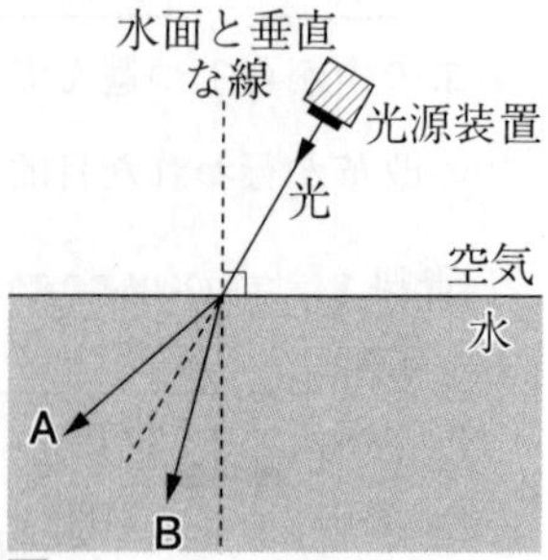

図

ア　光は、屈折角が入射角より大きくなるように屈折して、**図**の矢印**A**の方向に進んだ。
イ　光は、屈折角が入射角より大きくなるように屈折して、**図**の矢印**B**の方向に進んだ。
ウ　光は、屈折角が入射角より小さくなるように屈折して、**図**の矢印**A**の方向に進んだ。
エ　光は、屈折角が入射角より小さくなるように屈折して、**図**の矢印**B**の方向に進んだ。

(2) **図**のような装置で、水とエタノールの混合物を加熱したところ、もとの混合物よりもエタノールの割合が大きい液体が試験管に集まった。その理由として最も適切なものを、次の**ア**～**エ**の中から１つ選んで、その記号を書きなさい。

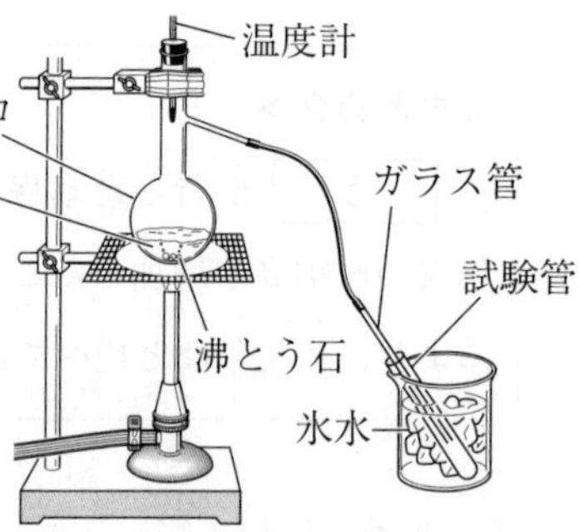

図

ア　エタノールの沸点が、水の沸点よりも高いため。
イ　エタノールの沸点が、水の沸点よりも低いため。
ウ　エタノールの密度が、水の密度よりも大きいため。
エ　エタノールの密度が、水の密度よりも小さいため。

(3) 植物のマツの花のつくりを説明したものとして最も適切なものを、次のア〜エの中から1つ選んで、その記号を書きなさい。

ア　雄花と雌花の区別があり、雄花のりん片には胞子のうが、雌花のりん片には胚珠がついている。
イ　雄花と雌花の区別があり、雄花のりん片には胞子のうが、雌花のりん片には子房がついている。
ウ　雄花と雌花の区別があり、雄花のりん片には花粉のうが、雌花のりん片には胚珠がついている。
エ　雄花と雌花の区別があり、雄花のりん片には花粉のうが、雌花のりん片には子房がついている。

(4) 図は、ある地点Xの同じ地震計で、異なる日に記録された地震A、Bによるゆれの様子を、それぞれ模式的に表したものである。この地震A、Bについて述べた次の文中の[あ]、[い]に当てはまる記号の組み合わせとして最も適切なものを、下のア〜エの中から1つ選んで、その記号を書きなさい。

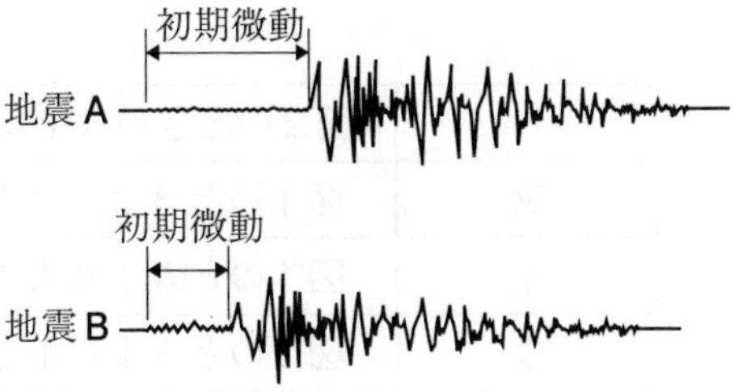

図

図をもとにして、地震A、Bを比較すると、地点Xから震源までの距離がより大きかったのは地震[あ]のほうであり、マグニチュードの値がより大きかったのは、地震[い]のほうであったと考えられる。

	あ	い
ア	A	A
イ	A	B
ウ	B	A
エ	B	B

(5) コイルを用いて、**図1**のような装置をつくり、スイッチを入れたところ、コイルが矢印の向きに動いた。次に、**図1**の回路の抵抗器と抵抗の大きさが等しい抵抗器をもう１本用意して、**ＰＱ**間の抵抗器を**図2**および**図3**のようにつなぎかえた。**図2**および**図3**のそれぞれについて、他の条件はすべて**図1**のときと同じにしてスイッチを入れ、コイルが動く大きさを**図1**のときと比べた場合、どのような結果が得られるか。その結果の組み合わせとして最も適切なものを、下の**ア**～**エ**の中から１つ選んで、その記号を書きなさい。

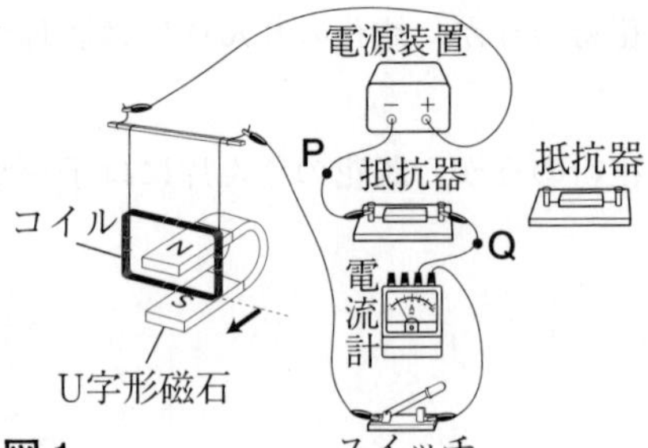

図1

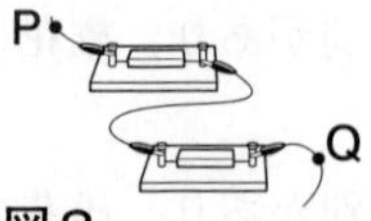

図2

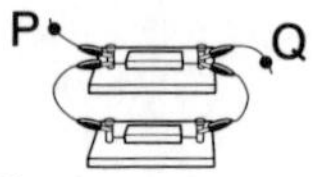

図3

	図2のときのコイルの動き方	**図3**のときのコイルの動き方
ア	**図1**のときより大きくなる。	**図1**のときより大きくなる。
イ	**図1**のときより大きくなる。	**図1**のときより小さくなる。
ウ	**図1**のときより小さくなる。	**図1**のときより大きくなる。
エ	**図1**のときより小さくなる。	**図1**のときより小さくなる。

(6) マグネシウムイオンのでき方を説明したものとして最も適切なものを、次の**ア**～**エ**の中から１つ選んで、その記号を書きなさい。

ア　マグネシウムイオンは、マグネシウム原子が電子を１個受けとってできる。
イ　マグネシウムイオンは、マグネシウム原子が電子を２個受けとってできる。
ウ　マグネシウムイオンは、マグネシウム原子が電子を１個放出してできる。
エ　マグネシウムイオンは、マグネシウム原子が電子を２個放出してできる。

(7)　相同器官の組み合わせとして最も適切なものを、次の**ア**～**エ**の中から１つ選んで、その記号を書きなさい。

ア　クジラの胸びれとヒトのうで
イ　スズメのつばさとモンシロチョウのはね
ウ　カメのこうらとカニの殻
エ　ライオンの牙《きば》とサイの角《つの》

(8)　**図**は、日本付近で見られた台風の等圧線を模式的に表したものである。地上付近の風の強さは、台風自身による風と、台風を移動させる風の向きが同じになるとき強くなることが知られている。**図**の台風を移動させる風が南西から北東に向けて吹いているとき、地上付近の風が最も強く吹いていると考えられる地点はどこか。最も適切なものを、**図**の**ア**～**エ**の中から１つ選んで、その記号を書きなさい。

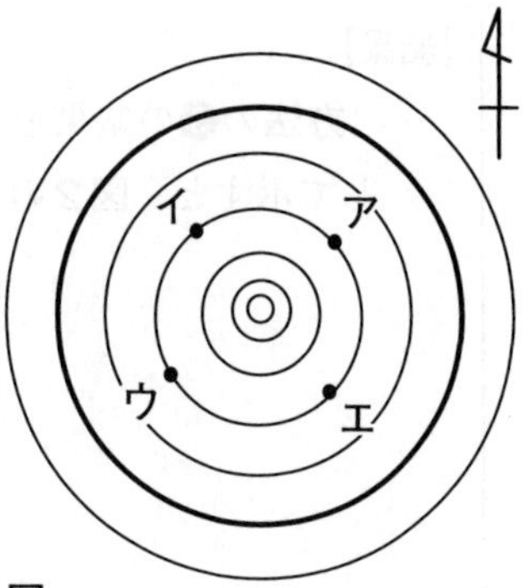

図

2　りょうたさんは、物体の運動について調べるために、次の**実験**を行った。(1)～(4)の問いに答えなさい。ただし、運動する台車やテープにはたらく摩擦や空気の抵抗は考えないものとする。

≪実験≫

【方法】

❶　斜面と水平面がなめらかにつながっている装置をつくり、斜面の上部に１秒間に50回打点する記録タイマーを固定する。

❷　**図１**のように、台車の先端を斜面上の点**A**の位置に合わせて置き、静かに手をはなして、台車が斜面上から水平面上へと運動する様子をテープに記録する。

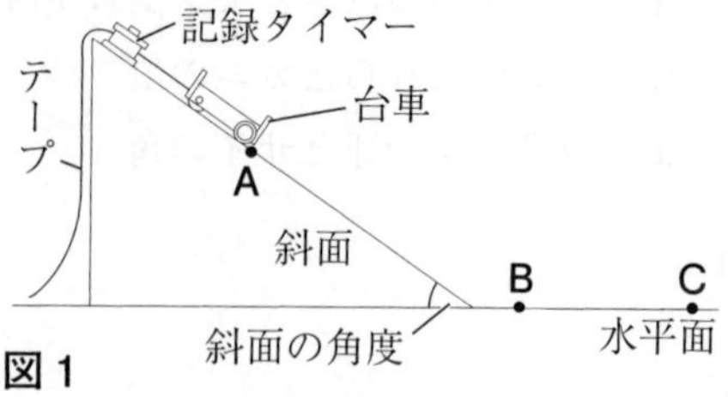

図１

❸　台車の運動の様子が記録されたテープを、打点が重なり合わずにはっきりと判別できる最初の点から５打点ごとに切り離し、時間経過の順に左から台紙にはりつけ、各テープの長さを記録する。

【結果】

・　**方法**の❸の結果を、各テープの打点を省略して示すと、**図２**のようになった。

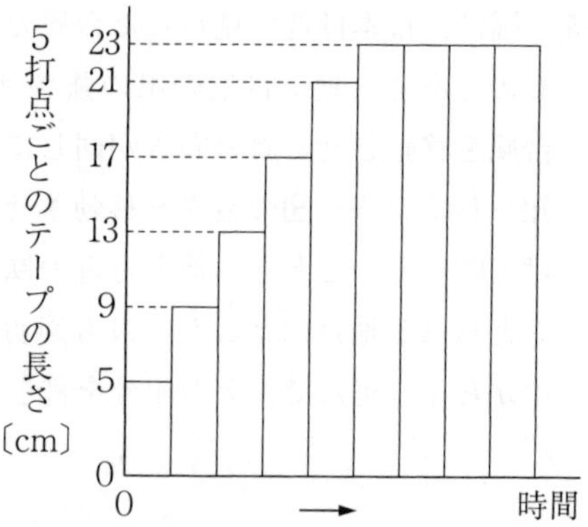

図２

(1)　**図３**は、斜面上にある台車にはたらく重力の大きさを力の矢印で表したものである。この重力を、斜面に平行な分力と斜面に垂直な分力に分解し、それぞれ力の矢印で表しなさい。

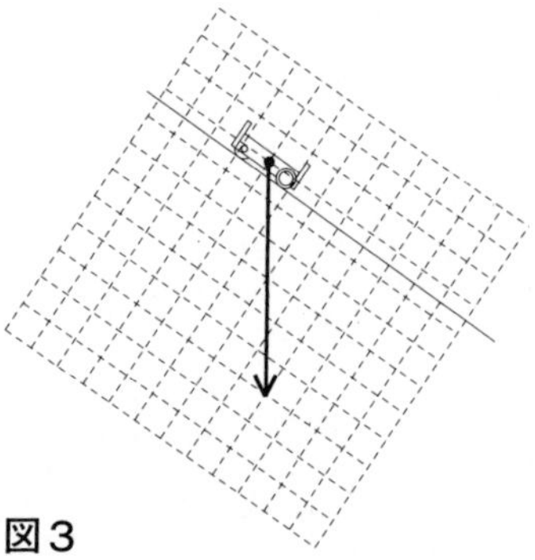

図３

(2)　**図１**の水平面ＢＣ上における台車の運動について述べた次の文中の［　あ　］、［　い　］に当てはまる最も適切な語をそれぞれ書きなさい。

> **結果**から、**図１**の水平面ＢＣ上において、台車は［　あ　］とよばれる運動を行ったことがわかる。台車が水平面ＢＣ上においてこのような運動を行ったのは、すべての物体がその運動の状態を続けようとする性質をもつためであり、このような性質を［　い　］という。

(3)　**図１**の点**Ａ**で運動を始めてから点**Ｃ**を通過するまでの間、台車にはたらいている力のうち、運動の向きにはたらいている力の大きさと時間との関係をグラフに表すとどのようになるか。最も適切なものを、次の**ア**～**エ**の中から１つ選んで、その記号を書きなさい。

ア

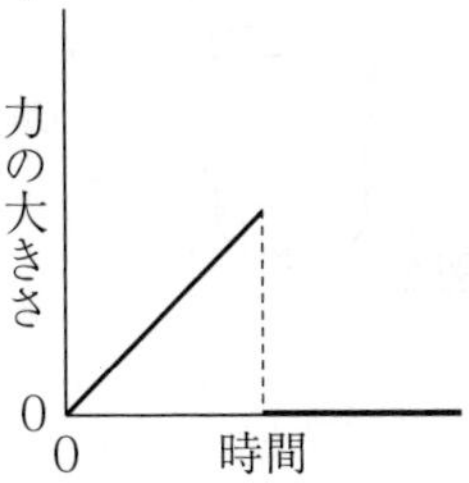

イ

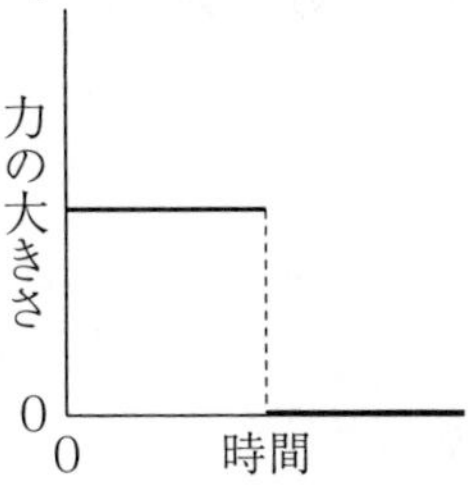

ウ

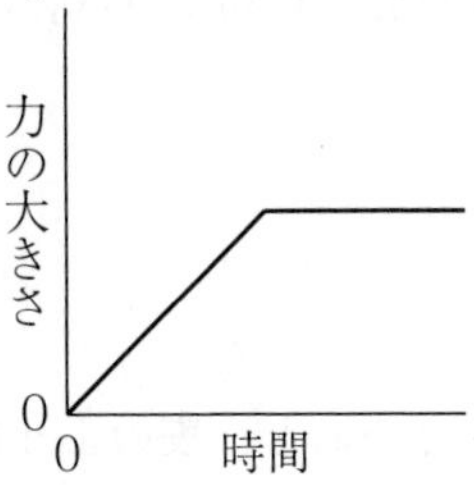

エ

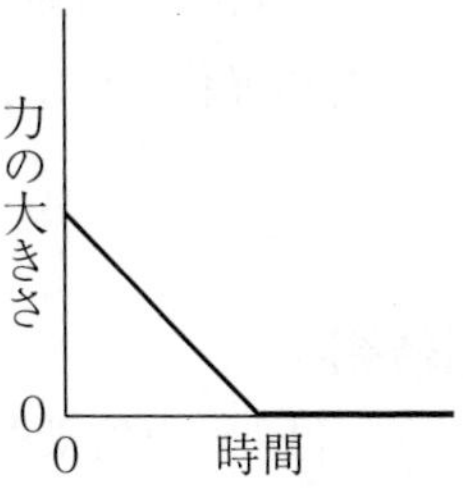

(4)　ＡＢ間の距離など他の条件は変えずに、**図１**の斜面の角度だけを大きくして、同様の実験を行った。このとき得られた結果を、**図２**にならって表した図として最も適切なものを、次の**ア**～**エ**の中から１つ選んで、その記号を書きなさい。

ア

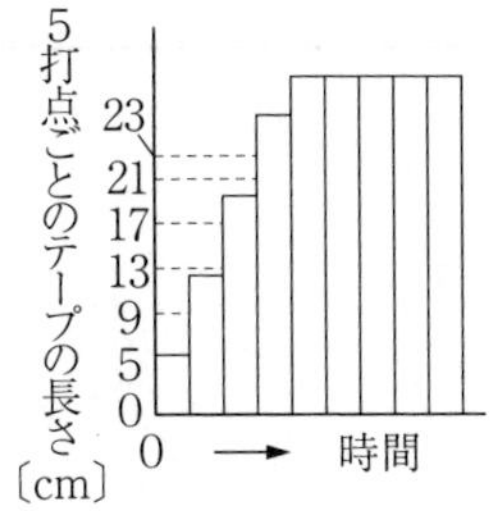

イ

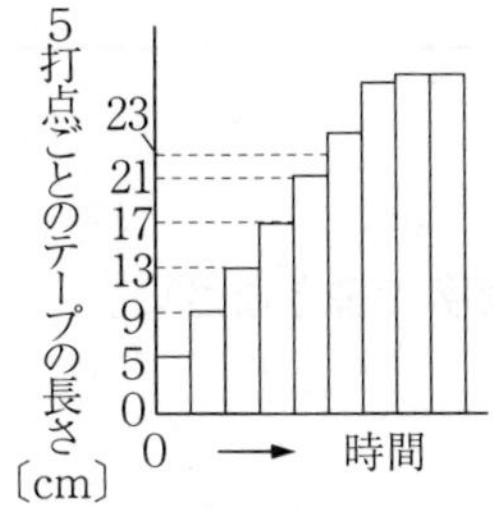

ウ

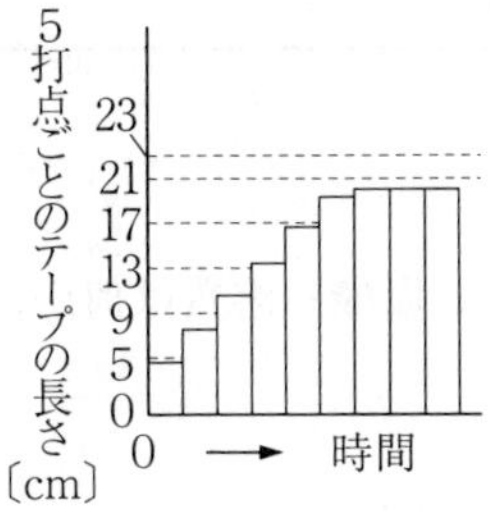

エ

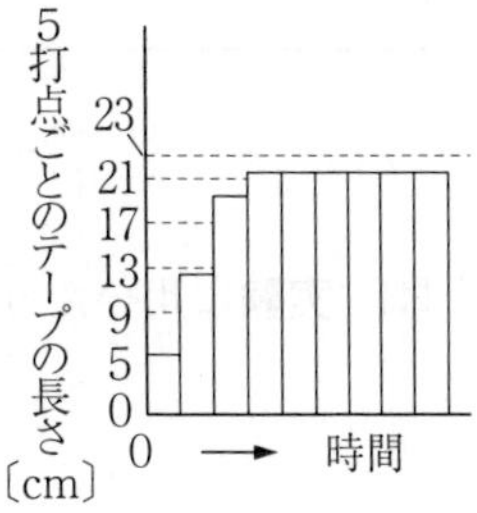

3 あおいさんは、化学変化の前後における質量について調べる次の**実験**を行った。(1)〜(5)の問いに答えなさい。ただし、**実験**に用いるうすい塩酸の濃度は一定で、発生した気体が水にとける質量は考えないものとする。

≪実験≫

【方法】

❶ メスシリンダーでうすい塩酸25.0cm^{3}をはかりとる。

❷ うすい塩酸25.0cm^{3}をビーカーに入れ、**図1**のように、電子てんびんでビーカーを含めた全体の質量を測定する。

❸ **図2**のように、❷のうすい塩酸に炭酸水素ナトリウム1.00gを加えて気体を発生させる。

❹ 気体の発生が終わったら、再び電子てんびんでビーカーを含めた全体の質量を測定する。

❺ うすい塩酸25.0cm^{3}に加える炭酸水素ナトリウムの質量を2.00g、3.00g、4.00g、5.00g、6.00gに変え、❶〜❹と同様の操作を行う。

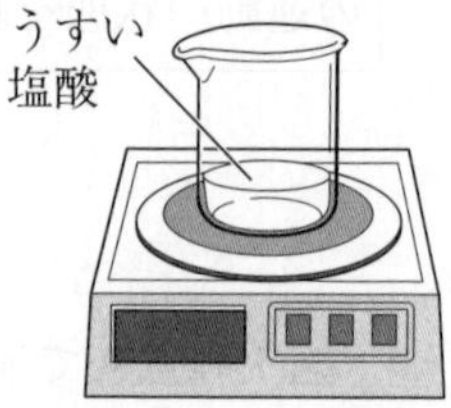

図1

図2

【結果】

・ 得られた結果をまとめると、**表**のようになった。

表

うすい塩酸25.0cm^{3}とビーカーの質量の合計〔g〕	95.50	95.50	95.50	95.50	95.50	95.50
加えた炭酸水素ナトリウムの質量〔g〕	1.00	2.00	3.00	4.00	5.00	6.00
反応後のビーカーを含めた全体の質量〔g〕	96.00	96.50	97.00	97.75	98.75	99.75

(1) **実験**に用いたうすい塩酸の溶質は何か、**漢字**で書きなさい。

⑵　**方法**の❶で、メスシリンダーでうすい塩酸 25.0cm^3 をはかりとるときに、真横から液面の高さを読み取った様子を模式的に表した図として最も適切なものを、次の**ア**～**エ**の中から1つ選んで、その記号を書きなさい。

ア　　**イ**　　**ウ**　　**エ**

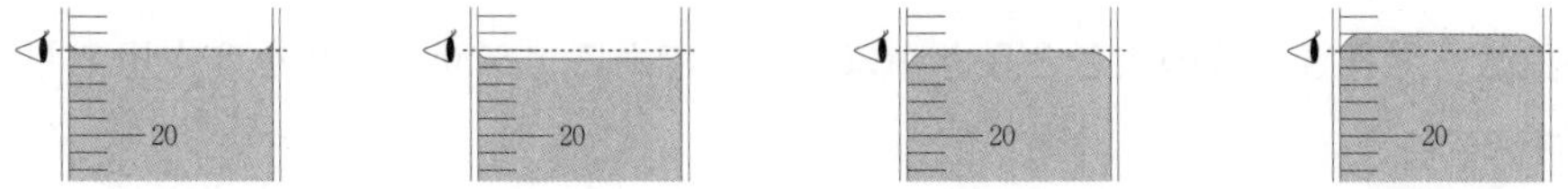

⑶　この**実験**で起こった、うすい塩酸と炭酸水素ナトリウムの化学変化を、化学反応式で書きなさい。

⑷　**図３**は、**結果**の**表**をもとに、加えた炭酸水素ナトリウムと反応後のビーカーを含めた全体の質量の関係をグラフに表したものである。**図３**を参考にして、加えた炭酸水素ナトリウムの質量と発生した気体の質量との関係をグラフに表しなさい。

⑸　**結果**の**表**をもとにすると、炭酸水素ナトリウム 8.40g をすべて反応させる場合、**実験**で用いたうすい塩酸と同じ濃度のうすい塩酸が少なくとも何 cm^3 必要になるか、小数第一位まで求めなさい。

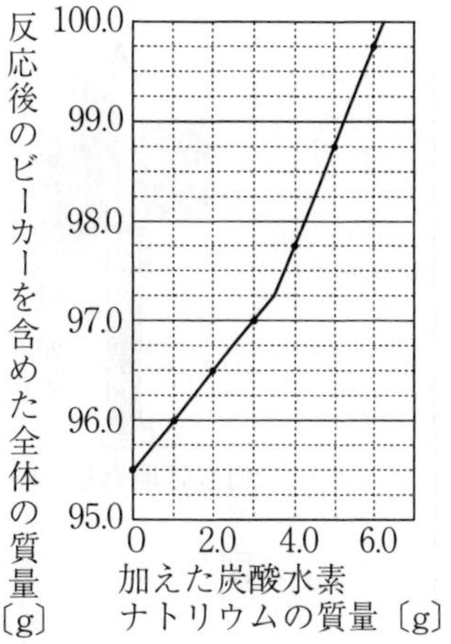

図３

4　あおいさんは、植物の蒸散について調べるために、次の**実験**を行った。(1)～(4)の問いに答えなさい。ただし、**実験**に用いるワセリンは水や水蒸気をまったく通さない性質をもち、水の減少量は植物からの蒸散量と等しいものとする。

≪実験≫

【方法】

❶　葉の枚数と大きさ、茎の太さと長さがほぼ同じであるアジサイの枝を３本用意し、A～Cとする。

❷　アジサイAには何も処理をせず、アジサイBにはすべての葉の表側全体に、アジサイCにはすべての葉の裏側全体にワセリンをぬる。

❸　図のように、アジサイA～Cを、赤インクで着色した水を同量ずつ入れた別々のメスシリンダーにさし、水面からの水の蒸発を防ぐために少量の油を注ぐ。

❹　アジサイA～Cをさしたメスシリンダーをそれぞれ風通しのよい明るい場所に一定時間置き、水の減少量を調べる。

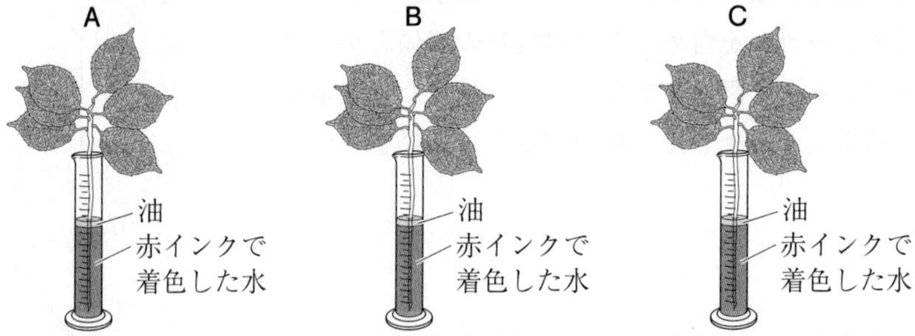

何も処理をしない。　　すべての葉の表側全体にワセリンをぬる。　　すべての葉の裏側全体にワセリンをぬる。

図

【結果】

アジサイ	A	B	C
メスシリンダーの水の減少量〔cm^3〕	5.1	4.1	1.5

(1)　アジサイ**B**をさしたメスシリンダーの水の減少量が、アジサイ**C**をさしたメスシリンダーの水の減少量より大きくなった理由として最も適切なものを、次の**ア**～**エ**の中から1つ選んで、その記号を書きなさい。

ア　蒸散は、明るいところより暗いところのほうがさかんに行われるから。
イ　蒸散は、暗いところより明るいところのほうがさかんに行われるから。
ウ　気孔の数が、葉の裏側より表側のほうが多いから。
エ　気孔の数が、葉の表側より裏側のほうが多いから。

(2)　アジサイ**A**をさしたメスシリンダーの水の減少量が、アジサイ**B**をさしたメスシリンダーの水の減少量とアジサイ**C**をさしたメスシリンダーの水の減少量の合計と等しくならなかったことから、蒸散が起こる部分についてどのようなことが考えられるか。「蒸散は、」という書き出しに続けて書きなさい。

(3)　**実験**のあと、アジサイ**A**の茎の一部を切りとり、茎の中心を通る面で縦に切ったところ、赤く染まっている部分が見られた。その様子を模式的に表した図として最も適切なものを、次の**ア**～**エ**の中から1つ選んで、その記号を書きなさい。ただし、▬▬▬は、赤く染まっている部分を示すものとする。

ア　**イ**　**ウ**　**エ**

(4)　次の文は、**実験**中にアジサイ**A**の葉の気孔で出入りする気体について説明したものである。文中の［　あ　］、［　い　］に当てはまる気体名をそれぞれ書きなさい。

実験中、アジサイ**A**の葉の気孔では、水蒸気のほかに、光合成と呼吸のはたらきによって、全体として［　あ　］が出され、［　い　］がとり入れられていた。

5　りょうたさんは、火山噴出物の１つである軽石や３種類の火成岩Ａ～Ｃについて調べる**観察**を行い、ノートにまとめた。(1)～(4)の問いに答えなさい。

りょうたさんのノートの一部

≪観察１≫

【方法】

ルーペを使って軽石の表面を観察する。

【結果】

・　軽石の表面には、小さな穴がたくさんあいていた。**図**は、そのときのスケッチである。

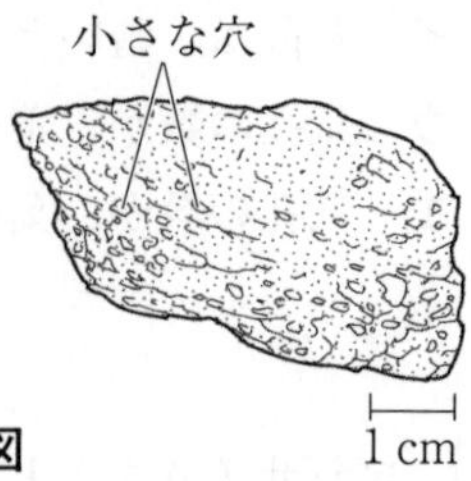

図

≪観察２≫

【方法】

❶　双眼実体顕微鏡を使って、３種類の火成岩Ａ～Ｃのつくりを観察する。ただし、火成岩Ａ～Ｃは、花こう岩、玄武岩、安山岩のいずれかである。

❷　火成岩Ａ～Ｃに含まれている鉱物の種類とその割合を調べる。

【結果】

・　火成岩Ａ、Ｂのつくりは、形がわからないほど小さな粒の間に、比較的大きな鉱物が散らばっていた。火成岩Ｃのつくりは、１つ１つの鉱物が大きく、ほぼ同じくらいの大きさの鉱物がきっちりと組み合わさっていた。

・　火成岩Ａ～Ｃに含まれていた鉱物の種類とその割合をまとめると、**表１**のようになった。

表１

火成岩		Ａ	Ｂ	Ｃ
鉱物	石英	0％	7％	25％
	長石	45％	62％	66％
	輝石	26％	0％	0％
	角セン石	0％	22％	1％
	黒雲母	0％	8％	5％
	その他の有色鉱物	29％	1％	3％

⑴　次の文は、**観察１**で、軽石の表面にたくさん見られた小さな穴がどのようにしてできたかを説明したものである。文中の[　あ　]に当てはまる内容を書きなさい。

> **観察１**で、軽石の表面にたくさん見られた小さな穴は、噴火のときにマグマの中から[　あ　]ためにできたものである。

⑵　**観察２**で、火成岩**A**、**B**に見られた下線部の部分は、マグマが急速に冷え固まったためにできた部分である。この部分を何というか、書きなさい。

⑶　**観察２の結果**から、火成岩**A**～**C**はそれぞれどの岩石であると考えられるか。その組み合わせとして最も適切なものを、次の**ア**～**エ**の中から１つ選んで、その記号を書きなさい。

	火成岩A	火成岩B	火成岩C
ア	花こう岩	安山岩	玄武岩
イ	玄武岩	花こう岩	安山岩
ウ	玄武岩	安山岩	花こう岩
エ	安山岩	玄武岩	花こう岩

⑷　**表２**は、**表１**に示したいずれかの鉱物について、形や色、特徴をまとめたものである。**表２**に関する下の文中の[　い　]、[　う　]に当てはまる記号として最も適切なものを、**表２**の**A**～**E**の中から１つずつ選んで、その記号を書きなさい。

表２

	A	B	C	D	E
鉱物の模試図			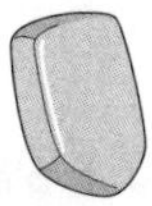	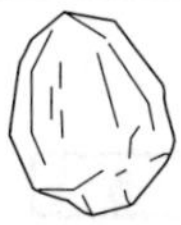	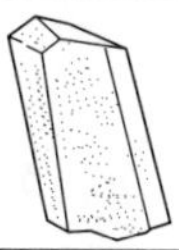
鉱物の色	黒色	こい緑色 緑黒色	暗緑色 かっ色	無色 白色	白色
鉱物の特徴	形は板状。 決まった方向にうすくはがれる。	形は長い柱状。	形は短い柱状。	形は不規則。 不規則に割れる。	形は柱状。 決まった方向に割れる。

> **表２**の**A**～**E**のうち、石英を示しているのは[　い　]であり、角セン石を示しているのは[　う　]である。

6　りょうたさんとあおいさんは、運動をすると呼吸数や心臓の拍動数がふえる理由について話している。次の会話を読んで、(1)〜(4)の問いに答えなさい。

りょうた：激しい運動をすると、呼吸数や心臓の拍動数がふえるのはどうしてなのかな。

あおい：運動をすると、筋肉細胞などで多くのエネルギーを必要とするからじゃないかしら。からだの各部の細胞は、酸素を使って養分からエネルギーをとり出しているでしょ。

りょうた：肺に多くの酸素をとりこむために呼吸数がふえるんだね。そして、a肺でとりこんだ酸素や小腸で吸収された養分をからだの各部にたくさん運ぶために、心臓の拍動数もふえるというわけか。

あおい：そういうことね。心臓の拍動数がふえるということは、b血液の循環がさかんになるということだからね。

りょうた：血液によってからだの各部に運ばれた酸素や養分は、どのようにして血管内の血液中から各細胞に届けられるんだろう。

あおい：毛細血管のすき間からしみ出た血しょうの一部が［あ］となって細胞のまわりを満たしているそうよ。その［あ］が血管内の血液と細胞との間で行われる物質のやりとりのなかだちをするみたいね。

りょうた：なるほどね。ところで、酸素を使って養分からエネルギーをとり出すはたらきって、なんだかc自動車がガソリンからエネルギーをとり出すしくみと似ているよね。

あおい：そうね。どちらも酸素を使って有機物からエネルギーをとり出し、反応後には二酸化炭素と水が発生するものね。

りょうた：ヒトのからだと自動車で、有機物からエネルギーをとり出すしくみが似ているなんて、なんだかおもしろいね。

(1)　会話文中の［あ］に当てはまる語を書きなさい。

(2) 下線部**a**について、**図1**はヒトの肺の一部を、**図2**はヒトの小腸の内側のかべの表面の一部を、それぞれ模式的に表したものである。ヒトの肺や小腸が、**図1**および**図2**のようなつくりであることは、それぞれの器官のはたらきが効率よく行われるのに役立っているが、その理由を、それぞれの器官のつくりに共通していることに着目して書きなさい。

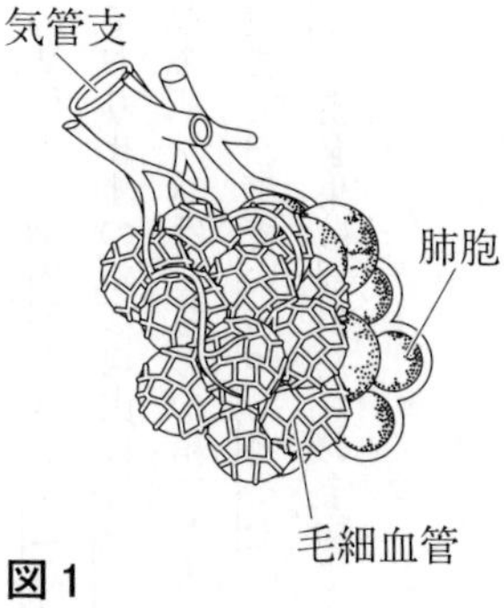

図1

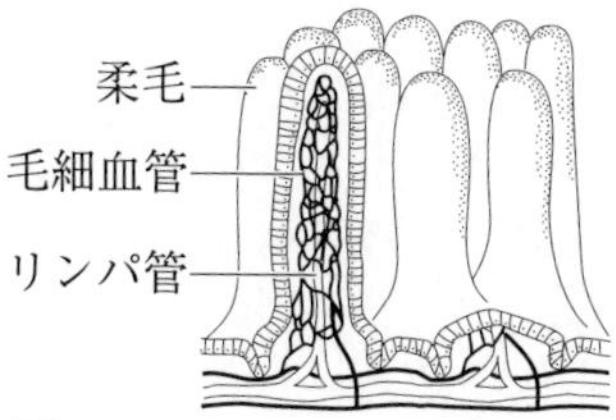

図2

(3) 下線部**b**について、ヒトの血液循環は、大きく肺循環と体循環に分けることができる。肺循環の経路として最も適切なものを、次の**ア**～**エ**の中から１つ選んで、その記号を書きなさい。

ア　右心房→肺動脈→肺→肺静脈→左心室
イ　右心室→肺動脈→肺→肺静脈→左心房
ウ　左心房→肺動脈→肺→肺静脈→右心室
エ　左心室→肺動脈→肺→肺静脈→右心房

(4) 下線部**c**について、ガソリンを酸素と反応させたときに二酸化炭素と水が生じるのは、ガソリンに何という元素が含まれているためか、その元素記号を２つ書きなさい。

㈢ 次の文中の――部の敬語の使い方が**適切でないもの**を、次の**ア**～**オ**の中から一つ選んで、その記号を書きなさい。

ア 私たち美術部の普段の活動内容を皆様にご説明します。

イ 作品を展示しておりますのでご自由に拝見してください。

ウ ご使用になったスリッパはこちらの箱にお入れください。

エ 先生はこの学校までお車でいらっしゃったのですか。

オ 先生から頂いた美術全集は部員たちの宝物になっています。

四　次の㈠～㈢の問いに答えなさい。

㈠　次の【Ⅰ】～【Ⅲ】を読んで、後の⑴と⑵の問いに答えなさい。

【Ⅰ】訓読文（訓読するための文）

孔子曰《ク》、君子《ハ》和《シテ》而不《ず》レ同《ぜ》、小人《ハ》同《ジテ》而不《ず》レ和《セ》。

【Ⅱ】書き下し文

孔子《こうし》曰《いは》く、君子《くんし》は和して同ぜず、□。

【Ⅲ】現代語訳

孔子がこう言った、「立派な人は他人と調和しつつ主体性を失わないが、つまらない人は主体性を失って他人に同調しつつ調和はしない。」

⑴　【Ⅱ】の□に入る語句として最も適切なものを、次のア～エの中から一つ選んで、その記号を書きなさい。

ア　小人は同じて和せず　　イ　小人は和せず同じて　　ウ　和せず同じて小人は　　エ　同じて和せず小人は

⑵　【Ⅲ】の――部「他」のへんを行書で書いたものとして最も適切なものを、次のア～エの中から一つ選んで、その記号を書きなさい。

ア 　イ 　ウ 　エ 

㈡　次の⑴～⑷の――部について、漢字の部分の読みを平仮名で、片仮名の部分を漢字で書きなさい。

⑴　閣僚が会合を開く。　　⑵　つぼみが膨らむ。

⑶　機械がコショウする。　　⑷　早めに宿題をスます。

㈥ 【Ⅲ】に②欠点を先にして、利点をあとで述べるほうが、最後のスライドの内容につなげやすいと思いますとあるが、明子さんのこの発言について説明したものとして最も適切なものを、次の**ア**～**エ**の中から一つ選んで、その記号を書きなさい。

ア 直前の発言に同意し、その理由を述べている。
イ 直前の発言に反対し、異なる意見を述べている。
ウ 直前の発言とは別の話題に切り替えている。
エ 直前の発言を受けて、改善案を述べている。

【Ⅳ】花子さんのグループの発表のスライド

ア

「自分にはたいしたことはできない」
⬆
日本人が陥りがちな考え方

イ

より価値のある仕事をするためには
自分を過小評価しないこと
むやみに謙虚にならず、
できると思って努力しよう！

ウ

自分を過小評価することの欠点

・「できそうもない」と思ったら、
そこで終わってしまう

エ

理由① 日本は明治以降、西欧の文化を取り入れてきたから

理由② 日本には謙虚さを重視する文化があるから

オ

自分を過小評価しないことの利点

・働くのがつらくならない
・きちんと批判できる⇒組織が向上
・未知の力を実現できる

㈦ 【Ⅳ】のスライドは、【Ⅲ】の話し合いをもとに作成したものである。**発表の順番になるように、ア～オ**の記号を並び替えて書きなさい。

㈣ 【Ⅱ】に①自分に対して、とりわけ自分の将来については、謙虚さを持つべきではないとあるが、それはなぜか。二十五字以上三十字以内で書きなさい。
（句読点を含む。）

【Ⅲ】グループでの話し合いの一部

花子	【Ⅰ】と【Ⅱ】で述べている内容は、一部重なっていますね。
一郎	そうですね。【Ⅰ】で述べられている「 E 」を、【Ⅱ】では「自分を過小に評価」する、という言葉で表現していますね。【Ⅰ】も【Ⅱ】も、その考え方を捨てることでより価値のある仕事ができると述べています。
花子	では、「より価値のある仕事をするためには」というテーマで、【Ⅰ】と【Ⅱ】を組み合わせて、発表のスライドの構成を考えていきましょうか。
次郎	そうですね。ではまず最初に、日本人が陥《おちい》りがちな良くない考え方を紹介してはどうでしょうか。
明子	いいと思います。二番目のスライドは、なぜそういう考え方に陥りがちなのかの理由を示してはどうですか。【Ⅰ】と【Ⅱ】の両方で、日本特有の事情が述べられています。
一郎	最後のスライドは、自分を過小評価しないことで、より価値のある仕事ができるという内容で締めくくりたいですよね。それなら、その前に、過小評価しないことの利点と過小評価することの欠点を挙げて、主張を述べると、説得力が増すと思います。
明子	②欠点を先にして、利点をあとで述べるほうが、最後のスライドの内容につなげやすいと思います。
次郎	そうですね。それがいいと思います。
花子	では、その構成でいきましょう。発表するのが楽しみですね。

㈤ 【Ⅲ】の E に入る言葉を、【Ⅰ】から八字で抜き出して書きなさい。

【Ⅱ】

自分のことを過小に評価していると、他人を批判できなくなる。つい心の中で、「自分だってたいしたことないのだから、他人のことを批判する資格はないな。オレが何か言うと、彼はきっと『おまえに言われたくないよ』と思うだろうな」と反省して、相手に落ち度があっても黙っておくことがある。

だが、それはむしろ卑怯《ひきょう》なことだ。「こちらも黙っているから、あんたも黙っておいてくれ」という交換条件を暗黙のうちに出しているに過ぎない。これでは、組織も自分自身も向上しない。

人を批判するとき、自分のことは棚に上げるのが原則だ。そうしないと、ほとんどの人が何も批判できない。

（中略）

また、批判してくれる人に対しても、耳を傾けるべきだ。批判するということは、少なくとも不足を指摘するということだ。もちろん批判の中には的外れなものも多い。事情を知らないままいい加減な批判をする人間はどこにでもいるものだ。あるいは嫉妬《しっと》にかられて悪意ある批判をする人間も多い。

だが、そのような場合を除いて、批判は的確に仕事の不足を指摘するものので間違いない。たとえ無理解であっても、別の見方を示してくれることもある。それを参考にするべきだ。そして、その際に必要なのは、謙虚さだろう。

それに、日本社会は謙虚であることを強制する傾向が強い。口先だけであろうと、「私など口出しするほどのものではない」といった様子を示す必要がある。

だが、①自分に対して、とりわけ自分の将来については、謙虚さを持つべきではない。「自分はどうせそのようなことはできないだろう」などと思うべきではない。自分の専門でないことについてはほかの人に任せるのが得策《とくさく》だが、自分の範囲と決めたことについては、自分にはできるという意識を持つ必要がある。自分に対して謙虚になって、「私はそんなことはできそうもない」と思ったら、それで終わってしまう。自分には自分で思っている以上の未知の力がある。これからの努力次第で、それを実現できる力がある。そのように思っている必要がある。

そのためには、むしろ実際の自分よりも上を設定する必要がある。つまりは、多少背伸びをすることだ。「きっと自分にはそれができるはずだ」という気持ちを忘れない。そして、「できると思いますので、やらせてください」という姿勢をとる。これは決して恥ずかしいことではない。むしろ、できる能力があるのに引っ込み思案でいることこそが恥ずかしい。それは、後で恥を掻《か》くのを畏《おそ》れているに過ぎない。傷つきたくなくて、安全なところにいようとし、他人が失敗したらその人のせいにし、他人が成功したら嫉妬する態度だ。言い換えれば、実に卑怯な態度なのだ。

それよりは、むやみに謙虚にならずに自分の力をアピールするほうがずっと健康的だろう。

（樋口裕一「発信力　頭のいい人のサバイバル術」による。）

㈡　花子さんは【Ⅰ】を読んで、〈更新要求〉への対処法を次のようにまとめた。［D］に入る最も適切な言葉を、【Ⅰ】から十字で抜き出して書きなさい。（句読点や記号を含む。）

〈更新要求〉＝〈更新圧力〉

× つらい
自分にはできない

○ ［D］があればいいと
割り切って考える

㈢　【Ⅰ】の文章について述べた文として最も適切なものを、次のア～エの中から一つ選んで、その記号を書きなさい。

ア　創造力についての日本人の考え方と世界の考え方で共通している内容を挙げ、日本が劣っている原因を述べている。

イ　社会の現状をふまえて日本人の創造力について問題提起をし、具体的なデータや事例を示しながら解決策を論じている。

ウ　複数の具体例や筆者自身の体験を根拠として日本人の創造力の高さを示し、柔軟な発想をするための方法を述べている。

エ　日本人の自己評価の低さが創造力の発揮を妨げている問題について、原因、結果、予想される未来を順番に示している。

真似やアレンジに過ぎない、つまり、自分たちがしているのは「創造」でも「発想」でもなく、精度を高めただけだと、低い自己評価しかしてきませんでした。

でも、世界はそうは思っていませんでした。

そのアレンジの仕方こそが画期的《かっきてき》※3なもので、とてもクリエイティブだと評価されているのです。他に類を見ないトイレの進化や、ルーツは他国にあるものの、すでに日本ならではのグルメとなっているカレーやラーメン、そして漫画やアニメのキャラクターなど、日本は新たなアイデアが止まらない国として世界から認知されているのです。

日本市場では常に更新が求められています。

満足を知らないこのいわば〈更新要求〉は、新たな価値を次々と生み出す原動力になっていると同時に、労働現場には大きな圧力としてのしかかっています。

これは別に日本だけのことではないのかもしれませんが、〈更新要求〉の厳しい国においては、商品もサービスも常に進化させつづけなければなりません。そのため、この〈更新圧力〉をつらいと感じてしまうと、働くことそのものがつらくなってしまいます。

先日、あるテレビ番組でフリーターの人たちをたくさん集めて討論会をしていました。その中に「自分は単純労働ならできるけれど、複雑なことができない。そのため会社の中で大事な仕事ができず、ずっと非正規雇用で、労働状況もずっと悪いままです」と、訴えている人がいました。

［C］、そういう人はどうすればいいのでしょう。

まずは「自分は複雑な仕事はできないのだから、新たな価値を生み出すことなんかできない」という間違った思い込みを捨てることだと思います。

ビジネスの世界はいま、次々と新しい価値を生み出していかないと、企業自体が存続できなくなっています。少しくらい性能を上げたり機能を付け加えたりしても、すぐに他社に追いつかれてしまうからです。そのため、生き残っていくためには常に商品に新しい価値を付加していかなければなりません。

これはものに限らずサービスにおいても同じです。どんなに質の高いサービスでも人はすぐに慣れてしまいます。そのため、これまでにない「価値」を考案して付加することが求められます。

しかし、先ほども言いましたが、価値の創造とは、ごく簡単に言えばいまあるものをより良くする「ひと工夫」の発想力です。

少々強引かもしれませんが、そう割り切ってしまったほうが、肩の力が抜けて柔軟な発想ができるようになると思います。

（齋藤孝「『型破り』の発想力」による。）

※1　払拭＝はらいぬぐい去ること。すっかり取り除くこと。
※2　世相＝世の中のありさま。社会のようす。
※3　画期的＝それまでに見られないほど独特で、かつすぐれているさま。

㈠　【I】の［A］〜［C］に入る言葉の組み合わせとして最も適切なものを、次のア〜エの中から一つ選んで、その記号を書きなさい。

ア　A そこで　B なぜなら　C しかし
イ　A けれども　B あるいは　C そして
ウ　A たとえば　B しかも　C さて
エ　A ところが　B たとえば　C では

三

花子さんたちは、国語の授業で、【Ⅰ】と【Ⅱ】の文章を読み、グループごとに分かったことをスライドで発表することになりました。そのために【Ⅲ】の話し合いをして、【Ⅳ】のようにまとめました。後の㈠～㈦の問いに答えなさい。

（【Ⅰ】はページごとに上段から下段に続いている。）

【Ⅰ】

わたしは、日本人のクリエイティブ能力は、自分たちが思っているよりずっと高いと思っています。事実、二〇一六年にアメリカのアドビシステムズ（Adobe Systems）が行《おこ》なった「クリエイティビティ（創造性）」に関する調査では、世界で最もクリエイティブな国は日本だという結果が出ているのです（Adobe Systems「State of Create : 2016」）。

A 、二位以下の他の国では「あなたはクリエイティブですか？」と聞かれると、多くの人がイエスと答えるのに対し、日本ではなんと四分の三の人が、自分はクリエイティビティを充分に発揮できていないと答えているのです。

日本人は「自分たちは創造的ではない」という誤った思い込みをしているということです。

日本は明治以降、西欧の文化を必死になって取り入れてきました。そのため、いつしか外国のものは素晴らしくて、自分たちは外国の真似《まね》ばかりで創造的ではないと思い込んでしまったのかもしれません。

そろそろ、こんな間違った思い込みは※1払拭《ふっしょく》しなければなりません。

実際、自分なんか、と言っている人でも、少し厳しいミッションを与えると、苦しみながらも立派にミッションをクリアしてしまう人がほとんどです。

わたしは大学の授業中、よく「むちゃ振り」をします。 B 、「※2世相《せそう》を反映したショートコントをいますぐつくれ」などと言うと、学生たちはみんな「エーッ！」と困惑しながらも、五分ほどでちゃんと見事なコントをつくって披露《ひろう》してくれます。

ビジネスの世界を見ても、日本人の創造力の高さは至るところで見出《みいだ》すことができます。

その典型的な例が、新幹線の車内清掃です。

先日、アメリカのハーバード大経営大学院で、日本の新幹線の清掃が必修教材に採用されたという記事が新聞に載っていました（二〇一六年九月二日『毎日新聞』）。

実はこの清掃、海外では「奇跡の七分間」と呼ばれるほど高く評価されているのです。

わたしも、新幹線の清掃が非常に見事な手際《てぎわ》で、あっという間に効率よく行なわれているのを見るたび、その無駄のない動きに感心していました。

海外で「奇跡」とされるこの清掃も、その中身を見ていくと、作業の順番を少し入れ替えて効率的にしたり、道具を車内で使いやすいように加工したり、乗客に降りる際にリクライニングを元の位置に戻すようお願いするなど、小さなひと工夫を一つひとつ積み重ねたものだということがわかります。

価値を創造するというと、とても難しいことのように思うかもしれませんが、すべきことはそれほど難しいことではありません。

実際ビジネスの現場では、お客さんの前に食べ物を出すときに、ちょっと向きを変えたことや、出す順序を入れ替えたことなど、ほんの少しの工夫が大きな価値につながったということがよくあります。つまり、「ひと工夫」の発想力でいいのです。

一つひとつは小さな工夫であっても、積み重なればその結果は大きな違いを生み出します。

（中略）

日本人は長らく、自分たちが作るものは、しょせんは進んだ欧米文化の

(二) ②いづちへかおり申さん、御申あれ　とあるが、その内容として最も適切なものを、次のア～エの中から一つ選んで、その記号を書きなさい。

ア　どちらのほうへ向かっていくのか、お教えください

イ　どこに降りるのでしょうか、おっしゃってください

ウ　どのような香りがするのでしょうか、お知らせください

エ　どのように香りを出すのか、お知りになってください

(三) ③しらぬ　の主語を【Ⅰ】から抜き出しなさい。

(四) この文章から読み取れる内容として最も適切なものを、次のア～エの中から一つ選んで、その記号を書きなさい。

ア　一休はある人の問いに即答したうえ、逆に相手が答えられないであろう難しい問いを返して、相手をやり込めた。

イ　一休はある人からの問いに答えるため、相手に問いを投げかけ、その答えをふまえて、二人で答えを導き出した。

ウ　一休はある人からの問いに対して、相手が答えられない難問をぶつけて、自分では直接答えることはしなかった。

エ　一休はある人からの問いを受けて、相手に別の問いを投げかけることで、相手が自分自身で初めの問いに答えるようにした。

(五) 一郎さんは、【Ⅰ】が収録されている「一休ばなし」から別の話を見つけ、【Ⅱ】のように、あらすじと感想をノートにまとめた。［　　］に入る言葉を、【Ⅱ】をもとに考え、「ばち」という語を使って十字以上、十五字以内で書きなさい。

【Ⅱ】一郎さんのノートの一部

〈あらすじ〉

一休のいる寺に、動物の革でできたはかまをはいた人がやってきた。

←

一休は寺の入り口に次のような立札を立てた。

「この寺へは革の類は一切持ち込み禁止。もし持ち込めばばちが当たるだろう。」

←

訪問者は「寺で使っている太鼓だって革だろう。」と言い返した。

←

一休は「ええ、太鼓には朝晩ばちが当たっていますから、あなたにも当てましょう。」とおどけた。

〈感想〉

・［　　］の二つの意味にとらえられる言葉を立札に使ったところがポイントだと思った。

・【Ⅰ】も【Ⅱ】も、一休は相手の言った言葉をうまく利用している。

・一休は人をからかっておもしろがる、ひょうきんな人物だと思った。

二　一郎さんは、国語の授業で、【Ⅰ】の古典の文章を読みました。後の㈠～㈤の問いに答えなさい。

【Ⅰ】　古典の文章

※1むつきの①すゑつかた、ある人※2和尚《をしやう》にともなはれ、逍遥《せうよう》して（散策して）山野にあそび、見るにつき、聞《きく》につき、ひた物例のかる口を仰《おほせ》られ（ひたすらいつものような軽口をおっしゃり）、われもよろこび、人をも興《けう》ぜさせ給《たま》ふ（おもしろがらせなさった）。

折ふし（その折）はるかに雲井のそらを（空の高いところを）、※3かりがねの友をしのび、※4こしにかへるかと思《おぼ》しくて、二羽つらなりてとび過《すぎ》ける。かの人一休に申《まうし》けるは、「いかに、只今《ただいま》そらを過るかりがねは、②いづちへかおり申さん、御申《まうし》あれ」といひける。和尚聞《きこ》しめされ、※5「天にかね一ぱい。じやのひげ三すじといへる、じやのひげは、いか計《ばかり》ながからん。ちやくと（すぐさま）申されよ」とのたまふ。かのものいふべきやうはなし。「さればじやのひげとやらんは、けふまでいまだ見たる事侍《はべ》らず。③しらぬに候《さうらふ》」と申ける。一休、「さればじやのひげとやらんは、けふまでいまだ見たる事侍らず。

※1　むつき＝旧暦の一月。　※2　和尚＝一休のこと。状況に応じてとっさに気の利いたことを言うことで有名な僧。
※3　かりがね＝雁《かり》（白鳥と同じ仲間に分類される水鳥）の群れ。　※4　こし＝越。北陸地方のこと。
※5　天にかね一ぱい＝星空を渡る雁の隊列のたとえ、あるいは、子どもの唱えごとの一つといわれる。
※6　おうしう＝奥州。東北地方のこと。　※7　つくし＝筑紫。九州地方のこと。

㈠　①すゑつかた　を現代仮名遣いに直して、すべて平仮名で書きなさい。

(三) 【Ⅰ】と【Ⅱ】に②真純の耳には入ってこなかった とあるが、この様子の説明として最も適切なものを、次の**ア**～**エ**の中から一つ選んで、その記号を書きなさい。

ア 夏喜の話を聞いて、強敵との出会いは自分たちにとって成長の機会となると悟り、後半の作戦を具体的に練り始めている。

イ 夏喜の話を聞いて、自分たちにとって目先の勝敗よりも大切なものがあると気づき、そのことで頭がいっぱいになっている。

ウ 夏喜の話を聞いて、公式戦で実力をぶつけ合うことに対する覚悟が不足していたことを自覚し、自己嫌悪《けんお》に陥っている。

エ 夏喜の話を聞いて、公式戦に出たくても出られなかった先輩たちの悔しさを知り、勝ちたいという気持ちが強まっている。

(四) 【Ⅰ】に③あえて作戦とは言わなかった とあるが、その理由として最も適切なものを、次の**ア**～**エ**の中から一つ選んで、その記号を書きなさい。

ア 勝つためにどう戦うかを話し合うのではなく、この試合を実りあるものにするために意思統一をしようと考えたから。

イ 自分にはキャプテンとしての指導力がまだ欠けていると思い、全員が対等な立場で意見を言ってほしいと考えたから。

ウ 作戦という言葉を使うと、前半戦のひどい試合展開が思い出され、またみんなが気落ちしてしまうと考えたから。

エ 相手チームにも聞こえることを計算に入れて、こちらがなごやかな良い雰囲気であることを印象づけようと考えたから。

(五) 【Ⅰ】の内容や表現の説明として最も適切なものを、次の**ア**～**エ**の中から一つ選んで、その記号を書きなさい。

ア 真純と夏喜の胸の内を交互に描写することで、試合に対する二人の考え方の違いを表現している。

イ 真純の言葉数が次第に増えていく描写を通して、周囲に心を開いていく様子を表現している。

ウ 現在形の短文を多く用いることで、ハーフタイムの緊迫した雰囲気を表現している。

エ 真純の視線や動作の描写を通して、真純の気持ちや考えていることを表現している。

【Ⅱ】**感想の交流の一部**

一郎　元テニス部部長の三池冴香は、サッカー部がまだ準クラブだったときに、部への昇格に反対する立場だったんだよね。それなのに、わざわざサッカー部の試合を見に来たのはなぜだろう。

花子　自分が引退したことで、テニス部の利益を守らなければという視野の狭い考え方から解放され、自分の行いを反省したんだと思うよ。それで、「お詫び、みたいな感じ」で、サッカー部の初めての公式試合を見に来たんだよ。

次郎　なるほど。お詫びか。それで、選手たちにホットレモネードの差し入れまでしたんだね。

一郎　差し入れはたしかに、サッカー部に対するお詫びの気持ちの表れだね。でも、三池冴香は、サッカー部のために来たというより、何かを見たくてきたんじゃないかという気がするんだけど。

明子　三池冴香が何を見届けにきたのかは、この言葉からわかるよ。

次郎　そうだね。先輩の夏喜が、ハーフタイムに三池冴香のことを話題にしたのも、それを選手たちに伝えたかったからだよ。

一郎　そうか。「②真純の耳には入ってこなかった」という表現から、夏喜の話が大きな効果を発揮したことがわかるね。

(一)　【Ⅰ】に①舌をぎゅううっとかみしめたとあるが、このときの真純の心情について述べた次の文中の［　　］に入る言葉を、十五字以内で書きなさい。

・キャプテンらしい振る舞いもできず、相手チームの強い選手が交替すると知って［　　］気持ち。

(二)　【Ⅱ】にこの言葉とあるが、その言葉を【Ⅰ】から三十二字で抜き出して、その初めと終わりの三字を書きなさい。（句読点を含む。）

そう言われて真純は観客席を見上げた。冴香は※4心美《ここみ》とぺちゃぺちゃ楽しそうにしゃべっていて、気づいていない。

「だからお詫《わ》び、みたいな感じで今日は試合を見に来ようと思ったんだって。このホットレモネードの※5魔法瓶《まほうびん》は冴香が持ってきたんだ」

真純は空になった紙コップをじっと見た。このドリンクのおかげで、冷え切った身体がずいぶん温まった。

「実は、一週間くらい前に、『大会を見に行ってもいい?』って冴香に聞かれたんだ。それであたし、こう言っちゃみんなに悪いけど、『勝つとは限らないよ。むしろボロ負けする可能性だってある』って言ったんだ。でも、冴香は『そんなことはどうでもいい』って言ったんだ。『初めての公式戦、みんなが楽しんでいきいきしてたら、それでいいんだ』って。まあその後、『天気悪かったら行かない』とか、ごちゃごちゃ言ってたけど……結局見届けに来た」

楽しむ……しばらく忘れていた言葉だった。真純は、心のなかで「楽しむ、楽しむ」と繰り返した。

「冴香の言葉を借りたけど、あたしだって実はそう思ってる。みんな、待望の公式戦だよ。去年までは出たくても出られなかった大会だよ。そりゃ、すげえ強豪に当たって、大敗することだってあるかもしれない。でも、学校に帰ってさ、『信じがたいスコアで負けちゃったよ。外の敵はすごかったよ』って、あんたたちは言えるんだよ。今年もしも50-0で負けたら、来年はもっと差を詰められるように努力して、また試合に臨める。それって、すげえ楽しいことじゃない?」

そうだ。なぜここまで言ってもらわないと気づけなかったのだろう。空になったみんなの紙コップを集めはじめながら真純は考えた。

「あ、わたしたち、片づけます」

一年生たちがあわてている。でも、②真純の耳には入ってこなかった。前半戦の最中、何度も思った。なんでこんなに恥をさらさないといけないのだろう。さっさと終わってほしい。今日、棄権すればよかった、と。でもそうではない。試合に出て、とんでもない敵と出会えて、レベルの差を実感することこそが、公式戦ではないか。

「じゃあ、後半に向けて、目標を立てよう」

真純は声を張りあげた。③あえて作戦とは言わなかった。

(吉野万理子「100%ガールズ 2nd season」による。)

※1 ツートップ=最前線にフォワードを二名配置するフォーメーション。また、その二名の選手。相手チームでは前半、桜川選手と田上選手がツートップを務めていた。

※2 夏喜=高等部一年生。サッカー部の先輩。中等部と高等部は普段一緒に活動しており、一緒に試合には出られないがベンチに来てくれている。

※3 三池冴香=高等部二年生。元テニス部部長。テニス部の練習場所を奪われることをおそれて、サッカー準クラブの正式な部への昇格に反対していた。

※4 心美=高等部二年生。引退前はサッカー準クラブの部長を務めていた。

※5 魔法瓶=保温や保冷ができるようにしたポットのような容器。

二〇二四年度
水戸葵陵高等学校

【国　語】（五〇分）〈満点：一〇〇点〉

一　一郎さんたちは、国語の授業で【Ⅰ】の文章を読み、【Ⅱ】のように感想の交流を行いました。後の㈠～㈤の問いに答えなさい。
（【Ⅰ】はページごとに上段から下段に続いている。）

【Ⅰ】授業で読んだ文章

横浜みなと女学園中等部二年生の真純《ますみ》が所属するサッカー部は、つい最近正式な部に昇格したばかりである。三年生が引退してすぐ、一、二年のみのチームで、初めて公式戦に出場できることになり、真純はキャプテン兼ゴールキーパーとなった。しかし初戦でレベルの高いチームと当たってしまい、前半だけで11点も取られ、真純や桂子《けいこ》ら選手たちは気落ちした状態でハーフタイムを迎えた。

戦術確認したり作戦変更したり、ハーフタイムを有効に使えば後半の流れが変わることだってありうる――最近読んだサッカーの本にはそう書いてあった。しかし、その著者に会えるものなら会いたい、と真純は思う。こんなに実力差がある相手でも、前向きなポーズをとって後半のことを考えるのがいいことなんでしょうか？　みんな「キャプテンが平気なふりで演じてる」とわかっていて、調子を合わせてくれて、案《あん》の定《じょう》また後半でこてんぱんにやられる。それが想像つくのに、がんばる演技ってするべきでしょうか？

こちらが静かすぎて、相手のベンチから監督の声が聞こえてくる。

「後半、※1ツートップ外して、選手入れ替える。猿渡《さるわたり》と石越《いしこし》の中二コンビでいってみるぞ。実戦経験を積むためにな」

なめられているにもほどがある。なのに、桜川《さくらがわ》選手と田上《たがみ》選手が後半出ないと聞いたら、ホッとしている自分がいた。真純は、こんなところで自分をぽかっとなぐるわけにもいかないから、①舌をぎゅううっとかみしめた。

「みんな、口数すくないね。っていうか、沈黙しすぎ」

※2夏喜《なつき》が口火を切った。苦笑している。

「すいません、どうしたらいいか……」

つい真純もつられて苦笑した。夏喜が言う。

「あのさ、後半の作戦練るのもしんどいって感じだったら、あたしが時間をもらっていいかな？」

真純は、そばにいた桂子と顔を見合わせた。うなだれていた後輩たちも顔を上げた。

「観客席の上のほうにいる、※3三池冴香《みいけさえか》。覚えてるでしょ？　元テニス部部長。彼女と話して聞いたことを話すね」

聞きたくないです、全然。サッカーなんてよく知らないくせに、「テニスの世界ではぁ」なんてえらそうにお説教しそう。真純は桂子に目配せした。

「冴香、引退して思うんだって。あのとき、サッカー部の昇格が否決されなくてよかった、って」

「え？」

聞き違えたかと真純は思った。

「現役だったあの頃は、テニス部の後輩たちの利益を守るために必死だった、って。でも引退すると、先輩は次の代の幹部に遠慮して、部活にほとんど顔を出せなくなる。そうなったとき、思ったんだって。テニスだけが特別で大事っていう考え方は狭かった、って。サッカー部ががんばって、対外試合に臨むチャンスを結果的につぶさなくてよかった、って。まあ、つまり、反省してたってわけ。あ、これ、あたしがみんなに話してるなんて、冴香は知らないから内緒ね」

2024年度／水戸葵陵高等学校

英語解答

1 (1) No.1 ウ　No.2 ア　No.3 ウ　No.4 エ　No.5 イ
(2) No.1 エ　No.2 イ　No.3 ア　No.4 ウ
(3) No.1 イ　No.2 ウ
(4) ① ア→エ→ウ→イ　② weather

2 (1) ① running　③ earlier　④ built
(2) ② wash　⑤ swim　⑥ full

3 (1) ウ
(2) 英語　interested in
英文　ウ→イ→ア

4 (1) Why don't we
(2) ①…エ　②…ア　③…イ　④…ウ　⑤…イ

5 (1) オ，カ，ク　(2) イ
(3) ①…イ　②…ア
(4) send e-mails to each other
(5) ① in May last
② a good friend

6 ① (例) I have never been there
② カ→エ→ア→ウ→オ
③ イ→ア→カ→オ→エ
④ オ→ウ→イ→エ→カ

1 〔放送問題〕解説省略

2 〔対話文完成〕

≪全訳≫❶メグ(M)：今朝私が犬と一緒にさくら公園に行ったとき，あなたを見かけたわ。あなたはそこで走っていたわね。❷ジュン(J)：毎朝走っているんだ。君はときどき犬と一緒にそこに行くのかい？❸M：ええ。私は6時半に起きて，顔を洗って，犬と散歩するの。家に帰ってから，朝ごはんを食べるのよ。❹J：そうなんだ。僕は君より早く起きるよ。僕は6時に起きて，6時半に公園に行くんだ。この前の日曜日，公園にある体育館でバスケットボールの練習をしたよ。❺M：その体育館は知ってるわ。先月建てられたの。中にプールがあるのよね。❻J：そうだよ。僕はこの前の日曜日にそのプールで泳ぎたかったんだけど，泳げなかったんだ。❼M：どうして？❽J：人でいっぱいだったんだ。

(1)<語形変化>①直前にある be動詞 were に着目して，was/were ～ing の形の過去進行形にする。③後ろに than があるため，比較級にする。'比較級＋than ～'「～よりも…だ」の形。　early－earlier－earliest　④主語の It は「体育館」を指し，直前に be動詞 was があるため，'be動詞＋過去分詞' の受け身にして「建てられた」とする。　build－built－built

(2)<適語補充>②朝起きてからすることについて話している場面であること，my face が続いていることから，「顔を洗う」とする。　⑤in the pool が続いているため，「プールで泳ぐ」とする。⑥プールで泳げなかった理由となる部分。be full of ～ で「～でいっぱいだ」という意味を表す。

3 〔長文読解総合〕

(1)<要旨把握―新聞記事>≪全訳≫日本ではきれいな水を飲むことができる。しかし，外国ではそれができないところもある。現在，汚れた水をきれいな水に変えることに取り組んでいる日本の企業がある。アフリカで，日本の技術者が川の水をきれいにする特別な機械をつくった。そのため，きれいな水を飲むことができるアフリカの人々もいる。世界にはたくさんの問題がある。私たちはその問題を知り，行動を起こすべきだ。

<解説>ウ.「世界の問題を知り，行動を起こすことが必要だ」は，最後の2文の内容に一致する。'It is〔It's〕～ to …'「…することが～だ」　ア.「さらに多くの日本の技術者が将来必要とされ

るだろう」　イ．「特別な機械のような物をつくるために，私たちにはたくさんの水が必要だ」　エ．「汚れた水をきれいな水に変えることは難しくない」

⑵**＜適語補充・文整序―説明文＞≪全訳≫**私はファッションに興味がある。たいてい毎年服を買う。服を着るのは楽しいが，数年後には古くなる。服を捨ててしまったこともある。でも，今は捨てていない。／→ウ．古い服からすてきなバッグをつくるのだ。／→イ．友達にそのバッグを見せると，とてもすてきだと言ってくれた。／→ア．友達の１人は「店で売られているバッグみたい」とも言ってくれた。／私はそれを聞いてうれしかった。今ではインターネットでそのバッグを売っている。

＜解説＞英語．「～に興味がある」は be interested in ～ で表せる。　**英文**．空所の直前の do that「そうする」は throw them (＝the old clothes) away「古い服を捨てる」ということ。「今は捨てていない」の後に続く文として，捨てるのではなくどうしているのかを説明しているウを置く。次に，アの them は，イの my friends を指していると考えられるため，イ→アとする。

4〔**対話文完成―表を見て答える問題**〕

≪全訳≫❶リョウジ(R)：これがグリーン・カフェの英語のウェブサイトだよ。**❷アンディ(A)**：ああ，そこは知ってるよ。ケヤキ駅の近くにある大人気のカフェだよね。友達に聞いてから，そこに行きたいってずっと思ってたんだ。**❸R**：そのカフェではおいしいケーキと飲み物をいただけるそうだよ。一緒に行かない？**❹A**：いいよ！**❺R**：見て。そのカフェでは毎日違う特別サービスがあるよ。例えば，月曜日には温かい飲み物が50パーセント割引だよ。**❻A**：なるほどね。僕たちは午前中にカフェに行くことはできないから，火曜日の特別サービスは受けられないね。**❼R**：そうだね。**❽A**：金曜日と週末には特別サービスはないけど，ケーキが７種類あるよ。それについて君はどう思う？**❾R**：いいね。でも，僕はケーキとコーヒーが欲しいから，次の木曜日に行きたいな。木曜日なら，食べ物と飲み物を注文すると，30パーセント割引になるから。**❿A**：いいよ。木曜日の午後はたいていサッカーの練習があるけど，次の木曜日は練習がないんだ。ケヤキ駅の前で待ち合わせよう。**⓫R**：うん，そうしよう。カフェは５時閉店だ。駅には何時に来られる？**⓬A**：３時半に行けるよ。**⓭R**：じゃあ，３時半に待ち合わせよう。

グリーン・カフェ／毎日特別サービスがございます。／月曜日　温かい飲み物50パーセント割引／火曜日　午前９時から11時までクッキー無料サービス／水曜日　ケーキ20パーセント割引／木曜日　食べ物と飲み物の両方のご注文で30パーセント割引／金曜日と週末　特別サービスはございません／通常５種類のケーキをご用意しております。金曜日と週末は７種類のケーキをご用意しております。／営業時間／月曜日～金曜日　午前９時～午後５時／週末　午前10時～午後７時

⑴**＜適語句補充＞**前後の内容から，一緒にカフェに行こうと誘う文にする。Why don't we ～？は「(一緒に)～しませんか」と相手を誘うときの定型表現。

⑵**＜適語(句)選択＞**①ウェブサイトの「月曜日」参照。50パーセント割引となるのは「温かい飲み物」。　②ウェブサイトの「火曜日」参照。「午前９時から11時まで」，つまり，午前中に特別サービスを提供している。　③ウェブサイトの２つの表の間にある文参照。金曜日と週末に販売されるケーキは７種類。　④ウェブサイトの「木曜日」参照。食べ物と飲み物の両方について書かれている。　⑤直前の内容から，２人は木曜日にカフェに行くことがわかる。ウェブサイトの「営業時間」より，平日は開店が午前９時，閉店が午後５時である。

5〔**長文読解総合―物語**〕

≪全訳≫❶マリは中学生だ。去年の５月，彼女の両親はマリに，夏にアメリカに行く予定だと言った。

彼女はそれを聞いて興奮した。マリは「初めての海外旅行だ」と思った。❷8月1日，マリと両親はアメリカに到着した。その日の夕方，彼女たちはレストランで夕食をとった。父は英語を話すのがうまいので，英語でスタッフとの会話を楽しんでいた。マリは，父のように英語で誰かと話したいと思った。❸夕食を食べた後，マリは父に，英語で外国の人たちと話したいと言った。すると父は「英語を使ってみなさい。英語の技能を気にする必要はないから。イ恥ずかしがってはいけないよ」と言った。❹翌朝，マリは父と一緒にホテル近くの公園に行った。そこには，ダンスの練習をしている女の子たちがいた。父はマリに「マリは学校でダンス部に入っているよね。ダンスのことをあの子たちと話してみたらどうだい？」と言った。マリは緊張したが，英語で女の子たちと話した。マリは女の子たちに自分はダンスが好きなのだと伝え，およそ30分間ダンスについて楽しく話した。マリが公園を去るとき，女の子たちの1人であるエミリーがマリに「もっとあなたと話がしたいな。明日もう一度ここにおいでよ」と言った。マリは「わかった。そうする」と言った。❺次の日，マリはもう一度公園に行き，エミリーと会った。2人はたくさんのことについて話した。エミリーがマリに夢について尋ねたので，マリはこう言った。「私はダンスを始めたときからずっとダンサーになりたいと思っているの。でも，この2日間は翻訳者になることも考えているんだ。あなたやあなたのお友達と英語で話して，外国の人たちと英語でコミュニケーションをとることがおもしろいって気づいたの。私は言葉の壁を乗り越えて，外国の人たちのものの考え方を理解したいの。それに，日本の人たちと外国の人たちがコミュニケーションをとる手助けもしたいわ」　エミリーはほほ笑んで言った。「ダンサーになることも翻訳者になることもすてきな夢ね。何をすべきかを急いで決めるべきだとは思わないわ。私もいくつか夢があるんだけど，私も決められないの。私はたくさんのことを学び続けて，将来のことを考え続けたいのよ。そうね，あなたが日本に戻ったら，メールのやり取りをしようよ」　マリはそれを聞いてとても喜び，「うん，そうしよう」と言った。❻アメリカに滞在したおかげで，マリには新しい夢と良い友達ができた。今，マリは一生懸命に英語を勉強している。マリとエミリーはメールのやり取りをしていて，学校生活や困っていることや夢などについて書いている。

(1)＜**内容真偽**＞ア.「マリは両親と一緒に何度も外国に行ったことがある」…×　第1段落最終文参照。マリが外国に行くのは初めてだった。　イ.「アメリカでの最初の晩に，マリはレストランのスタッフと英語で話した」…×　第2段落第1～3文参照。レストランのスタッフと英語で話したのは，マリの父。　ウ.「マリの父はマリに，アメリカで英語の技能を高めるように言った」…×　第3段落第3文参照。　don't have to ～「～する必要はない」　worry about ～「～について心配する」　エ.「ダンスの練習がしたかったので，マリは公園に行った」…×　第4段落前半参照。行った公園に偶然ダンスをしている女の子たちがいただけで，マリがダンスをしたかったわけではない。　オ.「マリはおよそ30分間公園で女の子たちと話すのを楽しんだ」…○　第4段落第6文に一致する。　カ.「アメリカでの3日目に，マリは自分の夢についてエミリーに話した」…○　第5段落前半に一致する。On August 1(第2段落)が1日目，The next morning(第4段落)が2日目なので，第5段落冒頭の The next day がアメリカでの3日目になる。　キ.「エミリーは言葉の壁を乗り越えたいと思っていると言った」…×　第5段落中盤参照。言葉の壁を乗り越えたいと言ったのは，マリ。　ク.「エミリーは，将来について考え続けたいとマリに言った」…○　第5段落最後から3文目に一致する。

(2)＜**適所選択**＞第3段落で，マリの父が，英語の技能は気にせずに英語を話すようにマリに勧め，励ましている。「恥ずかしがってはいけない」という脱落文は，この内容に適する。

⑶＜**内容一致**＞①「エミリーとその友達に話しかける前，(　　)」―イ.「マリは緊張していた」　第4段落第5文参照。　②「エミリーとその友達と話すことによって，マリは(　　)ということに気づいた」―ア.「外国の人々とコミュニケーションをとることがおもしろい」　第5段落第5文参照。

⑷＜**英文解釈**＞Yes, let's. は「はい，そうしましょう」という意味。ここではこの前のエミリーの発言に対する返答なので，具体的に何をするのかは，エミリーが言った内容を確かめる。エミリーは直前で let's send e-mails to each other と提案している。

⑸＜**英問英答**＞①「マリはいつ両親からアメリカ旅行について聞いたのか」―「彼女は去年の5月にそれについて聞いた」　第1段落第2文参照。　②「マリはアメリカ滞在中に何を手に入れたか」―「彼女は新しい夢と良い友達を手に入れた」　第6段落第1文参照。

6〔**対話文完成―作文総合**〕

≪**全訳**≫❶アヤ(A)：中央図書館って知ってる？❷リリー(L)：知ってるけど，今まで行ったことがないの。❸A：そこでは毎月イベントがあるの。今月は図書館ツアーと図書館コンサートが開催されるのよ。私は楽しみにしているんだ。もしツアーに参加したら，図書館でおもしろいものをたくさん見られるわ。そこで働いているスタッフの人たちが，そうしたものについて教えてくれるのよ。2月4日の開催予定よ。❹L：あなたと一緒に参加したいな。❺A：それを聞いてうれしいわ。❻L：私も図書館コンサートが気になるわ。それはどんなコンサートなの？❼A：私たちの市には弦楽クラブがあるの。2月18日に，コンサートでそのクラブの演奏を聴いて楽しむことができるのよ。❽L：私もあなたとコンサートに行きたいわ。ねえ，それらのイベントが何時に始まるか教えてくれる？❾A：もちろん。図書館ツアーは午後2時，コンサートは午後5時開始の予定よ。❿L：わかったわ。一緒にイベントを楽しもうね。⓫A：うん，そうしよう。

①＜**和文英訳**＞「～に行ったことがない」は have never been to ～(現在完了の‘経験’用法)で表せるが，「そこに」は there 1語で表せるので，「～に」を表す to は不要。have never been there で「そこに行ったことがない」という意味になる。

②～④＜**整序結合**＞②並べ換える部分の直後に動詞の tell があるので，最後に will を置いて，will tell … とする。残りはこの will tell の主語として，Some of the staff「スタッフの一部の人たち」とまとめ，これに working there と続ければ「そこで働いているスタッフ」という意味になる。working there は前の名詞 staff を修飾する現在分詞の形容詞的用法。不要語は reading。Some of the staff working there will tell us about …　③図書館コンサートについて説明している場面なので，we can の後に続く動詞に enjoy を置き，この目的語を listening to their performance「彼らの演奏を聴く」とまとめる。enjoy ～ing「～することを楽しむ」と listen to ～「～を聴く」が組み合わさった形になる。不要語は finish。　we can enjoy listening to their performance in the concert.　④can you tell が与えられているので，‘tell＋人＋物事’「〈人〉に〈物事〉を言う，伝える」の形を考える。また，この後でアヤが図書館ツアーと図書館コンサートの開始時刻を教えていることから，‘物事’の部分を，時間を尋ねる間接疑問の形で what time those events will start とまとめる。不要語は where。　…, can you tell me what time those events will start ?

2024年度／水戸葵陵高等学校

数学解答

1 (1) ① 2 ② $x+9y$ ③ $6ab^2$
④ $9\sqrt{7}$
(2) $(x-6)(x+5)$

2 (1) 11 (2) $\frac{1}{3}$ (3) -3，5
(4) 56本

3 (1) ① 4.5cm ②…エ
(2) ①…ウ ②…ア ③…イ ④…イ

4 (1)
① 3 cm
② (例)△BPQと△ACPにおいて，仮定より，∠BAC＝∠APC……㋐ 平行線の同位角は等しいから，∠BAC＝∠BQP……㋑，∠BPQ＝∠ACP……㋒ ㋐，㋑より，∠BQP＝∠APC……㋓ ㋒，㋓より，2組の角がそれぞれ等しいので，△BPQ∽△ACP

(2) $\frac{16}{3}$cm

5 (1) $\frac{1}{2}$ (2) イ (3) 7

6 (1) エ (2) 1 cm (3) $\frac{5}{3}$cm^3

1〔独立小問集合題〕

(1)＜数・式の計算＞①$-8+10=2$　②与式$=6x+3y-5x+6y=x+9y$　③与式$=\frac{3a^2\times8b^3}{4ab}=6ab^2$

④与式$=6\sqrt{7}+\frac{21\times\sqrt{7}}{\sqrt{7}\times\sqrt{7}}=6\sqrt{7}+\frac{21\sqrt{7}}{7}=6\sqrt{7}+3\sqrt{7}=9\sqrt{7}$

(2)＜式の計算―因数分解＞与式$=x^2+\{(-6)+5\}x+(-6)\times5=(x-6)(x+5)$

2〔独立小問集合題〕

(1)＜数の性質＞$\sqrt{99n}=\sqrt{3^2\times11\times n}$だから，$\sqrt{99n}$の値が自然数となる最も小さい自然数$n$は，$3^2\times11\times n=3^2\times11^2$となる自然数$n$である。よって，求める自然数$n$は，$n=11$である。

(2)＜確率―カード＞Aの袋の中には3枚，Bの袋の中には2枚，Cの袋の中には2枚のカードが入っているので，A，B，Cの袋の中からカードを1枚ずつ取り出したとき，Aの袋からは3通り，B，Cの袋からはそれぞれ2通りの取り出し方がある。よって，カードの取り出し方は全部で3×2×2＝12(通り)ある。このうち，取り出した3枚のカードに書かれた数の和が7以上になるのは，(A，B，C)＝(2，2，3)，(3，1，3)，(3，2，2)，(3，2，3)の4通りだから，求める確率は$\frac{4}{12}=\frac{1}{3}$である。

(3)＜二次方程式―解の利用＞xについての二次方程式$x^2-ax+a^2-19=0$の解の1つが$x=2$だから，解を方程式に代入して，$2^2-a\times2+a^2-19=0$より，$a^2-2a-15=0$，$(a+3)(a-5)=0$となり，$a=-3$，5である。

(4)＜一次方程式の応用＞1年生の生徒と2年生の生徒を合わせた人数は25人だから，1年生の生徒の人数をx人とすると，2年生の生徒の人数は$25-x$人となる。1年生の生徒には赤のボールペンを1人当たり4本配り，2年生の生徒には黒のボールペンを1人当たり6本配ったので，配ったボールペンの本数は赤のボールペンが$4x$本，黒のボールペンが$6(25-x)$本と表せる。配ったボールペンの本数の合計は122本だったので，$4x+6(25-x)=122$が成り立ち，これを解くと，$4x+150-6x=122$，$-2x=-28$，$x=14$となる。よって，配った赤のボールペンの本数は，$4x=4\times14=56$(本)である。

3〔データの活用〕

(1)＜**範囲，箱ひげ図**＞①データの最小値は21.5cm，最大値は26.0cm だから，データの範囲は，26.0－21.5＝4.5(cm)である。　②野球部の３年生の人数は13人だから，中央値は小さい方から７番目の値であり，23.0cm となる。13＝6＋1＋6 より，第１四分位数は最小値を含む方の６個のデータの中央値だから，小さい方から３番目と４番目の平均値である。小さい方から３番目，４番目ともに22.0cm だから，第１四分位数は22.0cm となる。また，第３四分位数は最大値を含む方の６個のデータの中央値だから，大きい方から３番目と４番目の平均値である。大きい方から３番目が25.0cm，４番目が24.0cm だから，第３四分位数は(25.0＋24.0)÷2＝24.5(cm)となる。最小値は21.5cm，最大値は26.0cm であり，対応する箱ひげ図はエとなる。

(2)＜**正誤問題**＞①…ウ。野球部とサッカー部の最小値はともに21.0cm 以上22.0cm 未満の階級に含まれるが，最小値は読み取れないので，同じであるかはわからない。　②…ア。野球部の度数が最も大きい階級は，４人の22.0cm 以上23.0cm 未満の階級だから，最頻値は(22.0＋23.0)÷2＝22.5(cm)となる。サッカー部の度数が最も大きい階級は，５人の21.0cm 以上22.0cm 未満の階級だから，最頻値は(21.0＋22.0)÷2＝21.5(cm)である。　③…イ。野球部とサッカー部の22.0cm 以上23.0cm 未満の階級の度数はどちらも４人である。野球部の３年生の人数は13人だから，相対度数は 4÷13＝0.30…である。サッカー部の３年生の人数は16人だから，相対度数は 4÷16＝0.25 である。

④…イ。(1)②より，野球部の第１四分位数は小さい方から３番目と４番目の平均値となる。野球部は22.0cm 未満が２人，23.0cm 未満が 2＋4＝6(人)だから，３番目と４番目はともに22.0cm 以上23.0cm 未満の階級に含まれる。サッカー部の３年生の人数は16人だから，第１四分位数は最小値を含む方の８個のデータの中央値で，小さい方から４番目と５番目の平均値となる。サッカー部は22.0cm 未満が５人だから，４番目と５番目はともに21.0cm 以上22.0cm 未満の階級に含まれる。

4 〔平面図形―三角形〕

≪**基本方針の決定**≫(1)①　△ABC∽△PAC である。　(2)　△RBQ∽△APQ に気づきたい。

(1)＜**長さ，証明**＞①右図１の△ABC と△PAC で，∠BAC＝∠APC であり，共通な角より，∠ACB＝∠PCA だから，△ABC∽△PAC となる。よって，AC：PC＝BC：AC より，6：PC＝12：6 が成り立つ。これを解くと，12PC＝6×6 より，PC＝3(cm) である。　②図１の△BPQ と△ACP で，∠BAC＝∠APC であり，AC∥QP より，∠BAC＝∠BQP だから，∠BQP＝∠APC となる。また，AC∥QP より，∠BPQ＝∠ACP となる。解答参照。

図１

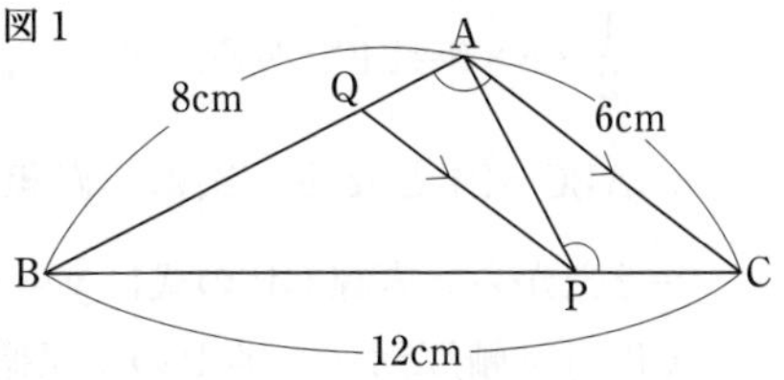

(2)＜**長さ**＞右図２で，∠CAP＝∠CPA より，△ACP は二等辺三角形となるので，PC＝AC＝6，BP＝BC－PC＝12－6＝6 である。AC∥QP より，∠ACB＝∠QPB，∠BAC＝∠BQP だから，△ABC∽△QBP である。よって，AC：QP＝AB：QB＝BC：BP＝12：6＝2：1 だから，QP＝$\frac{1}{2}$AC＝$\frac{1}{2}$×6＝3，QB＝$\frac{1}{2}$AB＝$\frac{1}{2}$×8＝4 となり，QA＝AB－QB＝8－4＝4 となる。次に，$\overset{\frown}{BP}$ に対する円周角より，∠BRQ＝∠PAQ であり，対頂角は等しいので，∠RQB＝∠AQP となる。したがって，△RBQ∽△APQ だから，QR：QA＝QB：QP であり，QR：4＝4：3 が成り立つ。これを解くと，3QR＝4×4 より，QR＝$\frac{16}{3}$(cm)となる。

図２

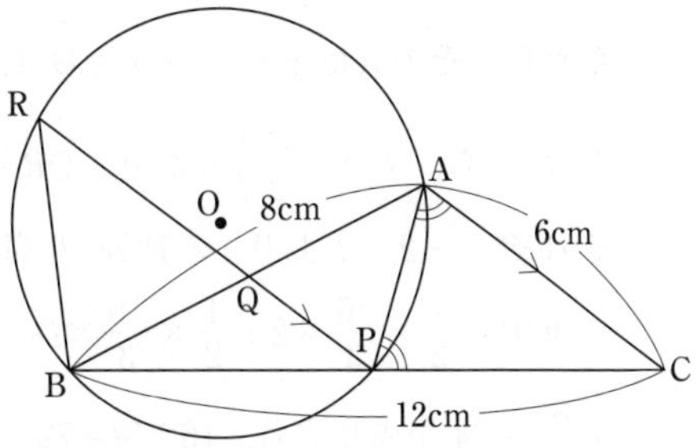

5〔関数—関数 $y=ax^2$ と一次関数のグラフ〕

≪基本方針の決定≫(3)　△ABC の面積は，辺 AB を底辺と見て求める。△POQ の面積は，y 軸で2つの三角形に分けて求めるとよい。

(1)<**比例定数**>右図1で，A(4, 8)は関数 $y=ax^2$ のグラフ上の点だから，$8=a\times 4^2$ より，$a=\dfrac{1}{2}$ となる。

図1

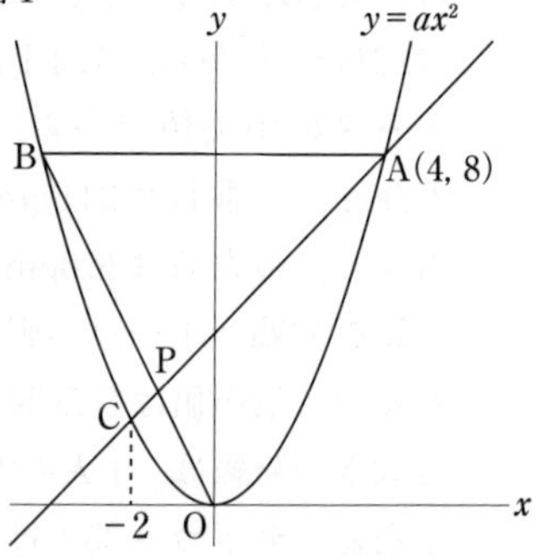

(2)<**点の動き方，傾き**>右図1で，(1)より，2点A，Bは関数 $y=\dfrac{1}{2}x^2$ のグラフ上にあり，y 座標が等しいので，2点A，Bは y 軸について対称である。A(4, 8)だから，B(−4, 8)である。2点B，Oの x 座標はそれぞれ−4, 0だから，点Pの x 座標を大きくしていくと，x 座標は0の方に近づくので，点Pは点Oの方に動く。直線 AP は右上がりの直線だから，点Pが点Oの方に動くと，傾きは急になる。つまり，直線 AP の傾きは大きくなる。また，点Cは関数 $y=\dfrac{1}{2}x^2$ のグラフ上にあり x 座標が−2だから，$y=\dfrac{1}{2}\times(-2)^2=2$ より，C(−2, 2)となる。これより，直線 AC の傾きは $\dfrac{8-2}{4-(-2)}=1$ となる。直線 AP が点Cを通るとき，直線 AP と直線 AC は一致するので，直線 AP の傾きは直線 AC の傾きと等しく1となる。

(3)<**x 座標**>右図2で，(2)より，A(4, 8)，B(−4, 8)であり，AB∥〔x 軸〕だから，AB＝4−(−4)＝8である。また，C(−2, 2)だから，△ABC の底辺を辺 AB と見ると，2点A，Cの y 座標の差より，高さは8−2＝6となり，△ABC $=\dfrac{1}{2}\times 8\times 6=24$ である。よって，［条件2］より，△POQ＝△ABC＝24となる。次に，直線 OB の傾きは $\dfrac{0-8}{0-(-4)}=-2$ だから，直線 OB の式は $y=-2x$ となる。［条件1］より，CP∥〔y 軸〕だから，点Pの x 座標は点Cと等しく−2となる。点Pは直線 $y=-2x$ 上にあるので，$y=-2\times(-2)=4$ より，P(−2, 4)である。ここで，直線 AP と y 軸の交点をRとする。直線 AP の傾きは $\dfrac{8-4}{4-(-2)}=\dfrac{2}{3}$ だから，その式は $y=\dfrac{2}{3}x+b$ とおけ，点Aを通ることより，$8=\dfrac{2}{3}\times 4+b$，$b=\dfrac{16}{3}$ である。切片が $\dfrac{16}{3}$ だから，$\mathrm{R}\left(0,\ \dfrac{16}{3}\right)$ であり，OR $=\dfrac{16}{3}$ となる。辺 OR を底辺と見ると，2点P，Qの x 座標がそれぞれ−2，t より，△POR の高さは2，△QOR の高さは t となるから，△POQ＝△POR＋△QOR $=\dfrac{1}{2}\times\dfrac{16}{3}\times 2+\dfrac{1}{2}\times\dfrac{16}{3}\times t=\dfrac{16}{3}+\dfrac{8}{3}t$ と表せる。したがって，△POQ の面積について，$\dfrac{16}{3}+\dfrac{8}{3}t=24$ が成り立ち，$16+8t=72$，$8t=56$，$t=7$ となる。

図2

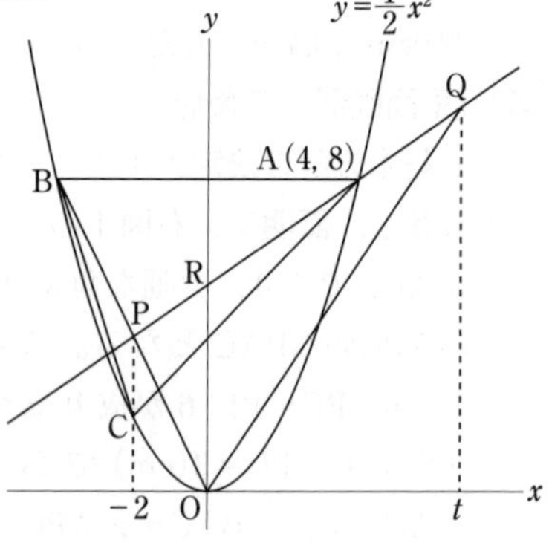

6〔空間図形—三角柱〕

≪基本方針の決定≫(2)　三角形の相似を利用する。　　(3)　立体 FPQSR は四角錐である。高さの等しい三角錐と，体積を比較する。

(1)<**直角三角形ではない三角形**>右図で，$\angle BAD=\angle BAC=90^\circ$より，$AB\perp$〔面ADFC〕だから，$\angle BAF=90^\circ$である。よって，$\triangle ABF$は直角三角形である。$\triangle BFC$は，$\angle BCF=90^\circ$の直角三角形である。2点P，Qはそれぞれ辺DF，辺EFの中点だから，中点連結定理より，$PQ /\!/ DE$となる。$AB /\!/ DE$だから，$AB /\!/ PQ$となり，$AB\perp$〔面ADFC〕だから，$PQ\perp$〔面ADFC〕となる。よって，$\angle QPC=90^\circ$だから，$\triangle CPQ$は直角三角形である。点Qは辺EFの中点であり，$DE<DF$だから，$\angle DQE$の大きさは90°ではない。また，$\angle EDF=90^\circ$より，$\angle DEQ$，$\angle EDQ$の大きさは90°より小さい。したがって，$\triangle DEQ$は直角三角形ではない。

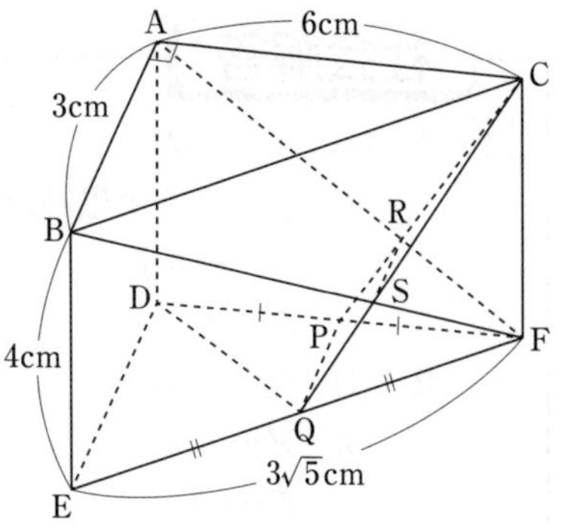

(2)<**長さ**>右上図で，$AC /\!/ PF$より，$\triangle ARC\backsim\triangle FRP$だから，$CR:PR=AC:FP=DF:FP=2:1$となる。同様にして，$BC /\!/ QF$より，$\triangle BSC\backsim\triangle FSQ$だから，$CS:QS=BC:FQ=EF:FQ=2:1$である。よって，$CR:PR=CS:QS=2:1$であり，$RS /\!/ PQ$となる。これより，$\triangle CRS\backsim\triangle CPQ$となるので，$RS:PQ=CR:CP=2:(2+1)=2:3$である。$\triangle DEF$で中点連結定理より，$PQ=\frac{1}{2}DE=\frac{1}{2}\times 3=\frac{3}{2}$だから，$RS=\frac{2}{3}PQ=\frac{2}{3}\times\frac{3}{2}=1$(cm)となる。

(3)<**体積**>右上図で，立体FPQSRは，底面を四角形PQSRとする四角錐と見ることができる。四角錐FPQSRと三角錐F-CPQの底面を，それぞれ四角形PQSR，$\triangle CPQ$と見ると，この2つの立体の高さは等しいから，体積比は底面積の比と等しくなり，〔四角錐FPQSR〕:〔三角錐F-CPQ〕=〔四角形PQSR〕:$\triangle CPQ$となる。(2)より，$\triangle CRS\backsim\triangle CPQ$であり，相似比は$CR:CP=2:3$だから，$\triangle CRS:\triangle CPQ=2^2:3^2=4:9$である。よって，〔四角形PQSR〕:$\triangle CPQ=(9-4):9=5:9$となるので，〔四角錐FPQSR〕:〔三角錐F-CPQ〕$=5:9$となり，〔四角錐FPQSR〕$=\frac{5}{9}$〔三角錐F-CPQ〕である。ここで，〔三角錐F-CPQ〕$=\frac{1}{3}\times\triangle FPQ\times CF$である。(1)より，$\angle QPF=90^\circ$であり，(2)より，$PQ=\frac{3}{2}$であり，$FP=\frac{1}{2}DF=\frac{1}{2}\times 6=3$だから，〔三角錐F-CPQ〕$=\frac{1}{3}\times\left(\frac{1}{2}\times\frac{3}{2}\times 3\right)\times 4=3$となる。したがって，立体FPQSRの体積は，〔四角錐FPQSR〕$=\frac{5}{9}\times 3=\frac{5}{3}$(cm^3)である。

≪別解≫右上図で，〔立体FPQSR〕=〔三角錐C-FPQ〕−〔三角錐S-CRF〕である。$RS /\!/ PQ$であり，$PQ\perp$〔面ADFC〕だから，$RS\perp$〔面ADFC〕となる。$CR:CP=2:3$より，$\triangle CRF:\triangle CPF=2:3$だから，$\triangle CRF=\frac{2}{3}\triangle CPF=\frac{2}{3}\times\left(\frac{1}{2}\times 3\times 4\right)=4$であり，〔三角錐S-CRF〕$=\frac{1}{3}\times\triangle CRF\times RS=\frac{1}{3}\times 4\times 1=\frac{4}{3}$となる。〔三角錐C-FPQ〕$=3$だから，〔立体FPQSR〕$=3-\frac{4}{3}=\frac{5}{3}$(cm^3)である。

=読者へのメッセージ=

③に出てきた「箱ひげ図」は，1977年にアメリカの統計学者ジョン・テューキーが著書の中で初めて導入したもので，比較的新しいグラフです。

社会解答

1 1 (1) ア　(2) カ　(3) 12
(4) ①…バイオ燃料〔バイオエタノール〕
②…エ
2 (1) ウ　(2) エ
(3) ア…×　イ…○　ウ…×
エ…○

2 1 (1) ア　(2) ウ　(3) イ
(4) ア
2 (1) ①　(例)武力を用いて朝鮮を開国させよう
②…ウ
(2) エ　(3) イ

3 1 (1) 法　(2) ア
2 (1) エ　(2) ウ　(3) 優越
(4) (例)国民の意見を反映している
3 (1) イ
(2) ア…○　イ…○　ウ…○
エ…×
(3) ウ

4 1 (1) 班田収授法〔班田収授の法〕
(2) ウ，オ　(3) エ
(4) エ→ウ→ア→イ
2 (1) エ
(2) 記号…イ
目的　(例)米の生産量を増やすことで，幕府の財政を立て直すため。

1 〔地理―世界の諸地域，日本の姿と諸地域，地形図〕

1 (1)＜オリーブの生産国＞オリーブは，地中海沿岸地域で盛んに生産されており，生産量はスペインが世界第1位，イタリアが第2位となっている(2020年)。この地域では，高温で乾燥する夏にオリーブやぶどうなどを栽培し，比較的降水量の多い冬に小麦などを栽培する地中海式農業が行われている。なお，資料1中のイはインド，ウは中国，エはアメリカである。

(2)＜サハラ砂漠＞資料3の写真は，植物が見られない砂漠である。資料1中のカにあたるアフリカ大陸北部は，乾燥帯の砂漠気候に属し，世界最大の砂漠であるサハラ砂漠が分布している。

(3)＜時差の計算＞東経135度の関西国際空港(日本)と西経120度のサンフランシスコの経度差は，135＋120＝255より，255度である。経度15度につき1時間の時差が生じることから，日本とサンフランシスコの時差は，255÷15＝17より，17時間である。日付変更線をまたがずに位置関係をみた場合，東へ行くほど時刻は進むため，サンフランシスコよりも東にある日本の時刻は，サンフランシスコよりも17時間進んでいる。サンフランシスコを出発したときの時刻を日本の時刻に直すと，12月29日午前10時の17時間後であるから12月30日午前3時となる。したがって，関西国際空港への到着時刻は12月30日午後3時(日本時間)であるので，到着までの所要時間(飛行時間)は12時間となる。

(4)＜バイオ燃料，資料の読み取り＞①とうもろこしやさとうきびなどの植物を原料とする燃料は，バイオ燃料〔バイオエタノール〕である。生長の過程で二酸化炭素を吸収するため，使用しても大気中の二酸化炭素の総量を増やさないと考えられることから，環境への負担が小さいエネルギーとされている。ブラジルでは，さとうきびを原料とするバイオ燃料の生産が盛んであり，自動車の燃料などに使われている。　②パラグアイ，アルゼンチン，ブラジルの3か国は，ヨーロッパ系と混血の割合の合計が90％以上となっている(エ…○)。なお，ペルーは先住民の割合が最も高い(ア…×)。ブラジルのヨーロッパ系の人口は，2億849万×0.48＝1億7.52万より，約1億8万人，アルゼンチンのヨーロッパ系の人口は，4449万×0.86＝3826.14万より，約3826万人であり，その差は1億人に満たない(イ…×)。ペルーの先住民の人口は，3216万×0.52＝1672.32万より，約1672万人であり，1800万人よりも少ない(ウ…×)。

2(1)**＜資料の読み取り＞**資料7より，千葉県の年間商品販売額は東京都より少ないが，資料6より，千葉県の製造品出荷額は東京都より多い(ウ…×)。なお，資料6より，神奈川県の製造品出荷額は15兆円以上であり，関東地方で最も多い(ア…○)。資料6より，群馬県と栃木県の製造品出荷額は10兆円未満であり，10兆円以上15兆円未満である茨城県の製造品出荷額よりも少ない(イ…○)。資料6より，製造品出荷額が10兆円以上の都県は神奈川県，埼玉県，茨城県，千葉県の4つ，資料7より，商業の年間商品販売額が10兆円以上の都県は東京都，神奈川県，埼玉県，千葉県の4つであり，どちらにも当てはまる都県は神奈川県，埼玉県，千葉県の3つとなる(エ…○)。

(2)**＜関東地方の県の特色＞**カード1は，はくさいの収穫量が全国で最も多いことから茨城県である。カード2は，嬬恋村でのキャベツ栽培が盛んであることから群馬県である。カード3は，成田国際空港があることから千葉県である。茨城県や千葉県のように大都市の周辺に位置する地域では，消費地に近いという利点を生かし，都市向けに野菜や花などを出荷する近郊農業が盛んである(エ…○)。

(3)**＜地形図の読み取り＞**特にことわりのないかぎり地形図では上が北となるため，「新所沢駅」から見た「航空公園駅」の方角は南東となる(ア…×)。「所沢航空記念公園」には，広葉樹を表す地図記号(Q)が見られる(イ…○)。Xの範囲に見られるのは小・中学校(文)や消防署(Y)，郵便局(〶)であり，高等学校(⊗)は見られない(ウ…×)。この地形図の縮尺は2万5千分の1であることから，「所沢駅」から市役所(◎)までの実際の距離は，6(cm)×25000＝150000(cm)＝1500(m)となる(エ…○)。

2 〔歴史―古代～現代の日本と世界〕

1(1)**＜平等院鳳凰堂＞**平等院鳳凰堂は，平安時代の11世紀に摂政，次いで関白となった藤原頼通によって，京都の宇治に建てられた阿弥陀堂である。この時期には，阿弥陀如来にすがって極楽浄土に生まれ変わることを願う浄土信仰が広まり，阿弥陀如来像とそれを納める阿弥陀堂が各地につくられた(ア…○)。なお，イの姫路城の築城が始まったのは室町時代，ウの慈照寺銀閣は室町時代，エの法隆寺金堂は飛鳥時代に建てられた。

(2)**＜鎌倉時代の出来事＞**鎌倉時代の後期になると，分割相続(惣領以外の子どもにも領地や財産を分けて相続させること）の繰り返しによって御家人の領地は小さくなり，生活に困って領地を売ったり質に入れたりする御家人が増えた。このような中，幕府は御家人の生活を救うため，1297年に徳政令〔永仁の徳政令〕を出し，御家人が売ったり質に入れたりした領地を無償で返却することを命じた(ウ…○)。なお，アは室町時代，イは安土桃山時代，エは平安時代の出来事である。

(3)**＜後醍醐天皇＞**鎌倉幕府を滅ぼした後，足利尊氏らの協力を得て天皇を中心とする政治である建武の新政を始めたのは，後醍醐天皇である。この政治では，武士のしきたりや慣習が否定されて貴族が重視されたため，武士の不満が高まった。そのため，尊氏が武家政治の復活を目指して挙兵すると，新政は2年ほどで崩壊した。資料1の「二条河原落書」は，建武の新政によって政治や社会が混乱していることを批判した文書である(イ…○)。なお，アの後白河天皇は平安時代末期に平清盛や源義朝を味方につけて保元の乱に勝利した天皇，ウの持統天皇は飛鳥時代に藤原京を造営した天皇，エの白河天皇(上皇)は平安時代に院政を開始した天皇(上皇)である。

(4)**＜外国船の接近と江戸幕府の対外政策＞**い．18世紀末以降，日本の近海に現れる外国船が増え，日本の港に来航・侵入する外国船も見られるようになった。そのため，江戸幕府は1825年に異国船打払令を出し，日本の沿岸に近づく外国船を砲撃することを命じた。　う，え．1837年，アメリカ商船のモリソン号が，日本人漂流民の送還と通商の要求などを目的に日本の沿岸に近づいたが，江戸幕府は異国船打払令に基づいてこれを砲撃した(モリソン号事件)。蘭学者の渡辺崋山と高野長英は，この事件に関して幕府の政策を批判したため，1839年に厳しく処罰された。これを蛮社の獄という。なお，ノルマントン号事件は明治時代の1886年にイギリス船ノルマントン号が沈没して日本人乗客全員が死亡した事件，安政の大獄は幕末の1858～59年に大老の井伊直弼が尊王攘夷派の大名や公家などを処罰した出来事である。

2⑴**＜征韓論，大日本帝国憲法＞**①征韓論は，鎖国政策をとる朝鮮を武力で開国させようとする主張である。明治政府の中で西郷隆盛や板垣退助らが征韓論を唱えたのに対し，岩倉使節団として欧米を視察してきた岩倉具視や大久保利通，伊藤博文などは，国内の改革を優先すべきであるとしてこれに反対した。征韓論を退けられたため，西郷や板垣は政府を去った。　②大日本帝国憲法では，兵役と納税が国民(臣民)の義務とされており，兵役については法律(徴兵令)の規定に従って実施されることが定められた。また，天皇から与えられる「臣民の権利」として，言論や出版，集会，結社などの自由が認められたが，「法律ノ範囲内ニ於テ」という制限がつけられていた(ウ…○)。

⑵**＜米騒動より後の出来事＞**米騒動は，第一次世界大戦中の1918年に起こった。大戦後の1921年にワシントン会議が開かれ，列強の海軍軍備の制限を定めたワシントン海軍軍縮条約などが結ばれた(エ…○)。なお，アのアメリカで南北戦争が始まったのは1861年，イの義和団事件が起こったのは1900年，ウの三国同盟が結ばれたのは1882年のことである。

⑶**＜朝鮮戦争と警察予備隊＞**き．第二次世界大戦後，朝鮮半島は北緯38度線を境に南北に分断され，資料5中のAに朝鮮民主主義人民共和国〔北朝鮮〕，Bに大韓民国〔韓国〕が成立した。1950年，北朝鮮が韓国に侵攻すると朝鮮戦争が始まり，アメリカを中心とする国連軍が韓国を，中国の義勇軍が北朝鮮を支援した。その後，1953年に休戦協定が結ばれた。　く．朝鮮戦争が始まると，日本に駐留していたアメリカ軍も朝鮮半島に出兵した。このとき，日本の占領政策を指揮していたGHQ〔連合国軍最高司令官総司令部〕の指示により，国内の治安維持のため警察予備隊が創設された。警察予備隊はその後，1952年には保安隊となり，1954年には自衛隊となった。

3　**〔公民―総合〕**

1⑴**＜平等権＞**日本国憲法第14条では，法律を適用するにあたって，全ての国民が差別されることなく平等に扱われるという「法の下の平等」を保障している。これは，「個人の尊重」とともに平等権を構成し，人権保障の根幹となる考え方である。

⑵**＜バリアフリーと平等権＞**バリアフリーとは，障がいのある人や高齢者などの活動の妨げとなる障壁(バリア)を取り除こうという考え方であり，段差を取り除いてスロープを設置したり，音声案内を整備するなどの取り組みが例として挙げられる。これは，誰でも差別されることなく平等な扱いを受ける権利である平等権の考え方に基づくものである(ア…○)。

2⑴**＜委員会＞**委員会は，数十人の国会議員からなる会議である。国会に提出された議案は，まず委員会で審査され，その後議員全員からなる本会議で審議・採決される(エ…○)。なお，アの公聴会は，委員会の審査の場で開かれることのある会で，関係者や学識経験者の意見を聞くためのものである。イの両院協議会は，衆参両議院で議決が異なった場合に，意見の調整をはかるために行われる会議である。ウの閣議は，内閣が行政の運営に関する方針などを決める会議である。

⑵**＜法律案の再可決＞**法律案の議決については，参議院が衆議院と異なった議決をするか，衆議院の可決した法律を受け取った後60日以内に議決しない場合，衆議院が出席議員の3分の2以上の多数で再可決すれば，その法律案は法律として成立する。

⑶，⑷**＜衆議院の優越＞**参議院に比べて任期が短く解散もある衆議院は，国民の意見をより強く反映していると考えられることから，参議院よりも強い権限が与えられている。これを衆議院の優越という。衆議院の優越は，法律案の議決(⑵の解説参照)のほか，予算の先議と議決，条約の承認，内

閣総理大臣の指名，内閣不信任の決議(衆議院のみ行うことができる)で認められている。

3⑴**＜サービス＞**形のある商品を財，形のない商品をサービスという。映画館で映画を鑑賞する，電車に乗る，美容院で髪を切るなどの行為は，形のない商品であるサービスを購入したといえる(イ…○)。なお，アのスマートフォン，ウの食料品や日用品，エの雑誌や書籍は，いずれも形のある商品である財である。

⑵**＜株式会社＞**株式会社が倒産すると，その会社の株式は無価値となり，株主は出資した金額を失うが，出資額以上の負担を負ったり責任を問われたりすることはない(エ…×)。

⑶**＜製造物責任法＞**製造物責任法〔PL法〕は，商品の欠陥によって消費者が被害を受けた場合の企業責任について定めた法律であり，被害者が企業に過失があると証明できなくても，企業に損害賠償を求めることができると定めている(ウ…○)。なお，アのクーリング・オフは，訪問販売や電話勧誘などで商品を購入した場合，一定期間内であれば消費者が無条件で契約を取り消すことのできる制度である。イの消費者基本法は消費者の権利保護や自立支援を目的とする法律である。エの消費者契約法は契約上のトラブルから消費者を守ることを目的とする法律である。

4〔**三分野総合―貨幣の歴史，茨城県の文化財をテーマとする問題**〕

1⑴**＜班田収授法＞**和同開珎は708年に鋳造され，主に奈良時代に流通した。奈良時代には律令制度が整えられ，戸籍に登録された6歳以上の男女に口分田を与え，死後は国に返させる班田収授法が実施された。

⑵**＜中国の自然環境や産業＞**ヒマラヤ山脈は，中国とネパールのほか，ブータン，インド，パキスタンにまたがる山脈である(ウ…○)。中国では外国企業の進出を促し，経済を発展させるため，沿岸部のアモイ，スワトウ，シェンチェン，チューハイ，ハイナン省に経済特区が設けられている(オ…○)。なお，中国は，アジア州のうち東アジアに属している(ア…×)。チベット高原は，ヒマラヤ山脈の北側にあたる中国南西部に広がっており，モンゴルには面していない(イ…×)。黄河の流域では，主に小麦や大豆などの畑作が行われている(エ…×)。ASEAN〔東南アジア諸国連合〕に加盟しているのは東南アジアの10か国であり，中国は加盟していない(カ…×)。

⑶**＜室町時代の産業＞**室町時代には農業や手工業が発達し，商品の取引に使う貨幣の流通も進んだ。このような中で，馬を使って物資の陸上輸送を行う馬借などの運送業者や，質屋のようにお金の貸し付けを行う土倉などの金融業者も活動した(エ…○)。なお，町衆は京都で自治を行った裕福な商工業者，問〔問丸〕は港湾や都市で商品の輸送・保管などを行った運送業者である。

⑷**＜年代整序＞**年代の古い順に，エ(権利の章典―1689年)，ウ(フランス人権宣言―1789年)，ア(ワイマール憲法―1919年)，イ(世界人権宣言―1948年)となる。

2⑴**＜岡山県＞**瀬戸内海沿岸は温暖な気候であり，濃霧が発生しやすい冷涼な気候で酪農が発達している地域は北海道東部である(ア…×)。津軽塗は青森県の伝統的工芸品である(イ…×)。製紙・パルプの生産が盛んな富士市は，静岡県の都市である(ウ…×)。

⑵**＜享保の改革＞記号**．享保の改革は，江戸幕府第8代将軍の徳川吉宗によって18世紀前半に行われた。また，資料2を見ると，吉宗が政治を行った享保年間の耕地面積は，慶長年間と比べて大きく増えていることがわかる。これは，吉宗などが新たに田畑を広げる新田開発を奨励したことによる。なお，松平定信は，18世紀末に寛政の改革を行った老中である。株仲間の解散を行ったのは，19世紀半ばに天保の改革を行った水野忠邦である。　**目的**．吉宗は，悪化していた幕府の財政を立て直すために享保の改革を行った。資料1，資料2から，新田開発などを通して米の生産量を拡大し，年貢収入を増やすことによって財政の立て直しをはかったことがうかがえる。

理科解答

1 (1) エ　(2) イ　(3) ウ　(4) ア
(5) ウ　(6) エ　(7) ア　(8) エ

2 (1) 右図1
(2) あ…等速直線運動　い…慣性
(3) イ　(4) ア

3 (1) 塩化水素　(2) ア
(3) $HCl + NaHCO_3 \longrightarrow$
$NaCl + CO_2 + H_2O$
(4) 右下図2　(5) $60.0cm^3$

4 (1) エ
(2) (例)葉以外の部分でも起こる。
(3) イ
(4) あ…酸素　い…二酸化炭素

5 (1) (例)気体が抜け出した　(2) 石基
(3) ウ　(4) い…D　う…B

6 (1) 組織液
(2) (例)表面積が大きくなるから。
(3) イ　(4) C，H

図1

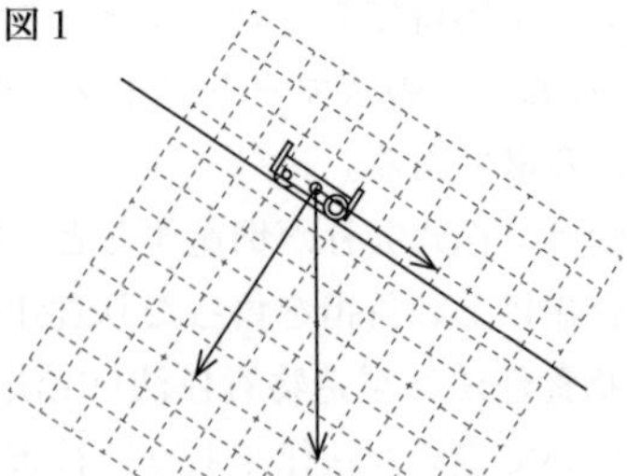

図2

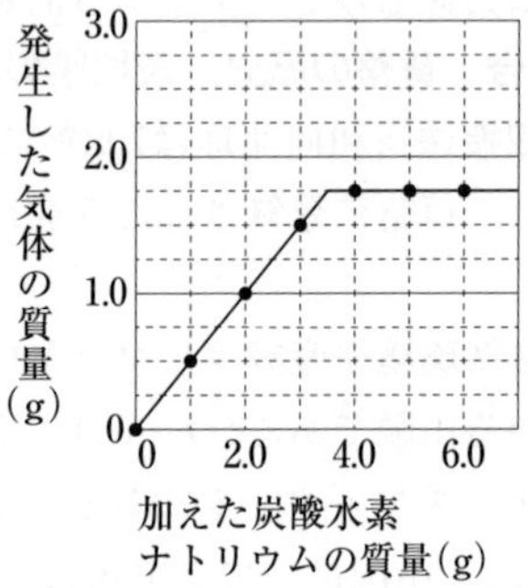

1 〔小問集合〕

(1)＜**光の屈折**＞右図1のように，水面と垂直な線と，入射する光がつくる角が入射角，屈折して進む光がつくる角が屈折角である。光が空気中から水中へ進むときは，入射角よりも屈折角が小さくなるので，光は矢印Bの方向に進む。

図1

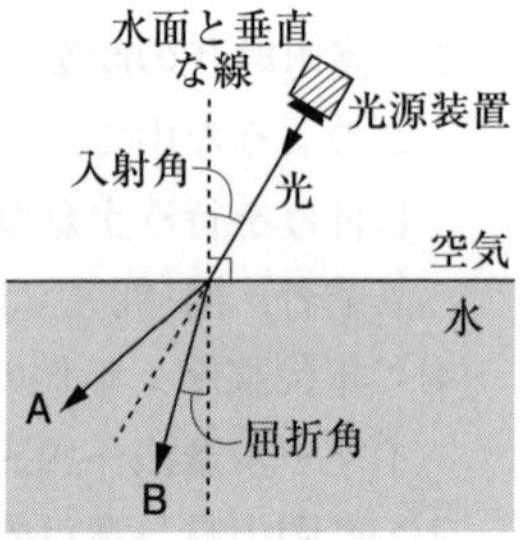

(2)＜**蒸留**＞図のように水とエタノールの混合物を加熱すると，エタノールは水よりも沸点が低いので，先に気体となって出てくる。そのため，試験管にはもとの混合物よりエタノールの割合が大きい液体が集まる。なお，液体を加熱して気体にし，その気体を冷却して再び液体に戻して集める操作を蒸留という。

(3)＜**マツの花**＞マツには雄花と雌花の区別があり，雄花のりん片には花粉がつくられる花粉のうが，雌花のりん片には胚珠がむき出しでついている。

(4)＜**地震**＞初期微動継続時間は震源までの距離に比例して大きくなる。よって，図で，初期微動継続時間は地震Aの方が地震Bよりも長いので，地点Xから震源までの距離は地震Aの方が大きいことがわかる。また，図で，地震Aと地震Bのゆれの大きさはほぼ等しいので，マグニチュード(地震の規模)は，震源までの距離が大きい地震Aの方が大きいと考えられる。

(5)＜**電流と磁界**＞図1の装置で，コイルが動く大きさは，コイルに流れる電流が大きくなるほど大きくなる。図１で，電源装置の電圧を変えずにPQ間の抵抗器を，図２のように，図１の抵抗器と抵抗の等しい抵抗器２つを直列に接続したものにつなぎかえると，図１よりも回路全体の抵抗が大きくなるため，コイルを流れる電流は小さくなり，コイルの動き方は小さくなる。一方，図３のように，図１の抵抗器と抵抗の等しい抵抗器２つを並列に接続したものにつなぎかえると，図１よりも回路全体の抵抗が小さくなるため，コイルを流れる電流は大きくなり，コイルの動き方は大きくなる。

(6)＜**イオン**＞マグネシウムイオン(Mg^{2+})は，マグネシウム原子(Mg)が電子を２個放出してできた陽イオンである。

(7)＜**相同器官**＞相同器官は，クジラの胸びれとヒトのうでのように，見かけやはたらきは異なるが，基本的な構造が同じで，同じものから変化したと考えられる器官である。

図２

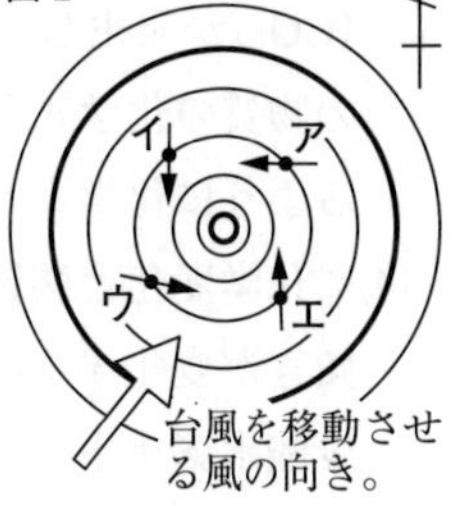

(8)＜**台風**＞北半球では，低気圧や台風自身による風は，右図２のように，中心に向かって反時計回りに吹き込む。よって，図２のア～エのうち，台風を移動させる風が南西から北東に向けて吹くとき，地表付近の風が最も強く吹いていると考えられるのは，台風自身による風と台風を移動させる風の向きが同じになるエである。

2 〔運動とエネルギー〕

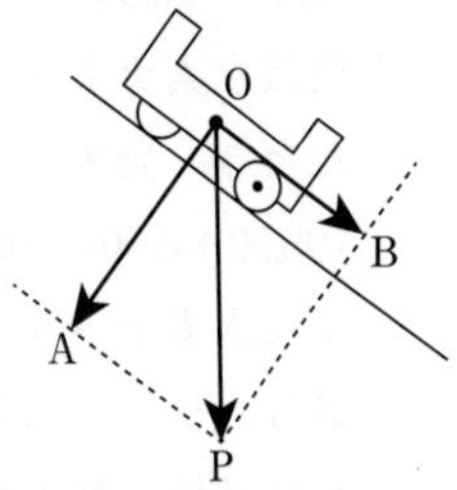

(1)＜**力の分解**＞右図のように，斜面上の台車にはたらく重力の作用点をO，重力の矢印をOPとし，点Oを通って斜面に垂直な直線と点Pを通って斜面に平行な直線の交点をA，点Oを通って斜面に平行な直線と点Pを通って斜面に垂直な直線の交点をBとする。このとき，重力の斜面に垂直な分力は矢印OAで表され，斜面に平行な分力は矢印OBで表される。

(2)＜**台車の運動**＞図２より，５打点ごとのテープの長さは途中から一定になるので，台車は水平面上では，速さを変えずにまっすぐに進む等速直線運動を行っている。また，物体が運動の状態(運動の速さと向き)を続けようとする性質を，慣性という。水平面上では，台車にはたらく重力と垂直抗力がつり合っているため，台車は速さと向きを変えない等速直線運動を続ける(慣性の法則)。

〔編集部注：この実験では，台車が水平面上を運動するとき，実際には紙テープは水平面と平行にならないが，平行になるものとして問題を解いた。〕

(3)＜**台車にはたらく力**＞(1)より，斜面上では台車にはたらく重力が，斜面に平行な分力と斜面に垂直な分力に分解でき，斜面に垂直な分力は垂直抗力と打ち消し合うので，斜面に平行な分力が台車の運動の向きにはたらく。重力の大きさと斜面の傾きは変わらないので，台車にはたらく重力の斜面に平行な分力の大きさは一定である。一方，水平面上では，台車にはたらく重力と垂直抗力はつり合うので，台車の運動の向きに力ははたらいていない。

(4)＜**台車の運動**＞図１で，AB間の距離を変えずに斜面の角度だけを大きくすると，点Aの位置が高くなるので台車が点Aで持つ位置エネルギーは大きくなる。また，斜面上を下るとき，斜面の角度が大きくなると，台車にはたらく重力の斜面に平行な分力は大きくなるので，速さの増え方が大きくなり，水平面に達するまでの時間は短くなる。さらに，水平面上では，台車が点Aで持つ位置エネルギーが全て運動エネルギーに変換され，台車が持つ運動エネルギーは大きくなるので，等速直線運動の速さはより速くなる。よって，５打点ごとのテープの長さは，図２よりも増え方が大きく，テープの長さが一定になるまでの時間は短くなり，一定になったテープの長さは，等速直線運動の速さが速くなるので，図２の23cmより大きくなる。

3 〔化学変化と原子・分子〕

(1)＜**溶質**＞塩酸の溶質は塩化水素(HCl)である。塩化水素は無色で刺激臭をもつ気体で，水に非常によく溶けて酸性を示し，空気より密度が大きい。

(2)＜**実験操作**＞メスシリンダーで液体の体積を測定するときは，アのように，真横から水平に液面の最も低い位置を見て，１目盛りの$\frac{1}{10}$まで目分量で読み取る。

(3)＜**化学反応式**＞うすい塩酸(HCl)と炭酸水素ナトリウム($NaHCO_3$)の化学変化では，二酸化炭素(CO_2)が発生し，塩化ナトリウム($NaCl$)と水(H_2O)が生じる。化学反応式は，矢印の左側に反応前の物質の化学式を，右側に反応後の物質の化学式を書き，矢印の左右で原子の種類と数が等しくなるように化学式の前に係数をつける。

(4)＜**化学変化と物質の質量**＞図３で，加えた炭酸水素ナトリウムの質量が3.0gと4.0gの間でグラフの傾きが変化するので，このとき，うすい塩酸25.0cm³は全て反応したことが読み取れる。表より，炭酸水素ナトリウムを1.00g，2.00g，3.00g加えたとき，発生した気体の質量はそれぞれ，$(95.50+1.00)-96.00=0.50$(g)，$(95.50+2.00)-96.50=1.00$(g)，$(95.50+3.00)-97.00=1.50$(g)と，加えた炭酸水素ナトリウムの質量に比例して増加している。一方，炭酸水素ナトリウムを4.00g以上加えたとき，発生する気体の質量は，$(95.50+4.00)-97.75=1.75$(g)，$(95.50+5.00)-98.75=1.75$(g)，$(95.50+6.00)-99.75=1.75$(g)と，一定になる。よって，うすい塩酸25.0cm³と過不足なく反応する炭酸水素ナトリウムの質量をxgとすると，発生した気体の質量について，$x:1.75=1.00:0.50$が成り立つ。これを解くと，$x\times0.50=1.75\times1.00$より，$x=3.50$(g)となる。これより，発生した気体の質量は，加えた炭酸水素ナトリウムが3.50gまでは比例して1.75gまで増え，加えた炭酸水素ナトリウムが3.50g以上になると1.75gで一定になる。解答参照。

(5)＜**化学変化と物質の質量**＞(4)より，塩酸25.0cm³と過不足なく反応する炭酸水素ナトリウムは3.50gである。よって，炭酸水素ナトリウム8.40gが全て反応するのに必要な塩酸の体積を$y$cm³とすると，$y:8.40=25.0:3.50$が成り立つ。これを解くと，$y\times3.50=8.40\times25.0$より，$y=60.0$(cm³)である。

4 〔生物の体のつくりとはたらき〕

(1)＜**葉のつくり**＞ワセリンは水や水蒸気を全く通さないので，ワセリンを塗った部分から蒸散は行われない。結果より，葉の表側から蒸散が行われないアジサイＢでは水が4.1cm³減少したのに対して，葉の裏側から蒸散が行われないアジサイＣでは水が1.5cm³減少したことから，葉の表側より裏側から多く蒸散が行われたといえる。蒸散は気孔で行われるため，気孔の数は葉の表側より裏側の方が多いと考えられる。

(2)＜**蒸散量**＞蒸散は茎などの葉以外の部分からも行われる。メスシリンダーの水の減少量は，葉の表側から蒸散が行われないアジサイＢと葉の裏側から蒸散が行われないアジサイＣの合計$4.1+1.5=5.6$(cm³)が，葉の両面から蒸散が行われたアジサイＡの5.1cm³を上回っている。これより，蒸散が起こる部分は，葉だけではないと考えられる。

(3)＜**維管束**＞アジサイは双子葉類で，茎の維管束は輪状に並び，赤インクで着色した水は道管を通って送られる。そのため，茎を，中心を通る面で縦に切ると，赤く染まっている部分は，イのように，表皮のすぐ内側に見える。なお，単子葉類では，茎の維管束はばらばらに分布しているため，赤く染まっている部分は，エのように見える。

(4)＜**光合成と呼吸**＞アジサイを風通しのよい明るい場所に置いたので，光合成は盛んに行われている。このため，光合成で出入りする気体の量が呼吸で出入りする気体の量を上回り，全体として酸素が出され，二酸化炭素が取り入れられているように見える。

5〔**大地の変化**〕

(1)＜**軽石**＞軽石の表面に見られる小さな穴は，マグマが急速に冷え固まるとき，溶けていた気体が抜け出したためにできたものである。

(2)＜**石基**＞火成岩Ａ，Ｂに見られる，形がわからないほど小さな粒を石基という。石基はマグマが地表付近で急速に冷え固まったときにできた部分である。なお，石基の間に散らばった比較的大きな鉱物を斑晶，石基の間に斑晶が散らばったつくりを斑状組織という。

(3)＜**火成岩**＞火成岩Ａ～Ｃは花こう岩，玄武岩，安山岩のいずれかで，観察２の結果より，火成岩Ｃは大きな鉱物が組み合わさったつくり(等粒状組織)を持つ深成岩だから，花こう岩である。また，火成岩Ａ，Ｂは石基の間に斑晶が散らばったつくり(斑状組織)を持つ火山岩であり，表１より，無色鉱物の石英と長石の割合の合計が，火成岩Ａが$0+45=45$(％)，火成岩Ｂは$7+62=69$(％)と，火成岩Ａより火成岩Ｂの方が大きいので，火成岩Ｂは火成岩Ａより白っぽい。よって，火成岩Ａは玄武岩，火成岩Ｂは安山岩である。

(4)＜**造岩鉱物**＞表２で，石英は，無色か白色で，不規則に割れるＤである。また，角セン石は，濃い緑色で，形が長い柱状であるＢである。なお，Ａは黒雲母，Ｃは輝石，Ｅは長石である。

6〔**生物の体のつくりとはたらき**〕

(1)＜**組織液**＞血しょうの一部は，毛細血管からしみ出して組織液となり細胞の間を満たしている。組織液には血液によって運ばれた酸素や栄養分などが溶けていて，各細胞は，組織液を仲立ちとして酸素や栄養分などの必要なものを取り込み，二酸化炭素やアンモニアなどの不要なものを排出している。

(2)＜**肺胞と柔毛**＞肺には，図１のように袋状の肺胞が多数あり，空気に触れる表面積が大きくなるため，効率よく酸素と二酸化炭素の交換が行われる。一方，小腸には，図２のように小さな突起状の柔毛が多数あり，消化によってできた物質に触れる表面積が大きくなるため，効率よく養分の吸収が行われる。よって，それぞれの器官のつくりに共通しているのは，表面積が大きくなっていることである。

(3)＜**肺循環**＞肺循環は，心臓から出た血液が肺に送られ，再び心臓に戻る経路である。二酸化炭素を多く含んだ静脈血は，右心室から肺動脈を通って肺に送られ，酸素を取り込み，二酸化炭素が排出されて動脈血となり，肺静脈を通って左心房に入る。なお，体循環は，血液が心臓の左心室から大動脈を通って，肺以外の全身に送られ，大静脈を通って心臓の右心房に戻る経路である。

(4)＜**有機物**＞ガソリンが酸素と反応して，二酸化炭素(CO_2)と水(H_2O)が生じるのは，ガソリンに含まれる炭素(C)と水素(H)がそれぞれ酸素(O)と結びつくためである。

国語解答

一
㈠　ホッとした自分を情けなく思う
㈡　初めて〜いんだ　㈢　イ
㈣　ア　㈤　エ

二
㈠　すえつかた　㈡　イ
㈢　ある人〔かの人／かのもの〕
㈣　ウ　㈤　仏のばちと，太鼓のばち

三
㈠　エ　㈡　「ひと工夫」の発想力
㈢　ウ
㈣　自分には未知の力があり，努力次第でそれを実現できるから。(28字)
㈤　間違った思い込み　㈥　エ
㈦　ア→エ→ウ→オ→イ

四
㈠　(1)…ア　(2)…ウ
㈡　(1)　かくりょう　(2)　ふく
(3)　故障　(4)　済
㈢　イ

一〔小説の読解〕出典：吉野万理子『100％ガールズ　2nd season』。

㈠＜心情＞真純は，後半戦に向けて作戦を立てることもできずにいたが，相手の強い選手が後半出ないと聞いて，「なめられているにもほどがある」と感じると同時に，自分が「ホッとしている」ことに気づいた。その自分のふがいなさから，真純は，「舌をぎゅううっとかみしめた」のである。

㈡＜文章内容＞冴香は，サッカー部の大会を見に行くことについて，勝敗はどうでもよく，「初めての公式戦，みんなが楽しんでいきいきしてたら，それでいいんだ」と言っていた。夏喜は，「冴香の言葉を借りた」けれど，自分も同じように思っていると，真純たちに伝えた。

㈢＜文章内容＞真純は，圧倒的に強い相手との試合の前半戦の最中，「なんでこんなに恥をさらさないといけないのだろう」と思っていた。しかし，この試合は「待望の公式戦」であり，今回大敗しても努力して次に挑戦できることは楽しいことではないかという夏喜の話を聞いて，真純は，結果よりも試合を「楽しむ」重要性に気づいた。そのため真純は，一年生たちの声が入ってこないほどに頭がいっぱいになっていた。

㈣＜文章内容＞真純は，相手との実力差を前に，前半戦の間，何度も「今日，棄権すればよかった」と考えていた。しかし，夏喜の話を聞いて，試合の結果よりも，「試合に出て，とんでもない敵と出会えて，レベルの差を実感すること」に意義があると感じた。そこで真純は，試合を意義あるものにするために，勝つための「作戦」ではなく，「目標」という言葉でチームの意識をそろえようとした。

㈤＜表現＞物語は，終始真純の視点から，真純の心情を語る形式で進んでいる(ア…×)。真純は，夏喜の言葉で試合を「楽しむ」気持ちを取り戻した後，「じゃあ，後半に向けて，目標を立てよう」と一言発しただけである(イ…×)。「夏喜が口火を切った」「真純は，そばにいた桂子と顔を見合わせた」など，過去形の表現が多用されている(ウ…×)。真純は，「空になった紙コップ」を見て，「冷え切った身体がずいぶん温まった」ことを思い出したり，心の中で「楽しむ，楽しむ」と繰り返して，試合を楽しむ気持ちをわかせたりしている(エ…○)。

二〔古文の読解─仮名草子〕出典：『一休ばなし』巻之三，四。

≪現代語訳≫一月の末の頃，ある人が一休和尚に伴われ，散策して山野で遊び，見るものにつけ，聞くものにつけ，(一休和尚は)ひたすらいつものような軽口をおっしゃり，自身も喜び，人をもおもしろがらせなさった。／その折はるかに空の高い所を，雁の群れが友をしのび，北陸地方に帰るかと見えて，二羽が連なって飛び過ぎた。その人(＝ある人)が一休和尚に申したことには，「もしもし，ただ今空を飛んでいった雁は，どこに降りるのでしょうか，おっしゃってください」と言った。一休和尚はお聞きになり，（ある人に）「天に金いっぱい，蛇のひげ三すじと言うが，蛇のひげは，どれほど長いだろうか，すぐさまおっしゃってください」とおっしゃる。その者（＝ある人）は答えようがない。「そもそも蛇のひげとやらは，今日までまだ見たことがございません。（だから蛇のひげの長さは）知らないです」と申し上げた。一休和尚は，「だから，あの雁も，東北地方へ降りるのだろうか，九州地方へ降りるのだろうか，一度も雁などと，気が合って歩いたことがございませんので，知らないのだ」と答えなさる。

㈠**＜歴史的仮名遣い＞**歴史的仮名遣いの「ゑ」は，現代仮名遣いでは「え」になる。

㈡**＜現代語訳＞**「いづち」は，どこ，どの方向，という意味。「か」は，疑問の意味を表す係助詞。「おり」は，降りる，という意味。雁が空を飛び過ぎていったのを見て，ある人が一休和尚に，雁が降り立つ場所について尋ねたのである。

㈢**＜古文の内容理解＞**一休和尚は，蛇のひげがどれほどの長さかをある人に尋ねた。それに対し，ある人は，今日までまだ蛇のひげを見たことがないため，「しらぬ」と答えた。

㈣**＜古文の内容理解＞**ある人は，雁が降り立つ場所を一休和尚に尋ねたが，一休和尚は，その問いにすぐには答えず，ある人に蛇のひげの長さがどれくらいかを問い返した（ア…×）。ある人が，蛇のひげを今日まで見たことがないから，その長さは知らないと言うと，一休和尚は，その返答をふまえて，雁と一緒に移動したことがないので，雁が降り立つ場所は「しらぬ」と言い，降り立つ場所の答えを言わなかったのである（イ・エ…×，ウ…○）。

㈤**＜資料＞**一休和尚は，寺に革を持ち込むことを禁止し，もし寺に革を持ち込んだら「ばちが当たるだろう」と書いた立札を立てた。この立札を見た訪問者は，寺に革を持ち込むと「ばち」が当たると考え，一休和尚に「寺で使っている太鼓だって革だろう」と疑問を投げかけた。それに対し一休和尚は，確かに太鼓を鳴らすための「ばち」が朝晩当たっていると言っておどけた。

三〔**論説文の読解―哲学的分野―哲学**〕出典：齋藤孝『「型破り」の発想力』／〔**論説文の読解―教育・心理学的分野―心理**〕出典：樋口裕一『発信力　頭のいい人のサバイバル術』。

≪本文の概要≫【Ⅰ】わたしは，日本人のクリエイティブ能力は自分たちが思っているよりもずっと高いと思う。日本人は，自分たちは創造的ではないという誤った思い込みをしている。価値を創造するために必要なのは，ほんのひと工夫の発想力でよいのである。日本人は，自分たちがつくるものはしょせん欧米文化のアレンジにすぎないと，低く自己評価してきた。しかし，世界では，そのアレンジの仕方が画期的で，とてもクリエイティブだと評価されている。日本市場においては，商品もサービスも常に進化させ続けなければならないという〈更新圧力〉がはたらいているが，ここで求められる価値の創造も，今あるものをよりよくするひと工夫の発想力である。／【Ⅱ】自分のことを過小に評価していると，他人を批判できなくなるが，そうやって他人を批判しないのは，卑怯なことである。批判をしないと，組織も自分自身も向上しない。だから，人を批判するときは，自分のことを棚に上げるのが原則である。また，いいかげんなものや悪意あるものを除けば，批判は的確に仕事の不足を指摘するものだから，批判してくれる人に対して謙虚に耳を傾けるべきである。しかし，自分の専門分野については，自分にはできるという意識を持つ必要がある。自分の範囲と決めたことには，多少背伸びをして，むやみに謙虚にならずに自分の力をアピールする方が健康的である。

㈠**＜接続語＞**A．「世界で最もクリエイティブな国は日本だ」という調査結果が出ているにもかかわらず，「日本ではなんと四分の三の人が，自分はクリエイティビティを充分に発揮できていない」と答える。　B．「わたし」が大学の授業中に「むちゃ振り」をする例として，「世相を反映したショートコントをいますぐつくれ」といった要求が挙げられる。　C．「自分は単純労働ならできるけれど，複雑なことができない」ために，労働状況が悪いままだと訴えている人は，それならばどうすればよいのだろうか。

㈡**＜文章内容＞**常に商品に「新しい価値」を付加することを求める更新要求に応えるには，「これまでにない『価値』を考案して付加」していかなければならない。しかし，「価値の創造」とはそれほど難しいことではなく，「いまあるものをより良くする『ひと工夫』の発想力」なのである。

㈢**＜要旨＞**ショートコントをすぐにつくるように要求する「わたし」の「むちゃ振り」に大学生がきちんと対応できることや，新幹線の車内清掃を「七分間」で終える方法を生み出していることなどに，日本人の創造力の高さは表れている。そして，「価値の創造」とは「いまあるものをより良くする『ひと工夫』の発想力」だと割りきれば，「肩の力が抜けて柔軟な発想ができるようになる」と「わたし」は考えている(ウ…○)。

㈣**＜文章内容＞**自分に対して謙虚になって，「わたしはそんなことはできそうもない」と思ったら，「それで終わってしまう」のである。「自分の将来」をよりよくするためには，「これからの努力次第で，それを実現できる力がある」と思っている必要がある。

㈤**＜文章内容＞**日本人は，「欧米文化の真似やアレンジ」によってものをつくってきたためか，自分には「新たな価値を生み出すことなんかできない」といった自分を低く評価する「間違った思い込み」をしているが，その思い込みを捨てることで，「価値の創造」をしやすくなる。

㈥**＜表現＞**一郎は，自分を「過小評価しないことの利点と過小評価することの欠点」を挙げて，最後の主張につなげることを提案している。それを受けて，明子は「欠点を先にして，利点をあとで述べる」ように順番の工夫を加えることで，より最後の主張につなげやすくなると提案している。

㈦**＜文章内容＞**スライドでは，次郎の提案に沿って，まず「日本人が陥りがちな良くない考え方」を紹介する(…ア)。次に，一つ目の明子の提案に基づいて，自分を過小評価してしまうという「良くない考え方」に日本人が陥りがちな「理由」を示す(…エ)。そして，二つ目の明子の提案に沿って，自分を過小評価することの「欠点」を先に示し(…ウ)，過小評価しないことの「利点」を後に示す(…オ)。最後に，一郎の提案に即して「自分を過小評価しないことで，より価値のある仕事ができる」という内容で締めくくる(…イ)。

四〔国語の知識〕

㈠⑴**＜漢文の訓読＞**「小人」→「同」→「和」→「不」の順に読む。レ点は，下から上に一字返る返り点。また，「而」は，ここでは置き字であり，訓読しない。　⑵**＜漢字の知識＞**「他」のへんは，「亻(にんべん)」である。アは，「彳(ぎょうにんべん)」の行書体。イは，「氵(さんずい)」の行書体。エは，「忄(りっしんべん)」の行書体。

㈡**＜漢字＞**⑴「閣僚」は，内閣を構成する大臣たちのこと。　⑵音読みは「膨張」などの「ボウ」。　⑶「故障」は，不調が生じ，正常にはたらかなくなること。　⑷音読みは「返済」などの「サイ」。

㈢**＜敬語＞**ア.「ご説明します」は，「ご～する」の形の謙譲語で，「私たち」が「皆様」に対してする行為に使われている(…○)。　イ.「拝見する」は，「見る」の謙譲語で，相手の行為に対してではなく，自分や身内の行為に対して使う。「ご覧になってください」など尊敬語を用いるのが適切(…×)。　ウ.「ご使用になった」は，「ご～になる」の形の尊敬語で，相手の行為に対して使われている(…○)。　エ.「いらっしゃる」は，「来る」などの尊敬語で，「先生」の行為に対して使われている(…○)。　オ.「頂く」は，「もらう」の謙譲語で，話し手自身の行為に対して使われている(…○)。

2024年度 水戸葵陵高等学校(推薦)

【英　語】 (50分) 〈満点：100点〉

1 次の(1)〜(5)の語群ア〜エのうちから、下線部の発音が各文中の下線部の発音と同じものを一つずつ選んで、その記号を書きなさい。

(1) My uncle lives in the U.S.

ア useful　イ culture　ウ cute　エ busy

(2) These cookies are very sweet.

ア receive　イ neighbor　ウ eight　エ theirs

(3) Let's walk around the lake.

ア could　イ cousin　ウ through　エ sound

(4) It will be warmer tomorrow.

ア far　イ March　ウ war　エ share

(5) Bob wakes up at 6 a.m. every morning.

ア saves　イ plans　ウ stops　エ leaves

2 次の(1)〜(3)の見出し語と最も強いアクセントの位置が同じものを、下のア〜エの中から一つずつ選んで、その記号を書きなさい。

(1) re-spect

ア bath-room　イ awe-some　ウ vil-lage　エ se-lect

(2) cen-tu-ry

ア mem-o-ry　イ a-maz-ing　ウ de-li-cious　エ o-pin-ion

(3) in-ter-est-ing

ア ex-pe-ri-ence　イ nec-es-sar-y　ウ A-mer-i-ca　エ o-rig-i-nal

3 次の(1)~(6)の英文の(　　)内に入る最も適切なものを、下のア~エの中から一つずつ選んで、その記号を書きなさい。

(1) There is a restaurant (　　　) the hospital and the supermarket.

ア over　　イ under　　ウ both　　エ between

(2) My brother is getting better little (　　　) little.

ア for　　イ by　　ウ at　　エ as

(3) Our train hasn't (　　　) yet.

ア arrive　　イ arrives　　ウ arrived　　エ to arrive

(4) A: (　　　) I help you?

B: Yes, please. I'm looking for a cap.

ア May　　イ Will　　ウ Must　　エ Did

(5) A: I don't have a watch. (　　　)

B: Yes. It's three thirty.

ア Is it on my desk?　　イ Are you watching it?

ウ Do you know what time it is?　　エ Can you show it to me?

(6) A: Did you do your science homework yesterday?

B: No. (　　　)

ア I'm happy I finished it.

イ I did it after dinner.

ウ It was not difficult.

エ I was too tired to do that.

4 次の(1)〜(3)の英文の(　　)内の語を、それぞれ１語で最も適切な形に直して書きなさい。

また、(4)、(5)の英文の(　　)内の文字で始まる、最も適切な英語を、それぞれ１語で書きなさい。

(1) I saw a few (*child*) in the park this afternoon.

(2) Many kinds of bags are (*sell*) in the shop.

(3) That boy (*dance*) on the stage is my brother.

(4) A: Is Yuki good at English?

B: Yes. She is the student (w　　) can speak English the best in her class.

(5) A: I feel sick today, but I have to practice tennis.

B: Really? If I were you, I (w　　) go home.

5 次の(1)〜(3)の日本文に合うように、(　　)に入る最も適切な英語を、それぞれ**５語以内**で書きなさい。

(1) ジムは私にギターの弾きかたを教えてくれました。

Jim told me (　　　　　　) guitar.

(2) 私のネコは５時間ずっと眠っています。

My cat (　　　　　　) five hours.

(3) これは私がこの前の日曜日に買った本です。

This is a (　　　　　　) Sunday.

6 高校生の早紀(Saki)と留学生のマーク(Mark)の次の対話文を読んで、(1)～(3)の問いに答えなさい。

Mark : You look very happy, Saki.
Saki : Ⓐ<u>I am.</u> My father finally came back to Japan from Brazil yesterday. He worked at a company there.
Mark : Oh, how long did he live in Brazil?
Saki : For about a year.
Mark : Ⓑ<u>I'm (ア were / イ during / ウ you / エ sad / オ sure) that time.</u>
Saki : I was. But he often sent my mother and me e-mails. He always said to me in them, "I'm trying hard here. I hope you are enjoying your school life." When I read them, I felt positive.
Mark : That's very nice. Did you do something for him yesterday?
Saki : Yes. My mother and I made some Japanese dishes for him. He looked very happy. *While we were eating dinner, he told me a lot of things. They were new to me.
Mark : Wonderful. I hope you can spend a lot of time with him *from now on.
Saki : I hope so, too.

* while～ ～している間に　from now on　これからは

(1) 下線部Ⓐを下のように言いかえたとき、(　　)に入る最も適切な語句を、次のア～エの中から一つ選んで、その記号を書きなさい。

I am very happy that my father (　　　).

ア worked at a company in Brazil　　イ came back to Japan from Brazil
ウ will visit Sydney　　エ will live with me in Brazil

(2) 下線部Ⓑの(　　)の中の語を正しく並べかえて、記号で書きなさい。

(3) 対話文の内容に合うように、①、②の(　　)に入る最も適切な英語を、それぞれ1語ずつ書きなさい。

① Saki's father's e-mails made her (　　　).
② Saki's father told her a lot of things that were (　　　) to her.

7　下の英文を読んで、(1)～(4)の問いに答えなさい。

Mika is a junior high school student. Last month, she joined a *volunteer activity at a home for *elderly people. First, she talked with them in a large room. She told them about her school life. She also tried to listen to them. Then, she found that one elderly woman *didn't talk at all. She said to the woman, "Ms. Tanaka, can you tell us about your favorite things?" Ms. Tanaka said, "Well . . . , I can't speak well in front of people, but I'll try to do that. I like music. I was in a *chorus when I was a student." Mika said, "Oh, I like music, too. I play the piano. Can you tell us about the chorus?"

Ms. Tanaka started to talk about the chorus. There was a chorus in her city, and she went to their concert when she was thirteen years old. She *was impressed with their performance and joined the chorus. She enjoyed singing in it for several years, but she *quit it when she *got busy with her *studies. She said, "I'm not in the chorus now, but I still like singing. At home, I sometimes sing the songs that I *sang in the chorus." She also talked about some of the songs. Mika said, "Oh, I have *sung those songs before." Some of the elderly people said, "Me, too. [　　　　　　]"

After listening to Ms. Tanaka's story, Mika wanted to do something for Ms. Tanaka and the other elderly people. Then, she got an idea.

When Mika visited the home for elderly people the next time, she said to Ms. Tanaka and the other elderly people, "Today, I'll play the piano for you. I'll play some songs that you know well. I'll be happy if you sing them."

Mika started to play the piano. At first, the elderly people were only enjoying listening to her piano performance. However, Ms. Tanaka started to sing to the piano, and the other people started to do that, too. Finally, all of them sang in chorus. All of the elderly people looked happy and excited.

Mika played four songs for the elderly people. After that, Ms. Tanaka said to Mika, "Today is my birthday. You gave me nice presents. I enjoyed your piano performance and singing songs with other people. Thank you very much. I hope you will play the piano for us again. I want to sing with other people again." Mika felt very happy to hear her words.

*　volunteer　ボランティア　　elderly　高齢の　　not ～ at all　まったく～ない
chorus　合唱団　　be impressed with ～　～に感動する
quit ～　～をやめる（過去形も同形）　　get busy with ～　～で忙しくなる
study（studies）　勉強　　sang　sing の過去形　　sung　sing の過去分詞

(1)　本文中の［　　　　　　］に入る最も適切なものを、次の**ア**～**エ**の中から一つ選んで、その記号を書きなさい。

ア　You are a member of our chorus.
イ　So I should practice it a lot.
ウ　I want to sing them again.
エ　I don't remember that.

(2)　本文中の下線部の内容を下の日本文のように具体的に表したとき、(　　)に入る**10字程度**の日本語を書きなさい。ただし、**句読点は字数に含む**ものとします。

美香(Mika)のピアノの演奏と、(　　　　　　　　　　　)こと。

(3)　本文の内容に合う英文を、次の**ア**～**オ**の中から**二つ**選んで、その記号を書きなさい。

ア　At first, Ms. Tanaka didn't talk at all in front of other people.
イ　Some elderly people asked Mika about her favorite things.
ウ　Ms. Tanaka went to the concert of the chorus thirteen years ago.
エ　Mika and some elderly people thought about the things that they should do together.
オ　Ms. Tanaka wanted Mika to play the piano for her and the other elderly people again.

(4)　次の①、②の質問に、それぞれ**3語以上**の英語で答えなさい。ただし、符号(, . ? ! など)は、語数には含まないものとします。

①　What did Mika tell the elderly people on the first day?
②　How many songs did Mika play for the elderly people?

【数　学】（50分）〈満点：100点〉

1　次の計算をしなさい。

（1）　$-2+5$

（2）　$49\div(-7)$

（3）　$8x^2y\times\frac{1}{4}x^2$

（4）　$5(x+2y)-2(x+3y)$

（5）　$\sqrt{12}\times\sqrt{2}-\sqrt{6}$

2 次の問いに答えなさい。

（1） ２次方程式　$x^2 + 5x + 2 = 0$　を解きなさい。

（2） あるクラスの生徒26人に対し、昨日の自主学習時間を調査した。下の図は、生徒26人の自主学習時間のデータを箱ひげ図で表したものである。

このとき、この箱ひげ図から読み取れる四分位範囲を求めなさい。

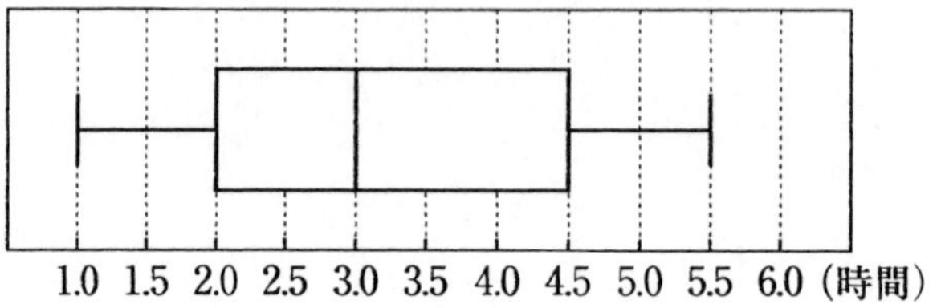

（3） 下の図のように、箱の中に、「Ａ」、「Ｂ」、「Ｃ」の文字が１つずつ書かれた白色の玉が１個ずつと、「Ａ」、「Ｂ」の文字が１つずつ書かれた赤色の玉が１個ずつ、合計で５個入っている。

この箱の中から玉を１個取り出し、続けて残りの４個の玉から１個取り出すとき、はじめに「Ｂ」と書かれた玉を取り出し、続けて白色の玉を取り出す確率を求めなさい。

ただし、どの玉が取り出されることも同様に確からしいとする。

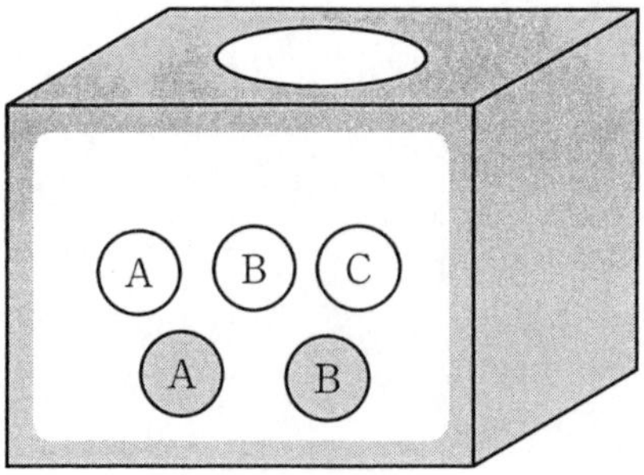

(4)　下の図のように、円Oの周上に５点Ａ、Ｂ、Ｃ、Ｄ、Ｅがあり、$\overset{\frown}{\mathrm{AE}}=\overset{\frown}{\mathrm{DE}}$ である。線分ＡＢの延長と線分ＤＣの延長との交点をＦとし、線分ＢＤと線分ＣＥとの交点をＧとする。

∠ＡＦＤ＝48°、∠ＢＤＦ＝26°のとき、∠ＤＧＥの大きさを求めなさい。

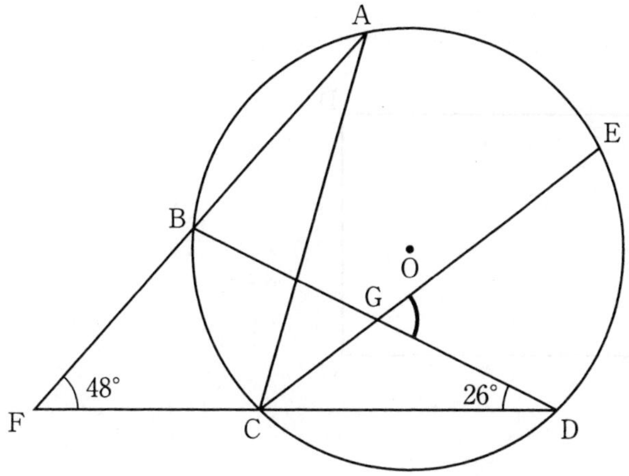

(5)　あるお店で、タオル１枚の値段は、ハンカチ２枚の値段より100円安い。また、タオル３枚とハンカチ５枚を買うときの代金の合計は4650円である。

このとき、タオル１枚の値段を求めなさい。ただし、消費税は考えないものとする。

3　下の**図１**のように、ＡＢ＝９cm、ＢＣ＝18cmの長方形がある。点Ｐは点Ａを出発し、秒速２cmで辺ＡＤ上を点Ｄへと移動し、点Ｄで停止する。また、点Ｑは点Ａを点Ｐと同時に出発し、秒速３cmで辺ＡＢ、ＢＣ、ＣＤ上を点Ｂ、点Ｃ、点Ｄへと移動し、点Ｄで停止する。２点Ｐ、Ｑが点Ａを出発してからx秒後の△ＡＱＰの面積をy cm^{2}とする。

　また、下の**図２**は、xとyの関係をグラフに表したものである。

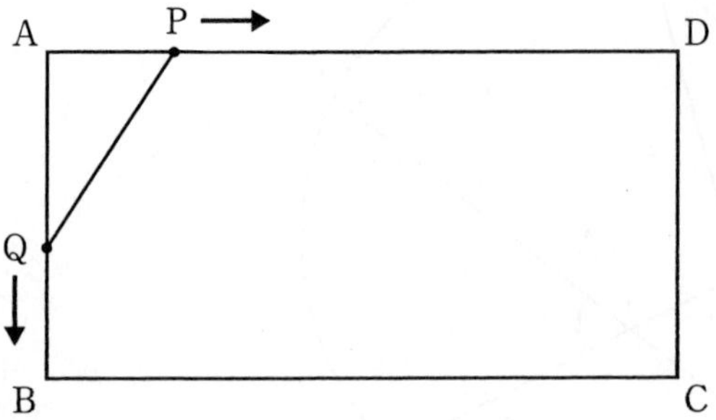

図１

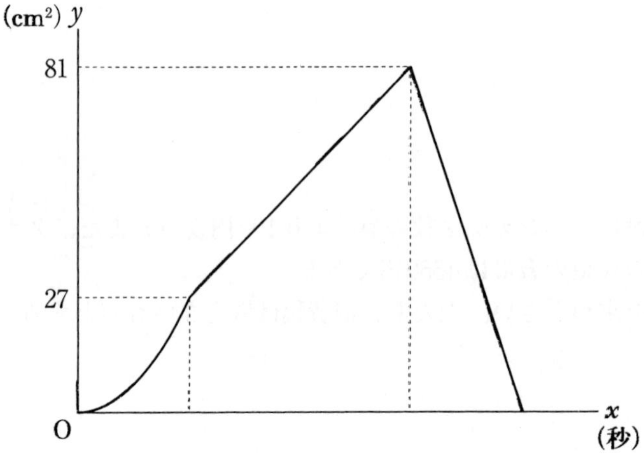

図２

　次の問いに答えなさい。ただし、２点Ｐ、Ｑが同時に点Ａ、または点Ｄで重なるとき、$y=0$とする。

（1）　点Ｑが辺ＡＢ上にあるときのyをxの式で表しなさい。

（2）　△ＡＱＰの面積が54cm^{2}となるのは、２点Ｐ、Ｑが点Ａを出発してから何秒後と何秒後か求めなさい。

4　下の図において、曲線**ア**は関数 $y=x^2$ のグラフ、曲線**イ**は関数 $y=-\frac{1}{3}x^2$ のグラフである。曲線**ア**上の点で、x 座標が２、－３である点をそれぞれＡ、Ｂとする。曲線**イ**上の点で、x 座標が点Ｂの x 座標と等しい点をＣとし、y 座標が点Ｃの y 座標と等しく、x 座標が正である点をＤとする。また、線分ＢＣ上に点Ｐをとる。

次の問いに答えなさい。ただし、Ｏは原点とする。

（1）　直線ＡＢの式を求めなさい。

（2）　△ＡＢＰの面積が四角形ＡＢＣＤの面積の $\frac{1}{3}$ となるとき、点Ｐの y 座標を求めなさい。

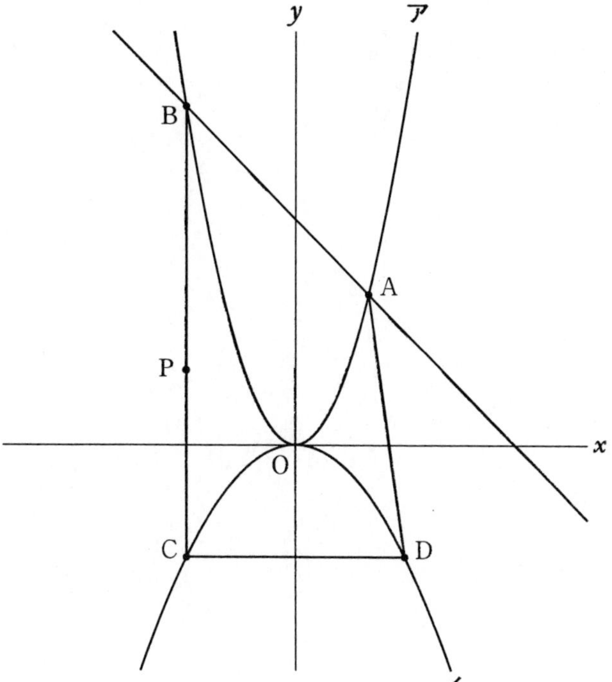

5　下の図のように、ＡＤ∥ＢＣの台形ＡＢＣＤがある。線分ＡＣの中点をＥとし、辺ＢＣ上にＣＥ＝ＣＦとなる点Ｆをとる。また、線分ＣＥ上に∠ＡＥＤ＝∠ＣＦＧとなる点Ｇをとる。

このとき、△ＡＥＤ≡△ＣＦＧであることを証明しなさい。

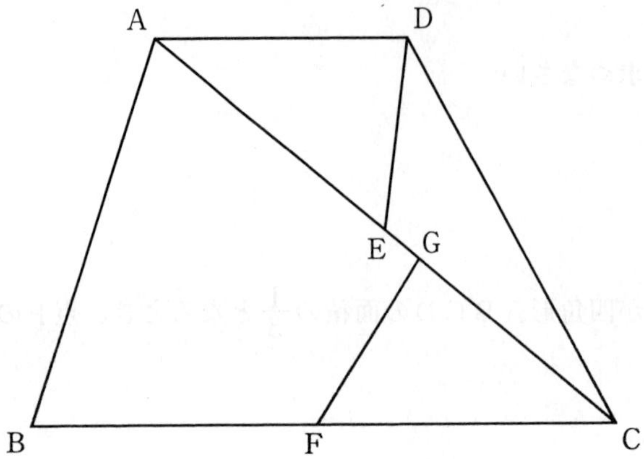

6 下の図のように、１辺の長さが10cmの正方形ＡＢＣＤを底面とし、ＯＨ＝12cmを高さとする正四角すいＯＡＢＣＤがある。点Ｈは線分ＡＣと線分ＢＤとの交点である。辺ＯＢ、ＯＣ上にＯＰ：ＰＢ＝ＯＱ：ＱＣ＝３：２となる点Ｐ、Ｑをそれぞれとる。また、点Ｐから線分ＢＤにひいた垂線と線分ＢＤとの交点をＲとし、点Ｑから線分ＡＣにひいた垂線と線分ＡＣとの交点をＳとする。

次の問いに答えなさい。

(1) 線分ＰＱの長さを求めなさい。

(2) 立体ＢＣＳＲＰＱの体積を求めなさい。

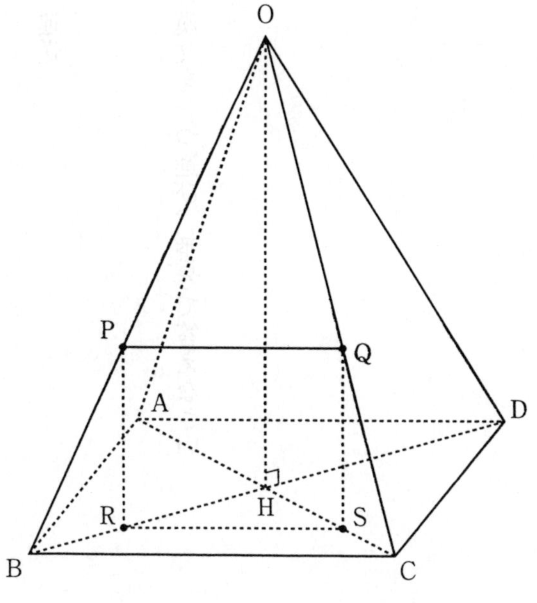

(4) 次が慣用句を正しく用いた文となるように、□に入る体の一部を漢字一字で書きなさい。

私の不用意な発言で弟が傷ついたことを親に注意されて、□が痛かった。

(5) 「進行」という熟語と同じ組み立ての熟語を一つ選び、番号で答えなさい。

1 早熟　2 給油　3 可否　4 運送

(6) 書き下し文が「智者は必ず失敗せざらん」となる漢文を一つ選び、番号で答えなさい。

1 智者ハ必ズ不ざラン二失敗セ一

2 智者ハ二必ズ不ざラン一失敗セ

3 智者ハ必ズ二不ざランレ失敗セ一

4 智者ハレ必ズ不ざラン二失敗セ一

四

次の(1)〜(6)の問いに答えなさい。

(1) 次の文中の――線の語の品詞名を漢字で書きなさい。

相手に警戒されないようにやわらかな口調で話す。

(2) 次の文中の――線の語の活用形として、最も適切なものを番号で答えなさい。

私は勉強することが好きです。

1 未然形　2 連用形　3 終止形　4 連体形　5 仮定形　6 命令形

(3) 次の中から、ことわざとその意味の組み合わせとして、最も適切なものを番号で答えなさい。

1 頭隠して尻隠さず（事が起こってからあわてて用意をすることのたとえ）
2 弱り目にたたり目（欲張って二つを同時に手に入れようとすると、両方とも手に入らないこと）
3 千里の道も一歩から（どんな大きな仕事も、小さなことの積み重ねで成しとげられるという教え）
4 昔取った杵柄《きねづか》（困っているときに、さらに困ったことが重なって起きること）

(1) ア送らるる　とあるが、誰が「送った」のか。最も適切なものを番号で答えなさい。

1　宇喜田直家　　2　小早川隆景　　3　侍　　4　家老の衆

(2) イふるまふ　の読み方を現代かなづかいに直して、すべてひらがなで書きなさい。

(3) ウ　に入る最も適切な言葉を、文章中から一語で抜き出して書きなさい。

(4) エ大笑ありし　とあるが、家老の衆が「大笑」した理由として、最も適切なものを番号で答えなさい。

1　かせ者から話を聞いた家老の衆が、そこにべの汁を食べるためにわざわざ正装してきたことがおかしかったから。
2　伝令をした侍が、そこにべを人名と勘違いして伝えたために、皆が正装して迎えようとしたことがおかしかったから。
3　そこにべというめったにない魚が届いたのに、客にそこにべが入っていない汁を出してしまったのがおかしかったから。
4　隆景が侍に、そこにべというめったにない魚のことを、人のように話してわざと間違えさせたことがおかしかったから。

三　次の文章を読んで、後の⑴～⑷の問いに答えなさい。

備前《びぜん》の国岡山に、そこにべといふ魚あり。余国にまれなり(他の国にはめったにない魚である)。太守※1宇喜田《うきた》直家《なおいへ》より、芸州※2小早川《こばやかわ》隆景《たかかげ》、備中《びっちゅう》笠岡《かさおか》の城におはしける時、かの魚をア送らるる(送ってもらった)。隆景、侍に仰せ、「夜中《やちゅう》に備前よりそこにべが来たほどに、※3家老の衆に今朝イふるまふべきよし申せ」とあれば、※4かせ者まはりて、「備前より今夜、そこにべ殿お越しにて候《さうらふ》。［ウ］ふるまひあり。※5出仕あれ」とぞ申しける。おのおの慇懃《いんぎん》に出立《いでたち》参らるるに(それぞれきちんと正装して出仕したところ)、客とてはなし。出でたる膳部《ぜんぶ》(料理)を見れば、そこにべの汁なり。右の様子を申されて、エ大笑ありし。

（「醒睡笑《せいすいしょう》」より）

［注］
※1　宇喜田直家……戦国時代の武将。
※2　小早川隆景……戦国時代の武将。
※3　家老の衆……武家の家臣のうち、最も重要な職に就いている者たち。
※4　かせ者……位の低い侍。
※5　出仕……城に参ること。

(1) ①～③のカタカナの部分を漢字で書きなさい。

(2) ア一番役に立たなかったとあるが、相手チームから見た浅野の様子をたとえを用いて表している部分を、文章中から九字で抜き出して書きなさい。

(3) イわずかでも佐々尾と通ずるところがあったなどと安堵したとあるが、どういうことか。それを説明した次の文の[　　]に入る言葉を、「涙」という言葉を使って二十字以内で答えなさい。（句読点を含む。）

佐々尾も[　　]がわかって安心したということ。

(4) [ウ]に入る最も適切な言葉を、これより前の文章中から二字で抜き出して書きなさい。

(5) エ泣く資格すらなかったのだからと気づいてから、今さら涙が溢れだしたとあるが、このときの浅野の様子を説明した次の文の[a]・[b]に入る言葉を、文章中からaは七字、bは十四字で抜き出して書きなさい。

本気でプレーしなかったなんてことはないと思っていたが、佐々尾や三年生たちとは[a]が違ったことを思い知らされ、彼らの最後の春高を、[b]ことに想い至り、涙を流すほど後悔している。

(6) この文章の表現の特徴として、最も適切なものを番号で答えなさい。

1 過去の場面から始まり、現在の場面へとつなぐことで、浅野の春高バレーへの積年の思いの強さが表現されている。
2 浅野の目に映る佐々尾の様子を、まるでテレビカメラを通したように描写することで浅野の非情さが表現されている。
3 浅野の視点で、負けた試合とその直後の佐々尾の様子、佐々尾から受け取った春高への思いが印象深く表現されている。
4 浅野のふがいなさのせいで敗戦した試合や、そのときの佐々尾たち先輩の言動が第三者の視点で情熱的に表現されている。

「すいません……。すいません……おれのせいで……」

泣けなくて当然だ。エ泣く資格すらなかったのだからと気づいてから、今さら涙が溢《あふ》れだした。

「泣くな。直澄」

佐々尾に頭を抱き寄せられた。浅野は背を屈《かが》め、自分のそれよりも三センチぶん低い肩に額を預けた。「すいませんっ……広基さん……」謝罪とともに大粒の涙がぼろぼろと落ちたが、佐々尾の肩に染《し》みを作ることはない。ダークグレーのユニフォームはとっくに吸収しきれない量の汗を吸って※6濡《ぬ》れ羽色《ばいろ》に沈んでいた。

一年の消極的なプレーに、佐々尾はもちろんのこと同じコートにいた先輩たちが気づいていないわけがなかったはずだ。

なのに、

「強くなれよ、直澄。景星をおまえが日本一にしろ」

わかっていて、佐々尾は自分で全ての責任を背負い、自分がたどり着く前に三年という刻限を迎えて手放すことになった夢のバトンを浅野に託した。

（壁井《かべい》ユカコ「2・43　清陰高校男子バレー部　春高編」より）

［注］※1　ポテンシャル……潜在能力。可能性、将来性。
※2　露呈……隠れていたことが表面に現れ出ること。
※3　破天荒……だれも成し得なかったことをすること。他の人がしないような豪快で型破りなことをすること。
※4　秘蔵っ子……非常に大切にかわいがっている子。
※5　安堵……気がかりなことが除かれ、安心すること。
※6　濡れ羽色……カラスの羽のような、つやのある真っ黒な色。

黒ずんだ汚れと一緒にダマになった様が、うなだれた姿を余計に惨《みじ》めに見せていた。
「佐々尾くん。取材大丈夫ですか？」
テレビ局の撮影がひとまず終わってカメラが離れるやいなや、カメラクルーの後ろに張りついていた記者が佐々尾に話しかけた。
二年生エースとして景星の準優勝の立役者となった前回大会で、佐々尾は決勝後の取材から逃げたらしい。勝者インタビューならいいけど負けてインタビューされても別に言うことないし、かっこ悪いだけだろ、と本人から聞き、浅野は佐々尾のそういう※3破天荒《はてんこう》さを恰好《かっこう》いいと思った。
佐々尾は附属《ふぞく》中からの内部進学者ではなく若槻が外部から連れてきた、若槻の※4秘蔵《ひぞう》っ子だ。二年生の頃の佐々尾は景星の気風をまさしく体現するような生意気で奔放《ほんぽう》なエースだった。機嫌にはムラがあり、負け試合の苛立《いらだ》ちを③シュウイにぶつけることすらあったが、そういう頃の佐々尾のほうがスパイカーとしては一番強かった。附属中にいた浅野はそんな佐々尾に憧れて高等部に迷わず進んだ。
あれから一年後、敗戦のエースから今度は敗戦の将となった佐々尾は、
「……はい、大丈夫です」
と、肩を落としたままながら立ちあがって記者に対した。
佐々尾の目が乾いているのを見て浅野は※5安堵《あんど》を覚えた。声にも涙は混じっていなかった。嗄《か》れているがしっかりした、しかし感情を消した声で、記者の質問に言葉を選ぶ間をおきつつ真摯《しんし》に答える。サーブの狙いが有効に機能しなかったこと、それによりブロックの的も絞れなかったこと……若槻譲りの具体的な戦術上の敗因を述べたあと、
「自分が決めきれなかったのが一番の原因です。自分が足を引っ張りました」
と、最後に自責の言葉がこぼれたとき、初めてひとしずくの涙が右頬を滑り落ちた。重力に引かれてまっすぐに落下するその水滴を佐々尾は右手で掬《すく》い取り、拳《こぶし》を下げて、記者に見えないところで握り潰した。
それを見た瞬間、イわずかでも佐々尾と通ずるところがあったなどと安堵した自分に浅野は愕然《がくぜん》とした。懸けている思いが何倍も違ったことを、背負っているものが何倍も違ったことを思い知らされた。本気でプレーしなかったなんてことは決してない？——自分のところへボールが来なければいいと心のどこかで祈って、コートの隅っこで今のように［ウ］を潜《ひそ》めていたくせに？
佐々尾と三年生たちの最後の春高を、自分のせいでこんなにあっけなく終わらせてしまった。申し訳なくて、申し訳なくて……後悔という涙の理由が自分の中にやっと見つかった。
テレビカメラに続いて記者も去ると、一人、一人と腰をあげ、チームが再び緩慢《かんまん》に移動をはじめた。

次の文章を読んで、後の(1)〜(6)の問いに答えなさい。

景星《けいせい》学園バレーボール部に所属している三年生の浅野直澄《あさのなおずみ》は、二年前に出場した全日本バレーボール高等学校選手権大会（春高）の三回戦で負けた試合のことを思い出している。当時、浅野は一年生で、若槻《わかつき》監督が顧問《こもん》を、三年生の佐々尾広基《ささおひろき》がキャプテンを務めていた。

二年前のちょうど今日と同じ日、同じ時間帯、同じタイミングだった。春高三日目の東京体育館。三回戦終了後。試合前より重量を増した気がする荷物を担《かつ》ぎ、誰もが頭を①タれて、気のせいではなく試合前より何倍も重くなった足を引きずってメインアリーナから引き上げる連中。

重力に押し潰《つぶ》されたように一人がふいに膝《ひざ》から崩れてしゃがみ込むと、それを合図にチームの歩みがとまった。口をつぐんで耐えていた三年生たちの嗚咽《おえつ》が聞こえはじめた。床に座り込んでうなだれる者。壁に押しつけた腕に顔を埋める者。押し殺した嗚咽やすすり泣きがかぼそい風の音のように通路の壁を軋《きし》ませる他は、誰も言葉は発さない。後ろからずっとついてきていたテレビ局のクルーが敗軍のそんな姿にカメラを回し続けている。

他人事だな……。

他人事なのは自分じゃないのか。

今、こんなときに②レイセイにテレビカメラなんか意識している自分だ。

目の奥に力を入れてみる。なんで……なんで、自分だけが泣けないんだ。なんでア一番役に立たなかった自分だけが平気な顔して突っ立ってるんだ。なのに身体の中のどこを探しても、どうしても涙が見つからない。一番責任を感じるべきおまえがなんでしらっとしてるんだなんて先輩たちに思われたくなくて、浅野は隅っこで存在を消しているしかなかった。

本気でプレーしなかったなんてことは決してない。大きなミスを犯したわけでもない。単に——「なにもできなかった」だけだ。

一年の部員で唯一浅野はコートに立った。一年生の冬の時点で身長は一八八センチ。一八五センチで伸びは止まったらしい佐々尾よりももう三センチも高く、※1ポテンシャルを買われての起用だ。だがレシーブもブロックもまだ高校の全国レベルで通用するほどではなく、経験不足を※2露呈《ろてい》した。身体を張ってボールを繋《つな》ぎ、ブロックに跳ぶ味方の動きにまごつくばかりで足が動かなかった。棒みたいに頼りない一年がコートに入っただけだと相手チームにもすぐに見透かされた。対角のウイングスパイカーである佐々尾の負担を減らすどころか、逆に佐々尾一人が執拗《しつよう》なプレッシャーを引き受ける結果になった。若槻の期待に応えられず結局途中で引っ込められた。

佐々尾は膝のあいだに顔を埋めて座り込んでいた。頭を抱えるようにして組んだ両手の指のテーピングが端から剝《は》がれかけ、

(4) エ<u>このこと</u>が指す内容を説明した次の文の〔a〕・〔b〕に入る言葉を、文章中からaは五字、bは九字で抜き出して書きなさい。

日本で使用される製材用木材の〔a〕は約三〇パーセントにすぎず、その不足分を〔b〕の約四割を買い占めることで補っているということ。

(5) オ<u>森の文化</u>とあるが、筆者はこれをどのようなものだと考えているか。次の文の〔　〕に入る言葉を、文章中から十一字で抜き出して書きなさい。

森とともに暮らし、森の産物を見分け、加工して〔　〕に変えていく腕や、森を利用しながら守る知恵を蓄積していく文化。

(6) カ<u>森の文化を無視した木の文化から、森の文化と結びついた木の文化へ</u>とあるが、筆者はどのようにすることを提案しているのか。次の文の〔　〕に入る言葉を、「地域」「森林利用」という言葉を使って二十五字以内で答えなさい。（句読点を含む。）

木材確保政策として人工林をつくり出すようなやり方ではなく、〔　〕べきであるということ。

※5　パルプ……製材工場で柱や板を生産するときに発生する端材《はざい》や、建築用などには使えない木材などを細かく砕いたもの。紙などの原料になる。

※6　ソ連……現在のロシアが中心となっていたソビエト社会主義共和国連邦の略称。一九九一年に廃止。

(1)　①——～③——の漢字の読みをひらがなで書きなさい。

(2)　ア同じことがフランスの庭園にもいえた　とあるが、どういうことか。最も適切なものを番号で答えなさい。

1　ヨーロッパで盆栽に関心が集まり広まったのと同じく、フランスでは日本庭園に関心が集まり広まったということ。

2　ヨーロッパの盆栽もフランスの庭園も、日本の盆栽や庭園のようには自然を表現することができていないということ。

3　ヨーロッパの盆栽とフランスの庭園には、日本と同じように幾何学的で左右対称という美しさの表現が見られるということ。

4　ヨーロッパの庭園もフランスの庭園も、日本人の目からすると幾何学的な美しさが足りないと感じられるということ。

(3)　イ・ウに入る言葉の組み合わせとして、最も適切なものを番号で答えなさい。

1　イ　つまり　　ウ　あるいは　　　2　イ　だが　　ウ　なぜなら

3　イ　そして　　ウ　そのうえ　　　4　イ　しかし　　ウ　たとえば

部には和室があったり、多くの木材が使われていることだろう。

　ところがその木材の国内自給率は、一九九〇年で二六・四パーセント、※5パルプ用材などを除いた製材用の木材だけにかぎっても、三三・四パーセントにすぎない。その不足分を③補うように、日本は全世界の輸出用丸太の四割強を買い占めてきた。アメリカの輸出用丸太の約七割、※6ソ連の約三割、オーストラリアのほぼ全量、カナダ、ニュージーランド、マレーシア、チリ、パプアニューギニアの約半分、……。エこのことのうえに、今日の日本の木の文化は成り立っている。

　しかも最近でこそ森林伐採と環境悪化の関係が議論されているとはいうものの、森林の伐採によって、その地域に暮らす人々の森の文化が破壊されていくことに、どれほどの関心が集まっているだろうか。そしてそのことは、かつて日本の国内で木の文化の歴史がたどってきた道でもあった。

　オ森の文化は、暮らしのなかに森を取りこんだ人々の手によって築かれてきた。だからそれは、森を利用する労働の文化でもあり、同時に森を利用しながら守る知恵の文化でもあった。多様な森の産物を見分け、加工して生活のなかで役立つものに変えていく腕、再生可能なかたちでそれを利用する知恵。森とともに暮らした人々は、その地域に適した森林利用の腕や知恵を蓄積することによって、そこに森の文化を創造してきたのである。

　だが都市に生まれた木の文化は、森に建築用の木材を求めながら、ときに乱伐《らんばつ》をすすめ、ときに木材を安定的に確保しようと、成長のはやい人工林に森をつくり変えてきた。もちろん植林がすべて悪いというのではない。適地に利用価値の高い木を植えて育てるのも、森の文化の一部である。だがその地域の人々と森との結びつきを考えずに、木材確保政策として、広大な人工林をつくりだしていくことは、森の文化の否定である。

　カ森の文化を無視した木の文化から、森の文化と結びついた木の文化へ、いまの私たちには、このことが求められているような気がする。

（内山節《うちやまたかし》「森にかよう道」より）

［注］※1　盆栽……浅く小さい鉢に樹木を植え、そこに季節や風景を見出したもの（下図）。

※2　幾何学模様……円・曲線・直線・面などの図形を組み合わせて作った模様。

※3　借景……庭の外の風景を、庭の景観として取り入れたもの。

※4　着工戸数……国内で新たに築かれた住宅の件数。

二〇二四年度　水戸葵陵高等学校（推薦）

【国　語】（五〇分）〈満点：一〇〇点〉

一　次の文章を読んで、後の⑴～⑹の問いに答えなさい。

外国の街を歩いていると、自分が日本人であることをあらためて確認させられることがある。フランスで※1盆栽《ぼんさい》をみていたときもそうだった。

盆栽はいまではヨーロッパでもずいぶんひろがっている。しかしそれは盆栽に関心をもったことのない私がみても、あまり賞《ほ》められたものではなかった。ほとんどは枝や葉によってつくられた※2幾何学模様《きかがくもよう》の造形にすぎず、小さな鉢《はち》の上に大きな自然を表現することは、フランスの人々には難問であるらしい。

ア同じことがフランスの庭園にもいえた。その多くは左右対称を基調にした人工的な①秩序のうえにできあがっていて、ひとつの模様ではあっても、いかにも自然がないのである。それは、自然の世界と人間の世界をはっきり分けて考えてきた、西ヨーロッパの伝統的な精神風土がつくりだしたものなのであろう。

私たちはたとえ狭くても庭のある家を好む。その庭は狭いなりに自然を表現していて、そこに四季が訪れる。そして建築は、家のなかに四季を呼びこむことができるような、開放的な木造建築を喜ぶ。木造建築は庭と一体化することによって、木の文化をつくりあげた。その庭は※3借景《しゃっけい》でもよいのだけれど、私たちは人間の世界から自然の世界を排除しようとはしない。

日本は世界でも例をみないほどに徹底した木の文化をつくりあげた。それは庭園と結びついた自然を受け入れる文化でもある。私たちはいまでも、四季や自然を楽しむ感覚をもっている。

［イ］それは美としての自然であって、労働や暮らしと結びついた自然では必ずしもなかったのである。そのことが木の文化と森の文化の断絶を生みだした。木の文化の確立が、逆に森の文化や森林の荒廃《こうはい》を②促進するという矛盾した現象が、古代から今日に至るまで日本では発生しつづけている。

［ウ］一九九一年の住宅※4着工戸《ちゃっこうこ》数《すう》にしめる木造住宅の割合は四五・五パーセントとなっている。非木造系住宅でも、その内

英語解答

1 (1) イ　(2) ア　(3) エ　(4) ウ
(5) ウ

2 (1) エ　(2) ア　(3) イ

3 (1) エ　(2) イ　(3) ウ　(4) ア
(5) ウ　(6) エ

4 (1) children　(2) sold
(3) dancing　(4) who
(5) would

5 (1) (例) how to play the
(2) (例) has been sleeping for
(3) (例) book (that) I bought last

6 (1) イ　(2) オ→ウ→ア→エ→イ
(3) ① positive　② new

7 (1) ウ
(2) (例)他の人々と一緒に歌う
(3) ア，オ
(4) ① (例) She told them about her school life.
② (例) She played four songs.

数学解答

1 (1) 3　(2) -7　(3) $2x^4y$
(4) $3x+4y$　(5) $\sqrt{6}$

2 (1) $x=\dfrac{-5\pm\sqrt{17}}{2}$　(2) 2.5時間
(3) $\dfrac{1}{4}$　(4) 63°　(5) 800円

3 (1) $y=3x^2$　(2) 6秒後と10秒後

4 (1) $y=-x+6$　(2) $\dfrac{11}{5}$

5 (例)△AEDと△CFGにおいて，仮定から，CE＝CF……①，∠AED＝∠CFG……②　点Eは線分ACの中点だから，AE＝CE……③　①，③より，AE＝CF……④　AD∥BCより，平行線の錯角は等しいから，∠DAE＝∠GCF……⑤　②，④，⑤から，1組の辺とその両端の角がそれぞれ等しいので，△AED≡△CFG

6 (1) 6 cm　(2) $\dfrac{176}{5}$ cm^3

国語解答

一 (1) ① ちつじょ ② そくしん
③ おぎな
(2) 2 (3) 4
(4) a 国内自給率
b 全世界の輸出用丸太
(5) 生活のなかで役立つもの
(6) その地域に適した森林利用の腕や知恵を生かしていく(24字)

二 (1) ① 垂 ② 冷静 ③ 周囲
(2) 棒みたいに頼りない
(3) 自分と同じで涙を流していないということ
(4) 存在
(5) a 懸けている思い
b あっけなく終わらせてしまった
(6) 3

三 (1) 1 (2) ふるまう (3) 今朝
(4) 2

四 (1) 形容動詞 (2) 4 (3) 3
(4) 耳 (5) 4 (6) 1

2023年度 水戸葵陵高等学校

【英　語】（50分）〈満点：100点〉

1　次の(1)~(4)は、放送による問題です。それぞれ放送の指示にしたがって答えなさい。

■リスニングテストの音声は，当社ホームページで聴くことができます。(実際の入試で使用された音声です)
再生に必要なユーザー名とアクセスコードは「収録内容一覧」のページに掲載しています。

(1)　これから、No. 1からNo. 5まで、五つの英文を放送します。放送される英文を聞いて、その内容に合うものを選ぶ問題です。それぞれの英文の内容に最もよく合うものを、ア、イ、ウ、エの中から一つ選んで、その記号を書きなさい。

No. 1

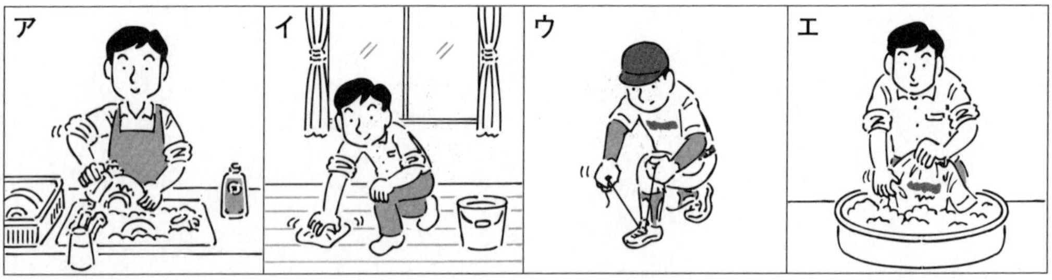

No. 2

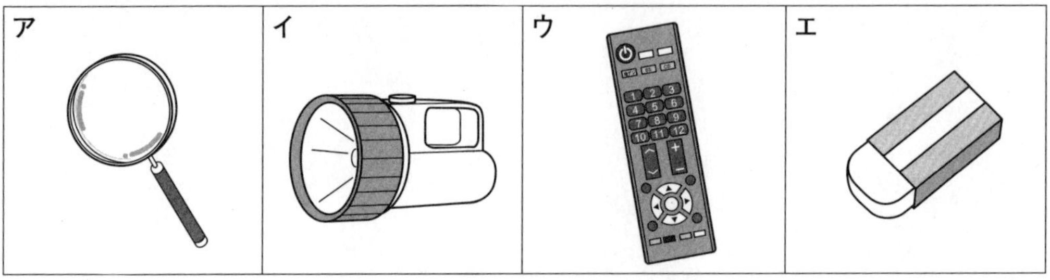

No. 3

No. 4

ア

かばんの重さの比較

A社	800グラム
B社	700グラム
C社	900グラム

イ

かばんの重さの比較

A社	800グラム
B社	900グラム
C社	700グラム

ウ

かばんの重さの比較

A社	700グラム
B社	900グラム
C社	800グラム

エ

かばんの重さの比較

A社	700グラム
B社	800グラム
C社	800グラム

No. 5

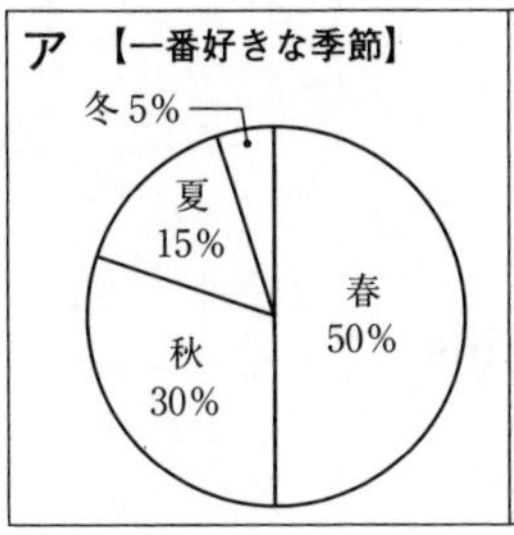

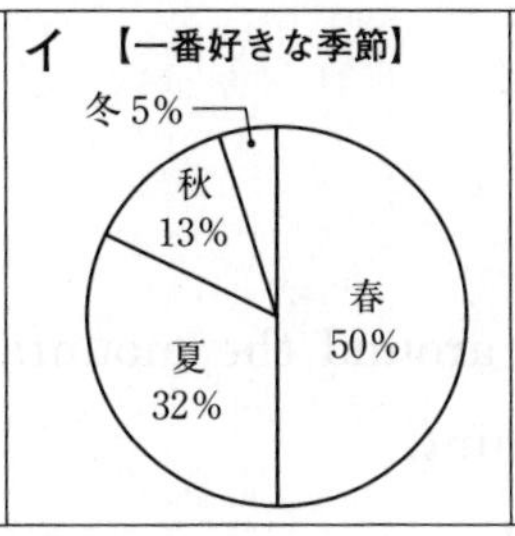

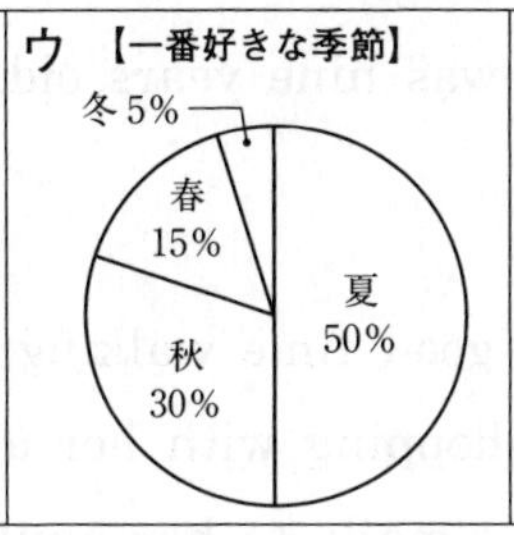

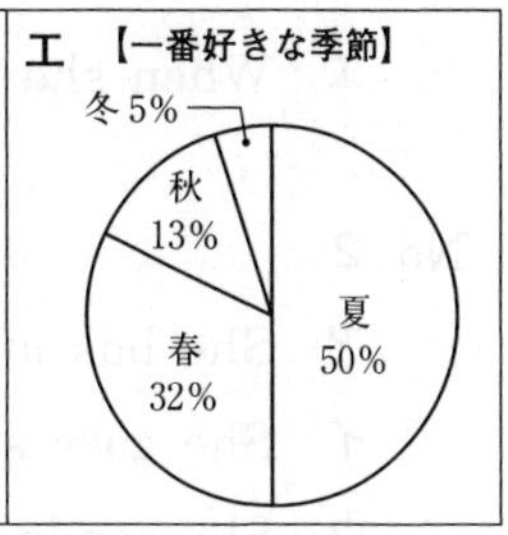

(2) これから、No. 1からNo. 4まで、四つの対話を放送します。それぞれの対話のあとで、その対話について一つずつ質問します。それぞれの質問に対して、最も適切な答えを、ア、イ、ウ、エの中から一つ選んで、その記号を書きなさい。

No. 1

ア He talked with his friends.
イ He watched a movie.
ウ He read a lot of books.
エ He did his homework.

No. 2

ア By bike.
イ By bus.
ウ By train.
エ By car.

No. 3

ア She should go to the park.
イ She should take a message.
ウ She should call Jim at 8 p.m.
エ She should play soccer.

No. 4

ア He is going to listen to the writer.
イ He is going to practice singing.
ウ He is going to have a party.
エ He is going to make a speech.

(3)　これから、リョウタ(Ryota)と友達のメアリー(Mary)との対話を放送します。そのあとで、その内容について、Question No. 1とQuestion No. 2の二つの質問をします。それぞれの質問に対して、最も適切な答えを、ア、イ、ウ、エの中から一つ選んで、その記号を書きなさい。

No. 1

ア　Yesterday.

イ　Last week.

ウ　Three years ago.

エ　When she was nine years old.

No. 2

ア　She has a good time walking around the mountains.

イ　She goes shopping with her aunt.

ウ　She sends e-mails to her aunt.

エ　She studies science with Ryota.

(4)　クミ(Kumi)のクラスの授業で、新しい英語の先生であるミラー先生(Mr. Miller)が生徒たちに話をしています。これからその内容を放送します。ミラー先生の話の内容について正しいものはどれですか。下のア、イ、ウ、エの中から一つ選んで、その記号を①に書きなさい。

また、あなたがクミの立場なら、ミラー先生の質問に対して何と答えますか。英語1文で②に書きなさい。

①　ミラー先生の話の内容について正しいもの

ア　The students must not look at the eyes of the people who are speaking to them.

イ　The students should say, "I'm listening to you."

ウ　The students should not be afraid to speak English.

エ　The students should play sports hard.

②　ミラー先生の質問に対する答え

(　　　　　　　　　　　　　　　　　　　　　　　　　　　　　　　　　　　　)

これで、放送による聞き取りテストを終わります。続いて、問題2に進みなさい。

※　放送による問題の放送文は，英語の問題の終わりに付けてあります。

2　次のAとBの英文は、アメリカの高校生のアン(Ann)と、日本の高校生のミカ(Mika)がやりとりしたメールです。それぞれの英文を読んで、下の(1)、(2)の問いに答えなさい。

A

Hi, Mika.
I'm going to visit your ①(c　　), Japan, next year. I'm very happy that my dream will come ②(t　　) soon! I want to do something with you and learn about Japanese culture. Do you have any ③(i　　)? I want you to tell me about them in your e-mail.

B

Hi, Ann.
I'm sending a picture of this *shrine ④(know) as a famous spot. I took it when I went to Kamakura last month. I walked around the shrine and ⑤(feel) great. Do you want to visit Kamakura with me during your stay? You like ⑥(draw) pictures. I think you can enjoy it there.

＊shrine　神社

(1)　Aの英文が完成するように、文中の①～③の(　　　)内に、最も適切な英語を、それぞれ1語ずつ書きなさい。なお、答えはすべて(　　　)内に示されている文字で書き始めるものとします。

(2)　Bの英文が完成するように、文中の④～⑥の(　　　)の中の語を、それぞれ1語で適切な形に直して書きなさい。

3 次の(1)、(2)の問いに答えなさい。

(1) 次の英文は、タク(Taku)が学校新聞で書いた記事です。タクがこの記事を書いた目的として最も適切なものを、下のア〜エの中から一つ選んで、その記号を書きなさい。

In our English club, you can enjoy doing many things in English. For example, you can sing songs in English, make speeches for English speech contests, and talk about some topics with other members in English. Through these things, you will become a better English speaker. Come and join our club.

ア To tell the students about popular English songs.
イ To introduce many different club activities at school.
ウ To tell the students how to study English at home.
エ To make the students interested in the English club.

(2) 次の英文中の［　　　　］には、下のア〜ウの三つの文が入ります。意味の通る英文になるように、ア〜ウの文を並べかえて、記号で答えなさい。

Bikes are one of the most popular *machines that people use to *get around some places fast. Especially in cities and towns, a lot of people ride bikes in their daily lives. ［　　　　］ First, we don't need any *fuel to ride them, so we can say they are *eco-friendly. Second, riding them is good for our health.

* machine 機械　get around 移動する　fuel 燃料
eco-friendly 環境に優しい

ア People have been improving them since then.
イ Bikes were first made about two hundred years ago.
ウ They have some good points.

4 海外留学中の大学生のサキ(Saki)は友達のリリー(Lily)と、次のページの駅にある情報と2人のスケジュール(schedule)を見ながら、旅行(trip)の計画について話をしています。下の対話文を読んで、(1)と(2)の問いに答えなさい。

Saki : Where do you want to go for our trip in February, Lily?

Lily : I want to go to Atlantis Town, Queenville City, or Hillwood.

Saki : I've heard there are a lot of nice spots in Atlantis Town. How can we get there?

Lily : We should take the Green Line to get there at our *nearest station. But some lines will *be suspended in February because of the *railway construction. Look at this.

Saki : I see. Then, we can't go to Atlantis Town on the first weekend in February. Well, I don't think I can take a trip on (①) weekends. Are you free on February 18 and 19?

Lily : No. I'm going to (②) on February 18. And I think I will be tired the next day.

Saki : Oh, you have been practicing for it hard *these days. Well, can we take a trip on *weekdays?

Lily : I think it's difficult for me. (③) You are busy on weekdays, too, right?

Saki : Then, let's go to Queenville City or Hillwood on the first weekend. (④) will run then.

Lily : OK. You can go to some museums in Queenville City. You like art very much, Saki. You can enjoy seeing a lot of famous pictures there.

Saki : Sounds nice! What can we do in Hillwood?

Lily : We can go to the large zoo. I like animals. How about you?

Saki : I like them, too. (⑤)

Lily : Then, let's go to Queenville City.

Saki : Thank you. Well, we should decide what □ at our nearest station on Saturday morning.

Lily : How about meeting at eight? We can get to Queenville City at about ten.

Saki : OK!

* nearest 最寄りの　be suspended 運休している
railway construction 鉄道工事　these days このごろ　weekday 平日

The Train Information

Thank you for using our service. Here is February's construction schedule.

Green Line	*Terminal station:	Atlantis Town
	Construction *period:	February 4 (Saturday) to 7 (Tuesday)
Blue Line	Terminal station:	Queenville City
	Construction period:	February 10 (Friday) to 12 (Sunday)
Yellow Line	Terminal station:	Hillwood
	Construction period:	February 25 (Saturday) to 27 (Monday)

Saki's schedule

February 11, 25 … practice tennis in the park
February 12, 26 … go to guitar school

Lily's schedule

February 18 … have a piano concert
February 26 … go to see a soccer game

* terminal station 終点の駅　period 期間

(1) 対話文の（ ① ）～（ ⑤ ）に入る最も適切なものを、ア～エの中からそれぞれ一つ選んで、その記号を書きなさい。

① ア the first and the second　イ the first and the third
ウ the second and the fourth　エ the third and the fourth

② ア practice tennis　イ go to guitar school
ウ have a piano concert　エ go to see a soccer game

③ ア I have a lot of things to do.　イ I'm free in the afternoon.
ウ I have no plans then.　エ I can take a trip, too.

④ ア The Blue Line and the Green Line
イ The Blue Line and the Yellow Line
ウ The Green Line and the Yellow Line
エ Only the Blue Line

⑤ ア So I want to see them.　イ So I'm interested in the pictures.
ウ But the zoo is more popular.　エ But I like art better.

(2) 対話の流れに合うように、文中の［　　　］に入る適切な英語を３語以上６語以内で書きなさい。

5 下の英文を読んで、次のページの(1)～(5)の問いに答えなさい。

Toshio is a third-year student at a junior high school in Ibaraki. One Monday in April, when he went into the classroom, he saw some flowers in a *vase. He thought, "Those red flowers are beautiful. They *make the classroom look bright."

On the next Monday morning, Toshio looked at some yellow flowers in the same vase when he went into the classroom. He thought, "New flowers are put in the vase. What flowers can I see next week?"

Every Monday morning, new flowers were put in the vase in the classroom. Toshio thought, "Maybe Ms. Ono, our homeroom teacher, brings the flowers every week." He didn't know much about flowers, but he has *come to like flowers. [ア] He enjoyed seeing new flowers every week. Some of his classmates did, too.

On the first day of the second *term, Ms. Ono told her students that Makoto, one of Toshio's classmates, suddenly moved to Tokyo because of his father's job during summer vacation. Toshio was surprised. He thought, "I sometimes talked with Makoto at school. He was very kind to me and other classmates. I'm sad that he left our school."

A few days later, Toshio and his classmates *noticed something. [イ] They realized that Makoto brought the flowers. That night, Toshio called Makoto. Toshio said, "You brought flowers to our classroom every week during the first term, right? Thank you very much. They always made us happy." Makoto said, "You're welcome. I was also happy to see your happy faces."

After talking with Makoto on the phone, Toshio thought, "Makoto is great. He didn't tell us that he was doing something good." [ウ] He learned that it was important to do something good for other people without *expecting anything *in return. Then, he decided to do the same thing.

On the next Monday morning, Toshio went to school the earliest in his class and cleaned the windows of his classroom. [エ] He did that every Monday. He wanted his classmates to feel happy on the first day of the week.

On the first Monday morning in October, Toshio found a letter by the window. It was written by Yuri, one of his classmates. It said, "Dear person who always cleans the windows. Thank you very much." He was glad to read it.

* vase 花びん　make ～ … ～を…させる　come to ～ ～するようになる
term 学期　notice ～ ～に気づく　expect ～ ～を期待する
in return 見返りに

(1) 本文の内容に合う文を、次のア～クの中から三つ選んで、その記号を書きなさい。

ア Toshio found red flowers in a vase in the classroom every Monday.
イ Toshio asked his homeroom teacher about the flowers in a vase.
ウ Toshio didn't know much about flowers, but he enjoyed seeing the flowers in the classroom.
エ Toshio enjoyed staying in Tokyo during the summer vacation.
オ Makoto told Toshio that he was going to leave Ibaraki, so he was sad.
カ Toshio called Makoto to say, "Thank you very much."
キ Makoto didn't tell his classmates that he was doing something good.
ク Toshio started to go to school early to do some work with his classmates.

(2) 次の文は、文中の［ ア ］～［ エ ］のどこに入るのが最も適切か、記号で答えなさい。
There were no flowers in their classroom.

(3) 次の①、②がそれぞれ質問と答えの適切な組み合わせとなるように、(　　)内に本文中から連続する英語を抜き出して書きなさい。ただし、それぞれ【　】で指定された語数で答えること。

① What did Toshio think about Makoto?
He (　　　　　　　　) him and other students.　【4語】

② What did Toshio find on the first Monday morning in October?
He (　　　　　　　　) by the window.　【3語】

(4) 次の英文は、トシオ(Toshio)が10月の第1月曜日に書いた日記の一部です。(　①　)～(　③　)に入る最も適切な英語を、下のア～エの中から一つ選んで、その記号を書きなさい。

I sometimes remember the flowers Makoto (　①　). He did that because he wanted his classmates to (　②　). I have been cleaning the windows of the classroom for about a month. I'm happy that (　③　).

① ア bought for me　イ brought to the classroom
ウ showed us in Tokyo　エ liked the best

② ア be kind to their families　イ know about flowers
ウ feel happy　エ think about other people

③ ア Yuri noticed my work　イ I visited my friend in Tokyo
ウ Makoto helped me　エ I talked with Ms. Ono

(5) この英文のタイトルとして最も適切なものを、ア～エの中から一つ選んで、その記号を書きなさい。

ア Helping each other　イ Favorite places at school
ウ Nice words from teachers　エ Doing something good for other people

6 以下の英文は、あなたが友人のジョシュ(Josh)からもらったメールの一部です。ジョシュの質問に対するあなたの答えを、英語30語以上、40語以内で答えなさい。なお、記入例にならい、符号(, . ? ! など)は、その前の語につけて書き、語数には含まないものとします。

【あなたがジョシュからもらったメールの一部】

> Today I learned about the environment and some problems with it. My teacher said, "We can do a lot of things for the environment." What can you do for the environment in your daily life?

記入例				
	Are	you	Ms.	Brown?
	No,	I'm	not.	

30

40

＜放送による問題放送文＞

ただいまから1の，放送による聞き取りテストを行います。問題は(1)から(4)までの四つです。放送中メモを取ってもかまいません。

それでは(1)の問題からはじめます。

(1) これから，No. 1 から No. 5 まで，五つの英文を放送します。放送される英文を聞いて，その内容に合うものを選ぶ問題です。それぞれの英文の内容に最もよく合うものを，ア，イ，ウ，エの中から一つ選んで，その記号を書きなさい。

それぞれの英文は，２回放送します。

では，はじめます。

No. 1　My brother is washing his uniform.

繰り返します。

No. 2　We use this when we look at small things.

繰り返します。

No. 3　My dog is sitting outside my room.

繰り返します。

No. 4　A Company's bag is heavier than C Company's bag. But B Company's bag is the heaviest.

繰り返します。

No. 5　Half of all the students like spring the best. Thirty percent of the students like fall the best.

繰り返します。

これで(1)の問題を終わります。

次に，(2)の問題に移ります。

(2) これから，No. 1 から No. 4 まで，四つの対話を放送します。それぞれの対話のあとで，その対話について一つずつ質問します。それぞれの質問に対して，最も適切な答えを，ア，イ，ウ，エの中から一つ選んで，その記号を書きなさい。

対話と質問は，２回放送します。

では，はじめます。

No. 1

A： What did you do yesterday, Jun?

B： I went to the city library in the afternoon, Emily.

A： Oh, I looked for some books to do my homework there yesterday morning.

B： I went there to watch a movie. We can enjoy movies there.

Question： What did Jun do at the city library?

繰り返します。

No. 2

A： Why were you late? What happened, Ted?

B： I am sorry, Aya. I wanted to come by bike, but it started to rain.

A： Oh, did you come by bus or train?

B： No. My father took me here by car.

Question： How did Ted come?

繰り返します。

No. 3

A： Hello. This is Rie. Can I speak to Jim？

B： Hi, Rie. Sorry, he is out now. He plays soccer in the park after school every Friday. Can I take a message？

A： Yes, please. I want to ask him about today's homework. Could you tell him that I will call again at 8 p.m.？

B： OK, I will.

Question： What should Rie do？

繰り返します。

No. 4

A： My favorite writer is going to come to Midori Hall and talk about her books this weekend. Why don't we listen to her this Saturday, Akira？

B： Sorry, I can't, Lisa. I have to practice singing with Mike. We will sing at a party next month. How about the next day？

A： That's OK. Let's go there on that day. Can we meet at the hall at two？

B： Sure.

Question： What is Akira going to do this Sunday？

繰り返します。

これで(2)の問題を終わります。

次に，(3)の問題に移ります。

(3) これから，リョウタ(Ryota)と友達のメアリー(Mary)との対話を放送します。そのあとで，その内容について，Question No. 1とQuestion No. 2の二つの質問をします。それぞれの質問に対して，最も適切な答えを，ア，イ，ウ，エの中から一つ選んで，その記号を書きなさい。

対話と質問は，2回放送します。

では，はじめます。

Ryota： Look at this, Mary. This is the T-shirt you gave me for my birthday yesterday. I like it very much.

Mary： I'm very glad to hear that, Ryota. I bought it at a shop near the station last week.

Ryota： Your T-shirt looks nice, too. Did you buy it there, too？

Mary： No. My aunt bought it for me three years ago. She is a scientist, and she lives in Canada.

Ryota： Oh, I went there with my family when I was nine years old. We had a good time walking around the mountains.

Mary： Really？ I visited my aunt when I was twelve years old. We went shopping together, and she bought this T-shirt for me then.

Ryota： I see. Do you often communicate with her？

Mary： Yes. We often send e-mails to each other. I want to be a scientist like her in the future. I learn a lot of things from her.

Ryota： That's nice. You like science very much.

Questions：

No. 1 When did Mary buy the T-shirt for Ryota？

No. 2　What does Mary often do ?

繰り返します。

これで(3)の問題を終わります。

次に，(4)の問題に移ります。

(4)　クミ(Kumi)のクラスの授業で，新しい英語の先生であるミラー先生(Mr. Miller)が生徒たちに話をしています。これからその内容を放送します。ミラー先生の話の内容について正しいものはどれですか。下のア，イ，ウ，エの中から一つ選んで，その記号を①に書きなさい。

また，あなたがクミの立場なら，ミラー先生の質問に対して何と答えますか。英語１文で②に書きなさい。

英文は，２回放送します。

では，はじめます。

Hello, everyone. In my English class, please remember these two things. First, look at the eyes of the people who are speaking to you. It shows them that you are listening. Second, don't be afraid to speak English. If you practice speaking it a lot, your English will be better. When I was a student, I was a basketball player. I practiced it every day, and I became a better player. Well, I want to know about popular things among Japanese students. What is the most popular thing in this class ? Please tell me about it next week.

繰り返します。

これで，放送による聞き取りテストを終わります。続いて，問題 2 に進みなさい。

【数　学】（50分）〈満点：100点〉

1　次の問いに答えなさい。

(1)　次の①～④の計算をしなさい。

①　$9+(-5)$

②　$\sqrt{24}\div\sqrt{3}+7\sqrt{2}$

③　$\dfrac{a}{3}\div 5ab^2\times 45a^2b^4$

④　$x+\dfrac{3}{4}y-\dfrac{2}{3}x-\dfrac{5}{6}y$

(2)　２次方程式　$(x+6)^2+x=0$　を解きなさい。

2　次の問いに答えなさい。

(1)　連立方程式 $\begin{cases} \dfrac{5x+2y}{2} - \dfrac{3x-4y}{6} = -1 \\ 2x + y = 1 \end{cases}$ を解きなさい。

(2)　１つのさいころを２回投げ、１回目に出た目の数を a、２回目に出た目の数を b とする。
　このとき、$\dfrac{2a-b}{3}$ の値が自然数である確率を求めなさい。
　ただし、さいころは１から６までの目が１つずつかかれており、どの目が出ることも同様に確からしいとする。

(3)　りょうたさんの家から駅までの道のりは960ｍであり、家から駅へ向かう途中に図書館がある。家を出発したりょうたさんは、家から図書館まで分速60ｍで歩き、図書館で５分間本を読んだあと、図書館から駅まで分速80ｍで歩いたところ、家を出発してから20分後に駅に着いた。家から図書館までの道のりを求めなさい。

(4)　下の**図**のように、関数 $y = x^2$ のグラフがある。このグラフ上の点で、x 座標が -2 である点をＡ、x 座標が３である点をＢとする。また、y 軸上にＯＢ∥ＡＣとなる点Ｃをとる。このとき、△ＡＢＣの面積を求めなさい。
　ただし、原点Ｏから点（１，０）までの距離と原点Ｏから点（０，１）までの距離は、それぞれ１cmとする。

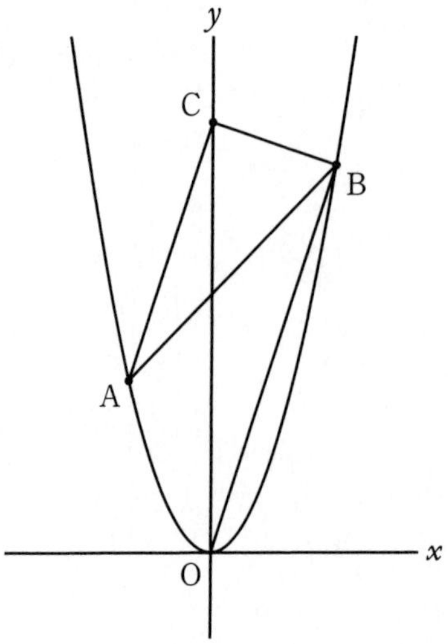

図

3　線分ＡＢを直径とする円Ｏの$\overset{\frown}{\mathrm{AB}}$上に２点Ｃ、Ｄをとり、点Ｐは２点Ａ、Ｂを除いた、２点Ｃ、Ｄを含まない$\overset{\frown}{\mathrm{AB}}$上を動く点である。また、線分ＢＤと線分ＣＰとの交点をＱとする。太郎さんと花子さんは、点Ｐを動かしながら、図形の性質や関係について調べている。

このとき、次の(1)～(3)の問いに答えなさい。

(1)　右の**図１**のように、線分ＣＰが∠ＢＣＤの二等分線であるとき、△ＢＣＰ∽△ＱＣＤであることに太郎さんは気がついた。△ＢＣＰ∽△ＱＣＤであることを証明しなさい。

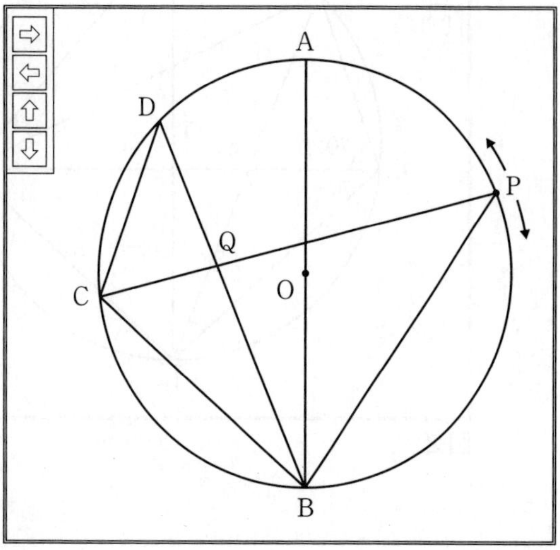

図１

(2) 花子さんは、下の**図2**のように、ＡＢ⊥ＣＰとなるように点Ｐを動かした。∠ＡＰＤ＝22°、∠ＤＣＰ＝70°とするとき、∠ＣＢＤの大きさを求めなさい。

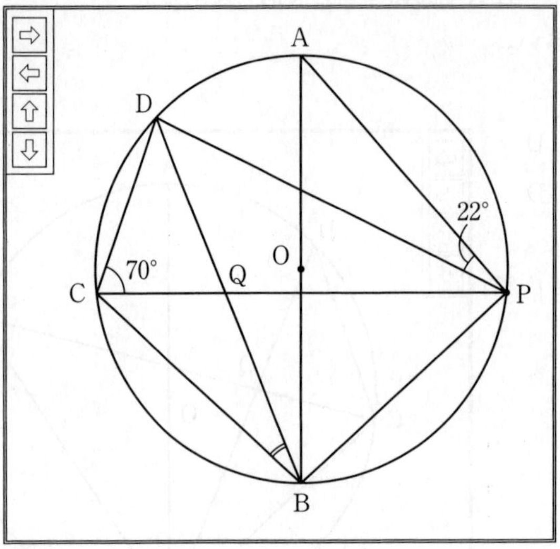

図2

(3) 下の**図3**のように、点Ｐを**図1**のようにもどし、線分ＰＱ上にＢＣ＝ＢＲとなる点Ｒをとる。また、点Ｑを通り線分ＢＣに平行な直線と線分ＢＲとの交点をＳとする。ＢＣ＝８cm、ＣＤ＝６cmとするとき、線分ＱＳの長さを求めなさい。

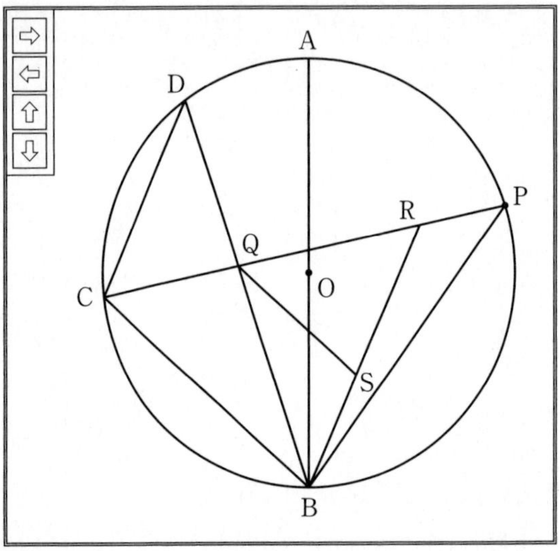

図3

4　下の**図１**のように、長方形を組み合わせた図形ＡＢＣＤＥＦＧＨがあり、ＡＢ＝ＡＨ＝ＣＤ＝8cm、ＢＣ＝20cm、ＤＥ＝ＥＦ＝ＧＨ＝5cmである。辺ＢＣ上に点Ｐをとり、点Ｐを通り辺ＢＣに垂直な直線をℓとする。点Ｐは点Ｂを出発し、辺ＢＣ上を秒速1cmで点Ｃまで動く。線分ＢＰ上に点Ｑをとり、点Ｑを通り辺ＢＣに垂直な直線をmとする。点Ｑは点Ｐが出発してから4秒後に点Ｂを出発し、辺ＢＣ上を秒速1cmで、点Ｐが止まるまで動く。また、下の**図２**は、点Ｐが出発してからx秒後の図形ＡＢＣＤＥＦＧＨの辺と直線ℓ、mで囲まれた図形の面積を$y$cm^{2}として、xとyの関係をグラフに途中まで表したものである。

ただし、点Ｐが点Ｂにあるときは$y=0$とし、$0 \leqq x \leqq 4$のときは直線ＡＢと直線mが一致しているものとする。

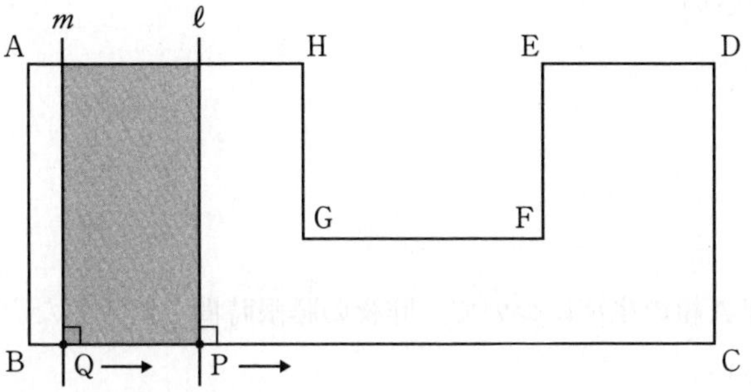

図１

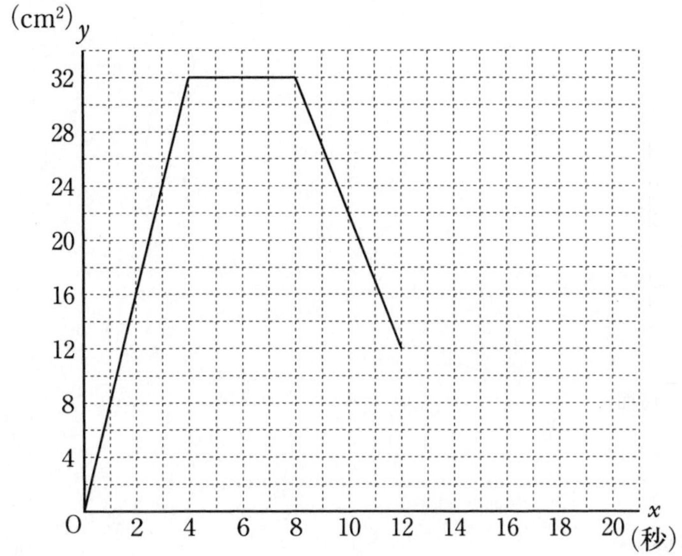

図２

このとき、次の(1)~(3)の問いに答えなさい。

(1) 直線ℓが辺DEと交わるときのxの変域を求めなさい。

(2) $8 \leqq x \leqq 12$のときのyをxの式で表しなさい。

(3) $y = 19$のときのxの値をすべて求めなさい。

5 ある中学校の1年A組、2年A組、3年A組の生徒について、昨夜の睡眠《すいみん》時間を調査した。このとき、次の(1)、(2)の問いに答えなさい。

(1) 下の**図1**は、1年A組25人について、それぞれの生徒の昨夜の睡眠時間をまとめたものである。

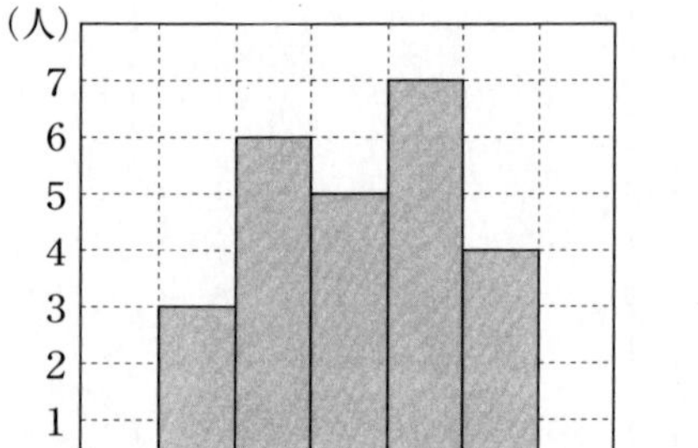

図1

① 最頻値(モード)を求めなさい。

② 1年A組25人について、それぞれの生徒の昨夜の睡眠時間の平均値は7.6時間だった。平均値が含まれる階級の累積相対度数を求めなさい。

⑵　下の**図２**は、２年Ａ組30人と３年Ａ組28人について、それぞれの生徒の昨夜の睡眠時間のデータを箱ひげ図に表したものである。また、下の**表**は、そのデータから最頻値と平均値をまとめたものである。**図２**と**表**から読みとれることとして、下の①～④は正しいといえるか。「**ア**　正しいといえる」、「**イ**　正しいといえない」、「**ウ**　**図２**と**表**からはわからない」の中からそれぞれ一つ選んで、その記号を書きなさい。

ただし、**表**の最頻値や平均値は四捨五入した値ではなく、正確な値であるものとする。

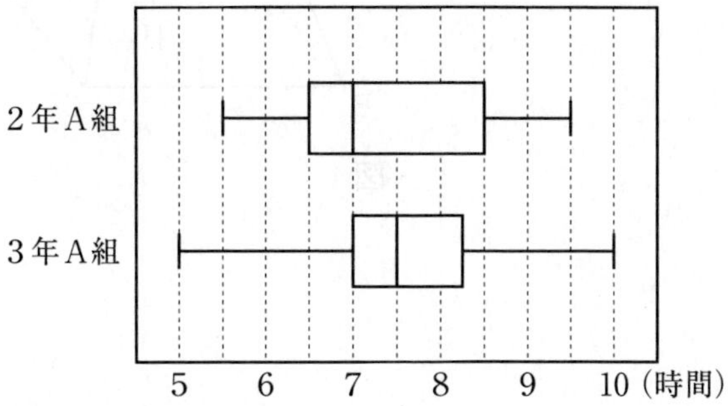

図２

表

	最頻値	平均値
２年Ａ組	6.5時間	7.3時間
３年Ａ組	７時間	7.5時間

①　２年Ａ組の中央値と３年Ａ組の最頻値は等しい。

②　２年Ａ組と３年Ａ組の四分位範囲を比べると３年Ａ組の方が大きい。

③　睡眠時間が7.3時間である２年Ａ組の生徒と、睡眠時間が7.5時間である３年Ａ組の生徒はそれぞれ必ず１人以上いる。

④　２年Ａ組も３年Ａ組も、睡眠時間が８時間以上である生徒は７人以上いる。

6　右の**図１**のような、底面が１辺の長さが６cmの正方形で、高さがＯＨ＝９cmの正四角すいＯＡＢＣＤがある。点Ｅ、Ｆはそれぞれ辺ＯＡ、ＯＢ上の点であり、ＯＥ：ＥＡ＝ＯＦ：ＦＢ＝２：１である。また、点Ｏから辺ＣＤにひいた垂線と辺ＣＤとの交点をＧとすると、ＯＧ＝$3\sqrt{10}$cmである。

　このとき、次の(1)～(3)の問いに答えなさい。

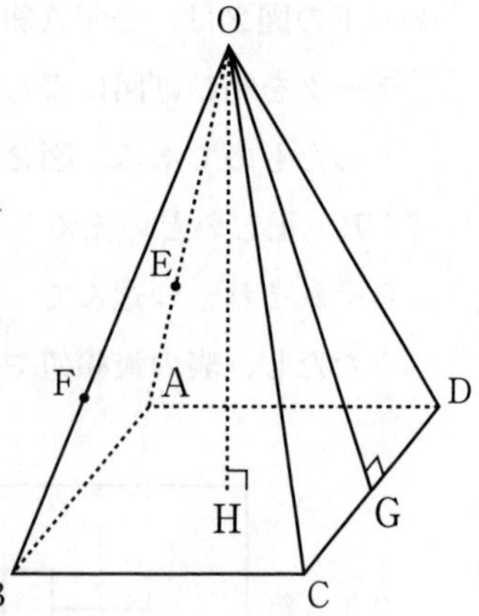

図１

(1)　線分ＥＦの長さを求めなさい。

(2)　△ＯＦＣの面積を求めなさい。

(3)　下の**図２**のように、線分ＯＧの中点をＭとする。このとき、三角すいＥＦＨＭの体積を求めなさい。

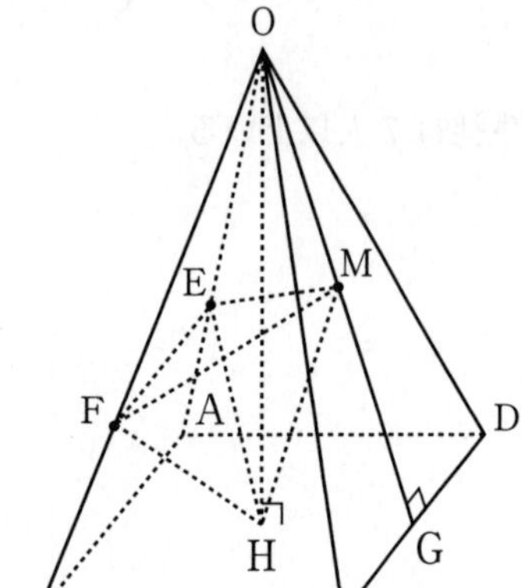

図２

【社　会】 (50分) 〈満点：100点〉

1　　次の１、２に答えなさい。

1　世界の諸地域について、下の(1)～(3)の問いに答えなさい。

資料１　**世界地図**

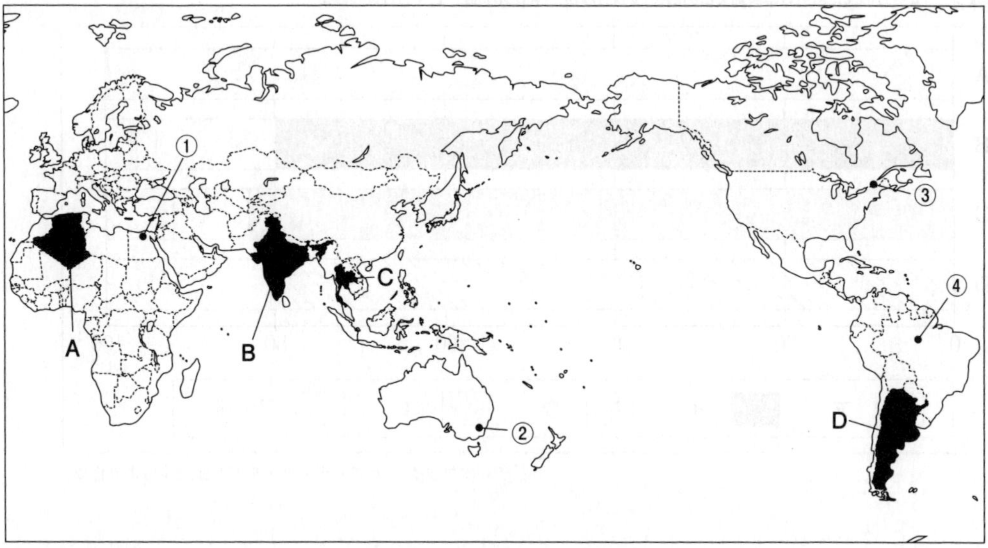

(1)　次のグラフは、**資料１**にある①～④のいずれかの都市の気温と降水量を表したものである。**資料１**にある④の都市に当てはまるグラフを、次の**ア**～**エ**の中から一つ選んで、その記号を書きなさい。

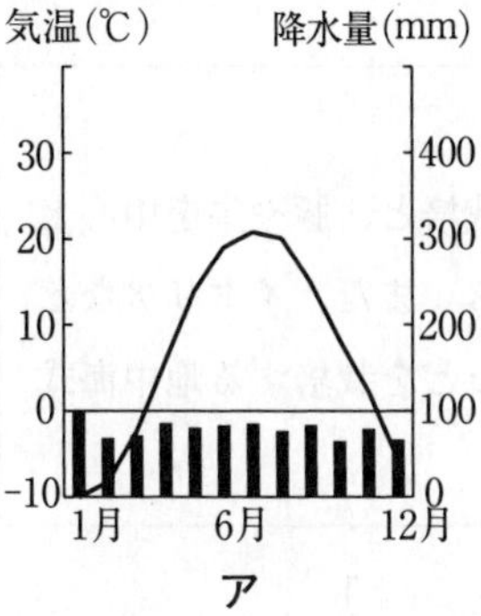

ア

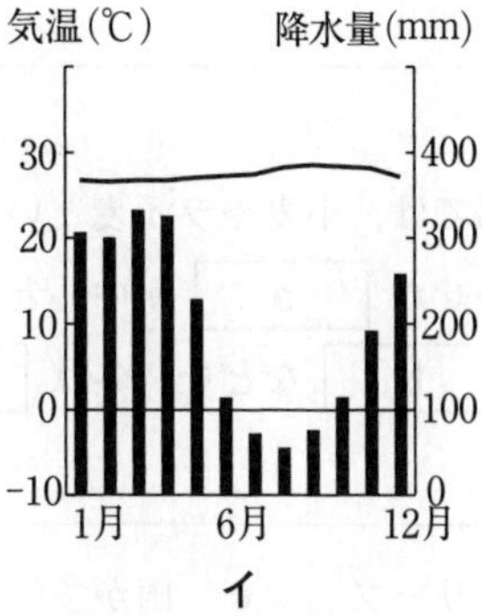

イ

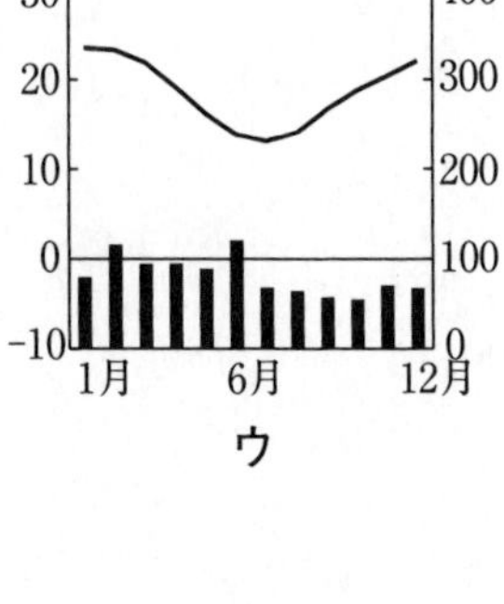

ウ

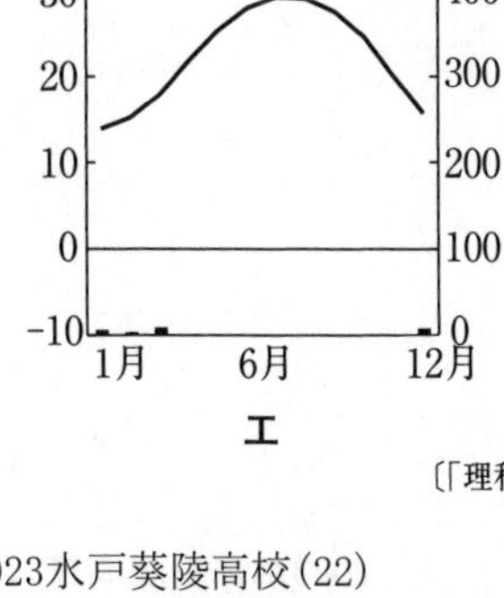

エ

〔「理科年表」2022年版より作成〕

(2)　**資料２**は、**資料１**の**Ａ～Ｄ**の国に占める宗教別人口の割合を示したものである。**資料２**の**ア～エ**は、イスラム教、キリスト教、ヒンドゥー教、仏教のいずれかである。キリスト教と仏教に当てはまるものを、**ア～エ**の中からそれぞれ一つ選んで、その記号を書きなさい。

資料２　Ａ～Ｄの国に占める宗教別人口の割合（Ａは2000年、Ｂは2011年、Ｃ・Ｄは2005年）

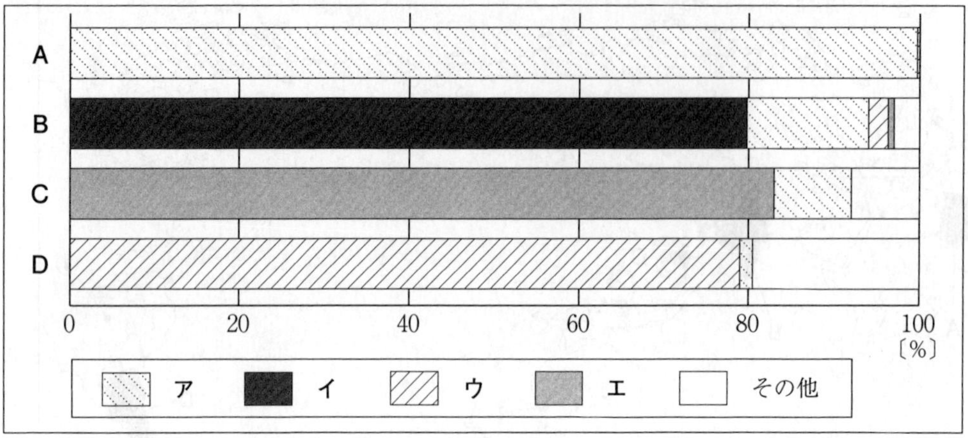

〔「データブック　オブ・ザ・ワールド」2022年版より作成〕

(3)　次の**＜メモ１＞**は、ヨーロッパの農業についてまとめたものである。**＜メモ１＞**の　a　に当てはまる語を**漢字４字**で書きなさい。また、　b　と　c　に当てはまる語の組み合わせとして適切なものを、下の**ア～エ**の中から一つ選んで、その記号を書きなさい。

＜メモ１＞

ヨーロッパ北西部や東部では、小麦やライ麦といった穀物栽培と、豚や牛を中心とした家畜の飼育を組み合わせた　a　が中心となっている。また、イタリアなどの地中海沿岸では、夏は　b　などを、冬は　c　などを栽培する地中海式農業が行われている。

ア　［ b　乾燥するためにオリーブ　　c　雨が多いために小麦 ］
イ　［ b　乾燥するために小麦　　c　雨が多いためにオリーブ ］
ウ　［ b　雨が多いためにオリーブ　　c　乾燥するために小麦 ］
エ　［ b　雨が多いために小麦　　c　乾燥するためにオリーブ ］

2　日本や身近な地域について、次の(1)～(5)の問いに答えなさい。

(1)　次の**＜メモ２＞**は、排他的経済水域についてまとめたものである。**＜メモ２＞**の [a] に当てはまる数字を書きなさい。また、[b] に当てはまる語として適切なものを、下の**ア**～**エ**の中から一つ選んで、その記号を書きなさい。

> **＜メモ２＞**
> 　排他的経済水域は、領海の外側で海岸線から [a] 海里以内までとされており、日本は、[b] などの離島があるため、排他的経済水域が国土面積の10倍以上となっている。

ア　最南端の沖ノ鳥島　　　**イ**　最南端の南鳥島
ウ　最西端の沖ノ鳥島　　　**エ**　最西端の南鳥島

(2)　**資料３**は、日本の発電に関する三つの分布図である。**資料３**の [a] ～ [c] には、火力発電所、原子力発電所、水力発電所のいずれかが当てはまる。[a] ～ [c] の組み合わせとして適切なものを、下の**ア**～**カ**の中から一つ選んで、その記号を書きなさい。

資料３　日本の発電に関する三つの分布図（2021年）

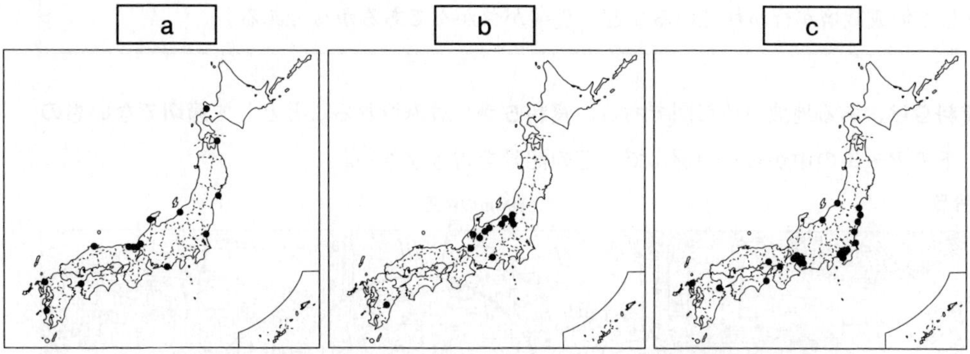

〔「日本国勢図会」2022／23年版より作成〕

ア　［ a　火力発電所　　b　原子力発電所　　c　水力発電所 ］
イ　［ a　火力発電所　　b　水力発電所　　c　原子力発電所 ］
ウ　［ a　原子力発電所　　b　火力発電所　　c　水力発電所 ］
エ　［ a　原子力発電所　　b　水力発電所　　c　火力発電所 ］
オ　［ a　水力発電所　　b　火力発電所　　c　原子力発電所 ］
カ　［ a　水力発電所　　b　原子力発電所　　c　火力発電所 ］

(3) **資料４**は、九州地方の８県についてまとめたものである。沖縄県に当てはまるものを、**資料４**の**ア**～**エ**の中から一つ選んで、その記号を書きなさい。また、下の**＜メモ３＞**は、**資料４**中の宮崎県についてまとめたものである。**＜メモ３＞**の［　　］に当てはまる内容を、「出荷」という語を用いて書きなさい。

資料４　九州地方の８県のデータ（人口・面積・島の数は2021年、米の収穫量は2020年、就業者割合は2017年）

県	人口（万人）	面積（km²）	就業者割合			米の収穫量（千ｔ）	島の数 ※外周0.1km以上
			第１次産業（％）	第２次産業（％）	第３次産業（％）		
ア	504	4987	2.8	21.4	75.8	145	62
イ	147	2282	4.0	15.4	80.7	2	363
ウ	174	7409	9.1	20.7	70.2	157	178
エ	133	4131	7.4	20.3	72.3	47	971
佐賀県	81	2441	8.4	24.9	66.7	104	55
大分県	113	6341	6.2	24.2	69.6	81	109
鹿児島県	161	9186	8.1	19.7	72.2	88	605
宮崎県	108	7735	10.4	21.1	68.6	76	179

注）　割合は四捨五入しているので、合計が100％にならない場合がある。　〔「データでみる県勢」2022年版などより作成〕

＜メモ３＞

宮崎県で第１次産業就業者割合が高いのは、高い価格で売るために［　　］工夫をした促成栽培が行われているなど、農業がさかんであるからである。

(4) **資料５**は、ある地域の地形図である。**資料５**から読み取れることとして**適切でないもの**を、下の**ア**～**エ**の中から一つ選んで、その記号を書きなさい。

資料５

〔国土地理院２万５千分の１地形図「名古屋北部」より作成〕
〈編集部注：編集上の都合により原図の88％に縮小してあります。〉

ア　Aで示した交番の半径500mの範囲内には、寺院が見られる。

イ　勝川橋から見て、三階橋は南西の方角にある。

ウ　「しんもりやま」駅の前には、高等学校がある。

エ　水分橋と勝川橋の間の地形図上の長さを約５cmとすると、実際の距離は約1250mである。

(5)　**資料６**、**資料７**は、愛知県と神奈川県の工業を比較したものである。これらの資料から読み取れることとして**適切でないもの**を、下の**ア**～**エ**の中から一つ選んで、その記号を書きなさい。

資料６　愛知県と神奈川県の製造品出荷額等に占める産業の割合（2019年）

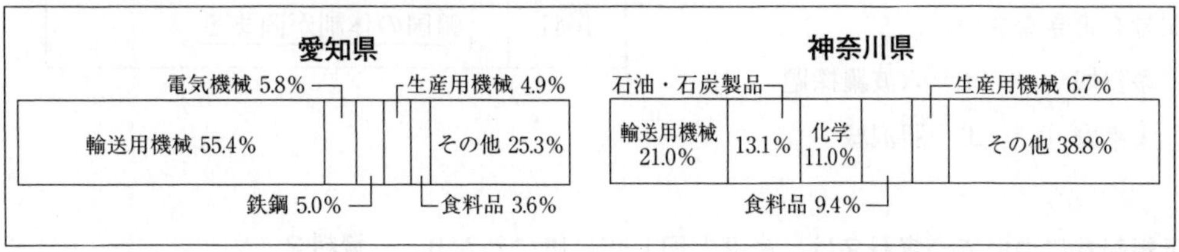

〔「データでみる県勢」2022年版より作成〕

資料７　愛知県と神奈川県の製造業従業者規模別事業所数・従業者数・製造品出荷額等（2019年）

県名	従業者規模	事業所数	従業者数（人）	製造品出荷額等（億円）
愛知県	4～9人	5504	34137	5266
	10～99人	8261	234488	64417
	100人以上	1298	579940	409561
	計	15063	848565	479244
神奈川県	4～9人	2542	15908	2499
	10～99人	4038	113309	34033
	100人以上	687	227563	140929
	計	7267	356780	177461

注）従業者４人以上の事業所

〔経済産業省「2020年工業統計表　地域別統計表」より作成〕

ア　製造品出荷額等に占める生産用機械の割合は、愛知県よりも神奈川県のほうが大きい。

イ　輸送用機械の出荷額は、神奈川県よりも愛知県のほうが多い。

ウ　事業所１か所あたりの製造品出荷額等は、神奈川県よりも愛知県のほうが多い。

エ　全事業所に占める従業者規模100人以上の事業所の事業所数・従業者数・製造品出荷額等の割合はすべて、愛知県も神奈川県も８割以上を占めている。

2　社会科の授業で、「日本と世界の関わり」という課題で、班ごとにテーマを設定し、学習しました。次の**1**、**2**に答えなさい。

1　1班では、「近世までの日本と世界との関わり」というテーマを設定し、**資料1**を作成しました。次の(1)～(5)の問いに答えなさい。

資料1

西暦	できごと
664	a 九州に水城を築く
804	b 最澄が唐にわたる
	[A]
1549	c ザビエルが鹿児島に上陸する
1641	d 鎖国の体制が固まる

(1)　下線部**a**について、このころ、外交や防衛のために九州におかれていた役所を、次の**ア**～**エ**の中から一つ選んで、その記号を書きなさい。

ア　多賀城　　**イ**　六波羅探題
ウ　大宰府　　**エ**　胆沢城

(2)　下線部**b**について、**資料2**は、最澄と同じ年に唐にわたり、帰国後に真言宗を開いた人物である。この人物の名前を書きなさい。

資料2

〔出典：ColBase〕

(3)　次のⅠ～Ⅲは、[A]の時期の歴史上のできごとについて述べたものである。これらを古い順に並べたものを、下の**ア**～**カ**の中から一つ選んで、その記号を書きなさい。

Ⅰ　フビライ・ハンは、高麗を従え、さらに日本を従えようと使者を送ってきたが、執権の北条時宗がこれを無視したため、元軍が襲来した。

Ⅱ　平清盛は、宋との貿易の利益に目をつけて、航路を整えたり、兵庫(神戸市)の港を整備したりした。

Ⅲ　菅原道真は、唐のおとろえと往復の危険を理由に遣唐使の派遣の停止を訴え、これが認められた。

ア　[Ⅰ－Ⅱ－Ⅲ]　　**イ**　[Ⅰ－Ⅲ－Ⅱ]　　**ウ**　[Ⅱ－Ⅰ－Ⅲ]
エ　[Ⅱ－Ⅲ－Ⅰ]　　**オ**　[Ⅲ－Ⅰ－Ⅱ]　　**カ**　[Ⅲ－Ⅱ－Ⅰ]

(4) 下線部**c**について、明子さんは、**資料３**のザビエルについて調べ、次のようにまとめました。**＜まとめ＞**の [あ] に当てはまる内容を、「宗教改革」、「プロテスタント」という二つの語を用いて書きなさい。

資料３ ザビエル

＜まとめ＞

資料３のザビエルは、キリスト教を布教するために来日したイエズス会の宣教師である。イエズス会は、 [あ] ためにつくられた団体である。

(5) 一郎さんは、下線部**d**に興味をもち、次の**＜メモ＞**を作成しました。**＜メモ＞**の [い] 、 [う] に当てはまる語の組み合わせとして適切なものを、下の**ア**～**エ**の中から一つ選んで、その記号を書きなさい。また、当時**資料４**の出島があった場所を、**資料５**の**オ**～**ク**の中から一つ選んで、その記号を書きなさい。

資料４

＜メモ＞

江戸幕府は、 [い] の商館を**資料４**の出島に移し、貿易は中国船と [い] 船に限って許可した。これによって鎖国の体制が固められたが、鎖国下においても、朝鮮との貿易や外交を [う] に担わせるなど、四つの窓口を通して世界とつながっていた。

ア ［ **い** ポルトガル **う** 対馬藩 ］
イ ［ **い** ポルトガル **う** 松前藩 ］
ウ ［ **い** オランダ **う** 対馬藩 ］
エ ［ **い** オランダ **う** 松前藩 ］

資料５

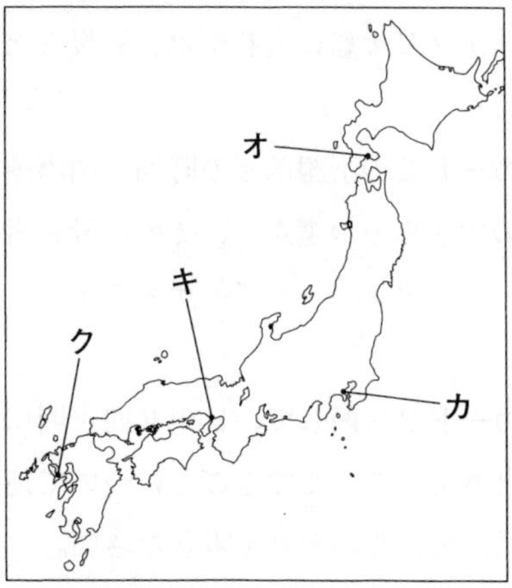

2　２班では、「日本が外国と結んだ条約」というテーマを設定し、**カード１～カード３**を作成しました。下の⑴～⑶の問いに答えなさい。

カード１　［　え　］
ペリーの圧力に屈した江戸幕府が1854年に結んだ条約で、下田（静岡県）と函館（北海道）の２港を開くことなどを認めた。

カード２　ベルサイユ条約
e第一次世界大戦後にパリで開かれた講和会議のあとに結ばれた講和条約で、ドイツは領土を縮小され、巨額の賠償金などが課された。

カード３　日中平和友好条約
1978年に日本と中国が結んだ条約で、この６年前の1972年には、田中角栄首相が中国を訪問し、日中共同声明に調印して国交が正常化された。

⑴　**カード１**の［　え　］に当てはまる条約の名前を書きなさい。また、この条約について述べた文として適切なものを、次の**ア**～**エ**の中から一つ選んで、その記号を書きなさい。

ア　大老の井伊直弼が朝廷の許可を得ないまま結んだ条約である。
イ　開港地に設けられた居留地で自由な貿易が行うことが認められた。
ウ　アメリカに領事裁判権を認め、日本の関税自主権がなかった。
エ　アメリカ船に食料や水、石炭などを供給することを認めた。

⑵　**カード２**の下線部**e**の時期に国際連盟の設立を提唱したアメリカの大統領を、次の**ア**～**エ**の中から一つ選んで、その記号を書きなさい。

ア　リンカン　　**イ**　ケネディ　　**ウ**　ウィルソン　　**エ**　ブッシュ

⑶　**カード３**に関して、日中共同声明に調印してから日中平和友好条約が結ばれるまでの間に日本でおこったできごとについて述べた文として適切なものを、次の**ア**～**エ**の中から一つ選んで、その記号を書きなさい。

ア　朝鮮戦争によって大量の軍需物資が注文されたことにより、日本の経済は好景気（特需景気）となった。
イ　第四次中東戦争によって石油価格が大幅に上昇し、石油危機（オイル・ショック）がおこった。
ウ　日本の産業や経済を独占してきた財閥が解体され、農村では農地改革が行われた。
エ　企業が株や土地に投資したため、株価や地価が上がり続けるバブル経済となった。

3　りょうたさんのクラスでは、社会科の授業で学習した公民分野の内容について話し合っています。これを読んで、下の(1)～(6)の問いに答えなさい。

> りょうた：ぼくは、①日本国憲法について学習したことを復習しようと思っているよ。日本国憲法では、②天皇は日本の国と国民全体の「象徴」であると定められているよね。
>
> あおい：私は、③国会、内閣、④裁判所の関係について復習するつもりよ。国の権力が一つの機関に集中することを防ぐために採られている［　　　］によって、国民の人権が守られているのよ。
>
> こうた：僕の両親は花屋を営んでいるので、⑤流通のしくみについてもっとくわしく学習したいと思っているよ。
>
> 先　生：公民分野で学習した内容は私たちの生活と密接に関係しているので、よく復習しておきましょう。

(1)　下線部①に関して、日本国憲法第12条に定められている「公共の福祉」について、**資料1**は、公共の福祉による人権の制限や限界の例を示したものである。［ a ］、［ b ］、［ c ］に当てはまる人権保障の組み合わせとして適切なものを、次の**ア**～**カ**の中から一つ選んで、その記号を書きなさい。

資料1　公共の福祉による人権の制限や限界の例

a	感染症による入院措置
b	選挙運動の制限
c	不備な建築の禁止

ア［ a　財産権の保障　　b　表現の自由　　c　居住・移転の自由 ］
イ［ a　財産権の保障　　b　居住・移転の自由　　c　表現の自由 ］
ウ［ a　表現の自由　　b　財産権の保障　　c　居住・移転の自由 ］
エ［ a　表現の自由　　b　居住・移転の自由　　c　財産権の保障 ］
オ［ a　居住・移転の自由　　b　財産権の保障　　c　表現の自由 ］
カ［ a　居住・移転の自由　　b　表現の自由　　c　財産権の保障 ］

(2)　下線部②に関して、次の［　　　］の文は、天皇について述べたものである。文中の［ a ］に当てはまる語を書きなさい。また、［ b ］～［ d ］に当てはまる語の組み合わせとして適切なものを、下の**ア**～**カ**の中から一つ選んで、その記号を書きなさい。

> 日本国憲法では、天皇は憲法に定められた［ a ］のみを行うと定められている。また、［ b ］の助言と承認を受けて行われる天皇の［ a ］には、最高裁判所長官の［ c ］や条約の［ d ］などがある。

ア［ b　内閣　c　任命　d　公布 ］　　**イ**［ b　内閣　c　指名　d　公布 ］
ウ［ b　内閣　c　任命　d　締結《ていけつ》 ］　　**エ**［ b　国会　c　指名　d　公布 ］
オ［ b　国会　c　任命　d　締結 ］　　**カ**［ b　国会　c　指名　d　締結 ］

(3)　下線部③に関して、国会は二院制が採られ、衆議院と参議院の二つの議院で構成されている。次の①、②の問いに答えなさい。

①　**資料２～資料４**は、2014年の第47回衆議院議員選挙に関連する資料である。これらの資料から読み取れることとして適切なものを、下の**ア**～**オ**の中から**すべて**選んで、その記号を書きなさい。

資料２　年代別投票率

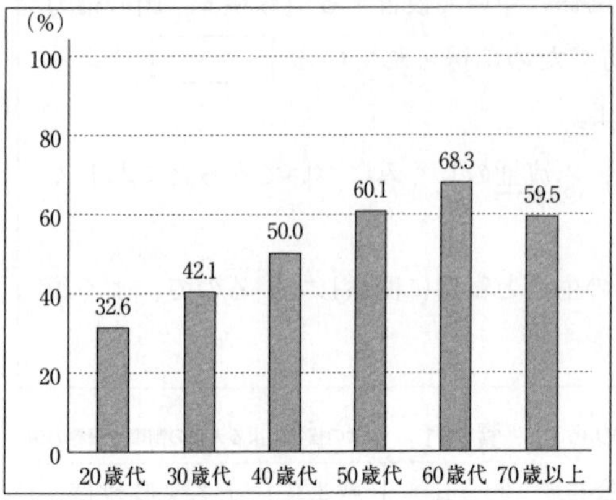

〔総務省資料より作成〕

資料３　年代別棄権理由

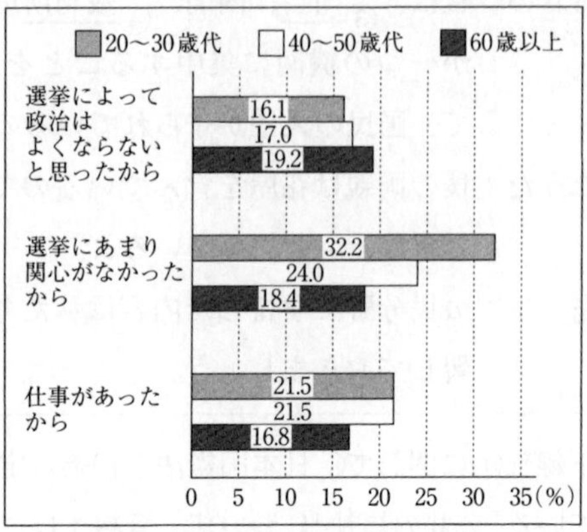

〔第47回衆議院議員総選挙全国意識調査より作成〕

資料４　選挙で考慮した政策課題

	20～30歳代	40～50歳代	60歳以上
1位	景気対策	景気対策	年金
2位	子育て・教育	医療・介護	医療・介護
3位	消費税	年金	景気対策

〔第47回衆議院議員総選挙全国意識調査より作成〕

ア　政策課題の上位３位以内に医療・介護が入っている年代は、すべて投票率が50％を超えている。

イ　政策課題の上位３位以内に年金が入っているのは、年代別投票率が最も高い60歳以上の年代だけである。

ウ　40～50歳代は、20～30歳代と比べて、投票率は低く、仕事があることを理由に棄権する人の割合が高い。

エ　年齢が高くなるほど、政策課題に子育て・教育を考慮する人が多くなるとともに、年金を考慮する人が少なくなる。

オ　政策課題の上位３位以内に消費税が入っている年代は、20～30歳代だけであるが、20～30歳代は、選挙にあまり関心がないことを理由に棄権する人の割合が年代別の中で最も高い。

② 衆議院は、参議院に対してさまざまな点で優越が認められているが、その理由について、**資料5**を参考にして、書きなさい。

資料5 衆議院と参議院の比較

	衆議院	参議院
議員定数	465名	248名
任期	4年（解散がある）	6年 （3年ごとに半数を改選）

（注）2022年11月現在

(4) 下線部④に関して、日本の裁判について述べた文として最も適切なものを、次の**ア**～**エ**の中から一つ選んで、その記号を書きなさい。

ア 刑事裁判では、原告と被告との間でそれぞれが自分の意見を主張し、裁判所が法律にもとづいて判決を下して個人間の争いを解決する。

イ 裁判では三審制がとられており、第一審の判決に納得できない場合は第二審の裁判所に上告し、さらに不服があれば控訴することができる。

ウ 重大な犯罪の疑いで起訴された刑事裁判では、国民の中から選ばれた裁判員も参加して判決が下される裁判員裁判が第一審のみで行われる。

エ 有罪の判決が確定した後は、いきすぎた捜査が原因でえん罪になった場合や、判決に疑いが生じた場合でも裁判をやり直すことはできない。

(5) 会話文中の □ に当てはまる語を書きなさい。

(6) 下線部⑤に関して、流通について述べた文として最も適切なものを、次の**ア**～**エ**の中から一つ選んで、その記号を書きなさい。

ア 小売業者は、安い商品を提供するために、生産者からいくつもの卸売業者を経由している。

イ 倉庫業は流通に関連する業種に含まれるが、運送業は含まれない。

ウ インターネットによる販売は、売り手と買い手を直接結んで取引するので、契約をめぐるトラブルはおこらない。

エ 小売店では、商品が売れた数量や時間等のデータを集計・管理するＰＯＳシステムの導入が進んでいる。

4　りょうたさんの学校では、修学旅行で訪れる予定の京都市について調べました。次の**1**～**3**に答えなさい。

1　3年1組では、地理的分野から見た京都市について調べました。次の(1)～(3)の問いに答えなさい。

(1)　京都市でつくられている伝統的工芸品として適切なものを、次の**ア**～**エ**の中から一つ選んで、その記号を書きなさい。

ア

輪島塗

イ

南部鉄器

ウ

西陣織

エ

天童将棋駒

(2)　りょうたさんは、京都市の姉妹都市について調べを進め、**資料1**を作成しました。**資料1**の9都市について述べた文として最も適切なものを、次の**ア**～**エ**の中から一つ選んで、その記号を書きなさい。また、9都市のうち、日本との時差が最も小さい都市の名前を書きなさい。

ア　9都市の経度はすべて東経である。

イ　9都市の緯度はすべて北緯である。

ウ　アフリカ州に位置している都市がある。

エ　島国(海洋国)に位置している都市がある。

資料1　京都市の姉妹都市

姉妹都市名	国名
パリ	フランス
ボストン	アメリカ
ケルン	ドイツ
フィレンツェ	イタリア
キーウ(キエフ)	ウクライナ
西安	中国
グアダラハラ	メキシコ
ザグレブ	クロアチア
プラハ	チェコ

(3)　あおいさんは、京都市について調べていく中で、**資料2**を見つけ、次のような**＜まとめ1＞**を作成しました。**＜まとめ1＞**の［あ］に当てはまる語を書きなさい。また、［い］に当てはまる内容を書きなさい。

資料2　京都市のある地域の町並み

＜まとめ1＞

　京都市内では、**資料2**のような地域の電線を地中に埋めて電柱をなくす「無電柱化」事業が進められている。この事業のように、京都市では、地方自治体の独自の法である［あ］を制定して、［い］ための取り組みが行われている。

2　3年2組では、歴史的分野から見た京都市について調べました。次の(1)～(3)の問いに答えなさい。

(1)　京都市に関する次の**ア**～**エ**のできごとを、年代の古い順に左から並べて、その記号を書きなさい。

ア　将軍のあとつぎをめぐる争いから、有力な守護大名である山名氏と細川氏が対立し、応仁の乱がおこった。

イ　徳川慶喜が、政権を朝廷に返す大政奉還を行い、幕府に代わる新政権の中で主導権をにぎろうとした。

ウ　鎌倉幕府をたおした後醍醐天皇が、建武の新政とよばれる天皇を中心とする新しい政治を始めた。

エ　後三条天皇のあとをついだ白河天皇が、位をゆずって上皇になったあと、摂政や関白の力をおさえて院政を行った。

(2)　まことさんは、京都市で栄えた文化について調べ、**＜まとめ２＞**を作成しました。**＜まとめ２＞**の [う] 、[え] に当てはまる語の組み合わせとして適切なものを、下の**ア**～**エ**の中から一つ選んで、その記号を書きなさい。

＜まとめ２＞

【国風文化】（10～11世紀）

平安時代に栄えた、唐風の文化をふまえながらも日本人の風土や感情に合った文化

［代表作品］　・「枕草子」（清少納言）　　・「源氏物語」（紫式部）

・「[う]」（紀貫之など）

【元禄文化】（17世紀後半～18世紀前半）

江戸時代前半に栄えた、経済力のある町人を担い手とする文化

［代表作品］　・「見返り美人図」（[え]）　　・「奥の細道」（松尾芭蕉）

・「世間胸算用」（井原西鶴）

ア　［ う　古今和歌集　　え　菱川師宣 ］

イ　［ う　平家物語　　え　菱川師宣 ］

ウ　［ う　古今和歌集　　え　喜多川歌麿 ］

エ　［ う　平家物語　　え　喜多川歌麿 ］

(3) ゆうきさんは、京都市にある世界遺産について調べを進める中で、次のような＜ノート＞を作成しました。＜ノート＞の [お] に当てはまる建築様式を書きなさい。

＜ノート＞

慈照寺(銀閣)

室町幕府第８代将軍足利義政が京都の東山に建てた寺院である。

同じ敷地内にある東求堂の同仁斎とよばれる部屋の建築様式は [お] になっていて、畳が敷かれて床の間が設けられ、生け花がかざられるようになった。

3　3年3組では、公民的分野から見た京都市について調べました。次の(1)～(3)の問いに答えなさい。

(1)　**資料3**は、自然エネルギーの普及を目的として活動をしている京都市内にある非営利組織のホームページを示したものである。非営利組織の略称を、**アルファベット3字**で書きなさい。

資料3　ある非営利組織のホームページ

〔「きょうとグリーンファンド」ホームページより作成〕

(2)　京都市長のような市（区）町村長を選ぶ選挙における選挙権と被選挙権の組み合わせとして適切なものを、次の**ア**～**エ**の中から一つ選んで、その記号を書きなさい。

ア　［ 選挙権－18歳以上　　被選挙権－25歳以上 ］

イ　［ 選挙権－18歳以上　　被選挙権－30歳以上 ］

ウ　［ 選挙権－20歳以上　　被選挙権－25歳以上 ］

エ　［ 選挙権－20歳以上　　被選挙権－30歳以上 ］

(3)　けんたさんは、京都市の歳入について調べ、**資料4**を見つけました。**資料4**から読み取れることとして適切なものを、下の**ア**～**エ**の中から一つ選んで、その記号を書きなさい。

資料4　京都市の歳入の推移（決算ベース）

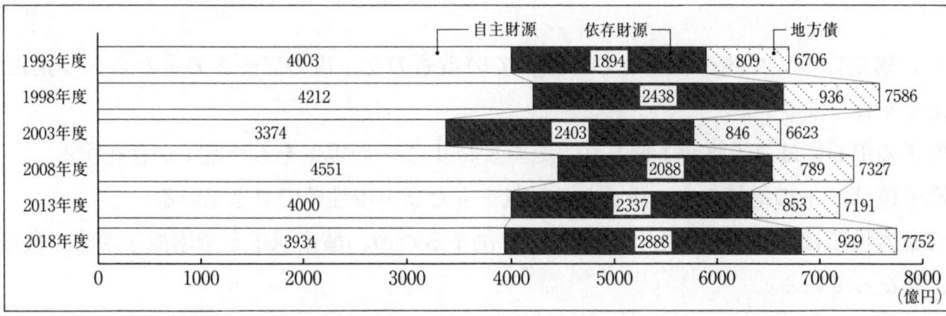

〔京都市ホームページより作成〕

ア　自主財源の歳入額が最も多い年度は、歳入の総額も最も多い。

イ　すべての年度で、歳入の総額に占める自主財源の歳入額の割合は5割以上である。

ウ　地方債の歳入額が900億円以上の年度は、自主財源の歳入額が4000億円以上である。

エ　依存財源の歳入額は年々増加し続け、1993年度から2018年度までの間で1000億円以上増加している。

【理　科】（50分）〈満点：100点〉

1　次の(1)〜(8)の問いに答えなさい。

(1)　図のように、光源、L字形に切り抜いた黒い紙、凸レンズ、スクリーンを一直線上に置き、スクリーン上にはっきりとした像をうつした。このとき、スクリーン上にうつした像を凸レンズ側から見たときのようすを模式的に表した図として最も適当なものを、次のア〜エの中から一つ選んで、その記号を書きなさい。

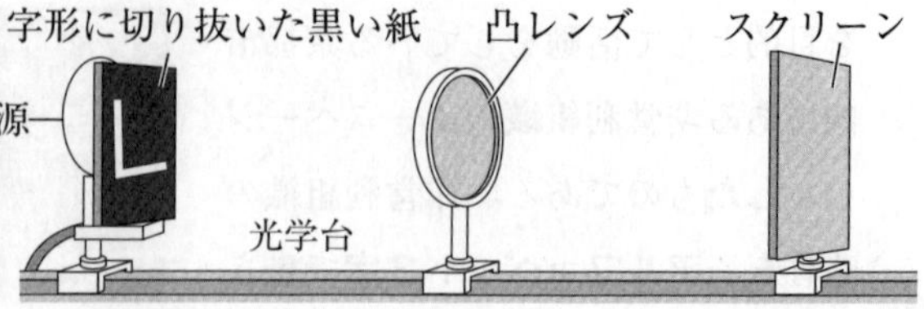

図

ア

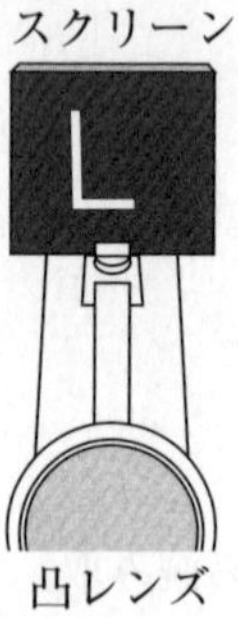

イ

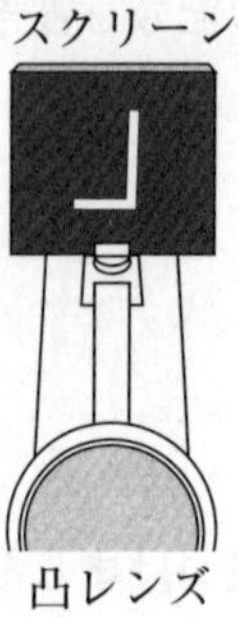

ウ

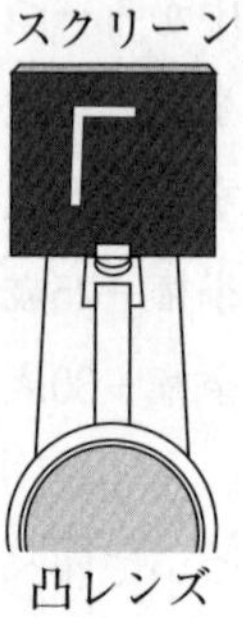

エ

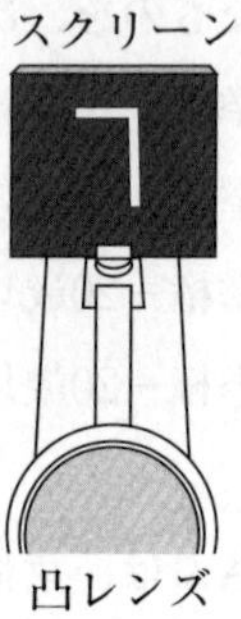

(2)　原子の構造について述べた文として**誤っているもの**を、次のア〜エの中から一つ選んで、その記号を書きなさい。

ア　原子の中心には原子核が1個あり、そのまわりに－の電気をもつ電子が存在する。

イ　原子核は、＋の電気をもつ陽子と、電気をもたない中性子でできている。

ウ　元素の種類は、原子核がもつ陽子の数で決まるため、酸素原子と窒素原子がもつ陽子の数は異なっている。

エ　同じ元素で電子の数が異なる原子を同位体という。

(3) **図**は、アサリのからだのつくりを模式的に表したものである。アサリの特徴を説明した次の文中の **あ** 、 **い** に当てはまる語句の組み合わせとして最も適当なものを、下の**ア**～**エ**の中から一つ選んで、その記号を書きなさい。

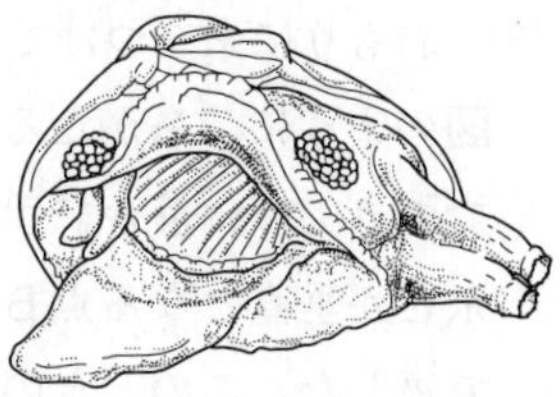

図

アサリは、背骨をもたない無脊椎《むせきつい》動物であり、 **あ** をもつことから、 **い** などと同じなかまに分類される。

	あ	い
ア	外とう膜	カニやエビ
イ	外とう膜	イカやタコ
ウ	外骨格	カニやエビ
エ	外骨格	イカやタコ

(4) **図**は、ある季節によく見られる気圧配置を示した日本付近の天気図である。**図**のような気圧配置を示すことが多い季節に、日本の天気に大きな影響をおよぼす気団の性質として最も適当なものを、次の**ア**～**エ**の中から一つ選んで、その記号を書きなさい。

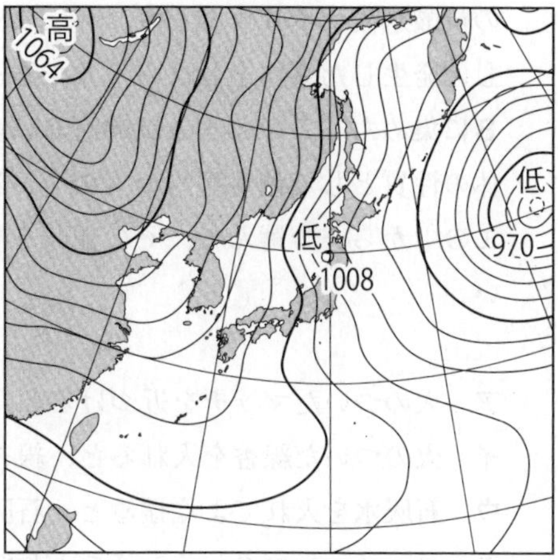

図

ア　冷たく、乾いている。
イ　冷たく、湿っている。
ウ　あたたかく、乾いている。
エ　あたたかく、湿っている。

(5) おもりに糸をつけて天井からつるして静止させた。次に、図のように、糸がたるまないようにおもりを点Aの位置まで引き上げ、静かに手をはなしたところ、おもりは天井と糸とが垂直となる点Bを通過して点Aと同じ高さの点Cまで達した。このときの運動のようすを、発光間隔が一定であるストロボスコープを用いて撮影した。撮影されたおもりの位置を模式的に表すと、どのようになると考えられるか。最も適当なものを、次のア～エの中から一つ選んで、その記号を書きなさい。

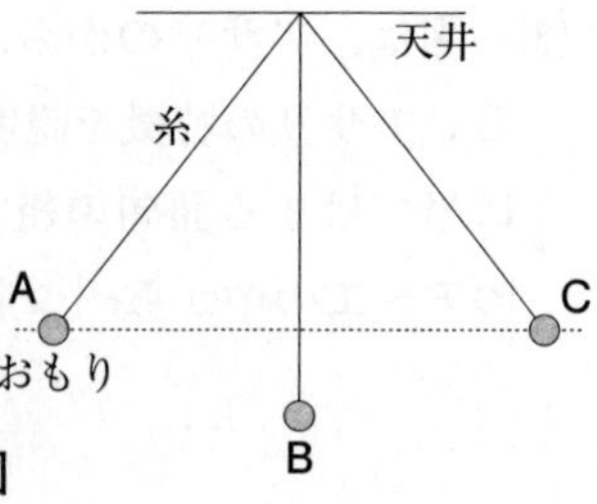

図

ア
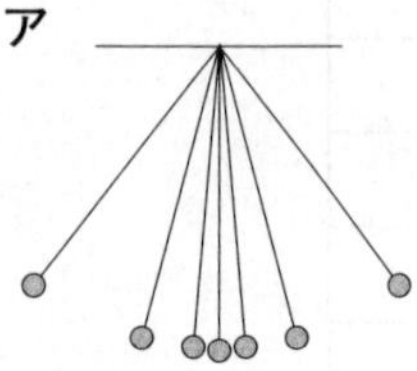
イ
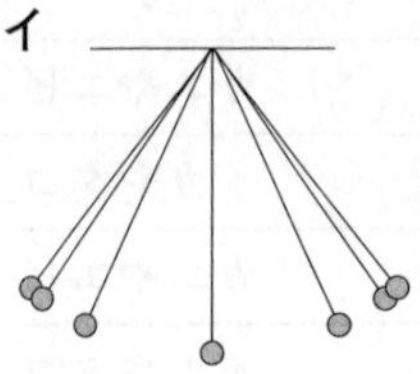
ウ
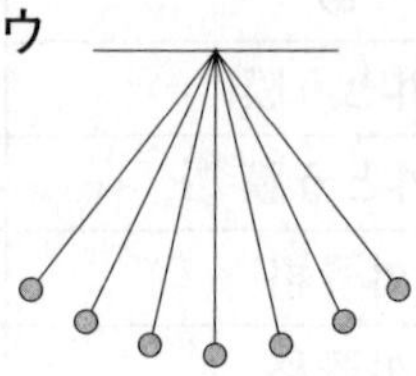
エ
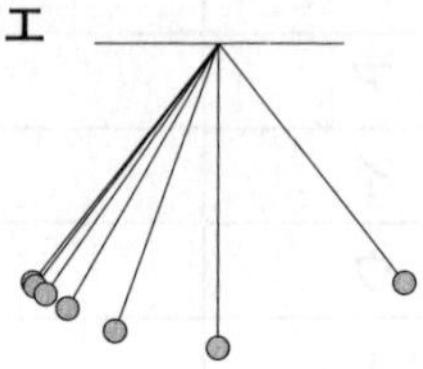

(6) 図のように、乾いた試験管Aに入れた少量の炭酸水素ナトリウムをガスバーナーで加熱し、発生した気体をしばらくしてから試験管Bに集めた。このとき、試験管Bに集めた気体の性質として最も適当なものを、次のア～エの中から一つ選んで、その記号を書きなさい。

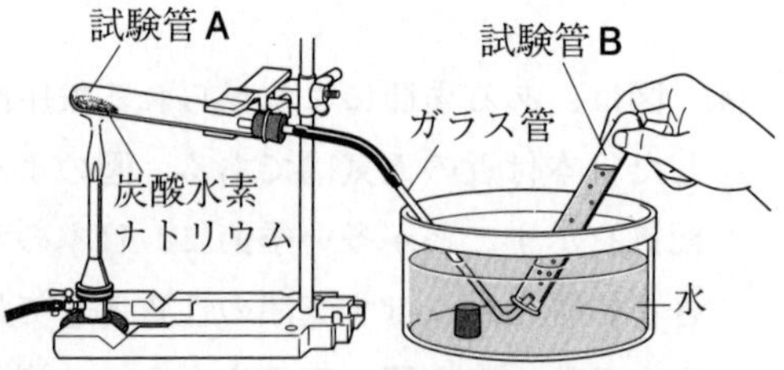

図

ア　火のついたマッチを近づけると、気体が爆発して水滴ができる。
イ　火のついた線香を入れると、線香が炎を出して激しく燃える。
ウ　石灰水を入れてよく振ると、石灰水が白くにごる。
エ　フェノールフタレイン液を入れてよく振ると、赤色に変化する。

(7) 図は、被子植物において、受粉後に、花粉から花粉管がのびたようすを模式的に表したものである。図の [あ] 、 [い] に当てはまる語の組み合わせとして最も適当なものを、次のア～エの中から一つ選んで、その記号を書きなさい。

	あ	い
ア	精細胞	胚珠
イ	精細胞	胚
ウ	卵細胞	胚珠
エ	卵細胞	胚

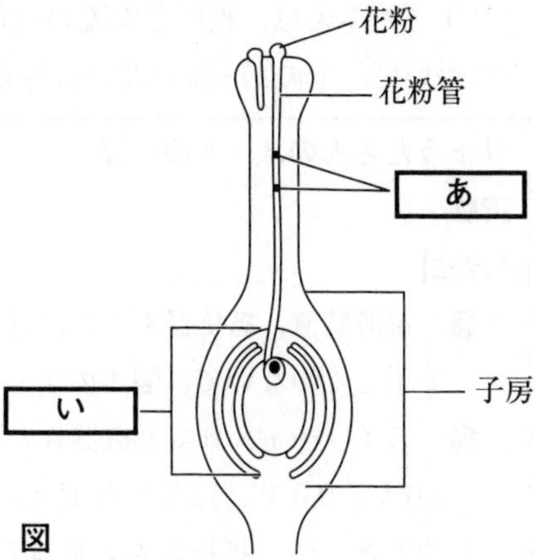

図

(8) 丸底フラスコの内部を少量の水でぬらし、線香の煙《けむり》を入れた。その後、大型注射器のピストンを押しこんだ状態でフラスコにつなぎ、図のような装置を組み立てた。

図の大型注射器のピストンをすばやく引いたところ、フラスコ内に白いくもりが見られた。この現象が起こる理由について述べた次の文中の [あ] 、 [い] に当てはまる語句の組み合わせとして最も適当なものを、下のア～エの中から一つ選んで、その記号を書きなさい。

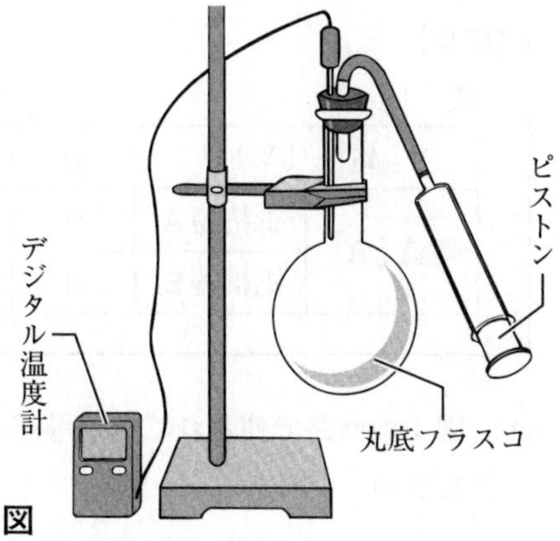

図

ピストンをすばやく引くと、フラスコ内の空気が [あ] して気圧が [い] 、温度が下がった。このとき、フラスコ内の空気の温度が露点以下になり、水蒸気が水になるため、フラスコ内がくもって見えたと考えられる。

	あ	い
ア	収縮《しゅうしゅく》	上がり
イ	収縮	下がり
ウ	膨張《ぼうちょう》	上がり
エ	膨張	下がり

2　りょうたさんは、電圧と電流の関係について調べる実験を行った。次のりょうたさんのノートについて、下の(1)~(5)の問いに答えなさい。

りょうたさんのノートの一部

実験

【方法】

❶　電源装置、抵抗器A、電流計、電圧計、スイッチを導線で正しくつないで、図1のような回路をつくる。

❷　スイッチを入れて抵抗器Aの両端に加える電圧を3.0 V、6.0 V、9.0 V、12.0 Vと変え、そのたびに電流計の値を読みとって、抵抗器Aの両端に加える電圧と抵抗器Aを流れる電流の関係を調べる。

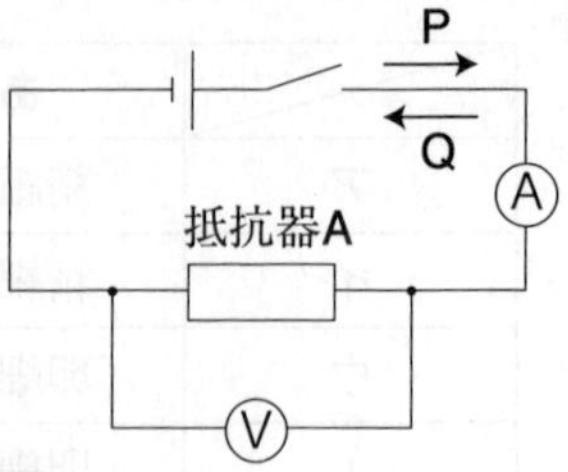

図1

❸　抵抗器Aを抵抗器Bに変えて、抵抗器Aと同様の操作を行う。

【結果】

表

電圧〔V〕		0	3.0	6.0	9.0	12.0
電流〔A〕	抵抗器A	0	0.15	0.30	0.45	0.60
	抵抗器B	0	0.10	0.20	0.30	0.40

(1)　図1の回路で使われている導線について述べた次の文中の[　あ　]に当てはまる内容を書きなさい。

導線は、銅などの導体の線が、ポリ塩化ビニルなどの絶縁体(不導体)に覆われている。絶縁体(不導体)とは、[　あ　]という性質をもつ物質のことであり、導体と比べて抵抗が大きい。

(2)　図1の回路に流れる電流の向きについて述べた次の文中の[　い　]、[　う　]に当てはまる記号と語句の組み合わせとして最も適当なものを、下のア～エの中から一つ選んで、その記号を書きなさい。

図1の回路のスイッチを入れて電圧を加えると、導線の中を矢印[　い　]の向きに電子が移動し、電源装置の[　う　]に向かって電流が流れる。

	い	う
ア	P	＋極から－極
イ	P	－極から＋極
ウ	Q	＋極から－極
エ	Q	－極から＋極

(3)　抵抗器**A**を用いてつくった**図１**の回路で、電圧計の針が**図２**のような値を示すように電源装置の電圧を調節した場合、電流計の針はどのようにふれるか。このときの電流計の針を、**図２**にならって解答用紙の図にかき入れなさい。ただし、電流計の－端子は500 mAの端子を使用するものとする。

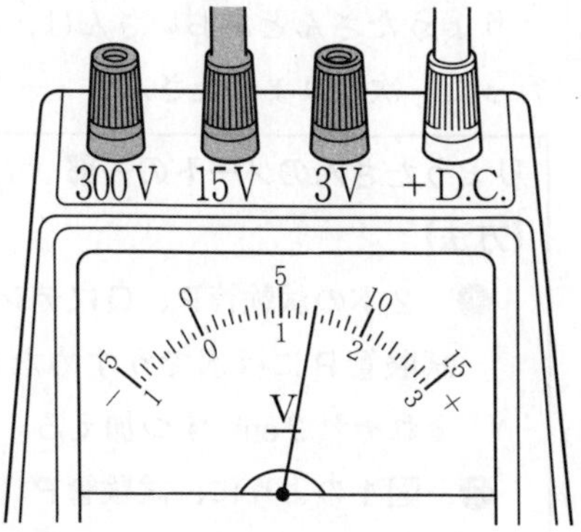

図２

(4)　抵抗器**B**の抵抗の大きさは何Ωか、求めなさい。

(5)　抵抗器**A**、**B**を用いて、**図３**および**図４**のような回路をつくったのち、スイッチを入れて、回路に電流を流した。このとき、各回路の抵抗器が消費する電力について述べた次の文中の［ え ］、［ お ］に当てはまる語として最も適当なものを、下の**ア**～**エ**の中から一つずつ選んで、その記号を書きなさい。

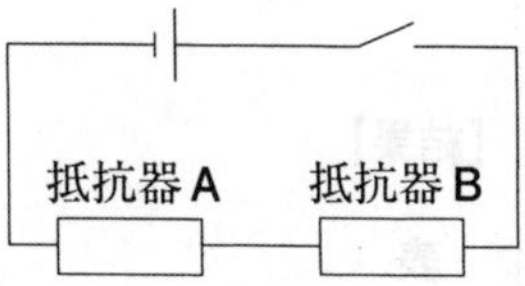

図３

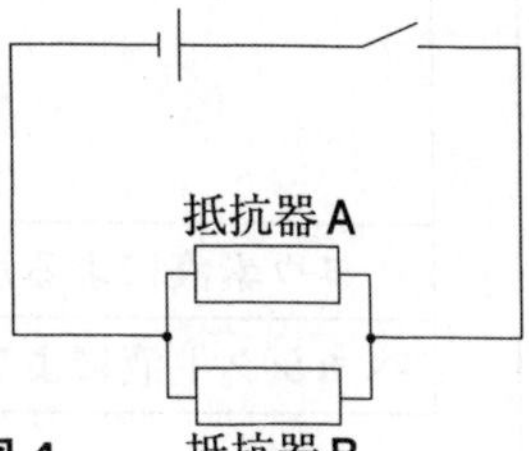

図４

各回路の電源装置の電圧の大きさを同じにした場合、消費する電力が最も大きくなるのは、［ え ］であり、消費する電力が最も小さくなるのは、［ お ］である。

ア　**図３の抵抗器A**　　　**イ**　**図３の抵抗器B**
ウ　**図４の抵抗器A**　　　**エ**　**図４の抵抗器B**

3　りょうたさんとあおいさんは、だ液にふくまれる消化酵素《しょうかこうそ》のはたらきについて調べる実験を行った。次のりょうたさんのノートについて、下の(1)～(4)の問いに答えなさい。

りょうたさんのノートの一部

【方法】

❶　2本の試験管P、Qにデンプン溶液を10cm³ずつ入れ、試験管Pには水でうすめただ液を、試験管Qには水を、それぞれ2cm³ずつ加える。

❷　図1のように、試験管P、Qを a 適温の水に10分間つける。

❸　試験管Pの液を別の2本の試験管A、Bに、試験管Qの液を別の2本の試験管C、Dに、それぞれ半分ずつ分けて入れる。

❹　試験管A、Cの液にヨウ素液を加え、反応があるかどうかを調べる。続いて、試験管B、Dの液にベネジクト液を加えたのち b ある操作を行い、反応があるかどうかを調べる。

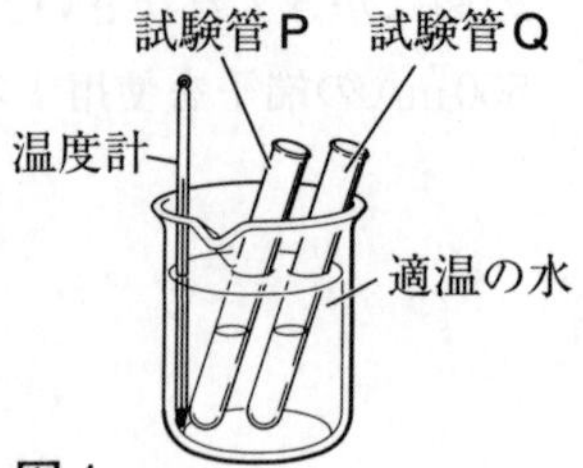

図1

【結果】

表

	試験管Pの液（デンプン溶液＋だ液）		試験管Qの液（デンプン溶液＋水）	
	試験管A	試験管B	試験管C	試験管D
ヨウ素液による反応	×		○	
ベネジクト液による反応		○		×

（反応があったものは○、反応がなかったものは×として表している。）

【考察】

・だ液にふくまれている消化酵素には、デンプンを麦芽糖《ばくがとう》など（ブドウ糖がいくつかつながったもの）に分解するはたらきがあると考えられる。

(1)　**方法**の下線部aの適温として最も適当なものを、次の**ア**～**エ**の中から一つ選んで、その記号を書きなさい。また、下線部bで行ったある操作とは具体的にどのようなことか、書きなさい。

ア　約20℃　　**イ**　約40℃　　**ウ**　約60℃　　**エ**　約80℃

(2) **結果**において、試験管**B**の液は、ベネジクト液によってどのような反応を示したか。最も適当なものを、次の**ア**～**エ**の中から一つ選んで、その記号を書きなさい。

ア 青紫色に変化した。　　**イ** 水色に変化した。
ウ 白色の沈殿《ちんでん》ができた。　　**エ** 赤褐色《せきかっしょく》の沈殿ができた。

(3) りょうたさんとあおいさんの次の会話文中の［あ］、［い］に当てはまる語句の組み合わせとして最も適当なものを、下の**ア**～**エ**の中から一つ選んで、その記号を書きなさい。

りょうた：実験から、だ液にはデンプンを麦芽糖などに変えるはたらきがあることがわかったね。

あおい：デンプンは、最終的にブドウ糖にまで分解されるのよね。分解ということは、ブドウ糖の分子は、デンプンの分子より小さいのかな。

りょうた：消化は養分を吸収されやすい物質に変えることだから、たぶんそうだと思うよ。

あおい：それを実験によって確かめることはできるのかな。

りょうた：できるよ。デンプンとブドウ糖を混ぜた液を、目に見えない小さな穴が無数にあいているセロハンの袋《ふくろ》に入れて、適温の水を入れたビーカーにしばらくつけたあと（**図2**）、［あ］の中の液についてヨウ素液による反応とベネジクト液による反応を調べてみればいいんだよ。

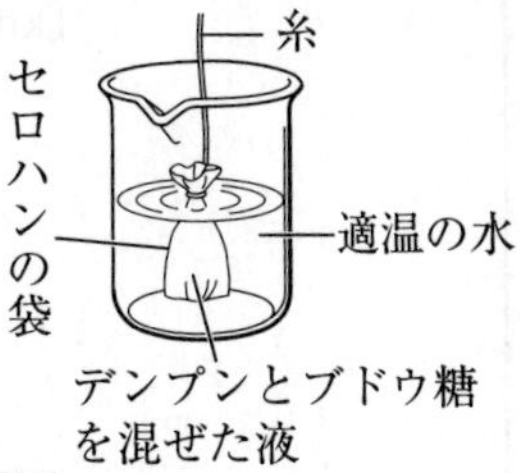

図2

あおい：なるほど。［い］だけがあれば、ブドウ糖の分子はデンプンの分子より小さいといえるわね。早速やってみましょう。

	あ	い
ア	セロハンの袋	ヨウ素液による反応はなく、ベネジクト液による反応
イ	セロハンの袋	ベネジクト液による反応はなく、ヨウ素液による反応
ウ	ビーカー	ヨウ素液による反応はなく、ベネジクト液による反応
エ	ビーカー	ベネジクト液による反応はなく、ヨウ素液による反応

(4) ヒトのからだで、だ液せんのほかに、デンプンの分解にかかわる消化酵素を出す器官は何か。その組み合わせとして正しいものを、次の**ア**～**カ**の中から一つ選んで、その記号を書きなさい。

ア すい臓、小腸　　**イ** 胃、すい臓　　**ウ** 肝臓、小腸
エ すい臓、大腸　　**オ** 胃、肝臓　　**カ** 肝臓、大腸

4 あおいさんは、地表近くで起こったある地震**X**について調べ、ノートにまとめた。**図1**は、3地点**A**～**C**の地震計に記録された地震**X**によるゆれのようすと震源からの距離との関係を模式的に表したものである。**図1**の（　　）内の数値はP波またはS波の到着時刻（秒）を表しており、P（38）はP波が8時13分38秒に到着したことを示す。また、**図2**は、地震**X**における各地点のゆれ始めの時刻を地図上に表したものであり、31は8時13分31秒にゆれ始めたことを示す。これについて、あとの(1)～(4)の問いに答えなさい。ただし、P波およびS波が伝わる速さは、それぞれ一定であるものとする。

あおいさんのノートの一部

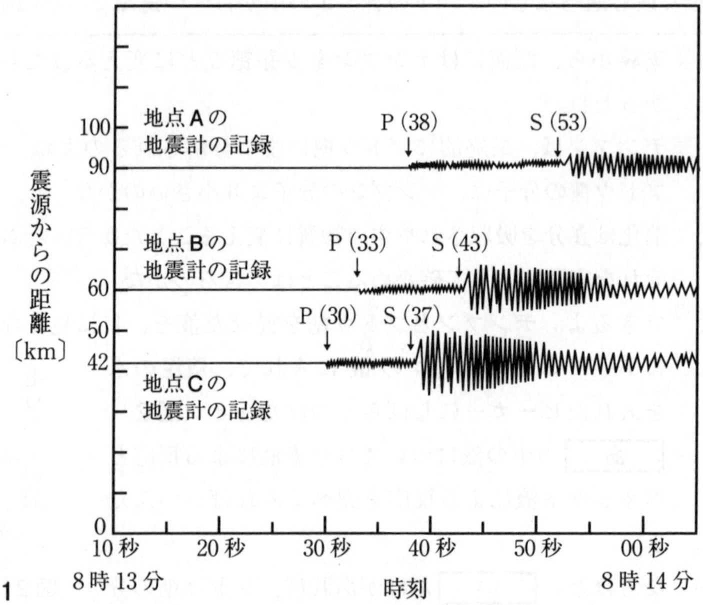

図1

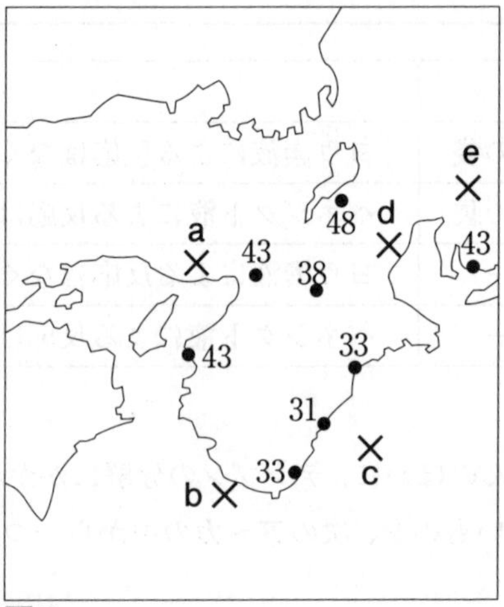

図2

(1) **図1**より、地震**X**において、初期微動継続時間と震源からの距離との間には、どのような関係があるといえるか、「初期微動継続時間は、」の書き出しに続けて書きなさい。

(2) あおいさんは、**図1**をもとに、地震**X**の発生時刻について考えた。次の文中の［あ］、［い］に当てはまる数値をそれぞれ書きなさい。

図1より、地震**X**によって発生したP波の伝わる速さは［あ］km/sであるといえる。これより、地震**X**が発生した時刻は、8時13分［い］秒であったと考えられる。

(3) **図2**において、地震**X**の震央と考えられる地点として最も適当なものを、**図2**の**a**～**e**の中から一つ選んで、その記号を書きなさい。

(4) 地表近くを震源とする大きな地震が起こると、岩盤の一部が破壊されて大地がずれたあとが地表に残ることがある。このうち、再びずれて地震を起こす可能性があるものを何というか、書きなさい。

5 りょうたさんは、酸とアルカリの反応について調べる実験を行った。また、塩化銅水溶液に電流を流したときの変化について調べる実験も行った。次のりょうたさんのノートについて、あとの(1)～(5)の問いに答えなさい。

りょうたさんのノートの一部

実験１

【課題】

酸とアルカリの反応について調べる。

【方法】

ＢＴＢ溶液を入れたうすい塩酸に十分な量のマグネシウムリボンを入れたところ、水素が発生した。その後、水酸化カルシウム水溶液を２ cm^3 ずつ加えていった。

【結果】

水素の発生のようすや水溶液の色などを**表１**にまとめた。

表１

水酸化カルシウム水溶液を加えた体積	０ cm^3	２ cm^3	４ cm^3	６ cm^3	８ cm^3
水素の発生のようす	勢いよく発生した	発生が弱まった	発生しなかった	発生しなかった	発生しなかった
水溶液の色	黄色	うすい黄色	緑色	うすい青色	青色

実験２

【課題】

塩化銅水溶液に電流を流したときの変化を調べる。

【方法】

❶ 塩化銅水溶液をビーカーに入れ、炭素棒を電極として、図のような装置を組み立てる。

❷ 電圧を加えて、塩化銅水溶液に電流を流し、図の電極Ｃ、Ｄで起こる変化を観察する。

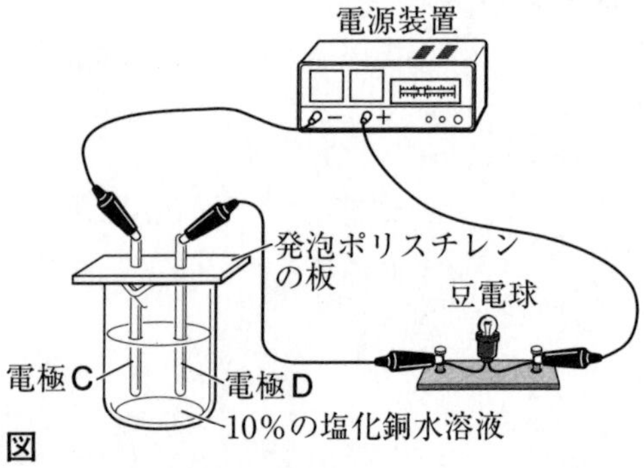

図

【結果】

・図の電極Ｃの表面では［　あ　］し、電極Ｄの表面では［　い　］した。

(1) **実験１**でおきた塩酸と水酸化カルシウム水溶液の反応を、化学反応式で書きなさい。ただし、イオンを表す化学式は用いないものとする。

(2) **実験１**の結果について述べた次の文中の［う］に当てはまる数値を書きなさい。また、pＨの値はどのように変化するか。［え］に当てはまる内容を書きなさい。

酸性やアルカリ性の強さを表すときにはpＨが用いられ、純粋な水や中性の水溶液の場合、pＨの値は［う］になる。また、**実験１**において、水溶液の色が黄色から青色へと変化するにつれて、pＨの値は［え］。

(3) **実験１**において、次の**表２**は、水酸化カルシウム水溶液を加えた体積と中和がおきたときとの関係をまとめたものである。**表２**中の［お］、［か］に当てはまる記号をそれぞれ書きなさい。

表２　　中和がおきた場合は○、おきなかった場合は×としてまとめた

水酸化カルシウム水溶液を加えた体積	0 cm^3～2 cm^3 のとき	2 cm^3～4 cm^3 のとき	4 cm^3～6 cm^3 のとき	6 cm^3～8 cm^3 のとき
中和がおきたかどうか	○	［お］	［か］	×

(4) **実験２の結果**において、［あ］、［い］に当てはまる語句として最も適当なものを、次の**ア**～**エ**の中から一つずつ選んで、その記号を書きなさい。

ア　青色の物質が付着　　　**イ**　赤色の物質が付着
ウ　無臭の気体が発生　　　**エ**　刺激臭のある気体が発生

(5) **実験２**において、塩化銅水溶液に電流を流したときの、電流を流した時間と塩化銅水溶液の中に存在している陽イオンおよび陰イオンの数との関係をまとめてグラフに表すとどのようになるか。最も適当なものを、次の**ア**～**オ**の中から一つ選んで、その記号を書きなさい。ただし、実線（――）は陽イオンのグラフを、点線（………）は陰イオンのグラフを、それぞれ表すものとする。

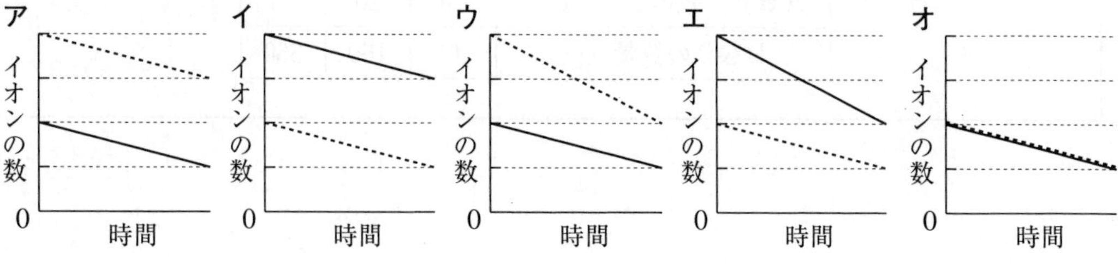

6 あおいさんは、音の高さについて調べる実験を行った。次のあおいさんのノートについて、あとの(1)〜(4)の問いに答えなさい。

あおいさんのノートの一部

実験

【目的】

弦の長さや弦を張る強さを変えて、弦をはじいたときの振動のようすや出る音の高さを調べる。

【方法】

❶ モノコード、マイクロホン、コンピュータを用いて、**図1**のような装置をつくる。

❷ 木片の位置をA、モノコードの右端をBとして、AB間の弦の長さが10 cmになるようにし、モノコードの左側につるすおもりの質量を40 gにして、AB間の弦の中央をはじき、出た音の波形をコンピュータの画面に表示させる。

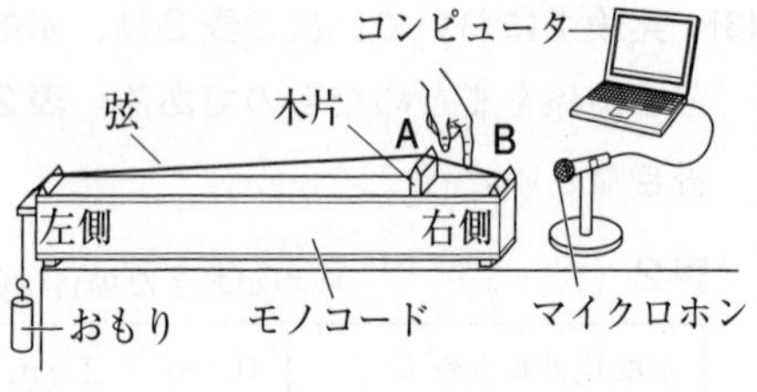

図1

❸ 他の条件は変えずに、木片の位置を動かすことによってAB間の弦の長さを20 cmに変えたのち、AB間の弦の中央をはじき、出た音の振動数や音の高さがどのように変化するかを調べる。次に、その音の振動数が、❷でAB間の弦の中央をはじいたときに出た音の振動数と同じになるように、モノコードの左側につるすおもりの質量を変える。

❹ 他の条件は変えずに、木片の位置を動かすことによってAB間の弦の長さを30cmに変えたのち、❸と同様の操作を行う。

【結果】

・他の条件が一定の場合、AB間の弦の長さを長くするほど、その中央をはじいたときの弦の振動数は［あ］なり、出る音の高さは［い］なった。

・❸、❹において、❷でAB間の弦の中央をはじいたときに出る音の振動数と同じになるときの、AB間の弦の長さとモノコードの左側につるすおもりの質量との関係は、**表**のようになった。

表

AB間の弦の長さ〔cm〕	10	20	30
おもりの質量〔g〕	40	160	360

⑴　**結果**の **あ** 、 **い** に当てはまる語句の組み合わせとして最も適当なものを、次の**ア**～**エ**の中から一つ選んで、その記号を書きなさい。

	あ	い
ア	多く	高く
イ	多く	低く
ウ	少なく	高く
エ	少なく	低く

⑵　次のあおいさんと先生の会話文中の **う** に当てはまる内容を、「強さ」の語を用いて書きなさい。また、会話文中の **え** に当てはまる数値を書きなさい。

あおい：**実験**では、はじく部分の弦の長さを変えると、弦をはじいたときに出る音の振動数や高さが変わりましたが、おもりの質量を変えて **う** ことによって、再び同じ振動数の音を出すことができました。
先生：そうですね。**表**をもとにすると、**AB**間の弦の長さを40 cmにした場合、おもりの質量を何gにすれば、同じ高さの音が出ると考えられますか。
あおい：**AB**間の弦の長さを2倍、3倍にしたとき、おもりの質量を4倍、9倍にすることにより、同じ高さの音を出すことができたので、**AB**間の弦の長さを40 cmにした場合、おもりの質量は **え** gにすればいいと思います。
先生：そのとおりです。よく理解できているようですね。

⑶　**図2**は、ヒトの耳のつくりを模式的に表したものである。モノコードの弦をはじいたときの空気の振動が伝わる順に並べたものとして最も適当なものを、次の**ア**～**エ**の中から一つ選んで、その記号を書きなさい。

ア　c（鼓膜）→d（耳小骨）→b（うずまき管）→a（神経）
イ　c（鼓膜）→d（うずまき管）→b（耳小骨）→a（神経）
ウ　c（鼓膜）→b（うずまき管）→d（耳小骨）→a（神経）
エ　c（鼓膜）→b（耳小骨）→d（うずまき管）→a（神経）

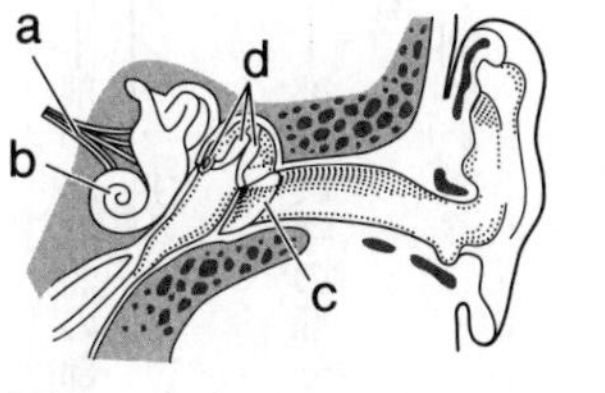

図2

⑷　耳などの感覚器官で受けとられた外界からの刺激は、感覚神経によって信号として脳やせきずいに伝えられる。感覚神経が末しょう神経とよばれるのに対して、脳やせきずいは何とよばれるか、書きなさい。

四　(一)～(四)の問いに答えなさい。

(一)　次の【手紙】の――部を、正しい敬語を用いた一文に書き直しなさい。

【手紙】

拝啓

紅葉が美しい季節になりましたが、いかがお過ごしでしょうか。

先日は、私たちの演劇部をご指導していただき、誠にありがとうございました。北村先生に教えていただいたことを生かして、さらに演技に磨きをかけ、来週の県大会に臨みたいと思います。北村先生は、一月に行われる全国大会の審査員をなさるとうかがいました。私たちの目標は、全国大会に出場して、北村先生に演技を見ていただくことです。

これから寒くなってきますので、どうかお体にお気を付けてお過ごしください。また会うことを楽しみにしております。

敬具

十一月十日

〇〇中学校　演劇部部長　佐藤　信也

北村　誠一　様

(二)　次の卒業文集の表紙【Ⅰ】・【Ⅱ】について述べたものとして、最も適切なものを、後のア～エの中から選んで、その記号を書きなさい。

【Ⅰ】

令和四年度
〇〇中学校
三年一組卒業文集

三年間の思い出

【Ⅱ】

令和四年度
〇〇中学校　三年一組　卒業文集

三年間の思い出

ア　【Ⅰ】は【Ⅱ】と異なり、「三年間の思い出」という題名を目立たせるために文字の大きさを工夫している。

イ　【Ⅰ】は【Ⅱ】と異なり、「三年間の思い出」という題名の漢字とひらがなの大きさを変えてバランスをとっている。

ウ　【Ⅰ】は【Ⅱ】と異なり、「三年間の思い出」という題名の文字の縦中心がそろっていない。

エ　【Ⅰ】は【Ⅱ】と異なり、「三年間の思い出」という題名の文字に行書と楷書が混ざっている。

(三)　次の(1)・(2)の――部の片仮名の部分を漢字に直して書きなさい。

(1)　試合で足をフショウする。　(2)　新鮮な空気をスう。

(四)　次の(1)～(3)の――部の漢字の部分の読みを平仮名で書きなさい。

(1)　燃料を蓄える。　(2)　大気が汚染される。

(3)　多くの時間を費やす。

(五) 【Ⅱ】の［B］に入る言葉として、最も適切なものを、次の**ア**～**エ**の中から選んで、その記号を書きなさい。

ア 障害　**イ** 刺激　**ウ** 安心　**エ** 拒絶

(六) 吉田さんが発表原稿を作成するときに、【Ⅱ】を用いることで、どのような効果が得られるか。最も適切なものを、次の**ア**～**エ**の中から選んで、その記号を書きなさい。

ア 【Ⅰ】に書かれた内容と同じ考え方の文章を紹介し、日本特有の人間関係について聞き手の理解をより深める効果。

イ 【Ⅰ】に書かれた内容とは対照的な意見を紹介し、複雑な人間関係について筆者の主張を聞き手に伝える効果。

ウ 【Ⅰ】に書かれた問題の解決策を述べた文章を紹介し、日本人の個の確立について聞き手に議論の方向性を指し示す効果。

エ 【Ⅰ】に書かれた内容とは着眼点の異なる論を紹介し、友人関係というものについて聞き手に複数の視点から考えさせる効果。

(七) 次は、吉田さんが発表で示すために作成したスライドの一部です。［C］、［D］に入る内容として、最も適切なものを、それぞれ下の**ア**～**エ**の中から選んで、その記号を書きなさい。

【スライドの一部】

【Ⅰ】の文章

◇日本人にとっての人間関係

・日本の文化＝「間柄の文化」

⇓

［C］

【Ⅱ】の文章

◇理想的な人間関係

×同じであることを確認し合う

○［D］

［C］

ア 個の確立ができておらず人間関係が未熟

イ 生きていくために他者との関係が必須

ウ 他者との関係を必要以上に気にしすぎる

エ 他者に意見を肯定してもらうことが行動原理

［D］

ア 異質なものを排除して同質性を保とうとする

イ 異質なものに囲まれることで個を確立していく

ウ 異質なものの見方を取り入れて成長していく

エ 異質なものが穏やかに共存できるつきあいを学ぶ

(一) 【Ⅰ】の[A]に入る言葉として、最も適切なものを、次のア～エの中から選んで、その記号を書きなさい。

ア そして　イ あるいは　ウ しかも　エ では

(二) 【Ⅰ】に僕が共感する人や傾倒する人の価値観を基準に動いていたとあるが、このことについて本文で述べられている内容をもとに説明した次の文の[　]に入る言葉を、二十字以上、三十字以内で書きなさい。（句読点を含む。）
ただし、「基準」「配慮」という二つの言葉を用いて書くこと。

「間柄の文化」のもとで自己形成してきた日本人は、[　]という習慣が身についている。

(三) 次の一文は、【Ⅰ】の〈ア〉～〈エ〉のどこに入るか。最も適切な箇所の記号を書きなさい。

> ゆえに、たえず相手の期待が気になり、できるだけそれに応えようとするのである。

(四) 【Ⅰ】の文章の展開の説明として、最も適切なものを、次のア～エの中から選んで、その記号を書きなさい。

ア 親からの自立について、日本と欧米の文化の長所と短所を比較して、よりよい方法を提案している。
イ 個の確立について、筆者の体験と欧米の複数の事例をもとに、文化の成熟度の問題と結論づけている。
ウ 青年期の課題について、まずその課題を解決することができる方法を述べ、それを裏付ける例を挙げている。
エ 日本人と個について、文化を欧米と比較しながら、それをもとに筆者の見方を述べている。

【Ⅱ】（【Ⅰ】を読んだ後に見つけた文章の一部）

自分がいままで知らなかったことを教えられ、あるいは、自分が考えてもみなかったような、異なったものの見方にふれさせてもらう――そんなプロセス※の連続、それがほんとうの友人関係というものなのではないか。お互いが手持ちのものを出しあって、おなじカードがあった、といって話をあわせるのでなく、まったく異質なものを出しあって、あたらしいカードをつくるのが、友人であり、そこでは、「つきあい」が発生するのである。友人関係だけではない。師弟関係、夫婦のあいだの関係、それらは、すくなくとも理想的にいえば、そのような性質のものであろう。相互に異質であることの確認がそこでの前提だ。異質であって、それがお互いにとっての[B]になりうるから、人間はつねに他の人間からなにかを学ぶことができる。

（加藤秀俊「人間関係」による。）

※ プロセス＝手順。過程。

三　吉田さんは、国語の授業で、調べたことをまとめて発表することになり、「人間関係」をテーマに発表しようと考えました。発表原稿を作成するために見つけた文章【Ⅰ】・【Ⅱ】について、後の㈠～㈦の問いに答えなさい。

【Ⅰ】

自立ということに関連して、個の確立というようなことも言われる。でも、親からの自立という青年期の課題をはるか昔に達成してしまった僕でさえ、個として閉じた形で自分が確立されている気がしない。

個の確立などというのは、日本人にとっては無縁のことなのではないだろうか。

子ども時代のように親の管理下に置かれて動くのではなく、青年期になったら自分で考え、自分で判断して動く。それはわかる。しかし、それでも他人の影響は受け続ける。けっして僕たちは、他者に対して閉じられた個として生きているわけではない。

［　A　］、僕が親の管理下から離れ、親から自立して動き始めた頃、何が僕の行動原理になっていたのだろうか。思い返してみると、語り合う友だちや書物を通して出会った作家・思想家・科学者など、僕が共感する人や傾倒※する人の価値観を基準に動いていたように思う。親とは違うものの見方や考え方を主張するとき、親以外のだれかが僕の中で動いていた。

結局、僕たちは、個別性を自覚して生きるとはいっても、個として他者から切り離されて生きているわけではない。さまざまな他者の影響を受けながら生きている。さまざまな他者との関係性を生きている。

相手があって自分がいる。ゆえに、親からの自立というのは、自分で取捨選択しながら親以外の人たちの影響を強く受けるようになっていくことを指すのではないだろうか。

個を生きるのではなく、他者との関係性を生きる僕たち日本人には、他者から独立した自分などというものはない。

そこで僕は、欧米の文化を「自己中心の文化」、日本の文化を「間柄の文化」というように特徴づけている。

「自己中心の文化」とは、自分の言いたいことを何でも主張すればよい、ある事柄を持ち出すかどうか、ある行動を取るかどうかは、自分の意見や立場を基準に判断すべき、とする文化のことである。何ごとも自分自身の考えや立場に従って判断することになる。〈ア〉

欧米の文化は、まさに「自己中心の文化」と言える。そのような文化のもとで自己形成してきた欧米人は、何ごとに関しても他者に影響されず自分を基準に判断し、個として独立しており、他者から切り離されている。

そのような文化においては、他者の影響を受けることは、個が確立していないという意味で未熟とみなされる。〈イ〉

一方、「間柄の文化」とは、一方的な自己主張で人を困らせたり嫌な思いにさせたりしてはいけない、ある事柄を持ち出すかどうか、ある行動を取るかどうかは、相手の気持ちや立場に配慮して判断すべき、とする文化のことである。何ごとも相手の気持ちや立場に配慮しながら判断することになる。

日本の文化は、まさに「間柄の文化」と言える。そのような文化のもとで自己形成してきた日本人は、何ごとに関しても自分だけを基準とするのではなく他者の気持ちや立場に配慮して判断するのであり、個として閉じておらず、他者に対して開かれている。〈ウ〉

そのような文化においては、他者に配慮できないことは、自分勝手という意味で未熟とみなされる。

「自己中心の文化」においては「他者の影響を受ける」として否定的にみられることを、「間柄の文化」においては「他者に配慮できる」というように肯定的に評価するのである。〈エ〉

そのような「間柄の文化」においては、親からの自立を果たすためには、親との間柄に代わる重要な間柄が必要となる。関係性を生きる僕たちとしては、何らかの関係性がないと困る。自分を動かす行動原理がなくなってしまう。だからこそ、青年期には、お互いの内面を共有できるような親友を強く求めるのである。

（榎本博明『「さみしさ」の力』による。）

※　傾倒＝ここでは、ある人物を深く尊敬すること。

(一)【Ⅰ】の　つゐに　の読み方を現代仮名遣いに直して、すべて**平仮名**で書きなさい。

(二)【Ⅰ】の　アいふ・イいふ・ウ聞けり・エ居たりけり　のうち、他の三つと動作主が**異なるもの**を一つ選んで、その記号を書きなさい。

(三)【Ⅱ】に　ある条件　とあるが、この具体的説明として、最も適切なものを、次の**ア**～**エ**の中から選んで、その記号を書きなさい。

ア　自分以外の仏師には、自分が使う費用の半額しか与えないでほしいということ。

イ　自分が像を彫ったあと、百日以内に仕上げの着色を行ってほしいということ。

ウ　着色前の像を門に百日間出しておいてから、仕上げさせてほしいということ。

エ　費用の半額で別の者に彫らせ、残り半額で自分に着色させてほしいということ。

(四)【Ⅱ】の　A　に入る言葉を、十五字以内の現代語で書きなさい。（句読点を含む。）

(五)【Ⅱ】の　B　に入る言葉として、最も適切なものを、次の**ア**～**エ**の中から選んで、その記号を書きなさい。

ア　自分の高い技量を効果的にアピールし高く売ることのできる、計算高い人物

イ　良い作品を世に残すことを重視し、他人の率直な意見を知るために工夫をした人物

ウ　独自の作風や作り方に強いこだわりを持っている、プライドの高い人物

エ　他者を巻き込んで協力して物事に当たることが得意な、協調性のある人物

二

前田さんたちは、「昔の人の考え方を知ろう」という国語の授業で、【Ⅰ】の古典の文章を読み、【Ⅱ】のように内容についてグループで話し合いました。後の㈠～㈤の問いに答えなさい。

【Ⅰ】 古典の文章

浅草《あさくさ》の※1仁王《にわう》門、火災後つくりしころ、仏像つくるもの多くあつめてはからせ（相談させた）ける。ひとり乞侍《こひはべ》るには（願って言うことには）、人のいかほどにてつくらん（作ろう）とアいふとも、その半（半分）の費用もてつくるべし。されどまづ、ゑりしままにて（彫ったまま）門へ出《いだ》しをき、百日過《すぎ》てのち、丹青《たんせい》（着色）ほどこすべし。この事ゆるし給《たま》はばつくりてん（つくりましょう）とイいふ。これによて（従って）つくらせけるが、初めの乞しごとくつくりおはり、丹青ほどこさずして、その仁王の像を出しをき、みづからとく（早朝）より来たりて、その像のかげにかくれ居て、多くの人の※2輿論《よろん》をウ聞けり。百日の間とくより来《きた》り、くるる（日が暮れる）までその陰にエ居たりけり。つゐに其《その》輿論によてその像を添削し（手直しをし）、その後丹青ほどこしたり。されば此《この》像今に至りても、たれ人（だれも）そしる（非難する）ものはあらずとなん（ないのだという）。

（「退閑雑記」による。）

※1 仁王門＝仁王像を左右に配置した門。　※2 輿論＝世間一般の人の意見。

【Ⅱ】 話し合いの一部

前田　浅草の仁王門が火災のあとに再建されたときの話のようですね。
谷口　受注した仏師は、安く引き受ける代わりに、ある条件を出していますよ。
佐藤　完成した像は、誰も文句をつけようがないほどすばらしいできだったようです。これは、多くの人の［A］からでしょう。
前田　【Ⅰ】に登場する仏師は、［B］と言えそうですね。

㈡ 【Ⅰ】・【Ⅱ】の中に①「くぐってみる」とあるが、こう言ったときの「私」の気持ちをまとめた次の文の［　］に入る言葉を、二十字以上、三十字以内で書きなさい。（句読点を含む。）
ただし、「大好き」「楽しさ」という二つの言葉を用いて書くこと。

無口な自分を温かく受け入れ、［　］の代わりに、自分ががんばってみたいという気持ち。

㈢ 【Ⅰ】・【Ⅱ】の中に②嬉しかったとあるが、「私」がこのように感じた理由として、最も適切なものを、次の**ア**～**エ**の中から選んで、その記号を書きなさい。

ア 班のだれもが挑戦しなかったことを達成することができて、班の中で優位に立てたことを実感できたから。
イ 自分一人の力で穴をくぐり抜けられたことで、体の弱い自分でもやればできると周りに証明できたから。
ウ 中学に入って初めてぶつかった困難な試練を乗り越え、班員に御利益をもたらすことができたから。
エ 三人が笑ってくれたことで、三人から与えてもらうばかりだった自分が初めてお返しをできた気がしたから。

㈣ 【Ⅱ】の「描写から『私』（白原）の人物像を考える」の［　］にはそれぞれ本文中の根拠となる部分が入るが、そこに入るものとして、**適切でないもの**を、次の**ア**～**エ**の中から一つ選んで、その記号を書きなさい。

ア 何人もの人がくぐり抜けてきた四角い穴の向こうに、何かの象徴みたいに光が見える。
イ そのとき時間が止まったような気がした。
ウ 私はもう、戻りたくない。
エ 思うだけで何もできなかった私だけど、ようやく今日、笑顔を返すことができた。

㈤ 【Ⅰ】の表現の特徴として、最も適切なものを、次の**ア**～**エ**の中から選んで、その記号を書きなさい。

ア 登場人物の感じたことや行動が、擬態語《ぎたいご》や擬声語を使って、わかりやすく表現されている。
イ 語り手の視点を切り替えて描くことで、「私」に対する登場人物それぞれの心情が表現されている。
ウ 場所の移動や時間の経過を、「――」という文末表現を使って、余韻を残して表現されている。
エ 短い会話文を連続させることで、緊迫感のある登場人物たちの関係が印象的に表現されている。

【Ⅱ】小林さんのノート

○ 言動や出来事から登場人物の心情を考える

石井、柳、岡田	私（白原）
三人ともくぐるのを嫌がり、しつこく揉める	①「くぐってみる」
驚いた顔で「私」を見つめる ← 息を呑むように見守る〈 A 〉	穴をくぐり始める ↓〈 B 、後悔〉 ・空気の冷たさ　・圧迫感 ・暗さ　・狭さ 穴から体の半分が外に出る ↓〈ほっとした、 C 〉 穴から外に出る
（石井）「凄い、凄い！」〈 D 〉 手を握り、抱きしめ、背中をたたく （柳、岡田）頭や肩をさわる	
（石井）爆笑する （柳、岡田）笑っている	「ところてんみたいだった」 ②嬉しかった

○ 描写から「私」（白原）の人物像を考える

〈根拠〉

			中学に入って初めて私は、自分から何かをくぐり抜けようとした。その先にはこんなに嬉しいことが待っていた。

↓

〈人物像〉

消極的な自分を変えたいという気持ちをひそかに持っており、ついにその一歩を踏み出した、勇気ある人物。

(一) 次の**ア**～**オ**の心情の中から、【Ⅱ】の A ～ D のどれにも**あてはまらないもの**を一つ選んで、その記号を書きなさい。

ア 怒り　**イ** 焦り　**ウ** 興奮　**エ** 羞恥《しゅうち》　**オ** 心配

三人が息を呑《の》むような感じに、私を見守っている。もしかしたら今、私は中学生になって初めて自分から何かをするのかもしれない。

猫、と思った。猫はヒゲが通るところなら、全身すり抜けることができる。私はこのグループを代表する猫になって、この穴をくぐり抜ける。無口な私を受け入れてくれる石井さんや柳くんや、私のことを好きと言ってくれた岡田くんの代わりに、この穴をくぐり抜ける。

穴に手を伸ばしたら、中の空気を少し冷たいと感じた。そのまま頭を差し込めば、閉所の圧迫感に、こめかみの辺りがぞわわあとする。

肘《ひじ》をつき、肩を押し込むようにした。左右にかかる圧力が思っていたよりも強くて、うわー、と声が出そうになる。ちょっと無理かもしれない、と私は急に焦《あせ》ってしまう。これはちょっと、諦《あきら》めて戻ったほうがいいのかもしれない。

四角い穴の底を舐《な》めるような体勢だった。穴の中は想像よりもずっと暗くて、ずっとずっと狭い。だけど目を上にあげれば、先に光が見える。

前に手を伸ばし、尺取り虫のように少し進んだ。もう戻れない、と思った。私はもう、戻りたくない。

脚の力を使って自分を押しだせば、ところてんになった気分だった。光へ――。少しずつ少しずつ、私は光を目指して進む。

柱の先に腕と頭が出たときは、ちょうど亀みたいな感じだったと思う。体の半分を外に出したとき、ああ、と変な声が出てしまった。光に晒《さら》されて急に恥ずかしくなって、私はもがくように外の世界に出る。

柱の先にいた石井さんが、私の手をとって、立ち上がるのを助けてくれた。

「凄《すご》い、凄い！」

石井さんはまん丸な目で私を見て、手を握ってぶんぶんと振った。そのまま私を、ぎゅーってして、背中をぱんぱんってする。

「白原さん、凄いねー！」

満面笑みの石井さんは、また私の手を握り、ぶんぶんぶんと振った。

「さわると福がもらえるよ」

石井さんが上気した声で言った。

近付いてきた柳くんが私の頭に手を伸ばし、ぽんと叩《たた》く。岡田君も、とんとん、と私の肩にタッチする。

遠巻きに眺めていた他校の修学旅行生が、私たちに拍手をしてくれていた。私たちはそちらにむけて、ぺこりと頭を下げる。彼らは笑い、また拍手をしてくれる。

岡田くんの好意に、言葉も何も返せなくて、ごめんね、ごめんね、って思っていた。思うだけで何もできなかった私だけど、ようやく今日、笑顔を返すことができた。

ぱんぱんぱん。石井さんは私のスカートについたほこりを払ってくれる。

「白原さん、凄いねー」

ぱんぱんぱん。

「ねえ、中を通り抜けるのって、どんな感じだった？」

「んー」と、私は考える。

「ところてんみたいだった」

石井さんは一瞬私を見つめ、それから爆笑した。後ろで柳くんと岡田くんも笑っている。

中学に入って初めて私は、自分から何かをくぐり抜けようとした。その先にはこんなに嬉しいことが待っていた。

ぱんぱんぱんぱん。

石井さんはまた、私のお尻のあたりを払ってくれる。

②嬉しかった。こんなことで、そんなことを思うのはおかしなことなのかもしれない。

だけど私はそのとき、確かに何かをくぐり抜けたんだと思う。

（中村航「あのとき始まったことのすべて」による。）

二〇二三年度 水戸葵陵高等学校

【国　語】（五〇分）〈満点：一〇〇点〉

一　小林さんは、国語の授業で【Ⅰ】の文章を読み、登場人物の心情や人物像を【Ⅱ】のようにノートにまとめました。後の㈠〜㈤の問いに答えなさい。（【Ⅰ】はページごとに上段から下段に続いている。）

【Ⅰ】授業で読んだ文章

中学三年生の「私」（白原《しらはら》）は、体が弱く、学校を休みがちで、人と打ち解けて話すことが少し苦手だったが、内心では同じ班の石井《いしい》、柳《やなぎ》、岡田《おかだ》らに親しみを感じていた。修学旅行では班行動を行い、最終日、奈良の東大寺《とうだいじ》大仏殿を訪れた。

殿内を見学し、そのまま右のほうに移動していくと、最後に穴のあいた柱があった。

柱の脇《わき》では他校の修学旅行生が騒いでいた。柱の穴は大仏の鼻の穴と同じ大きさで、そこをくぐると無病息災とか、家内安全とか、とにかく何か御利益《ごりやく》があるらしい。

誰がくぐるのかでその人たちは揉《も》めていて、だけどみんな恥ずかしがって、嫌がっている。

最終的には、彼らの中で一番背の低い男子がくぐった。頭を出したところで、彼は少しバタバタして、それでもなんとか抜けだした。その後、その子を囲んで、彼らはぎゃあぎゃあ騒いでいる。その子に触れば、他の人にも御利益があるらしい。

しばらくして柱に近付き、私たちは顔を見合わせた。

「……おれには無理だな」

と、岡田くんは言った。

「おれも」

と、柳くんが言う。

「ここは石井しかいないだろ」

みんなの期待を集めた石井さんは、無理、と言った。

「ゼッタイ嫌だ。ゼッタイ無理」

石井さんは太っているわけではないし、くぐれるんじゃないかと思うんだけど、本人は頑《かたく》なにそれを拒む。無理無理無理、と何度も繰《く》り返す。

「大丈夫だって」

「ゼッタイ嫌だ」

二人は珍しく、しつこく揉めている。私は少しかがんで、柱の穴を眺《なが》めてみる。穴は角がとれてつるんとしている。

「大丈夫だって。くぐれるよ」

「い、や、だ」

目の前にすると、その穴は余計に小さく感じられた。だけどその向こうには光が見える。何人もの人がくぐり抜けてきた四角い穴の向こうに、何かの象徴みたいに光が見える。

「何でだよ。くぐれるって」

「無理」

「私が、」

立ち上がって私は言った。

①「くぐってみる」

そのとき時間が止まったような気がした。三人が驚いた顔で私を見つめている。私の大好きな三人——。

この三日間、三人のおかげでとても楽しかった。中学三年になってから、この三人のおかげで、楽しいとか嬉《うれ》しいとかそういうことを、いっぱい感じることができた。

「……白原さん、大丈夫なの？」

「うん、やってみる」

柱に向かい、私は膝《ひざ》をついた。四角くて小さな穴にゆっくりと手を当てる。

2023年度／水戸葵陵高等学校

英語解答

1 (1) No.1　エ　No.2　ア　No.3　イ
No.4　イ　No.5　ア
(2) No.1　イ　No.2　エ　No.3　ウ
No.4　ア
(3) No.1　イ　No.2　ウ
(4) ①　ウ
②　(例) Playing video games is the most popular.

2 (1) ①　country　②　true
③　ideas
(2) ④　known　⑤　felt
⑥　drawing

3 (1) エ　(2) イ→ア→ウ

4 (1) ①…ウ　②…ウ　③…ア　④…イ
⑤…エ
(2) (例) time we will〔should〕meet

5 (1) ウ，カ，キ　(2) イ
(3) ①　was very kind to
②　found a letter
(4) ①…イ　②…ウ　③…ア　(5) エ

6 (例) I usually bring my own bag, so I don't get plastic bags at shops. I try to take a shower in a short time to save water. I also turn off the light when I don't use the room.
(39語)

1〔放送問題〕解説省略

2〔長文読解総合―Eメール〕

≪全訳≫A．こんにちは，ミカ。私は来年あなたの国，日本に行くのよ。私の夢がもうすぐかなうからとてもうれしいわ！　あなたと行動をともにして，日本文化について学びたいと思っているの。何か考えはある？　メールであなたの考えを教えてほしいの。

B．こんにちは，アン。有名な観光地として知られているこの神社の写真を送るわ。先月鎌倉に行ったときに撮ったのよ。神社を散策したんだけど，気分がとてもよかったわ。日本にいる間に一緒に鎌倉に行かない？　あなたは絵を描くのが好きよね。鎌倉では絵を描いて楽しめると思うわ。

(1)<**適語補充**>①直後で Japan と言い換えられていることを読み取る。空所直後のカンマは‘同格’を表し，your country＝Japan の関係になる。　②come true で「(夢や願いが)かなう」という意味。　③前後の内容とミカの返信内容から，アンはミカに日本ですることについてアイデアを求めたと考えられる。Do you have any ideas？で「何か(いい)考えがありますか」という意味。次の文にある them はこの ideas を受けるので，必ず複数形 ideas にすること。

(2)<**語形変化**>④「有名な観光地として知られているこの神社」となればよい。「～され(てい)る」の意味を表すのは過去分詞。‘名詞＋分詞＋その他の語句’の形で，前の名詞を修飾する分詞の形容詞的用法。　(be) known as ～「～として知られている」　⑤前にある過去形の walked と and で結ばれているので，それに合わせて過去形にする。feel great は「気分がとてもよい」という意味。　feel－felt－felt　⑥like ～ing で「～するのが好きだ」の意味。like to ～ でも同様の意味を表せるが，問題に「１語で」とあるので，to draw は不可。

3〔長文読解総合〕

(1)<**要旨把握―新聞記事**>**≪全訳≫**私たちの英語部では，英語を使ってたくさんのことをして楽しむ

ことができます。例えば，英語で歌を歌ったり，英語スピーチコンテストでスピーチをしたり，英語で他の部員といろいろな話題について話したりすることができます。こういったことを通じて，英語をもっと上手に話せるようになります。私たちの部に来てください。

＜解説＞英語部の活動内容や活動のメリットを紹介した後，最終文で勧誘をしていることから，この記事の目的として適切なのは，エ.「生徒たちに英語部に興味を持たせるため」。'make＋目的語＋形容詞'「～を…(の状態)にする」　ア.「人気の英語の歌について生徒たちに伝えるため」イ.「学校のさまざまなクラブ活動を紹介するため」　ウ.「生徒たちに家庭での英語の勉強方法を伝えるため」

⑵**＜文整序―説明文＞≪全訳≫**自転車はいろいろな場所にすばやく移動するために人々が使う，最も人気のある機械の１つだ。特に都市や町では，たくさんの人々が日常生活で自転車に乗る。／**→イ.** 自転車は200年くらい前に初めてつくられた。／**→ア.** そのとき以来，人々は自転車を進歩させている。／**→ウ.** 自転車には優れた点がある。／第一に，自転車に乗るのに燃料は必要ではないので，自転車は環境に優しいといえる。第二に，自転車に乗ることは健康に良い。

＜解説＞アの then「そのとき」は，イの about two hundred years ago「200年くらい前」を受けていると考えられるので，イ→アとする。また，空所の後に，First ... と Second ... を用いて，自転車の good points「優れた点」を具体的に説明していることから，ウを最後に置く。

4〔**長文読解総合―対話文**〕

≪全訳≫❶**サキ(S)**：リリー，２月の旅行はどこに行きたい？❷**リリー(L)**：私はアトランティス・タウンかクイーンビル・シティかヒルウッドに行きたいわ。❸**S**：アトランティス・タウンにはすてきなところがたくさんあるそうよ。そこへはどうやって行けるの？❹**L**：そこへ行くには最寄り駅でグリーン線に乗ればいいわ。でも，鉄道工事のために２月に運休する路線もあるのよ。これを見て。❺**S**：なるほど。じゃあ，２月の最初の週末はアトランティス・タウンには行けないわね。ええと，私は①2週目と４週目の週末は旅行に行けないと思うの。あなたは２月18日と19日は空いてる？❻**L**：空いてないのよ。２月18日は②ピアノのコンサートがあるの。それに，次の日は疲れていると思うわ。❼**S**：この頃あなたはずっと一生懸命練習しているものね。うーん，平日に旅行するのはどう？❽**L**：それは私には難しいと思うな。③しなければならないことがたくさんあるの。あなたも平日は忙しいよね？❾**S**：じゃあ，最初の週末にクイーンビル・シティかヒルウッドに行こうよ。そのときなら④ブルー線とイエロー線は走ってるわ。❿**L**：いいわ。クイーンビル・シティの美術館に行けるわね。あなたは美術が大好きだものね，サキ。そこでたくさんの有名な絵を見て楽しめるよ。⓫**S**：すてきね！　ヒルウッドではどんなことができるの？⓬**L**：大きな動物園に行けるよ。私は動物が好きよ。あなたはどう？⓭**S**：私も好きよ。⑤でも，美術の方が好きだな。⓮**L**：じゃあ，クイーンビル・シティに行こう。⓯**S**：ありがとう。じゃあ，土曜日の朝，最寄り駅で何時に待ち合わせるかを決めないとね。⓰**L**：８時に待ち合わせるのはどう？　10時頃にクイーンビル・シティに着けるわ。⓱**S**：了解！

運行情報／ご利用ありがとうございます。２月の工事予定です。／グリーン線　終点の駅：アトランティス・タウン／工事期間：２月４日(土曜日)から７日(火曜日)まで／ブルー線　終点の駅：クイーンビル・シティ／工事期間：２月10日(金曜日)から12日(日曜日)まで／イエロー線　終点の駅：ヒルウッド／工事期間：２月25日(土曜日)から27日(月曜日)まで

サキの予定／２月11日，25日…公園でテニスの練習／２月12日，26日…ギター教室
リリーの予定／２月18日…ピアノのコンサート／２月26日…サッカー観戦

(1)＜**適語句・適文選択**＞①運行情報とサキの予定参照。運行情報より，２月の土曜日は４日，11日，18日，25日。サキの予定より，サキが２月の週末で旅行に行けないのは２週目と４週目である。②リリーの予定参照。２月18日にはピアノのコンサートがある。　③直前でリリーは，平日に旅行するのは難しいと言っている。その理由となるのは，アのみ。　④運行情報参照。２月の最初の週末にクイーンビル・シティかヒルウッドまで運行している線を選ぶ。　⑤直前でサキは，「私も(動物が)好き」と言っているが，直後でリリーは「じゃあ，クイーンビル・シティに行こうよ」と言っている。クイーンビル・シティには美術館があることから，サキは(動物よりも)美術の方が好きと言ったのだとわかる。

(2)＜**適語句補充**＞この後でリリーが，待ち合わせ時刻を提案していることから，「何時に待ち合わせるか決めよう」というような文にすればよい。間接疑問文なので，‘疑問詞(what time)＋主語(we)＋(助)動詞(will〔should〕meet)’の語順にすること。

5　〔**長文読解総合―物語**〕

≪**全訳**≫❶トシオは茨城県の中学３年生だ。４月のある月曜日，教室に入ると，彼は花瓶に花が生けてあるのを見た。彼は「あの赤い花はきれいだな。教室を明るくしてくれている」と思った。❷次の月曜日の朝，教室に入ると，トシオは同じ花瓶に黄色い花が生けてあるのを見た。彼は「新しい花が花瓶に生けてある。来週はどんな花が見られるかな？」と思った。❸毎週月曜日の朝，新しい花が教室の花瓶に生けられた。トシオは「ひょっとすると，担任のオノ先生が毎週花を持ってきているのかもしれない」と思った。彼は花のことはあまり知らなかったが，花が好きになっていた。彼は毎週新しい花を見るのを楽しんでいた。クラスメイトの中にも，同じように感じている者もいた。❹２学期の初日，オノ先生は生徒たちに，トシオのクラスメイトの１人であるマコトが，お父さんの仕事の都合で夏休み中に急に東京に引っ越した，と伝えた。トシオは驚いた。彼は「僕はマコトと学校でときどき話をした。彼は僕や他のクラスメイトにとても親切だった。彼が転校して悲しい」と思った。❺数日後，トシオとクラスメイトはあることに気づいた。教室に花がなかったのだ。彼らは，マコトが花を持ってきていたことに気づいた。その日の夜，トシオはマコトに電話をした。トシオは「１学期の間，君が毎週教室に花を持ってきてくれていたんだよね？　本当にありがとう。花はいつも僕たちを幸せな気持ちにしてくれたんだ」と言った。マコトは「どういたしまして。君たちのうれしそうな顔を見て，僕もうれしかったんだ」と言った。❻電話でマコトと話した後，トシオは「マコトはすごい。彼は僕たちに，自分が良いことをしていると言わなかった」と思った。彼は，見返りに何も期待せずに他人のために良いことをすることが大切なのだ，と学んだ。それから，彼は同じことをしようと決心した。❼次の月曜日の朝，トシオはクラスで一番早く学校へ行き，教室の窓の掃除をした。彼は毎週月曜日に掃除をした。彼は，週の１日目にクラスメイトに幸せだと感じてほしかったのだ。❽10月の最初の月曜日の朝，トシオは窓際に手紙があるのを見つけた。それは，クラスメイトの１人であるユリによって書かれたものだった。そこには「いつも窓の掃除をしてくれている方へ。本当にありがとう」と書かれていた。彼はそれを読んでうれしかった。

(1)＜**内容真偽**＞ア.「トシオは毎週月曜日教室の花瓶に赤い花が生けてあるのを見つけた」…×　第

２段落第１文に yellow flowers「黄色い花」が出ている。　イ．「トシオは花瓶の花について担任の先生に尋ねた」…×　第３段落でトシオは花を持ってきているのは担任の先生かもしれないと思ってはいるが，花瓶の花について尋ねたという記述はない。　ウ．「トシオは花のことはあまり知らなかったが，教室の花を見るのが楽しかった」…○　第３段落第３，４文に一致する。　エ．「トシオは夏休み中に東京滞在を楽しんだ」…×　第４段落第１文参照。夏休み中の出来事は，トシオの東京滞在ではなく，マコトの東京への引っ越し。　オ．「マコトがトシオに，茨城から転校する予定だと言ったので，トシオは悲しんだ」…×　第４段落第１文参照。マコトの引っ越しや転校について話したのは，マコトではなく，担任のオノ先生。　カ．「トシオは『本当にありがとう』と言うために，マコトに電話した」…○　第５段落第４～６文に一致する。　キ．「マコトはクラスメイトに，自分が良いことをしていると言わなかった」…○　第６段落第２文に一致する。　ク．「トシオはクラスメイトと仕事をするために早めに学校に行き始めた」…×　第７段落第１文参照。トシオは１人で窓掃除を始めた。

(2)＜**適所選択**＞トシオたちが，マコトが花を持ってきてくれていたことに気づいたのは，マコトが引っ越した後，毎日教室にあった花がなくなってしまったからだと考えられる。脱落文は，直前の something を具体的に説明する内容になっている。

(3)＜**英問英答**＞①「トシオはマコトのことをどう思っていたか」―「(彼は，自分と他の生徒)にとても親切にしてくれた」　第４段落最後から２文目参照。　②「トシオは10月の最初の月曜日の朝，何を見つけたか」―「(彼は窓際に)手紙があるのを見つけた」　第８段落第１文参照。

(4)＜**内容一致**＞≪**全訳**≫僕は，マコトが①教室に持ってきてくれていた花のことをときどき思い出す。彼はクラスメイトに②幸せに感じてほしかったので，そうしていたのだ。僕はおよそ１か月間，教室の窓の掃除を続けている。ぼくは，③ユリが僕の仕事に気づいてくれてうれしい。

＜**解説**＞①第５段落第３文参照。the flowers Makoto brought to the classroom の flowers と Makoto の間に，目的格の関係代名詞が省略されている。　②第５段落最終文にマコトの気持ちが述べられている。　'want＋人＋to ～'「〈人〉に～してほしい」　③第８段落参照。トシオはユリの手紙を読んで喜んでいる。

(5)＜**表題選択**＞クラスメイトを喜ばせたいという思いから，毎週教室に花を持ってきたマコトに影響を受け，教室の窓の掃除を始めたトシオの話。この内容に合うのは，エ．「他の人のために良いことをすること」。

6〔**テーマ作文**〕

≪**全訳**≫今日僕は，環境と環境問題について学んだ。先生は「環境のために私たちにできることはたくさんある」と言ったんだ。君は日常生活で環境のために何ができる？

＜**解説**＞環境保護のためにできることを答える問題。日常生活で実行できることを具体的に述べるとよい。解答例の訳は「私はたいていマイバッグを持っていくので，店でレジ袋を受け取っていない。私は水を節約するために，短時間でシャワーを浴びるようにしている。私はまた，部屋を使っていないときには電気を消す」。

数学解答

1 (1) ① 4 ② $9\sqrt{2}$ ③ $3a^2b^2$

④ $\frac{1}{3}x-\frac{1}{12}y$

(2) $x=-9,\ -4$

2 (1) $x=2,\ y=-3$ (2) $\frac{2}{9}$

(3) 720m (4) 10cm^2

3 (1) (例)△BCPと△QCDにおいて，線分CPは∠BCDの二等分線だから，∠BCP＝∠QCD……① $\overset{\frown}{BC}$に対する円周角だから，∠BPC＝∠QDC……② ①，②より，2組の角がそれぞれ等しいので，△BCP∽△QCD

(2) 26° (3) $\frac{32}{7}$cm

4 (1) $15\leqq x\leqq 20$ (2) $y=-5x+72$

(3) $\frac{19}{8},\ \frac{53}{5},\ \frac{82}{5}$

5 (1) ① 8.5時間 ② 0.56

(2) ①…ア ②…イ ③…ウ ④…ア

6 (1) 4cm (2) $6\sqrt{10}$cm^2

(3) 9cm^3

1 〔独立小問集合題〕

(1)＜数の計算，式の計算＞①与式＝9－5＝4 ②与式＝$\sqrt{24\div3}+7\sqrt{2}=\sqrt{8}+7\sqrt{2}=\sqrt{2^2\times2}+7\sqrt{2}=2\sqrt{2}+7\sqrt{2}=9\sqrt{2}$ ③与式＝$\frac{a}{3}\times\frac{1}{5ab^2}\times45a^2b^4=\frac{a\times1\times45a^2b^4}{3\times5ab^2}=3a^2b^2$ ④与式＝$x-\frac{2}{3}x+\frac{3}{4}y-\frac{5}{6}y=\frac{3}{3}x-\frac{2}{3}x+\frac{9}{12}y-\frac{10}{12}y=\frac{1}{3}x-\frac{1}{12}y$

(2)＜二次方程式＞$x^2+12x+36+x=0$，$x^2+13x+36=0$，$(x+9)(x+4)=0$ $\therefore x=-9,\ -4$

2 〔独立小問集合題〕

(1)＜連立方程式＞$\frac{5x+2y}{2}-\frac{3x-4y}{6}=-1$……①，$2x+y=1$……②とする。①×6より，$3(5x+2y)-(3x-4y)=-6$，$15x+6y-3x+4y=-6$，$12x+10y=-6$，$6x+5y=-3$……①′ ①′－②×3より，$5y-3y=-3-3$，$2y=-6$ $\therefore y=-3$ これを②に代入して，$2x-3=1$，$2x=4$ $\therefore x=2$

(2)＜確率―さいころ＞1つのさいころを2回投げるとき，目の出方は全部で6×6＝36(通り)あるので，a，bの組も36通りある。このうち，$\frac{2a-b}{3}$が自然数となるのは，$2a-b=3,\ 6,\ 9,\ \cdots\cdots$となるときである。$2a-b=3$となるとき，$(a,\ b)=(2,\ 1),\ (3,\ 3),\ (4,\ 5)$の3通りある。$2a-b=6$となるとき，$(a,\ b)=(4,\ 2),\ (5,\ 4),\ (6,\ 6)$の3通りある。$2a-b=9$となるとき，$(a,\ b)=(5,\ 1),\ (6,\ 3)$の2通りある。$2a-b$の値が12以上になることはないから，$\frac{2a-b}{3}$の値が自然数となる場合は3＋3＋2＝8(通り)あり，求める確率は$\frac{8}{36}=\frac{2}{9}$となる。

(3)＜一次方程式の応用＞家から図書館までの道のりをxmとおくと，家から駅までの道のりは960mなので，図書館から駅までの道のりは$960-x$mとなる。家から図書館までは分速60m，図書館から駅までは分速80mで歩いたので，かかる時間は，家から図書館までが$\frac{x}{60}$分，図書館から駅までが$\frac{960-x}{80}$分と表せる。途中の図書館で5分間本を読み，家を出発してから20分後に駅に着いたから，かかった時間について，$\frac{x}{60}+5+\frac{960-x}{80}=20$が成り立つ。両辺を240倍して解くと，$4x+1200+3(960-x)=4800$，$4x+1200+2880-3x=4800$，$x=720$(m)となる。

(4)＜関数―面積＞右図で，２点O，Aを結ぶと，OB∥ACより，△ABCと△AOCは底辺を辺ACと見たときの高さが等しいから，△ABC＝△AOCとなる。点A，点Bは放物線$y=x^2$上にあり，x座標がそれぞれ-2，3だから，$y=(-2)^2=4$，$y=3^2=9$より，A$(-2,\ 4)$，B$(3,\ 9)$である。これより，直線OBの傾きは$\frac{9}{3}=3$だから，直線ACの傾きも3となる。その式を$y=3x+b$とおくと，A$(-2,\ 4)$を通ることより，$4=3\times(-2)+b$，$b=10$となるので，切片が10であり，点Cのy座標は10となる。よって，OC＝10である。△AOCは，底辺を辺OCと見ると，点Aのx座標が-2より，高さは2cmだから，△AOC＝$\frac{1}{2}\times10\times2=10$となり，△ABC＝△AOC＝10(cm²)である。

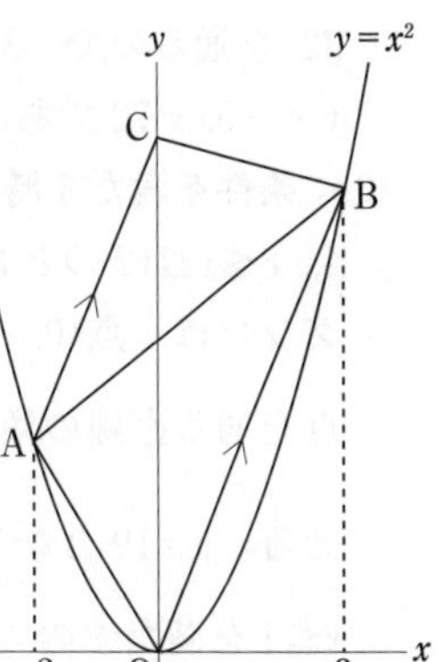

3 〔平面図形―円〕

≪基本方針の決定≫(2)　２点C，PがABについて対称であることに気づきたい。

(1)＜証明＞右図１の△BCPと△QCDにおいて，線分CPは∠BCDの二等分線だから，∠BCP＝∠QCDである。また，$\overset{\frown}{BC}$に対する円周角だから，∠BPC＝∠QDCである。解答参照。

図１

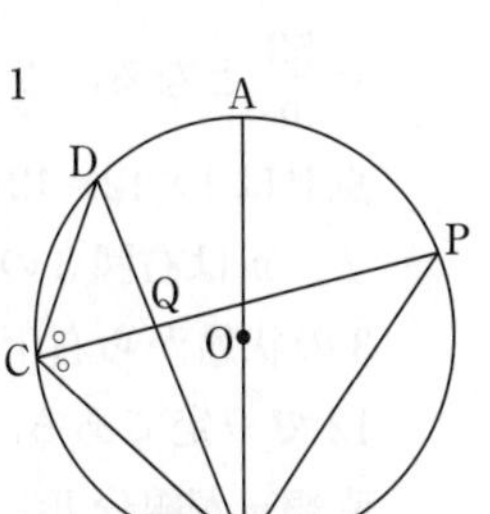

(2)＜角度＞右図２で，線分ABが円Oの直径だから，AB⊥CPより，２点C，PはABについて対称な位置にある。よって，∠ABC＝∠ABPである。$\overset{\frown}{AD}$に対する円周角より，∠ABD＝∠APD＝22°であり，$\overset{\frown}{DP}$に対する円周角より，∠DBP＝∠DCP＝70°だから，∠ABP＝∠DBP－∠ABD＝70°－22°＝48°である。したがって，∠ABC＝48°となるから，∠CBD＝∠ABC－∠ABD＝48°－22°＝26°となる。

図２

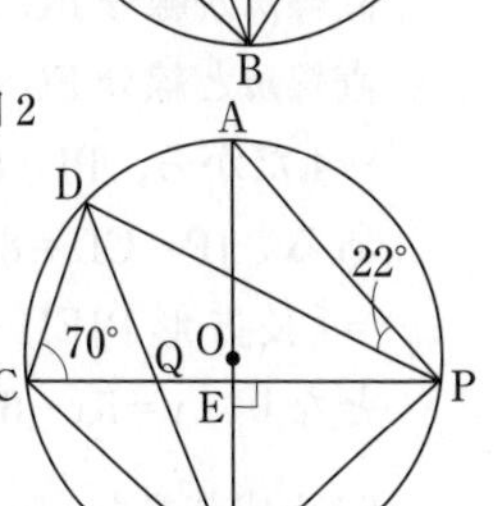

(3)＜長さ―相似＞右図３で，△BCRはBC＝BR＝8の二等辺三角形だから，∠BCR＝∠QRBである。∠BCR＝∠QCDだから，∠QRB＝∠QCDとなる。また，対頂角より，∠BQR＝∠DQCだから，△QRB∽△QCDである。これより，RQ：CQ＝BR：DC＝8：6＝4：3となる。次に，∠QRS＝∠CRBであり，QS∥CBより，∠SQR＝∠BCRだから，△SQR∽△BCRである。よって，QS：CB＝RQ：RC＝4：(4＋3)＝4：7となるので，QS＝$\frac{4}{7}$CB＝$\frac{4}{7}\times8=\frac{32}{7}$(cm)である。

図３

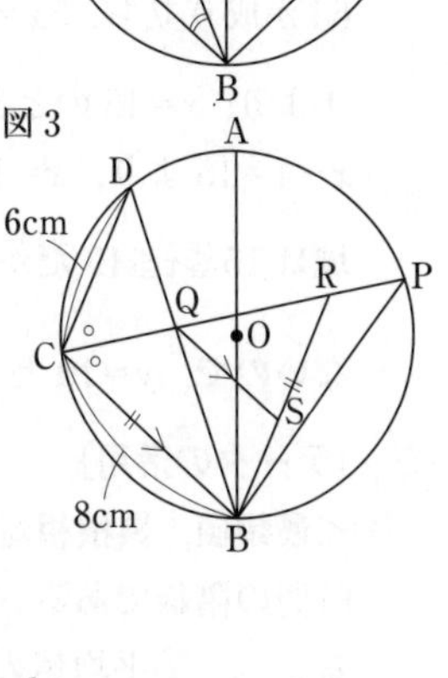

4 〔関数―図形の移動と関数〕

(1)＜変域＞右図１で，点EからBCに引いた垂線とBCとの交点をＩとする。直線lが線分DEと交わるのは，点Pが線分IC上にあるときである。BI＝BC－IC＝BC－DE＝20－5＝15，BC＝20であり，点Pの速さは秒速1cmだから，点PはBを出発してから，15÷1＝15(秒)後に点Ｉを通り，20÷1＝20(秒)後に点Cに着く。よって，求めるxの変域は$15\leqq x\leqq20$である。

図１

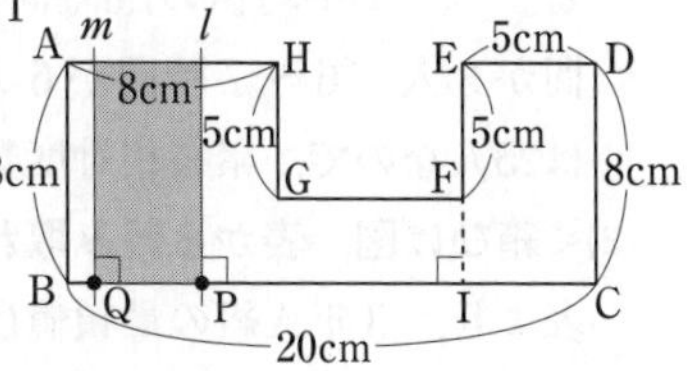

(2)＜関係式＞次ページの図２で，$8\leqq x\leqq12$のときのグラフは，点$(8,\ 32)$と点$(12,\ 12)$を結ぶ線分である。この２点を通る直線の傾きは$\frac{12-32}{12-8}=-5$だから，その式は$y=-5x+b$とおける。点(8,

32)を通るので，$32=-5\times8+b$，$b=72$となり，求める式は$y=-5x+72$である。

図2

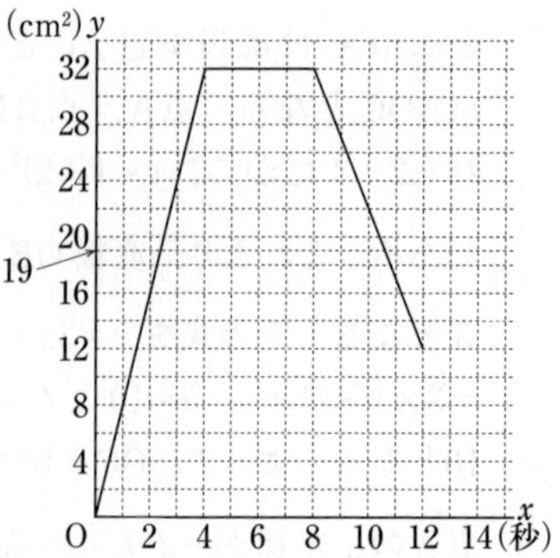

(3)＜**条件を満たす時刻**＞右図2で，$y=19$となるのは，$0\leqq x\leqq4$，$8\leqq x\leqq12$のときにあることがわかる。$0\leqq x\leqq4$のときのグラフは，点(0，0)と点(4，32)を結ぶ線分だから，この2点を通る直線の傾きは$\frac{32}{4}=8$であり，その式は$y=8x$と表せる。$y=19$となるのは，$19=8x$より，$x=\frac{19}{8}$であり，$0\leqq x\leqq4$を満たすので適する。また，$8\leqq x\leqq12$のとき，(2)より，$y=-5x+72$だから，$19=-5x+72$が成り立ち，$5x=53$，$x=\frac{53}{5}$となる。これも$8\leqq x\leqq12$を満たすので適する。次に，$x\geqq12$のときを考える。$x=12$のとき，点Pは$1\times12=12$(cm)，点Qは$1\times(12-4)=8$(cm)動くので，2直線l，mは右図3のようになり，このとき，図2より，$y=12$である。図3の状態から右下図4のように直線lが線分EFと重なるまでは，$y=12$で一定である。その後，右下図5のように，直線lが線分DEと，直線mが線分FGと交わる状態になる。直線lと線分DEの交点をJ，直線mと線分FGの交点をKとする。$\mathrm{BP}=1\times x=x$，$\mathrm{BQ}=1\times(x-4)=x-4$だから，$\mathrm{PI}=\mathrm{BP}-\mathrm{BI}=x-15$，$\mathrm{QI}=\mathrm{BI}-\mathrm{BQ}=15-(x-4)=19-x$である。$\mathrm{JP}=\mathrm{CD}=8$，$\mathrm{KQ}=\mathrm{AB}-\mathrm{GH}=8-5=3$だから，〔図形PJEFKQ〕=〔長方形PJEI〕+〔長方形IFKQ〕$=(x-15)\times8+(19-x)\times3=5x-63$となり，$y=5x-63$である。よって，$y=19$になるとすると，$19=5x-63$が成り立ち，$5x=82$，$x=\frac{82}{5}$となる。ここで，図4のようになるのは，(1)より，$x=15$のときである。点Qが点Iと重なるのは，$\mathrm{BQ}=15$だから，$x-4=15$より，$x=19$のときである。よって，図5のようになるxの変域は$15\leqq x\leqq19$だから，$x=\frac{82}{5}$も適する。$x\geqq19$では，yの値は変化しないので，$y=19$となることはない。以上より，$y=19$となるのは，$x=\frac{19}{8}$，$\frac{53}{5}$，$\frac{82}{5}$(秒)後である。

図3

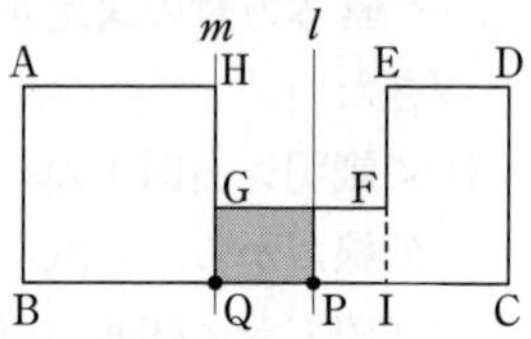

図4

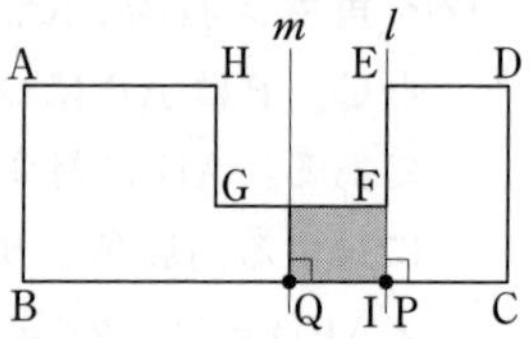

図5

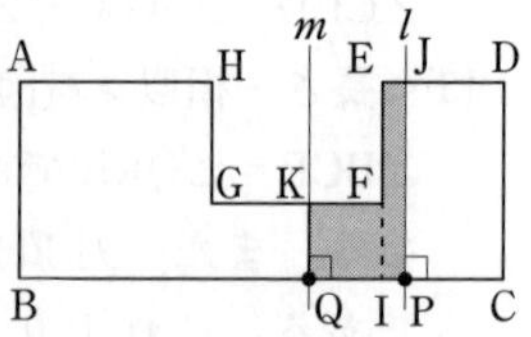

5〔データの活用〕

(1)＜**最頻値，累積相対度数**＞①問題の図1より，度数が最も大きい階級は，度数が7人である8～9時間の階級である。最頻値(モード)は，この階級の階級値となるから，$(8+9)\div2=8.5$(時間)である。　②平均値の7.6時間は，7～8時間の階級に含まれる。この階級の累積度数は，5～6時間が3人，6～7時間が6人，7～8時間が5人より，$3+6+5=14$(人)である。1年A組の生徒は25人なので，累積相対度数は$14\div25=0.56$となる。

(2)＜**箱ひげ図，表から読み取れること**＞①…ア。箱ひげ図より，2年A組の中央値は7時間であり，表より，3年A組の最頻値は7時間である。　②…イ。四分位範囲は，第3四分位数から第1四分位数をひいた値である。箱ひげ図より，2年A組は，第1四分位数が6.5時間，第3四分位数が8.5時間だから，四分位範囲は，$8.5-6.5=2$(時間)である。3年A組は，第1四分位数が7時間，第3四分位数が8.25時間だから，四分位範囲は，$8.25-7=1.25$(時間)である。よって，四分位範囲は，2年A組の方が大きい。　③…ウ。2年A組は，表より，平均値は7.3時間であるが，睡眠時間が7.3時間の生徒がいるかはわからない。箱ひげ図からも読み取れない。また，３年Ａ組は，表より，平均値は7.5時間であるが，同様に，睡眠時間が7.5時間の生徒がいるかはわからない。箱ひげ図より，中央値は7.5時間であるが，３年Ａ組の生徒が28人より，これは，睡眠時間の小さい方から14番目と15番目の平均が7.5時間となる。よって，睡眠時間が7.5時間の生徒がいるかはわからない。

④…ア。２年Ａ組は，生徒が30人だから，第３四分位数は，大きい方の15人の中央値となる。つまり，大きい方から８番目の値である。箱ひげ図より，第３四分位数は8.5時間だから，大きい方から８番目の睡眠時間は8.5時間となり，８時間以上の生徒は７人以上いる。一方，３年Ａ組は，生徒が28人だから，第３四分位数は，大きい方の14人の中央値となる。つまり，大きい方から７番目と８番目の値の平均となる。箱ひげ図より，第３四分位数は8.25時間だから，大きい方から７番目と８番目の値の平均は8.25時間である。これより，大きい方から７番目の睡眠時間は8.25時間以上だから，８時間以上の生徒は７人以上いる。

6 〔空間図形—四角錐〕

図１

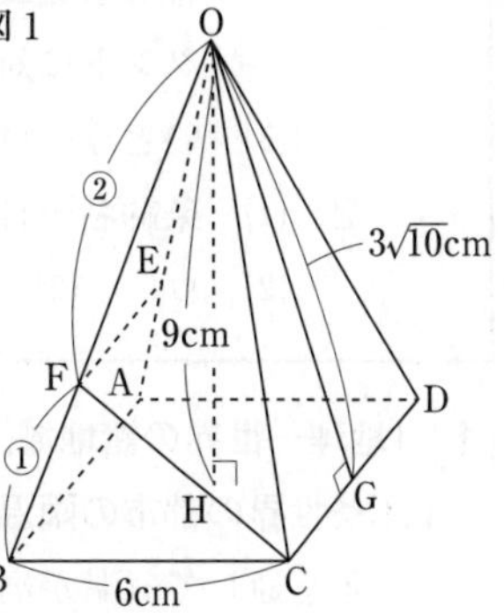

⑴＜**長さ—相似**＞右図１で，OE：EA＝OF：FB＝2：1より，OE：OA＝OF：OB＝2：(2＋1)＝2：3であり，∠EOF＝∠AOBだから，△OEF∽△OABである。よって，EF：AB＝OE：OA＝2：3だから，$EF=\frac{2}{3}AB=\frac{2}{3}\times 6=4$(cm)である。

⑵＜**面積**＞右図１で，△OFC，△OBCの底辺をそれぞれ辺OF，辺OBと見ると，高さが等しいから，△OFC：△OBC＝OF：OB＝2：3となる。よって，$\triangle OFC=\frac{2}{3}\triangle OBC$である。$\triangle OBC=\triangle OCD=\frac{1}{2}\times CD\times OG=\frac{1}{2}\times 6\times 3\sqrt{10}=9\sqrt{10}$だから，$\triangle OFC=\frac{2}{3}\times 9\sqrt{10}=6\sqrt{10}$($cm^2$)となる。

図２

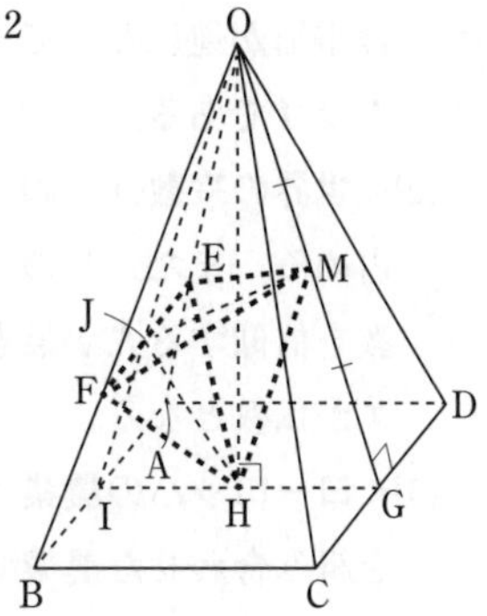

⑶＜**体積**＞右図２で，△OCDはOC＝ODの二等辺三角形で，OG⊥CDだから，点Gは辺CDの中点である。辺ABの中点をＩとし，OIとEFの交点をＪとすると，三角錐EFHMは，三角錐EMJHと三角錐FMJHに分けられ，図形の対称性から，〔三角錐EMJH〕＝〔三角錐FMJH〕となる。よって，〔三角錐EFHM〕＝2〔三角錐EMJH〕である。また，AB⊥〔面OIG〕であり，OE：EA＝OF：FBより，EF∥ABだから，EF⊥〔面OIG〕となる。さらに，点Ｊは線分EFの中点となるから，三角錐EMJHは，底面を△MJHと見ると，高さは$EJ=\frac{1}{2}EF=\frac{1}{2}\times 4=2$となる。２点M，Hはそれぞれ線分OG，線分IGの中点だから，△OIGで中点連結定理より，MH∥OIとなる。これより，△MJH＝△MOHとなる。OM＝MGより，$\triangle MOH=\triangle MGH=\frac{1}{2}\triangle OHG$だから，$\triangle MJH=\frac{1}{2}\triangle OHG$である。$HG=\frac{1}{2}IG=\frac{1}{2}BC=\frac{1}{2}\times 6=3$なので，$\triangle OHG=\frac{1}{2}\times HG\times OH=\frac{1}{2}\times 3\times 9=\frac{27}{2}$となり，$\triangle MJH=\frac{1}{2}\times\frac{27}{2}=\frac{27}{4}$である。したがって，〔三角錐EFHM〕＝2〔三角錐EMJH〕＝$2\times\frac{1}{3}\times\triangle MJH\times EJ=2\times\frac{1}{3}\times\frac{27}{4}\times 2=9$($cm^3$)となる。

社会解答

1 1 (1) イ
(2) キリスト教…ウ　仏教…エ
(3) a…混合農業　bとc…ア
2 (1) a…200　b…ア　(2) エ
(3) 沖縄県…イ
内容　(例)出荷する時期を早める
(4) ウ　(5) エ

2 1 (1) ウ　(2) 空海　(3) カ
(4) (例)宗教改革を始めたプロテスタントに対抗する
(5) いとう…ウ　場所…ク
2 (1) 条約名…日米和親　記号…エ
(2) ウ　(3) イ

3 (1) カ
(2) a…国事行為　b～d…ア
(3) ①…ア，オ
② (例)衆議院は任期が短く，解散もあるため。
(4) ウ　(5) 三権分立〔権力分立〕
(6) エ

4 1 (1) ウ
(2) 記号…イ　都市名…西安
(3) あ…条例　い…(例)景観を守る
2 (1) エ→ウ→ア→イ　(2) ア
(3) 書院造
3 (1) NPO　(2) ア　(3) イ

1 〔地理―世界の諸地域，日本の姿と諸地域，地形図〕

1(1)＜世界の都市の雨温図＞ブラジルの北部に位置する④(マナオス)は，熱帯に属する。したがって，一年を通して気温が高いイが④のグラフとなる。なお，冬は寒さが厳しく夏は気温が上がるアは，亜寒帯〔冷帯〕に属する③(モントリオール)のグラフである。また，温暖で季節による気温の変化が見られるウは，温帯に属する②(シドニー)のグラフであり，南半球に位置しているために北半球とは季節が逆になっている。一年を通してほとんど雨の降らないエは，乾燥帯に属する①(カイロ)のグラフである。

(2)＜世界の宗教＞Aのアルジェリアが位置するアフリカ北部では，イスラム教を信仰する人が多数を占める。また，Bのインドではヒンドゥー教，Cのタイでは仏教，Dのアルゼンチンではキリスト教を信仰する人が最も多い。したがって，アがイスラム教，イがヒンドゥー教，ウがキリスト教，エが仏教となる。

(3)＜ヨーロッパの農業＞a．混合農業は，小麦やライ麦などの穀物栽培と，豚や牛などの家畜の飼育を組み合わせた農業である。アルプス山脈より北のヨーロッパ北西部から東部にかけての地域で古くから見られ，特にドイツなどで盛んである。　bとc．アルプス山脈より南にあるイタリアなどの地中海沿岸地域では，乾燥する夏にオリーブやぶどうを栽培し，比較的雨が多い冬に小麦などを栽培する地中海式農業が行われている。

2(1)＜日本の領域＞a．排他的経済水域は，領海の外側で沿岸から200海里(約370km)までの水域を指す。排他的経済水域内では，水産資源や鉱産資源を沿岸国が独占的に管理することが認められている。日本は島国であり，また沖ノ鳥島や南鳥島などの離島も多いことから，領海と排他的経済水域を合わせた面積が国土面積の10倍以上となっている。　b．沖ノ鳥島は日本の最南端にあたる島，南鳥島は日本の最東端にあたる島であり，どちらも東京都に属する。なお，最西端にあたるのは与那国島(沖縄県)，最北端にあたるのは択捉島(北海道)である。

(2)＜**発電所の立地**＞火力発電所は，燃料となる石炭や石油などの輸入に便利で，電力消費量の多い大都市や工業地帯に近い臨海部に多くつくられる。原子力発電所は，人口密集地から遠い場所で，冷却水を得やすい臨海部につくられる。水力発電所は，大きな河川の上流に建設したダムを利用するため，中央高地などの山間部に多くつくられる。以上から，ａは原子力発電所，ｂは水力発電所，ｃは火力発電所となる。

(3)＜**九州地方の統計と産業**＞**沖縄県**．ア～エは，福岡県，長崎県，熊本県，沖縄県のいずれかである。イは，面積や米の収穫量が最も小さいこと，また第３次産業の就業者割合が最も高いことから，観光業が盛んな沖縄県である。なお，アは，人口が最も多いことから，福岡市や北九州市などの大都市がある福岡県である。ウは，人口が福岡県(ア)の次に多いことから，県庁所在地の熊本市が政令指定都市である熊本県である。エは，島の数が最も多いことから，長崎県である。　**内容**．促成栽培は，ビニールハウスなどを利用して作物の生長を早め，出荷する時期を早める農業である。他の産地での生産量が少ない時期に出荷するため，高い価格で売ることができるという利点がある。宮崎平野では，冬でも温暖な気候をいかして，きゅうりやピーマンなどの促成栽培が盛んに行われている。

(4)＜**地形図の読み取り**＞「しんもりやま」駅の前に見られるのは，高等学校(⊗)ではなく小・中学校(文)である(ウ…×)。Ａの範囲内には，寺院(卍)が見られる(ア…○)。特にことわりのないかぎり地形図では上が北となるため，勝川橋から見た三階橋の方角は南西となる(イ…○)。この地形図の縮尺は２万５千分の１であることから，実際の距離は，５cm×25000＝125000cm＝1250mとなる(エ…○)。

(5)＜**資料の読み取り**＞資料７より，愛知県における全事業所に占める従業者規模100人以上の事業所の事業所数の割合を求めると，1298÷15063×100＝8.61…より約8.6％となり，８割を下回っている(エ…×)。また，同様の計算で，愛知県と神奈川県それぞれの全事業所に占める従業者規模100人以上の事業所の事業所数・従業者数・製造品出荷額等の割合を求めると，８割以上となっているのは愛知県の製造品出荷額等の割合(85.5％)のみで，他は全て８割を下回っている。なお，資料６より，製造品出荷額等に占める生産用機械の割合は，愛知県(4.9％)よりも神奈川県(6.7％)の方が大きい(ア…○)。資料６・資料７より，輸送用機械の出荷額は，愛知県が479244億×0.554＝265501.1…億より約265501億円，神奈川県が177461億×0.21＝37266.8…億より約37267億円となり，愛知県の方が多い(イ…○)。資料７より，事業所１か所当たりの製造品出荷額等は，愛知県が479244億÷15063＝31.8…億より約32億円，神奈川県が177461億÷7267＝24.4…億より約24億円となり，愛知県の方が多い(ウ…○)。

２〔歴史―古代～現代の日本と世界〕

１(1)＜**大宰府**＞大宰府は，古代に九州北部に置かれた役所で，九州の政治や外交・防衛にあたった。下線部ａの水城は，日本が白村江の戦い(663年)で唐と新羅の連合軍に敗れた後，唐や新羅の攻撃に備えて大宰府を守るために築かれた施設である。なお，六波羅探題は鎌倉時代に朝廷や西国の監視を行った役職，多賀城は古代に東北地方の政治や軍事にあたった役所，胆沢城は平安時代初めに東北地方への遠征を行った坂上田村麻呂が築いた役所である。

(2)＜**空海**＞空海と最澄は，平安時代初めに遣唐使とともに唐に渡り，仏教を学んだ。帰国後，空海は真言宗を開いて高野山金剛峯寺を建て，最澄は天台宗を開いて比叡山延暦寺を建てた。

⑶＜**年代整序**＞年代の古い順に，Ⅲ（９世紀―平安時代前期），Ⅱ（12世紀―平安時代後期），Ⅰ（13世紀―鎌倉時代）となる。

⑷＜**イエズス会**＞16世紀，カトリック教会の指導者であるローマ教皇が資金集めのために免罪符を売り出すと，ルターやカルバンはこれを批判し，聖書を中心とする信仰を訴えて宗教改革を進めた。ルターやカルバンの教えを支持する人々はプロテスタントと呼ばれた。これに対し，カトリック教会内部でもプロテスタントに対抗して改革が行われるようになった。その中心となったイエズス会は，アジアやアメリカ大陸への布教に力を入れ，日本にキリスト教を伝えたフランシスコ=ザビエルなどの宣教師を派遣した。

⑸＜**鎖国下の対外関係**＞1641年，江戸幕府は平戸のオランダ商館を長崎の出島に移し，以降は中国船とオランダ船だけに長崎での貿易を許可した。これにより，幕府が貿易と海外の情報を独占する鎖国の体制が固められた。一方で，鎖国下においても，長崎のほか，対馬藩（長崎県），薩摩藩（鹿児島県），松前藩（北海道）という窓口を通じて海外との交流が行われていた。このうち対馬藩は，幕府と朝鮮の交渉窓口となって貿易や外交を担った。また，薩摩藩は琉球王国を支配下に置いて貿易などを行い，松前藩は幕府の許可を得てアイヌの人々との交易を行った。

2⑴＜**日米和親条約**＞1853年，アメリカの東インド艦隊司令長官であったペリーが浦賀（神奈川県）に来航し，日本の開国を求めた。翌年に再びペリーが来航すると，江戸幕府は日米和親条約を結んで開国した。この条約で，日本は下田（静岡県）と函館（北海道）の２港を開き，アメリカ船に食料や水，石炭などを供給することを認めた。なお，ア～ウは，1858年に結ばれた日米修好通商条約の内容である。

⑵＜**ウィルソン**＞アメリカ大統領であったウィルソンは，第一次世界大戦（1914～18年）中に「十四か条の平和原則」を発表し，民族自決の原則や国際平和機構の設立などを唱えた。大戦後の1920年，ウィルソンの提唱に基づいて，世界平和と国際協調を目指すための国際連盟が設立された。なお，リンカンはアメリカ南北戦争（1861～65年）で北部を率いた大統領，ケネディはキューバ危機（1962年）が起こったときの大統領，ブッシュ（父）は1989年に米ソ首脳会談（マルタ会談）を行って冷戦終結を宣言した大統領，ブッシュ（子）はイラク戦争（2003年）を行った大統領である。

⑶＜**1972～78年の出来事**＞日中共同声明の調印は1972年，日中平和友好条約の締結は1978年のことである。1973年，イスラエルとアラブ諸国との間で第四次中東戦争が起こると，石油を産出するアラブ諸国は石油価格を引き上げる戦略をとったため，石油とそれを原料とする製品の価格が大きく上昇し，石油危機〔オイル・ショック〕と呼ばれる世界的な不況が起こった。なお，アの朝鮮戦争が始まったのは1950年，ウの財閥解体が開始されたのは1945年，農地改革が開始されたのは1946年，エのバブル経済が始まったのは1980年代後半である。

3〔**公民―総合**〕

⑴＜**公共の福祉と人権の制限**＞ａ．感染症のまん延を防ぐため，感染症法に基づいて強制的に感染者を入院させる措置がとられることがある。この場合，入院措置によって住む場所を一時的に強制されるという点で，居住・移転の自由が制限されている。　ｂ．公正な選挙を行うため，公職選挙法では，選挙運動を行う時期や方法について一定の規制を設けている。この場合，定められた時期や方法の範囲内でしか選挙運動を行うことができないという点で，表現の自由が制限されている。

c．建築基準法では，建築物を建てる際に満たすべき基準を定めており，これを満たさない不備な建築を禁止している。建築物は財産の１つであり，この場合は財産を自由に所有することができないという点で，財産権が制限されている。

⑵＜**国事行為**＞国事行為は，天皇が「内閣の助言と承認」（日本国憲法第７条）に基づいて行う形式的・儀礼的な行為であり，その内容は日本国憲法に定められている。天皇の国事行為には，内閣の指名に基づく最高裁判所長官の任命，国会の指名に基づく内閣総理大臣の任命，憲法改正・法律・条約などの公布，国会の召集，衆議院の解散，栄典の授与などがある。

⑶＜**資料の読み取り，衆議院の優越**＞①資料４より，政策課題の上位３位以内に医療・介護が入っている年代は40～50歳代と60歳以上であり，資料２より，これらの年代では全て投票率が50％を超えている（ア…○）。資料４より，政策課題の上位３位以内に消費税が入っている年代は20～30歳代だけであり，資料３より，20～30歳代は棄権理由として「選挙にあまり関心がなかったから」を選んでいる人の割合が他の年代に比べて高い（オ…○）。資料４より，政策課題の上位３位以内に年金が入っているのは40～50歳代と60歳以上である（イ…×）。資料２より，40歳代・50歳代は20歳代・30歳代に比べて投票率が高い（ウ…×）。資料４より，政策課題の上位３位以内に子育て・教育が入っているのは年齢の低い20～30歳代のみであり，これより年齢の高い40～50歳代と60歳以上では政策課題の上位３位以内に年金が入っている（エ…×）。　②衆議院は議員の任期が４年で解散があるが，参議院は任期が６年で解散はない。このように，参議院に比べて任期が短く解散もある衆議院は，国民の意見をより正確に反映すると考えられることから，参議院よりも強い権限を持つ「衆議院の優越」が認められている。

⑷＜**裁判の仕組み**＞個人間の争いを解決する裁判は民事裁判であり，刑事裁判は犯罪行為について有罪か無罪かを決定する裁判である（ア…×）。第一審の判決に納得できない場合に第二審の裁判所に訴えることを控訴，第二審の判決に納得できない場合に第三審の裁判所に訴えることを上告という（イ…×）。有罪の判決が確定した後，新たな証拠が出るなどして判決に重大な誤りが疑われるような場合には，裁判のやり直しが認められている（再審制度）（エ…×）。

⑸＜**三権分立**＞国の権力が１つの機関に集中すると，権力の行きすぎや濫用によって国民の自由や権利が侵害されやすくなる。こうしたことを防ぐため，国の権力を立法権，行政権，司法権の３つに分け，それぞれを独立した機関が司る三権分立の仕組みがとられている。日本では，立法を国会，行政を内閣，司法を裁判所が担当している。

⑹＜**流通**＞いくつもの卸売業者を経由すると，それだけ多くの流通費用がかかって商品の価格は高くなるため，小売業者の中には，卸売業者を通さずに生産者から商品を直接仕入れることで流通費用を節約し，商品を安く提供するところもある（ア…×）。流通に関連する業種には，商品を保管する倉庫業，商品を運ぶ運送業，商品を宣伝する広告業などが含まれる（イ…×）。インターネットを利用した商品の売買が盛んに行われる中，契約をめぐるトラブルも多く発生するようになっている（ウ…×）。

４〔**三分野総合―京都市をテーマとする問題**〕

１⑴＜**西陣織**＞西陣織は，京都の西陣で古くからつくられている絹織物で，国の伝統的工芸品に指定されている。なお，輪島塗は石川県，南部鉄器は岩手県，天童将棋駒は山形県の伝統的工芸品である。

(2)**＜世界の都市の位置と時差＞記号**．ボストン（アメリカ），グアダラハラ（メキシコ）の経度は西経である（ア…×）。パリ（フランス），ケルン（ドイツ），フィレンツェ（イタリア），キーウ（ウクライナ），ザグレブ（クロアチア），プラハ（チェコ）はヨーロッパ州，ボストン，グアダラハラは北アメリカ州，西安（中国）はアジア州に位置しており，アフリカ州に位置する都市はない（ウ…×）。９都市がある国は，いずれも島国ではない（エ…×）。　**都市名**．時差は経度15度につき１時間生じ，経度の差が小さければ時差も小さくなる。この場合の経度の差とは，180度の経線にほぼ沿って引かれた日付変更線をまたがずに位置関係を見た場合の経度の差をいう。９都市のうち，日本との時差が最も小さいのは，中国の内陸部に位置していて日本との経度の差が最も小さい西安である。

(3)**＜条例と景観保全＞あ**．条例は，地方公共団体が憲法や法律の範囲内で独自に定める法であり，地方議会によって制定される。　**い**．京都市では，長い歴史の中で形成された町並みや景観を保存する取り組みが進められており，資料２のような地域の「無電柱化」を行ったり，条例によって建物の高さやデザイン，店の看板などを規制したりしている。

２(1)**＜年代整序＞**年代の古い順に，エ（11～12世紀―平安時代），ウ（14世紀），ア（15世紀―室町時代），イ（19世紀―江戸時代）となる。

(2)**＜京都で栄えた文化＞う**．平安時代，日本の生活や風土に合った国風文化が栄え，紀貫之らの編さんによって『古今和歌集』がつくられた。なお，『平家物語』は鎌倉時代につくられた軍記物である。　**え**．江戸時代前半，京都や大阪などの上方を中心に元禄文化が栄え，菱川師宣は「見返り美人図」などの浮世絵を描いた。なお，喜多川歌麿は江戸時代後半に江戸を中心に栄えた化政文化の頃に活動した浮世絵画家である。

(3)**＜書院造＞**室町時代の足利義政の頃には，禅宗寺院の影響を受けた書院造と呼ばれる建築様式が広まった。書院造は，たたみや障子，床の間などを備えており，現在の和風建築の原型となった。銀閣と同じ敷地内にある東求堂の一室である同仁斎は，代表的な書院造となっている。

３(1)**＜NPO＞**NPO〔非営利組織〕は，利益を目的とせず，社会に貢献する活動を行う市民の団体である。主に国内で活動する団体を指すことが多く，国際的な場面で使われることの多いNGO〔非政府組織〕と区別される。

(2)**＜市（区）町村長の選挙権と被選挙権＞**選挙権は，全ての地方選挙と国政選挙において満18歳以上の国民が持つ。被選挙権は，市（区）町村長と地方議会議員，衆議院議員は満25歳以上，都道府県知事と参議院議員は満30歳以上の国民が持つ。

(3)**＜資料の読み取り＞**年度ごとに（自主財源の歳入額）÷（歳入の総額）×100を計算すると，全ての年度で50％（５割）以上となっている（イ…○）。自主財源の歳入額が最も多い年度は2008年度（4551億円）であり，歳入の総額が最も多い年度は2018年度（7752億円）である（ア…×）。地方債の歳入額が900億円以上の年度は1998年度（936億円）と2018年度（929億円）であるが，2018年度の自主財源の歳入額（3934億円）は4000億円に満たない（ウ…×）。依存財源の歳入額は，1998年度（2438億円）から2003年度（2403億円）にかけてと2003年度から2008年度（2088億円）にかけて減少しており，また1993年度（1894億円）から2018年度（2888億円）までの間の増加額は994億円であり1000億円に満たない（エ…×）。

理科解答

1 (1) ウ　(2) エ　(3) イ　(4) ア
(5) イ　(6) ウ　(7) ア　(8) エ

2 (1) (例)電流が流れにくい　(2) ウ
(3)

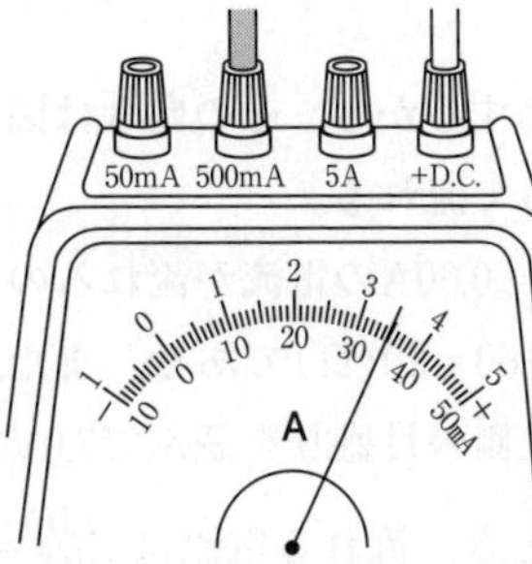

(4) 30Ω　(5) え…ウ　お…ア

3 (1) 記号…イ
操作…(例)(沸騰石を入れて)加熱した。
(2) エ　(3) ウ　(4) ア

4 (1) (例)震源からの距離に比例する。
(2) あ…6　い…23　(3) c
(4) 活断層

5 (1) $2HCl + Ca(OH)_2 \longrightarrow CaCl_2 + 2H_2O$
(2) う…7　え…(例)大きくなっていく
(3) お…○　か…×
(4) あ…イ　い…エ　(5) ウ

6 (1) エ
(2) う…(例)弦を張る強さを変える
え…640
(3) ア　(4) 中枢神経

1 〔小問集合〕

(1)<凸レンズによる像>物体が凸レンズの焦点よりも外側にあるとき，スクリーン上には物体と上下左右が逆向きの実像が映る。よって，図のスクリーンに映る像を凸レンズ側から見ると，ウのようになる。

(2)<原子の構造>同位体は同じ元素で中性子の数が異なる原子なので，誤っているのはエである。なお，元素の種類は陽子の数によって決まり，原子の陽子と電子の数は等しい。

(3)<軟体動物>右図のように，アサリは内臓を包む外とう膜を持つので，イカやタコと同じ軟体動物に分類される。なお，カニやエビは体が硬い殻(外骨格)におおわれ，節のあるあしを持つ節足動物のうちの甲殻類に分類される。

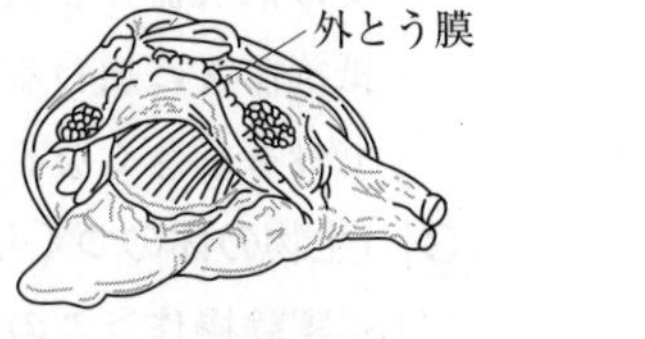

(4)<冬の天気>図は冬によく見られる西高東低の気圧配置を示した天気図である。冬に日本の天気に大きな影響を及ぼす気団は大陸上に発達するシベリア気団で，その性質は冷たく乾いている。

(5)<振り子の運動>発光間隔が一定のストロボスコープを用いて撮影したので，おもりの間隔は，おもりの速さが最も速くなる点Bの付近では広く，速さが遅くなる点A，Cの付近では狭くなる。

(6)<二酸化炭素>図のように，炭酸水素ナトリウムを加熱すると，炭酸ナトリウムと水，二酸化炭素に分解する。よって，試験管Bに集まった気体は二酸化炭素なので，石灰水を入れてよく振ると石灰水が白くにごる。なお，アは水素，イは酸素の性質である。また，フェノールフタレイン液は，アルカリ性の水溶液に入れると無色から赤色に変化する。

(7)<受精>図のあは精細胞，いは胚珠《はいしゅ》である。被子植物のめしべの先(柱頭)に花粉がつく(受粉する)と，花粉は花粉管を伸ばし，花粉管の中を精細胞が卵細胞まで送られる。

(8)<雲のでき方>図で，ピストンをすばやく引くと，フラスコ内の空気が膨張するので気圧が下がり，温度が下がる。温度が下がって露点に達すると水蒸気の一部が水滴になりフラスコ内はくもる。反対にピストンをすばやく押すと，空気が圧縮されて気圧が上がり，温度が上がってフラスコのくもりは消える。

2〔電流とその利用〕

⑴＜**絶縁体**＞絶縁体(不導体)とは，抵抗が大きく電流が流れにくい物質である。金属のように抵抗が小さく電流が流れやすい物質を導体，シリコンのように絶縁体(不導体)と導体の中間の性質を持つ物質を半導体という。

⑵＜**電流と電子**＞電子は電源装置の－極から＋極に向かって移動するから，その向きは図１の矢印Qで示される。一方，電流は，電源装置の＋極から－極に向かって流れる。

⑶＜**オームの法則**＞表より，抵抗器Aに12.0Vの電圧が加わると，0.60Aの電流が流れるので，オームの法則〔抵抗〕=〔電圧〕÷〔電流〕より，抵抗の大きさは 12.0÷0.60＝20(Ω)である。また，図２の電圧計は，15Vの－端子を使用しているので，電圧の大きさは上側の目盛りを読んで7.0Vである。よって，図１の回路で，20Ωの抵抗器Aに7.0Vの電圧が加わるとき，流れる電流は $\frac{7.0}{20}=0.35$(A)より，0.35×1000＝350(mA)である。したがって，電流計の－端子は500mAの端子を使用するので，針は上側の目盛りで3.5の位置を指す。

⑷＜**オームの法則**＞表より，抵抗器Bに12.0Vの電圧が加わると，0.40Aの電流が流れるので，オームの法則より，抵抗の大きさは 12.0÷0.40＝30(Ω)である。

⑸＜**電力**＞電源装置の電圧を同じ大きさにすると，図３の直列回路では電源の電圧が分配されて抵抗器Aと抵抗器Bに加わるが，図４の並列回路では電源の電圧が抵抗器Aと抵抗器Bに等しく加わるので，図４の抵抗器の方が大きな電圧が加わる。また，表より，抵抗器Aと抵抗器Bに等しい電圧が加わると，抵抗器Aの方が大きな電流が流れるので，〔電力(W)〕=〔電圧(V)〕×〔電流(A)〕より，消費する電力は流れる電流が大きくなる図４の抵抗器Aで最も大きくなる。一方，図３の直列回路では抵抗器Aと抵抗器Bに等しい電流が流れ，表より，抵抗器AとBに等しい電流が流れるとき，抵抗器Aに加わる電圧の方が小さいので，消費する電力は電圧も電流も小さくなる図３の抵抗器Aで最も小さくなる。

3〔生物の体のつくりとはたらき〕

⑴＜**実験操作**＞この実験では，ヒトの体内に近い環境で消化酵素のはたらきを調べるので，適温とは体温に近い約40℃である。また，ベネジクト液は加えた後，加熱する必要がある。液体を加熱するときは，突沸を防ぐため，沸騰石を入れる必要がある。

⑵＜**ベネジクト液**＞ベネジクト液は青色の液体で，ブドウ糖や麦芽糖などの糖を含む液体に加えて加熱すると赤褐色の沈殿を生じる。試験管Bでは，だ液のはたらきで麦芽糖が生じたので，赤褐色の沈殿が生じる。

⑶＜**分子の大きさ**＞図２で，デンプンとブドウ糖を入れたセロハンの袋には無数の小さな穴が開いている。そのため，ビーカーの中の液にヨウ素液による反応がなく，ベネジクト液による反応だけがあれば，デンプンは小さな穴を通過できないが，ブドウ糖は小さな穴を通過できたことがわかり，ブドウ糖の分子がデンプンの分子より小さいといえる。

⑷＜**デンプンの消化**＞デンプンは，だ液せんから出されるだ液中の消化酵素(アミラーゼ)，すい臓から出されるすい液中の消化酵素，小腸の壁にある消化酵素のはたらきでブドウ糖にまで分解される。

4 〔大地の変化〕

(1)<**初期微動継続時間**>図1より，地点A，B，Cの震源からの距離の比は，90：60：42＝15：10：7である。また，地点A，B，Cの初期微動継続時間はそれぞれ，53－38＝15(s)，43－33＝10(s)，37－30＝7(s)で，この比は15：10：7となり，震源からの距離の比と一致する。よって，初期微動継続時間は，震源からの距離に比例していることがいえる。

(2)<**地震発生時刻**>P波は震源からあらゆる方向に伝わり，P波が届くと初期微動が始まる。図1の地点A，Bの記録より，震源からの距離の差は，90－60＝30(km)，P波の到着時刻の差は，38－33＝5(s)なので，P波は30kmを5秒で伝わると考えられるから，その速さは，$\frac{30}{5}=6$(km/s)である。また，P波の伝わる速さが6km/sより，震源からの距離が90kmの地点AにP波が伝わるまでの時間は，$\frac{90}{6}=15$(s)である。よって，地震Xが発生した時刻は，地点AにP波が到着した8時13分38秒の15秒前で，8時13分23秒である。

(3)<**震央**>地震のゆれは，震央から同心円状に広がるので，図2でゆれ始めの時刻が同じ各地点を滑らかに結んでかいた円の中心付近が震央になる。よって，図2で，地震Xの震央はcである。

(4)<**活断層**>プレートの運動によって大きな力がはたらき，両側から押されたり引っ張られたりして地下の岩石が破壊されてできた，地層や岩盤のずれを断層という。過去に繰り返しずれ，今後もずれて地震を起こす可能性がある断層を活断層という。

5 〔化学変化とイオン〕

(1)<**化学反応式**>塩酸(HCl)と水酸化カルシウム水溶液($Ca(OH)_2$)の反応は中和で，水と塩が生じる。この反応における塩は塩化カルシウム($CaCl_2$)である。化学反応式は，矢印の左側に反応前の物質の化学式を，右側に反応後の物質の化学式を書き，矢印の左右で原子の種類と数が等しくなるように化学式の前に係数をつける。

(2)<**pH**>中性の水溶液のpHの値は7であり，pHの値が7より大きいほどアルカリ性が強く，7より小さいほど酸性が強い。また，実験1で，BTB溶液の色が黄色，緑色，青色と変わったことから，水溶液は酸性，中性，アルカリ性と変化したことがわかる。よって，pHの値は大きくなっていった。

(3)<**中和**>実験1で，水素が発生しているとき，マグネシウム(Mg)が電子を放出してマグネシウムイオン(Mg^{2+})になり，うすい塩酸中の水素イオン(H^+)が電子を受け取って水素(H_2)になっている。十分な量のマグネシウムリボンを入れたので，水素が発生しなくなるのは水素イオン(H^+)がなくなったときと考えられる。また，中和は，水素イオン(H^+)と水酸化物イオン(OH^-)が結合して水(H_2O)になる反応である。よって，水素が発生している水溶液に水酸化カルシウム水溶液を加えると，中和が起きて，塩酸中のH^+と水酸化カルシウム水溶液中のOH^-が結合しているが，水素が発生していない水溶液に水酸化カルシウム水溶液を加えても，H^+がないので，中和は起きない。

(4)<**電気分解**>塩化銅水溶液に電流を流すと，陰極(電極C)には赤色の固体が付着する。この固体は銅なので，こすると金属光沢が現れる。また，陽極(電極D)付近には刺激臭のある気体が発生する。この気体は塩素で，塩素には漂白作用があるので，陽極付近にインクを滴下すると色が消える様子が観察できる。

(5)<**イオンの数**>塩化銅($CuCl_2$)が電離すると，陽イオンである銅イオン(Cu^{2+})と陰イオンである塩化物イオン(Cl^-)が1:2の数の比で生じるので，電流を流す前の塩化銅水溶液中のイオンの数は，陽イオン：陰イオン＝1:2である。塩化銅水溶液に電流を流すと，陰極で1つのCu^{2+}が電子を2個受け取って銅(Cu)になり，陽極で2つのCl^-がそれぞれ電子を1個ずつ放出して結合して塩素(Cl_2)になるので，塩化銅水溶液中の陽イオンと陰イオンは1:2の比で減少していく。よって，イオン数はウのグラフのように変化する。

6 〔身近な物理現象，生物の体のつくりとはたらき〕

(1)＜**振動数と音の高さ**＞図1のように，弦をはじいて音を出すとき，弦の長さが長いほど振動数は少なくなり，低い音になる。なお，弦は，長さが短いほど，張る強さが強いほど，細いほど振動数が多くなり，高い音になる。

(2)＜**音の性質**＞振動数が同じ音の高さは等しい。つまり，表より，弦の長さを2倍，3倍にした場合，弦の長さが10cmでおもりの質量が40gのときと同じ高さの音を出すには，おもりの質量をそれぞれ$4(=2^2)$倍，$9(=3^2)$倍にすればよいことがわかる。よって，弦の長さを4倍の40cmにした場合，同じ高さの音を出すには，おもりの質量を40gの$4^2=16$(倍)にすればよいから，求めるおもりの質量は$40\times16=640$(g)になる。

(3)＜**感覚器官**＞図2で，空気の振動はcの鼓膜でとらえられ，その振動がdの耳小骨を通してbのうずまき管に伝わる。そして，うずまき管にある感覚細胞で信号に変換され，信号はaの神経を通して脳に伝わる。

(4)＜**中枢神経**＞脳やせきずいを中枢神経という。中枢神経は，全身から送られてくる刺激の信号を受け取って判断し，命令の信号を送り出すはたらきをする。

2023年度／水戸葵陵高等学校

国語解答

一 ㈠ ア
㈡ 楽しさやうれしさをいっぱい感じさせてくれた大好きな三人(27字)
㈢ エ　㈣ イ　㈤ ア

二 ㈠ ついに　㈡ ア　㈢ ウ
㈣ 意見を聞いて手直しをした
㈤ イ

三 ㈠ エ
㈡ 何ごとも自分だけを基準とせず，他者に配慮して判断する(26字)
㈢ ウ　㈣ エ　㈤ イ　㈥ エ
㈦ C…イ　D…ウ

四 ㈠ (例)またお目にかかれることを楽しみにしております。
㈡ ウ　㈢ (1) 負傷　(2) 吸
㈣ (1) たくわ　(2) おせん　(3) つい

一〔小説の読解〕出典；中村航『あのとき始まったことのすべて』。

㈠＜心情＞A．ふだんは消極的な「私」が，自分から穴をくぐろうとするのを，三人は「……白原さん，大丈夫なの？」と気遣い，心配しながら見守った(…オ)。　B．穴をくぐり始めた「私」は，「左右にかかる圧力」の強さを感じて，「ちょっと無理かもしれない」と「急に焦って」しまった(…イ)。　C．穴から体の半分を外に出したとき，「私」は安心すると同時に，「光に晒されて急に恥ずかしく」なった(…エ)。　D．「私」が穴をくぐり抜けたことに感動し，気持ちを高ぶらせた石井さんは，「凄い，凄い！」と叫んで，「手を握ってぶんぶんと」振った(…ウ)。

㈡＜心情＞「私」は，石井さん，柳くん，岡田くんの三人が「無口な私を受け入れて」くれたおかげで，「楽しいとか嬉しいとか」を「いっぱい感じること」ができた。そんな三人の「代わり」に，「私」は，穴をくぐり抜けたいと思い，「中学生になって初めて自分から何かをする」決意をしたのである。

㈢＜文章内容＞「無口な私を受け入れてくれる石井さんや柳くんや，私のことを好きと言ってくれた岡田くん」に，「私」は今まで「言葉も何も返せなくて」申し訳なく思っていた。しかし，穴をくぐり抜け，三人が笑ってくれたことで，「私」は三人にお返しができたと感じたのである。

㈣＜文章内容＞穴をくぐり抜けることは，「私」にとって，消極的な自分を変えるための挑戦であり，挑戦した先にある「穴の向こう」には，希望の象徴のように「光」が見えた(…ア)。消極的な自分を変えるために穴をくぐる「私」にとって，進んできた穴の中を戻ることは，消極的な自分に戻ることになるので，「私」は勇気を持って，「もう戻れない」し，「もう，戻りたくない」と思った(…ウ)。「私」は，穴をくぐり抜ける挑戦をやり遂げたことで，大好きな三人に「笑顔を返すこと」ができ，消極的な自分を変える第一歩を踏み出せた(…エ)。

㈤＜表現＞「こめかみの辺りがぞわわあとする」や「手を握ってぶんぶんと振った」や「ぱんぱんぱん」などのように，擬態語や擬声語が多用されており，それによって登場人物の感じたことや動作が，想像しやすく表現されている(ア…○)。物語は，一貫して語り手である「私」の視点から描かれている(イ…×)。「私の大好きな三人──」や「光へ──」のように，「──」という文末表現を用いて後の言葉が省略されることで，「私」の心情が余韻を残しながら表現されている(ウ…×)。「……白原さん，大丈夫なの？」や「白原さん，凄いねー！」のように，短い会話表現によって，「私」を気遣う石井さんたち三人の様子や，「私」が穴をくぐり抜けたことへの興奮や喜びが表現されており，「私」と他の三人の温かい友人関係が読み取れる(エ…×)。

二〔古文の読解─随筆〕出典；松平定信『退閑雑記』。

≪現代語訳≫浅草の仁王門を，火災後につくり直した頃，仏像をつくる者を多数集めて相談させた。(その中にいた仏師の)一人が願って言うことには，人がどの程度(の費用)でつくろうと言っても，(私は)その半分の費用でつくりましょう。しかしまず，(像を)彫ったままで門へ出しておき，百日過ぎてから，着色するつもりです。このことをお許しくださるのならばつくりましょうと言う。この言葉に従ってつくらせたのだが，最初に願ったようにつくり終わると，着色をせずに，その仁王像を(門に)出しておき，(仏師は)自ら早朝からやってきて，その像の陰に隠れていて，多くの人の意見を聞いた。百日間早朝から来て，日が暮れるまでその陰にいたのだった。最後にその世間一般の人の意見に従ってその像の手直しをして，その後で着色をした。だからこの像は今に至っても，誰も非難する者はないのだという。

㈠**＜歴史的仮名遣い＞**歴史的仮名遣いの助詞以外の「わゐうゑを」は，現代仮名遣いでは「わいうえお」となる。

㈡**＜古文の内容理解＞**ア．「人」が「いかほどにてつくらん」と言っても，その半分の費用でつくろうと，仏師は言った。　イ．仏師は，「ゑりしままにて門へ出しをき，百日過ぎてのち，丹青ほどこす」ことを許してくれるならば，仁王像を「つくりてん」と言った。　ウ．仏師は，門に出した仁王像の陰に隠れて，「多くの人の輿論」を聞いた。　エ．仏師は，百日間早朝から来て，「くるるまでその陰」にいたのだった。

㈢**＜古文の内容理解＞**仏師は，他の人の「半の費用」で仁王像をつくる代わりに，まず「ゑりしまま」の像を，仕上げの着色をせずに門へ出し，「百日過ぎてのち，丹青ほどこす」ことを許可してほしいという条件を出した。

㈣**＜古文の内容理解＞**仏師は，彫った仁王像を着色前に門に出し，その像の陰に隠れて，百日間，「多くの人の輿論」を聞いた。そして，聞き集めた意見をもとにして像の手直しをして，着色して仕上げた。その結果，誰も非難しようのない，すばらしい像が完成したのである。

㈤**＜古文の内容理解＞**仏師は，仁王像を彫ってもすぐに着色せずに門に出して「多くの人の輿論」を聞いたうえで，手直しをした。この仏師は，仁王像の出来に対する世間の人々の本心からの意見を集めるための工夫をして，その意見を参考に，よりよい作品になるように努めた人物といえる。

三〔**論説文の読解―社会学的分野―コミュニケーション**〕出典；榎本博明『「さみしさ」の力』／加藤秀俊『人間関係　理解と誤解』。

≪本文の概要≫【Ⅰ】自立ということに関連して，個の確立というようなことも言われるが，個の確立などというのは，日本人には無縁のことなのではないか。青年期になって親の管理下から離れると，僕たちは，自分で判断して動くことになるが，他人の影響は受け続けており，他者に対して閉じられた個として生きているわけではない。個を生きるのではなく，他者との関係性を生きる僕たち日本人には，他者から独立した自分などというものはない。そこで僕は，日本の文化を「間柄の文化」と特徴づけている。「間柄の文化」とは，他者の気持ちや立場に配慮して判断する文化である。この「間柄」の文化では，親からの自立を果たすためには，親との間柄に代わる重要な間柄が必要となる。関係性を生きる僕たちとしては，何らかの関係性がないと，行動原理がなくなってしまう。だから青年期には，お互いの内面を共有できる親友を強く求めるのである。

【Ⅱ】自分が考えてもみなかった異質なものの見方にふれさせてもらえるのが，本当の友人関係であり，他者との理想的な関係なのではないだろうか。お互いが異質であり，お互いが刺激になるから，人間は常に他者から何かを学ぶことができるのである。

㈠**＜接続語＞**僕たちは，「自分で判断して動く」ときも「他人の影響」を受け続けるのであり，「他者に対して閉じられた個として生きているわけではない」が，それならば，「僕」が「親から自立して動き始めた頃，何が僕の行動原理になっていた」のだろうか。

㈡**＜文章内容＞**日本人は，他者に対して開かれた「間柄の文化」のもとで「自己形成してきた」ため，何ごとも「自分だけを基準」にせずに，「他者の気持ちや立場に配慮して判断する」ということが，習慣となっている。「僕」も，自分だけの考えや価値観ではなく，「共感する人や傾倒する人」という他者の価値観を「基準」にして行動していたのである。

㈢**＜文脈＞**日本人は，「他者の気持ちや立場に配慮して」物事を判断しており，「個として閉じておらず，他者に対して開かれている」ため，「相手の期待が気になり，できるだけそれに応えようと」する。そのような「間柄の文化」においては，他者に配慮できないことは「未熟」と見なされる。

㈣**＜表現＞**「僕」は，日本の「間柄の文化」と，欧米の「自己中心の文化」を比較しながら，日本人は他者の気持ちや立場に配慮して判断する文化を持ち，「個として閉じておらず，他者に対して開かれている」という，日本人と個についての自身の見方を示している。

㈤**＜文章内容＞**「相互に異質であること」によって，お互いに強い影響を及ぼし合うことになりうるから，「人間はつねに他の人間からなにかを学ぶこと」ができるのである。

㈥**＜表現＞**【Ⅰ】では，日本人は，他者との関係性が行動原理となっており，それゆえに「お互いの内面を共有できるような親友を強く求める」と述べられている。【Ⅱ】では，「相互に異質であること」を前提として，「異なったものの見方にふれさせてもらう」というプロセスの連続が，「ほんとうの友人関係」だと，友人関係について【Ⅰ】とは異なる見方が述べられている。【Ⅱ】の文章を示すことによって，【Ⅰ】とは異なる視点を提供し，聞き手が友人関係について多角的に考えられるようになっている。

㈦**＜文章内容＞**C．「間柄の文化」のもとで自己形成してきた日本人は，「他者との関係性」を重視し，他者の気持ちや立場に配慮しながら行動する。「何らかの関係性」がなければ，「自分を動かす行動原理がなくなってしまう」ほど，日本人にとって他者との関係性は重要なのである。　D．人間が「相互に異質」であることを前提として，他者の「異なったものの見方」にふれ，それによって「なにかを学ぶこと」ができるのが，「理想的」な人間関係である。

四〔国語の知識〕

㈠**＜敬語＞**相手に「会う」のは，手紙を書いている本人なので，自分の動作には謙譲語を使う。「会う」の謙譲語は，「お目にかかる」や，「お会いする」である。

㈡**＜資料＞**【Ⅰ】は，「三年間の思い出」よりも「令和四年度○○中学校三年一組卒業文集」の文字の方が大きいため，「三年間の思い出」という題名が目立たないが，【Ⅱ】は，「三年間の思い出」の文字を，「令和四年度○○中学校三年一組卒業文集」より大きくして目立つようにしている（ア…×）。【Ⅰ】の「三年間の思い出」という題名の漢字と平仮名の大きさは同じだが，【Ⅱ】は，平仮名を漢字より小さくしている（イ…×）。【Ⅰ】は，「三年間の思い出」という題名の「年」や「い」が，文字列の縦中心からずれているが，【Ⅱ】は，縦中心がそろっている（ウ…○）。「三年間の思い出」という題名は，【Ⅰ】も【Ⅱ】も全て行書で書かれている（エ…×）。

㈢**＜漢字＞**⑴「負傷」は，けがをすること。　⑵音読みは「呼吸」などの「キュウ」。

㈣**＜漢字＞**⑴音読みは「貯蓄」などの「チク」。　⑵「汚染」は，ガスや放射性物質などによって汚れること。　⑶音読みは「消費」などの「ヒ」。

2023年度 水戸葵陵高等学校(推薦)

【英　語】 (50分) 〈満点：100点〉

1 　次の(1)~(5)の語群ア～エのうちから、下線部の発音が各文中の下線部の発音と同じものを一つずつ選んで、その記号を書きなさい。

(1) You will enjoy the tennis match.

ア call　イ wrap　ウ salt　エ wake

(2) You should go home quickly.

ア quiz　イ guide　ウ juice　エ quiet

(3) My mother gave me some cookies.

ア noodle　イ soon　ウ goods　エ choose

(4) We collected English books in the library.

ア created　イ happened　ウ imagined　エ introduced

(5) I want to see a bear in the zoo.

ア heard　イ early　ウ dear　エ care

2 　次の(1)~(3)の見出し語と最も強いアクセントの位置が同じものを、下のア～エの中から一つずつ選んで、その記号を書きなさい。

(1) ar-rive

ア mes-sage　イ bor-der　ウ sur-vive　エ dam-age

(2) gov-ern-ment

ア con-ven-ient　イ de-vel-op　ウ fan-tas-tic　エ char-ac-ter

(3) com-mu-ni-cate

ア cham-pi-on-ship　イ en-vi-ron-ment

ウ op-er-a-tion　エ pop-u-la-tion

3 次の(1)～(6)の英文の(　　)内に入る最も適切なものを、下のア～エの中から一つずつ選んで、その記号を書きなさい。

(1) I always wait for Jim in front (　　) his house.

ア on　　イ of　　ウ at　　エ from

(2) We believe that you will do your (　　).

ア best　　イ most　　ウ well　　エ lot

(3) I know (　　) to go now. We should help Ms. Brown in the music room.

ア what　　イ whose　　ウ when　　エ where

(4) Mr. Gray is a scientist (　　) works in Japan.

ア he　　イ to　　ウ who　　エ which

(5) A: You are wearing a nice *kimono*, Kumi. (　　)

B: OK, Judy. Show it to me later.

ア Please teach me about it.　　イ Let's go out together.

ウ Don't touch it, please.　　エ Let me take a picture of you.

(6) A: I hear this movie is very good. (　　)

B: That sounds nice. But I want to eat lunch before that.

ア How did you like it?

イ Why don't we see it together?

ウ What can we do after it?

エ Have you ever seen it?

4 次の(1)〜(3)の英文の(　　)内の語を、それぞれ1語で最も適切な形に直して書きなさい。

また、(4)、(5)の英文の(　　)内の文字で始まる、最も適切な英語を、それぞれ1語で書きなさい。

(1) Andy (*can*) swim very fast when he was a student.

(2) I was (*take*) to the concert by my father.

(3) My brother has been (*study*) for an hour.

(4) A: We should clean this room today, right?

B: Yes. Ms. Sato (t　　) me to do that yesterday.

(5) A: I'm (s　　) it will start to rain. Do you have an umbrella?

B: Yes, I do.

5 次の(1)〜(3)の日本文に合うように、(　　)に入る最も適切な英語を、それぞれ**4語以内**で書きなさい。

(1) あなたたちは完ぺきな英語を話さなくてもよいですよ。

You (　　　　　　) perfect English.

(2) ピアノを弾いているあの女の子は私の姉です。

That (　　　　　　) is my sister.

(3) 私のコンピュータは古いです。私が新しいのを持っていたらよいのに。

My computer is old. I (　　　　　　) new one.

6 オーストラリアのシドニー(Sydney)での、ビル(Bill)と真里(Mari)の次の対話文を読んで、(1)〜(3)の問いに答えなさい。

Bill : It has been a few years since we *met *last. How have you been?

Mari : I've been great! I'm so happy to see you again.

Bill : I'm happy, too. I hope you will have a lot of fun during your stay in Sydney.

Mari : ⒶI hope so, too. Well, this is for you. It's a *tenugui*. You can use it in many ways. I bought it at Taku's shop.

Bill : Oh, I know him. He is your father's brother. Well, it looks very nice. Thank you very much. *By the way, you like seafood, right?

Mari : Right. I like it the best. You remember that!

Bill : Yes. We are going to have dinner at a popular seafood restaurant near my house this evening. I think you will like it.

Mari : Sounds great.

Bill : Well, I have a *guidebook. ⒷLet's read it together and (ア we / イ what / ウ do / エ decide / オ will) before dinner.

Mari : OK.

* met meetの過去形　last 最後に　by the way ところで
guidebook ガイドブック

(1) 下線部Ⓐを下のように言いかえたとき、( )に入る最も適切な語句を、次のア〜エの中から一つ選んで、その記号を書きなさい。

I hope I will (　　　), too.

ア visit Sydney　　イ see you again
ウ enjoy my stay here　　エ get some things

(2) 下線部Ⓑの( )の中の語を正しく並べかえて、記号で書きなさい。

(3) 対話文の内容に合うように、①、②の( )に入る最も適切な英語を、それぞれ1語ずつ書きなさい。

① Mari gave Bill something she bought at her (　　　) shop.
② Bill remembers that Mari likes (　　　) the best.

7 下の英文を読んで、(1)～(4)の問いに答えなさい。

Aya is a junior high school student in Ibaraki. She lives with her mother and father, but Yuki, her *grandmother, also started to live with her family from last year.

When Yuki moved from Hokkaido to Ibaraki, Aya helped her *take out Yuki's clothes from boxes. Aya saw her clothes and said, "You have a lot of nice clothes!" Yuki said, "Thank you. I like wearing them very much. They were your mother's clothes. She *wore them when she was young. About twenty years ago, she said, 'I won't wear these *anymore.' So I started to *remake them then." Aya was very surprised and said, "That's great. Have you been good at making things since you were young?" Yuki said, "No. I wasn't good at doing that when I was a student. [　　　　　　] I made clothes, bags, and many other things for her." She showed Aya some bags she made. They looked very nice, so Aya wanted to make a bag just like them. She said, "I have some clothes I can't wear anymore. Can I make a bag with them?" Yuki smiled and said, "Of course, you can. I'll teach you how to do that."

The next day, Aya started to learn how to make a bag from Yuki. She wanted to give it to her mother, so she started to make a bag with her old blue clothes. It's her mother's favorite color. Aya and Yuki enjoyed talking about a lot of things *while they were making the bag.

On Aya's mother's birthday, Aya finished making the bag. Her mother was very happy when she got it from her. Aya said, "It was not easy for me to make this bag, but I enjoyed doing it. My grandmother helped me a lot. I hope you will like the bag." Her mother said, "Thank you very much. I remember these blue clothes. You liked wearing them very much when you were an elementary school student. I also remember another thing. I got some bags like this from my mother *long ago. I was very happy then. I want to make something with you and my mother next time."

Through making the bag, Aya learned that it was so nice to make something for other people. Now she often enjoys remaking things with her mother and grandmother. She thinks that doing it is important.

* grandmother 祖母　take out ～ ～を取り出す　wore wear の過去形
anymore もはや　remake ～ ～をリメイクする　while ～ ～する間
long ago ずっと前に

(1)　本文中の［　　　　　　］に入る最も適切なものを、次の**ア〜エ**の中から一つ選んで、その記号を書きなさい。

ア　So your mother was happy to wear them.
イ　So I like doing that very much now.
ウ　But I learned it when your mother was a little child.
エ　But I often bought nice clothes at shops.

(2)　文中の下線部の内容を下の日本文のように具体的に表したとき、(　　)に入る**10字程度**の日本語を書きなさい。ただし、**句読点は字数に含む**ものとします。

彩(Aya)の母は、彩が作ったバッグと同じようなバッグを、
ずっと昔に(　　　　　　　　　　)ということ。

(3)　本文の内容に合う英文を、次の**ア〜オ**の中から**二つ**選んで、その記号を書きなさい。

ア　Aya visited her grandmother in Hokkaido to help her last year.
イ　About twenty years ago, Yuki started to remake the clothes her daughter didn't wear anymore.
ウ　Aya used her mother's old clothes to make a bag with Yuki.
エ　Aya wore the blue clothes when she was an elementary school student.
オ　Aya learned that making clothes was more difficult than making bags.

(4)　次の①、②の質問に、それぞれ3語以上の英語で答えなさい。ただし、符号(, . ? ! など)は、語数には含まないものとします。

①　When did Aya finish making the bag?
②　What does Aya think about remaking things?

【数　学】（50分）〈満点：100点〉

1　次の計算をしなさい。

（1）　$1-7$

（2）　$-32\div 4$

（3）　$35x^2y\times\dfrac{3}{7}y^2$

（4）　$6(x+3y)+2(2x-7y)$

（5）　$\sqrt{40}\div\sqrt{5}+\sqrt{50}$

2 次の問いに答えなさい。

（1） $x^2 - 18xy + 81y^2$ を因数分解しなさい。

（2） ある中学校の３年生の生徒40人の握力を測定した。下の図は、生徒40人の握力の記録を度数折れ線に表したものである。例えば、記録が15kg以上20kg未満の階級の度数は３人である。

このとき、中央値（メジアン）がふくまれる階級の相対度数を求めなさい。

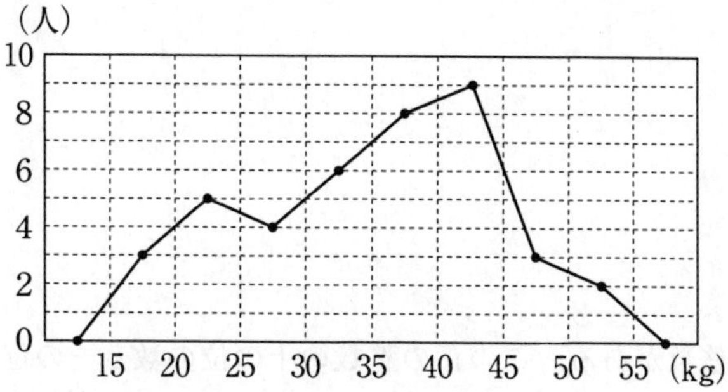

（3） 下の図のように、2、3、4、5、6、7、8の数が１つずつ書かれた７枚のカードがある。その中から同時に２枚のカードをひく。

このとき、ひいた２枚のカードに書かれた数の積が10の倍数である確率を求めなさい。ただし、どのカードがひかれることも同様に確からしいとする。

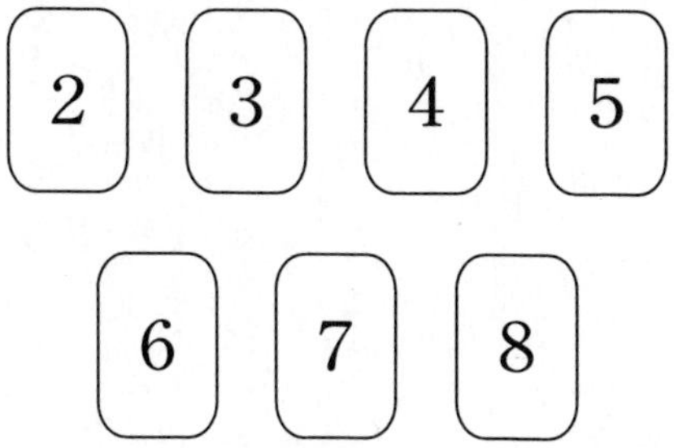

(4)　下の図のように、線分ＡＢを直径とする半円Ｏの周上に２点Ｃ、Ｄがある。
ＡＢ∥ＣＤ、∠ＢＯＤ＝56°のとき、∠ＯＡＣの大きさを求めなさい。

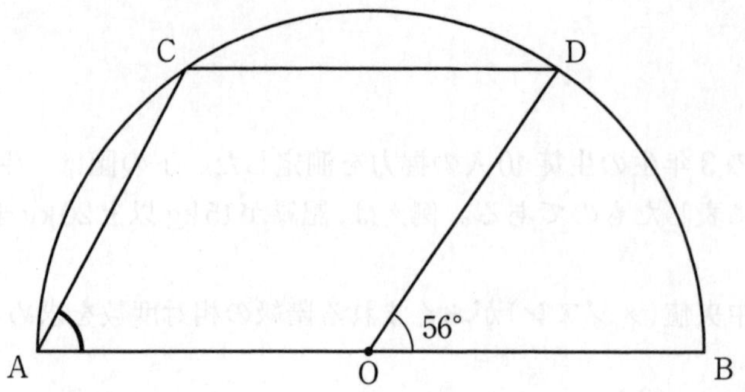

(5)　２けたの正の整数がある。この正の整数の十の位の数と一の位の数の和は14であり、この正の整数の十の位の数と一の位の数を入れかえた数からもとの正の整数をひいた差は18である。
このとき、もとの正の整数を求めなさい。

3　同じ形をしたタンクA、Bがあり、これらのタンクには100Lまで水を入れることができる。また、それぞれのタンクには一定の割合で給水、排水できる給水管と排水管がある。

下の**表**は、タンクA、Bの給水、排水のしかたについてまとめたものである。

また、下の**図**は、タンクA、Bに同時に給水を始めてからx分後のタンクBの中の水量をyLとして、xとyの関係をグラフに表したものである。

タンク	給水、排水のしかた
タンクA	はじめのタンクの中は空《から》である。毎分４Lの割合で給水し、タンクの中の水量が60Lになったところで給水をやめる。
タンクB	はじめのタンクの中の水量は40Lである。タンクAと同時に一定の割合で給水を始め、タンクの中の水量が100Lになったところで給水をやめる。 また、給水をやめてから２分後に一定の割合で排水する。タンクの中の水量が20Lになったところで排水をやめる。

表

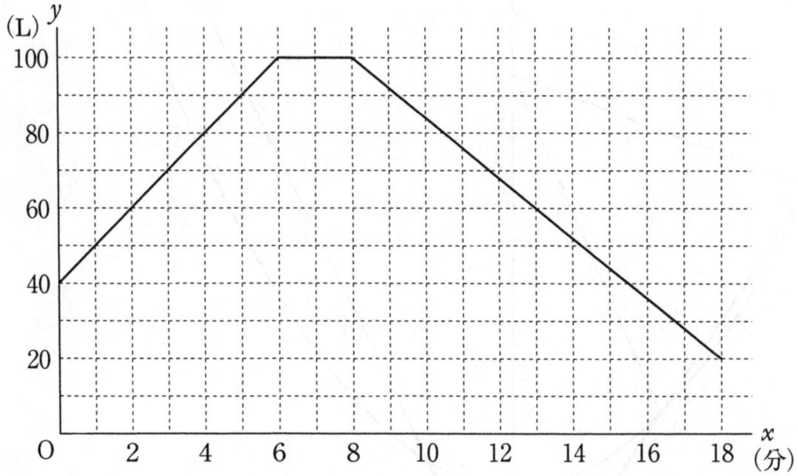

図

次の問いに答えなさい。

(1)　タンクBにおいて、$0 \leqq x \leqq 6$のときのyをxの式で表しなさい。

(2)　タンクA、Bの中の水量が同じになるのは、タンクA、Bに同時に給水を始めてから何分後か求めなさい。

4　下の図において、曲線**ア**は関数 $y=\frac{1}{8}x^2$ のグラフ、直線**イ**は傾きが２のグラフである。曲線**ア**上の点で、x 座標が－４、－８である点をそれぞれＡ、Ｂとし、y 軸上の点で、y 座標が11である点をＣとする。直線ＡＢと y 軸との交点をＤとすると、点Ｄは直線**イ**上の点である。また、直線**イ**上に x 座標が正である点Ｐをとる。

次の問いに答えなさい。ただし、Ｏは原点とする。

(1)　直線ＡＢの式を求めなさい。

(2)　△ＡＣＢの面積と△ＡＰＢの面積が等しくなるとき、点Ｐの x 座標を求めなさい。

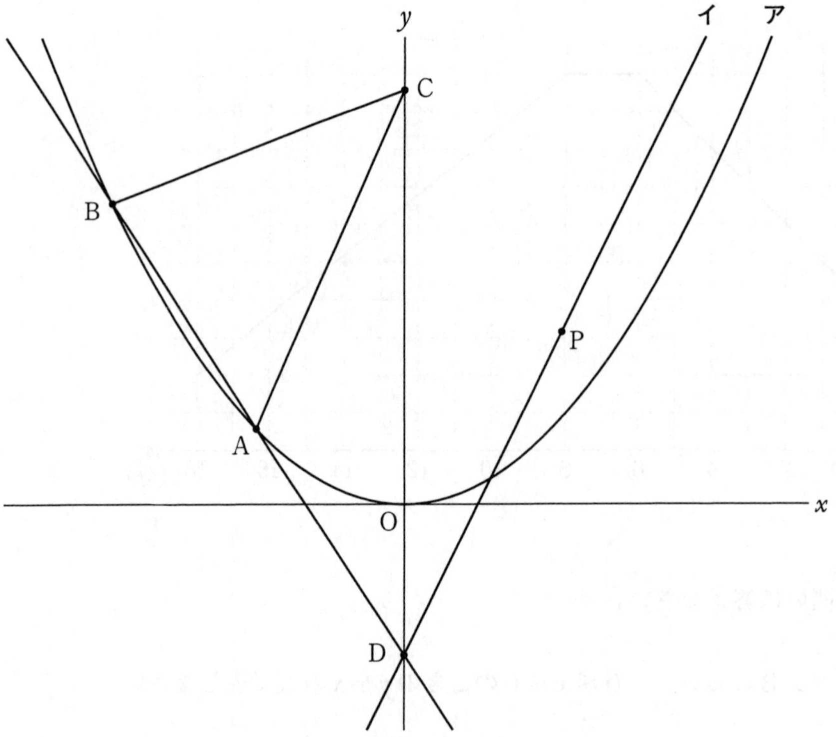

5 下の図のように、ＡＣ＝ＢＣの二等辺三角形ＡＢＣがある。辺ＢＣ上に点Ｄをとり、点Ｂを通り辺ＡＣに平行な直線上に点ＥをＢＤ＝ＢＥとなるように直線ＡＢに対して点Ｃと反対側にとる。また、辺ＡＢと線分ＣＥとの交点をＦとし、点Ｄと点Ｆを結ぶ。

このとき、△ＢＤＦ≡△ＢＥＦであることを証明しなさい。

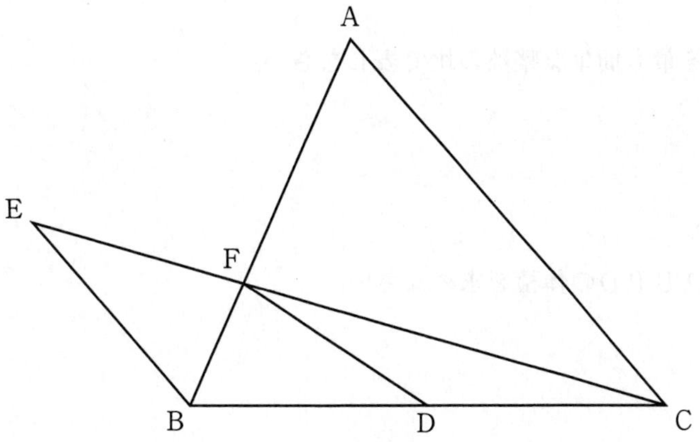

6 下の図のように、１辺の長さが10cmの立方体ＡＢＣＤＥＦＧＨがある。辺ＢＣ、ＣＤの中点をそれぞれＭ、Ｎとし、線分ＢＮと線分ＤＭとの交点をＰとする。辺ＢＦ上にＢＱ＝8cmとなる点Ｑをとり、辺ＤＨ上にＤＲ＝6cmとなる点Ｒをとる。また、線分ＢＨと線分ＱＲとの交点をＳとする。

次の問いに答えなさい。

(1)　ＱＳ：ＳＲを最も簡単な整数の比で表しなさい。

(2)　四角すいＳＡＢＰＤの体積を求めなさい。

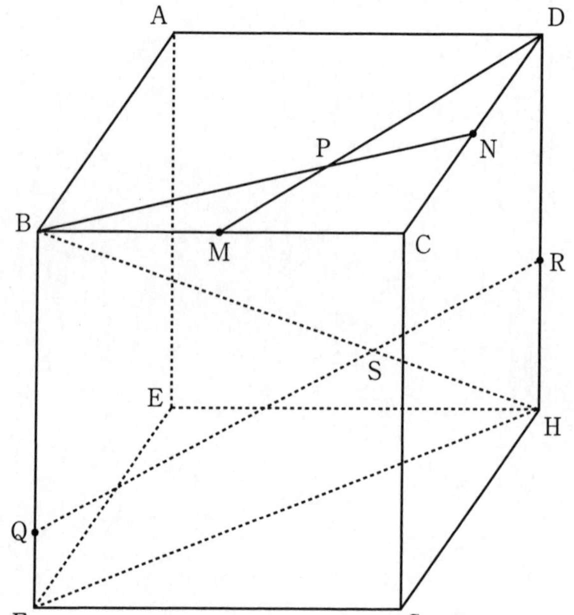

(4) 慣用句を正しく用いた文となるように、次の文中の□に入る言葉を漢字一字で書きなさい。

私が小さかったころ、□がかからない子だったと母が言っていた。

(5) 「加減」という熟語と同じ組み立ての熟語を一つ選び、番号で答えなさい。

1 測量　2 秒針　3 進退　4 防災

(6) 次の文章は、美術館を見学した生徒の発表原稿である。——線の部分の敬語の使い方が誤っているものの組み合わせを一つ選び、番号で答えなさい。

美術館の見学で、特に心に残ったことが二つあります。一つは、館長の田中さんが①おっしゃった言葉です。田中さんは、「鑑賞するときは、作品そのものをじっくりと見て、自分なりに何かを感じることが大切です。」と②申しました。作品を鑑賞する上で大切なことだと感じました。もう一つは、貴重な資料を③拝見できたことです。田中さんは、有名な画家の手紙を見せて④くださいました。私はそれを⑤ご覧になり、天才と呼ばれた画家にも苦労があったことを初めて知りました。

1 ①と③　2 ②と③と④　3 ②と④と⑤　4 ②と⑤

四

次の(1)〜(6)の問いに答えなさい。

(1) 次の文中の——線の語の品詞名を漢字で書きなさい。

彼と一緒に練習すると、つらい練習も楽しくなる。

(2) 次の文中の——線の語の活用形として、最も適切なものを番号で答えなさい。

バスが来るのを待っている。

1 未然形　2 連用形　3 終止形　4 連体形　5 仮定形　6 命令形

(3) 次の中から、ことわざとその意味の組み合わせが適切なものを一つ選び、番号で答えなさい。

1 先んずれば人を制す（人を制止するには事前に手を打つことが必要だということ）
2 濡《ぬ》れ手で粟《あわ》（いくら努力をしても成果が出ないこと）
3 弘法《こうぼう》にも筆の誤り（他人から注目される人は特に行動に注意すべきであること）
4 郷《ごう》に入《い》っては郷に従え（違う環境に身を置くならそこの習慣ややり方に従うべきだということ）

(1) ア きはめて の読み方を現代かなづかいに直して、すべてひらがなで書きなさい。

(2) イ 馬を秘蔵せしはこのたびの事なり とあるが、この内容として、最も適切なものを番号で答えなさい。

1 馬を隠しておいたのでこうして戦になったのだ
2 馬を隠しておいたのにどうして戦が起きたのだ
3 馬を大切に飼っていたのは戦になった時のためだ
4 馬を大切に飼っていたのに戦になって残念だ

(3) ウ 与へたる とあるが、これはだれの動作か。古文中から一語で抜き出して書きなさい。

(4) この文章から読み取れる内容として、最も適切なものを番号で答えなさい。

1 ある大名が子馬を育てて名馬にしようとしたが、馬飼が未熟で世話が不十分だったので失敗した。
2 ある大名が名馬を手に入れて大切に飼っていたが、馬は戦が嫌で十分にえさを食べなかった。
3 ある大名が戦があると聞いて名馬を手に入れたが、飼料を惜しんだために馬は弱って役に立たなかった。
4 ある大名が名馬を手に入れて馬飼に世話をさせたが、馬飼の世話が不十分だと馬は大名に直接訴えた。

三 次の文章を読んで、後の(1)～(4)の問いに答えなさい。

「今はむかし、ある大名ア きはめて良き名馬をもとめて、『我が一大事の先途《せんど》見るべき（頼りとするべき）物はこの馬なり』とて秘蔵せられ、馬の飼料《かひれう》とて、米・豆潤沢《じゆんたく》にあてがはれしに（たっぷりと与えておいたが）、馬飼《むまかひ》の者、それを皆耗《へ》ぎて（全部かすめ取って）おのれが徳（財産）とし、馬にはわづかに草の糜《かゆ》（粗末な食事）ともしきほどに（少しだけ）与へて飼ひ置きぬ。案のごとく（思った通り）天下乱れて戦《いくさ》に及ぶ。イ『馬を秘蔵せしはこのたびの事なり』とて、かの大名くだんの（例の）馬にめされしに（乗ってみると）、馬の漢《かん》もことのほかに鈍く（馬はまったく元気がなく）、沛艾《はね》をどる勢《いきほひ》もなし（跳ねおどる力もない）。大名大《おほい》に怒《いか》りて、『かかる用にも立たぬ馬とは思ひもよらず、いたはりて飼はせけることよ』とて、鞭《むち》にてさんざんに打ちければ、この馬、人のごとくに物いうて、『いかに（どうか）殿もよく聞き給《たま》へ。馬飼さらに（ひどく）食《じき》を惜しみて、腹に飽くほどウ 与へたる事なし。さるままに（だからこそ）力も弱く、こころも勇まず、道も行かれず』とつげ侍《はべ》り」と、古き人の語られし。

（「浮世草子《うきよぞうし》」より）

(4) ウ心が逸った　とあるが、ニコチャンはどのような気持ちになったのか。「スピード」という言葉を使って二十字以内で答えなさい。（句読点を含む。）

(5) エニコチャンはラップを刻む腕時計を止めた　とあるが、このときのニコチャンの気持ちを説明した次の文の［a］・［b］に入る言葉を、文章中からaは九字、bは七字で抜き出して書きなさい。

いまの［a］をこめた走りで、自分を再び陸上へと引き戻してくれた仲間の一人が待つ「［b］」へと還り、順位を上げて襷をつなげたことに満足し、これで陸上選手としては引退だけれども悔いはないと感じている。

(6) この文章の表現の特徴として、最も適切なものを番号で答えなさい。

1 擬態語や擬声語を多用して、ニコチャンの目に映る沿道の情景や耳に入る音声をありありと表現している。
2 ニコチャンが走る様子を中継車の視点から描くことで、読者が中継を見ているような臨場感を出している。
3 倒置の表現を用いて、走りに対する熱い思いを胸に抱いているニコチャンの心情を表現している。
4 体言止めの短文や漢語を多用することで、常に冷静で論理的なニコチャンの思考を印象的に表現している。

かけでは寛政大に遅れを取っているものの、順位としては依然十三位のまま。トップ争いをする六道《りくどう》大と房総《ぼうそう》大も、房総大が首位を譲らず、六道大に一分半以上の差をつけている。三位の大和《やまと》大は、六道大に遅れること三分。

上位校の順位に変動は起こるのか。接戦となった十位③キンペンの大学のなかで、※7シード権を獲得するのはどこなのか。不穏な静けさを秘めて膠着《こうちゃく》するタイム差は、戦いの行方《ゆくえ》をまだなにも語ろうとしなかった。

（三浦《みうら》しをん「風が強く吹いている」より）

[注] ※1 箱根駅伝……東京箱根間往復大学駅伝競走。東京の大手町から神奈川の箱根の間を往復する。
※2 大家……竹青荘の大家が寛政大学駅伝チームの監督を務めている。
※3 余人……当事者以外の人。ほかの人。
※4 機をひとつにして……ここでは「タイミングを同じにして」の意味。
※5 ラップ……途中計時。ここでは一キロメートルごとの計測時間を表している。
※6 繰り上げ……先頭チームから一定以上の差を付けられたチームは、前の走者を待たず次の走者をスタートさせる「繰り上げスタート」となる。従って、見た目上の順位・タイムと、実際の順位・タイムが異なる。
※7 シード権……総合十位以内でゴールしたチームは、翌年の予選が免除される権利を得られる。

(1) ①～③のカタカナの部分を漢字で書きなさい。

(2) ア星のない夜空の下を旅するような とあるが、これと似たイメージを表しているたとえの表現を、文章中から十五字で抜き出して書きなさい。

(3) イ忘れたふりをしてきた とあるが、その理由として、最も適切なものを番号で答えなさい。

1 陸上に未練を残していることを人に知られて、また走らなければならなくなるのを避けたかったから。
2 走るときの歓喜を思い出すと、それと一緒に必ず、走るときの孤独もよみがえって、つらくなるから。
3 過去に味わった気持ちなどすっかり忘れたほうが、再び走ったときに新鮮な喜びを味わえるはずだから。
4 走る喜びなど思い出さないほうが、走りたくても満足に走れないという心の痛みを味わわずに済むから。

いつまでもそれは残るのだから、もういいのだ。いま自分にできるすべてを最後の走りにこめて、ずいぶん長くつづいた競技への物思いは、今日で終わる。

大磯《おおいそ》駅前から国道一号を北にそれ、迂回路《うかいろ》に入った。残り一キロを切ったところで、ニコチャンは前方にはっきりと、中継車の姿を認めた。その陰に、ペースが落ちて後退した前橋工科《まえばしこうか》大の選手が垣間《かいま》見える。同時にニコチャンは、背後に迫るものの気配も感じた。振り向かずともわかる。東体《とうたい》大が追いあげてきたのだ。

ウ心が逸《はや》ったが、ニコチャンはぐっと抑えた。二十キロを走ってきて、体力の消耗が激しい。あせるな。一キロ三分ちょいのペース。それをまだもう少し保たなければ。仕掛けるのは、ラスト三百メートルだ。

ニコチャンは体感を信じた。星がなくても海を渡る鳥のように、正確にリズムを刻んで目的地である平塚中継所へ向かった。中継所からあふれたひとで、沿道の人垣がひときわ厚くなる。前橋工科大の選手は、完全に顎《あご》が上がっているようだ。ここだ、とニコチャンは直感した。

熱を持った筋肉に鞭《むち》打ってスパートをかけ、ニコチャンは猛追を開始する。東体大の選手が※4機をひとつにして、弾《はじ》かれたようにスピードを上げる。喉に薄く血の味がしたが、ニコチャンは全身の軋《きし》みと苦しみに耐えた。中継所のひとの群れが揺れ、キングがライン上に飛びだしてきたのが見えた。前橋工科大の八区の選手、そして東体大の榊《さかき》も、ラインに立った。三人は並んで、駆けこんでくるチームメイトに呼びかける。

ニコチャンは襷をはずした。汗を吸いこみ湿ったそれを、命綱《いのちづな》のように握りしめる。キングだけしか見えなかった。黒と銀のユニフォームだけを視界に入れて、ニコチャンは走った。

定められた場所。俺は、還《かえ》ってきたのだ。

「俺もやるぜ、ニコチャン先輩」

襷を渡されたキングが素早く囁《ささや》き、振り返らずに走りだす。ニコチャンは無言でうなずき、キングの背を押しやった。大手町《おおてまち》のほうへ。

ムサが広げたベンチコートに倒れこみながら、エニコチャンは※5ラップを刻む腕時計を止めた。タイムを競う世界を渡りきったニコチャンには、それはもう必要ないものだった。

ニコチャンの最後の戦績は、二十一・二キロを一時間〇六分二十一秒。区間十二位。

寛政大は平塚中継所を、十二番目で襷リレーした。前橋工科大はその四秒後に、東体大と同着で襷リレー。ニコチャンの奮闘の甲斐《かい》あって、寛政大は※6繰り上げぶんのタイムを加算した実質的な順位も、十五位に上げた。東体大は、見

二 次の文章を読んで、後の(1)～(6)の問いに答えなさい。

ニコチャン、清瀬《きよせ》、走《かける》、キング、ムサら寛政《かんせい》大学の陸上部員十名は、竹青荘《ちくせいそう》というアパートで共同生活をしながら、※1箱根《はこね》駅伝を目指し、何とか出場を果たした。第七区走者のニコチャンは、第八区スタート地点、平塚《ひらつか》中継所で待つキングへ襷《たすき》をつなごうと走っている。

追うべきものの姿は見えず、急《せ》き立て食らいつこうとするものの靴音も聞こえない。ニコチャンは一人、海沿いの国道一号をひた走っていた。

見物客が沿道にひしめく。すぐ後ろには、監督車に乗った※2大家がいる。十五キロの地点では、寛政大のジャージを着て待ちかまえていた給水要員が、前後の選手とのタイム差を①オシえてくれた。それでもニコチャンは、一人だった。海風に千切《ちぎ》れる歓声を励《はげ》みに、「三分ちょいのペースを守れ」という清瀬の指示を脳髄《のうずい》に木霊《こだま》させて、黙々と走るしかなかった。

そうだ、このさびしさが長距離だ。ニコチャンは思う。ア星のない夜空の下を旅するような孤独と自由。限界まで上がった心拍数を、冷える間もなく発熱する汗に濡《ぬ》れた肌を、血流と連動する筋肉のうねりを、ニコチャン以外のだれも知ることができない。定められた道のりを走り抜け、定められた場所にたどりつくまで、だれに触れられることもなく、ニコチャンは一人、※3余人の理解が及ばぬ戦いをつづけなければならない。

俺はずっと忘れていた。イ忘れたふりをしてきた。こうして走ることの切なさと歓喜を。思い出させてくれたのは、再び味わえる場に②ミチビいてくれたのは、竹青荘の住人たちだ。かつて、陸上をやめたその瞬間から、俺はずっと待っていた。もう一度、機会が与えられることを。陸上に適さぬ俺の肉体を知ったうえで、走ることを愛する俺の魂を、求め、欲してくれる存在を。走ってもいいのだと言ってくれる声を。

これが選手としての最後の走りになると、ニコチャンはわかっていた。競技選手への道はニコチャンには開かれない。激しい練習についていき、なおかつこれ以上の成果を上げるのは、ニコチャンには難しい。

ニコチャンは選ばれなかったし、祝福されなかった。もしいるのだとするなら、陸上の神とでもいうべきものに。走を身近で見ていれば、いやでもわかる。走のように、選ばれ祝福されたランナーになりたいものだと、ニコチャンは心から願ったが、それは果たされるべくもない望みだ。

でも、まあいいじゃねえか、とニコチャンは思う。選ばれなくても、走りを愛することはできる。抑えがたく愛《いと》しいと感じる心のありようは、走るという行為がはらむ孤独と自由に似て、ニコチャンの内に燦然《さんぜん》と輝く。それを手に入れられたのだから、

(4) ウ本はその先駆でした　とあるが、どういうことか。それを説明した次の文の[a]・[b]に入る言葉を、文章中からaは二字、bは五字で抜き出して書きなさい。

記号などを使ってただの[a]に移し替えた他人の体験や考えを、まるで[b]のように感じたり理解したりできるという、ヴァーチャルの世界へ行ける道具として初めて発明されたのが本であったということ。

(5) エ考えるという行為は、3D映画を見るために掛ける偏光眼鏡とも似ています　とあるが、これはどういうことをたとえて説明しているのか。次の文の□に入る言葉を、文章中から十字で抜き出して書きなさい。

3D映画では偏光眼鏡をかけることで初めて映像が飛びだして見えるのと同じように、読書をするときも、考えるという行為をすることで初めて、書かれた内容が□ということ。

(6) カ良い本を探して読むということは、つまり、そういうことなのです　とあるが、どういうことか。次の文の□に入る言葉を、「頭脳」という言葉を使って二十五字以内で答えなさい。(句読点を含む。)

良い本を読めば、自分より□ということ。

※5　メディア……情報伝達を媒介するもの。ここでは紙以外で本を読むことのできる電子書籍端末などを指す。

(1) ——①～——③の漢字の読みをひらがなで書きなさい。

(2) アこれは一種の「たとえ話」であって、もともとはぜんぶ実体がないのです　とあるが、どういうことか。最も適切なものを番号で答えなさい。

1　ウソを真実のように書いているのではなく、言葉で記された時点ですべて本来のリアリティを失っているということ。

2　すべての本がウソを真実のように書いているわけではなく、正しく真実を記している本もあるということ。

3　本を読んで真実を見分けられなくても、本というのはすべてウソを書くものだと疑いながら読むほうがよいということ。

4　文字を用いて書かれる本は、映画とは違って三次元の現実世界を表すことができないということ。

(3) [イ]・[オ]に入る言葉の組み合わせとして、最も適切なものを番号で答えなさい。

1　**イ**　ですから　**オ**　なぜなら

2　**イ**　でも　**オ**　たとえば

3　**イ**　つまり　**オ**　あるいは

4　**イ**　ところが　**オ**　または

くれます。

人の体験を自分のものとして受け取ることもでき、他人の失恋で自分も泣くことができるようになります。それでも本気で涙が出てくるのですから、現実の失恋とどれほどの違いがあるというのでしょうか。

もっといいことには、他人が思いついた名案や発明も、自分のものとして理解することができます。自分でその成果を使うことができます。こうして、私たちはヴァーチャルの世界を自由に活用することができるようになったのです。

ウ本はその先駆※2でした。コンピューターはその最新形です。ひょっとすると将来は、私たちの脳がIT回路でつながれ、自分がしてもいない体験をダイレクト※3に自分のものにできるようになるかもしれません。

読書というのは、本が持つそのような全宇宙の「知」を、翻訳して自分の中に取り込むことといえます。この世では見えないものを見えるようにし、この世では不可能なことを可能にして体験する、そういうゲームなのです。

ですから、脳の力を②極限まで活用できるエクササイズともいえます。それが、「考えること」なのです。エ考えるという行為は、3D映画を見るために掛ける偏光眼鏡とも似ています。これを掛けないで3D映画を観ても、色がずれたピンボケ映像が見えるだけですが、眼鏡をかければ映像は飛びだしてきます。とたんにリアリティを発揮するのです。

もう一つ、本は、現実界に存在した制約や壁を飛び越える力を、私たちに与えてくれます。

［オ］小説は、その決定的なお手本といえましょう。小説に描かれる主人公にあなたが魅力を感じ、その人物と一体化して物語に没入すると、あなたの意識を物語や主人公の意識の中に③潜り込ませることができます。これをエレクトロニクス※4とコンピューターで五感化したものが、映画でありロールプレイイング・ゲームです。でも、同じことを本は紙やメディア※5でやってしまうのですから、じつに有能な機械といえます。

本を読めば、そこでルールや意識が置き換えられ、他人の心にはいることができ、人間以外の物にさえ入り込むことができます。だとすれば、自分より賢い人の頭脳に入り込むのが上策でしょう。その賢い頭を通してものを考えなおすことができ、分からなかったこともわかるようになりますから。

カ良い本を探して読むということは、つまり、そういうことなのです。

言葉がヴァーチャルな情報だからこそ可能となるわけです。

（荒俣宏《あらまたひろし》「喰《く》らう読書術　一番おもしろい本の読み方」より）

［注］※1　ヴァーチャル……仮想的。疑似的。　※2　先駆……他に先立って物事をすること。
※3　ダイレクトに……直接。　※4　エレクトロニクス……電子工学。

二〇二三年度
水戸葵陵高等学校（推薦）

【国　語】（五〇分）〈満点：一〇〇点〉

一　次の文章を読んで、後の(1)~(6)の問いに答えなさい。

べつに本を読まなくても死ぬことはないし、幸せになれない訳でもありません。

むしろ、本を読むという労力と時間のロスを考えた場合、限りある人生としては、その分何かを諦《あきら》めねばならないのが、実情というところでしょう。

ただ、読書には、そういう諦めや犠牲を払ってでも体験せずにいられない①魅力というか、魔力があることも確かなのです。果たして本とはどのような存在であるのか、ここらで本の「本質」をじっくりと分析するのも無駄ではありますまい。

本の特性の第一は、ウソをほんとうであるかのように体験させる力があることです。ウソとホントの区別がつかないことで知の威力が倍増するのです。でも、ご安心ください、アこれは一種の「たとえ話」であって、もともとはぜんぶ実体がないのです。本もそうですが、もっとわかりやすいのは映画です。あれは映像ですから、私たちがいる三次元空間とは別の世界です。いえ、三次元空間の「影」といったほうがいいかもしれません。［イ］、人間の眼《め》は、厚みのない影を見ても、それが現実世界の3Dだと信じることができるんですね。

本は、映像のかわりに、記号を使って「影」を見せます。この延長上にコンピューターがあります。コンピューターはあらゆる現象（イメージ、音、概念など）を0と1の二つの記号を組み合わせて表現できます。機械語です。コンピューターはこの機械語を読んで、人間の言葉や目に見える映像に翻訳するのです。

ですから、言葉や映像やコンピューター言語で表された物と事は、本来のリアリティをすべて失っています。ただの情報に移し替えられてしまっているのです。

そのかわり、実体物という属性がなくなりますから、たとえば海中とか宇宙の外へも、持って出ることができます。しかも※1ヴァーチャルですから、どんな危険な目にあっても死ぬことはありません。実に便利な道具で、私たちの活動範囲を大きく広げて

2023年度／水戸葵陵高等学校（推薦）

英語解答

1 (1) イ　(2) ア　(3) ウ　(4) ア
(5) エ

2 (1) ウ　(2) エ　(3) イ

3 (1) イ　(2) ア　(3) エ　(4) ウ
(5) エ　(6) イ

4 (1) could　(2) taken
(3) studying　(4) told
(5) sure

5 (1) don't have〔need〕 to speak
(2) girl playing the piano
(3) wish I had a

6 (1) ウ　(2) エ→イ→ア→オ→ウ
(3) ① uncle's　② seafood

7 (1) ウ
(2) (例)自分の母からいくつかもらった
(3) イ，エ
(4) ① (例) (She finished it) On her mother's birthday.
② (例) She thinks (that) (doing) it is important.

数学解答

1 (1) -6　(2) -8　(3) $15x^2y^3$
(4) $10x+4y$　(5) $7\sqrt{2}$

2 (1) $(x-9y)^2$　(2) 0.2　(3) $\frac{4}{21}$
(4) 62°　(5) 68

3 (1) $y=10x+40$　(2) $\frac{41}{3}$分後

4 (1) $y=-\frac{3}{2}x-4$　(2) $\frac{30}{7}$

5 (例)△BDFと△BEFにおいて，仮定から，AC＝BC……①，BD＝BE……②　共通な辺だから，BF＝BF……③　①より，△ABCは二等辺三角形だから，∠CAB＝∠DBF……④　AC∥EBより，平行線の錯角は等しいから，∠CAB＝∠EBF……⑤　④，⑤より，∠DBF＝∠EBF……⑥　②，③，⑥から，2組の辺とその間の角がそれぞれ等しいので，△BDF≡△BEF

6 (1) 2：1　(2) $\frac{4000}{27}$ cm³

国語解答

一 (1) ① みりょく ② きょくげん
③ もぐ
(2) 1 (3) 2
(4) a 情報 b 自分のもの
(5) リアリティを発揮する
(6) 賢い人の頭脳を通してものを考え直すことができる(23字)

二 (1) ① 教 ② 導 ③ 近辺
(2) 星がなくても海を渡る鳥のように
(3) 4
(4) ここでスピードを上げたいという気持ち。
(5) a 自分にできるすべて
b 定められた場所
(6) 3

三 (1) きわめて (2) 3 (3) 馬飼
(4) 4

四 (1) 形容詞 (2) 2 (3) 4
(4) 手 (5) 3 (6) 4

2022年度 水戸葵陵高等学校

【英　語】（50分）〈満点：100点〉

1　次の(1)～(4)は，放送による問題です。それぞれ放送の指示にしたがって答えなさい。

リスニングテストの音声は，当社ホームページで聴くことができます。（実際の入試で使用された音声です）
再生に必要なユーザー名とアクセスコードは「収録内容一覧」のページに掲載しています。

(1)　これから，No. 1からNo. 5まで，五つの英文を放送します。放送される英文を聞いて，その内容に合うものを選ぶ問題です。それぞれの英文の内容に最もよく合うものを，ア，イ，ウ，エの中から一つ選んで，その記号を書きなさい。

No. 1

No. 2

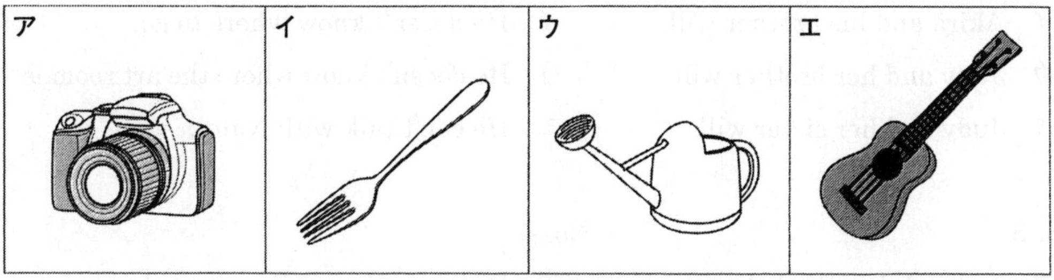

No. 3

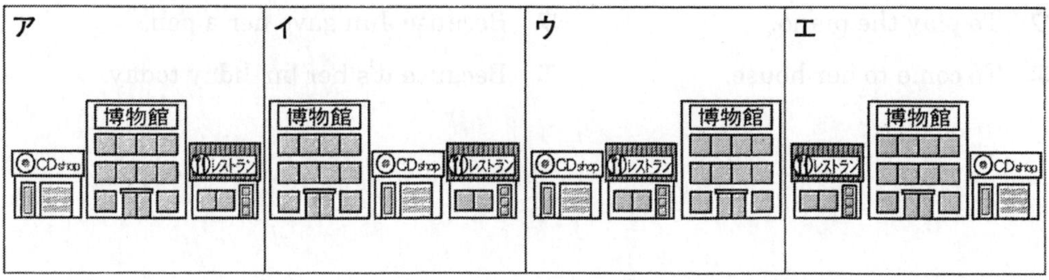

No. 4

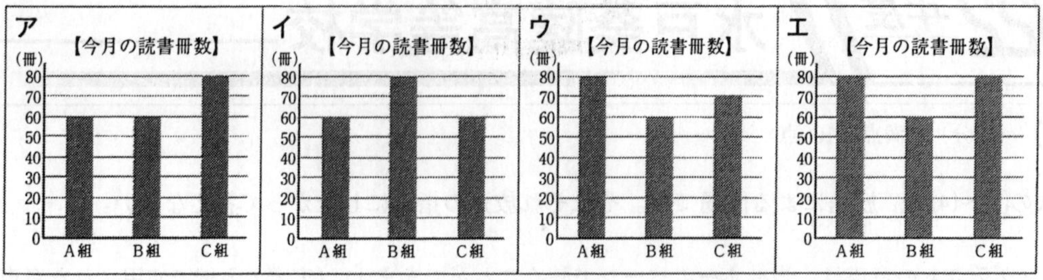

No. 5

(2) これから，No. 1からNo. 4まで，四つの対話を放送します。それぞれの対話のあとで，その対話について一つずつ質問します。それぞれの質問に対して，最も適切な答えを，ア，イ，ウ，エの中から一つ選んで，その記号を書きなさい。

No. 1

ア Akira and Judy will.
イ Akira and his brother will.
ウ Judy and her brother will.
エ Judy and her sister will.

No. 2

ア He can't use a computer.
イ He doesn't know where to go.
ウ He doesn't know where the art room is.
エ He can't talk with Nami.

No. 3

ア To teach her English.
イ To call her this evening.
ウ To play the piano.
エ To come to her house.

No. 4

ア Because Jun studies every day.
イ Because Jun uses the pen she gave him.
ウ Because Jun gave her a pen.
エ Because it's her birthday today.

(3) これから，ナオキ(Naoki)と友達のジェーン(Jane)との対話を放送します。そのあとで，その内容について，Question No. 1とQuestion No. 2の二つの質問をします。それぞれの質問に対して，最も適切な答えを，ア，イ，ウ，エの中から一つ選んで，その記号を書きなさい。

No. 1

ア Because she won the championship in the local tennis tournament.
イ Because she has been practicing tennis for eight years.
ウ Because she practices tennis every day.
エ Because she can sing songs very well.

No. 2

ア For two hours.
イ For two hours and thirty minutes.
ウ For three hours.
エ For three hours and thirty minutes.

(4) ミカ(Mika)のクラスの授業で，ウェスト先生(Mr. West)が生徒たちに話をしています。これからその内容を放送します。ウェスト先生の話の内容について正しいものはどれですか。下のア，イ，ウ，エの中から一つ選んで，その記号を①に書きなさい。

また，あなたがミカの立場なら，ウェスト先生の質問に対して何と答えますか。英語1文で②に書きなさい。

① ウェスト先生の話の内容について正しいもの

ア Mr. West's class will be visited by some students from Australia next month.
イ The students in Mr. West's class will show something to students in Australia.
ウ The students will read books about Australia in Mr. West's class next week.
エ The students must speak only English in Mr. West's class next week.

② ウェスト先生の質問に対する答え

(　　　　　　　　　　　　　　　　　　　　　　　　　　　　　　　　　)

これで，放送による聞き取りテストを終わります。続いて，問題2に進みなさい。

※ 放送による問題の放送文は，英語の問題の終わりに付けてあります。

2 次のAとBの英文は，イギリスに住む中学生のルーシー(Lucy)と，日本に住む中学生の早紀(Saki)がやり取りしたメールです。それぞれの英文を読んで，下の(1)，(2)の問いに答えなさい。

A

Hi, Saki.
How are you? You asked me about my town in your e-mail, so I'll write about it. My town has a long history. There are some shops ①(sell) traditional clothes here. In some restaurants, we can eat some traditional ②(dish). Last month, I ③(begin) to learn how to cook them from my mother. It's a lot of fun. I also enjoy studying about my town on the Internet. I like studying history the best. What do you like studying the best?

B

Hi, Lucy.
Thank you for your e-mail. I'll answer your question. My favorite ④(s　　) is science. I'm in the science club, and I ⑤(h　　) a great time there. I also go to the school library to ⑥(b　　) books about science.

(1) Aの英文が完成するように，文中の①～③の(　　　)の中の語を，それぞれ1語で適切な形に直して書きなさい。

(2) Bの英文が完成するように，文中の④～⑥の(　　　)内に，最も適切な英語を，それぞれ1語ずつ書きなさい。なお，答えはすべて(　　　)内に示されている文字で書き始めるものとします。

3 次の(1)，(2)の問いに答えなさい。

(1) 次の英文は，ある学校の英語新聞の記事の一部です。この記事が伝えている内容として最も適切なものを，下のア～エの中から一つ選んで，その記号を書きなさい。

We can see *pictograms in a lot of *facilities like parks, hospitals, and stadiums. Pictograms show us a lot of necessary information. For example, they show us where a toilet or an elevator is. Words can show us the information, too, but pictograms show it to us more quickly. By looking at pictograms, we can use the facilities without any problems.

* pictogram 絵文字　facility 施設

ア Reading words is more important for us than looking at pictograms.

イ It's not good for us to get the necessary information from pictograms.

ウ Pictograms help us use a lot of facilities without any problems.

エ Pictograms can't show us the necessary information as well as words.

(2) 次の英文中の □ には，下のア～ウの三つの文が入ります。意味の通る英文になるように，ア～ウの文を並べかえて，記号で答えなさい。

I have a friend who has a cat. Last month, she said to me, "This weekend, my grandmother will stay at my house. She doesn't like cats. Could you take care of my cat at your house that day?" □ Now we are thinking about having a cat at home.

ア So we enjoyed giving it food and playing with it that weekend.

イ My family and I like cats, so I said, "OK."

ウ I also asked her a lot about her cat and learned how to take care of it from her.

4　高校生のタク(Taku)とアメリカからの留学生のアンディ(Andy)が，次のページの語学学校(language school)のウェブサイトを見ながら話をしています。下の対話文を読んで，(1)と(2)の問いに答えなさい。

Taku : Hi Andy. What are you doing?

Andy : I'm reading the English website of a language school. There are teachers of (①) languages there. One of them is *Spanish. I studied it for a year when I was in America.

Taku : Do you want to study it again?

Andy : Yes. I can enjoy daily *conversation. But I'm going to study it more because I want to work in *Spanish-speaking countries in the future.

Taku : I see. Do you want to get some *qualifications?

Andy : No. I'm not thinking about it now. I want to practice business conversation. So I think (②) is the best for me.

Taku : [　　　　] need to take it?

Andy : Class *fees are written here. I'll need 20,000 yen *per month. Well, I'll have two classes every week. Taku, are you interested in this English course? I know you want to (③). Look at this *class schedule. If you take the course, we can go to the language school together on Saturdays.

Taku : You're right. I want to take it.

Andy : Oh, but each class of Course C is (④) minutes long. It ends at three thirty on Saturdays. We can't go home together. You practice the guitar at a guitar school near your house from five o'clock on Saturdays, right?

Taku : Don't worry. If we leave the language school at four o'clock, we can get to Minami Station at (⑤). I can get to the guitar school *by five o'clock. So I'll wait for you *until your class ends.

Andy : Thank you.

* Spanish スペイン語　conversation 会話
Spanish-speaking スペイン語を話す　qualification 資格　fee 料金
per～ ～あたり　class schedule 時間割　by～ ～までに
until～ ～まで

Aoba Language School

We have been giving a lot of people good language lessons for fifty years. You can study English, Chinese, and Spanish at our school. Our school is in Aoba-machi. It's a ten-minute walk from Minami Station. It's a twelve-minute walk from Kita Station.

Courses and fees

Course	For	Fee (per month)
A	people who want to practice daily conversation	10,000
B	people who want to practice business conversation	20,000
C	students who want to study abroad	12,000
D	people who want to get qualifications	18,000

English Class Schedule

Course	Monday	Tuesday	Wednesday	Thursday	Friday	Saturday
A	17:00-17:50			17:00-17:50		
B		18:00-19:30			18:00-19:30	
C			17:30-18:30			14:30-15:30
D				18:00-19:30		16:00-17:30

Chinese Class Schedule

Course	Monday	Tuesday	Wednesday	Thursday	Friday	Saturday
A		17:00-17:50			17:00-17:50	
B	18:00-19:30					18:00-19:30
C		17:30-18:30				14:30-15:30
D			18:00-19:30			13:00-14:30

Spanish Class Schedule

Course	Monday	Tuesday	Wednesday	Thursday	Friday	Saturday
A			17:00-17:50		16:00-17:30	
B		18:00-19:30				14:30-16:00
C	17:30-18:30					14:30-15:30
D		18:00-19:30		18:00-19:30		

(1) 対話文の(①)～(⑤)に入る最も適切なものを，ア～エの中からそれぞれ一つ選んで，その記号を書きなさい。

① ア one　イ two　ウ three　エ four

② ア Course A　イ Course B　ウ Course C　エ Course D

③ ア study Chinese　イ be a tennis player in the future
　ウ work in your city　エ study in America in the future

④ ア thirty　イ fifty　ウ sixty　エ ninety

⑤ ア four ten　イ four fifteen　ウ four twenty　エ four twenty-five

(2) 対話の流れに合うように，文中の［　　　］に入る適切な英語を，３語以上，６語以内で書きなさい。

5 下の英文を読んで，次のページの(1)～(4)の問いに答えなさい。

Yuri was a junior high school student. Her grandfather lived near her house. She liked him very much. When she was a small child, she often read books with him. He always helped her when she had some problems. For example, when she *quarreled with her friends, she told him about that. Then, he gave her a lot of good advice, so she *reconciled with her friends. When she started to study English in her elementary school, she *was not good at it. It was difficult for her. Her grandfather was an English teacher when he was young, so he helped her study it. Thanks to him, she started to understand it. [1] *In this way, she was always helped by her grandfather, so she hoped to help him someday.

One day in September, Yuri's grandfather's dog, Taro, *got out of his house and went *somewhere. He was very sad about that. Yuri was sad to see his sad face. She wanted to do something for him, so she decided to look for Taro. She made a poster that had some information about Taro and put it on the *board at her school. She also told her classmates about Taro in the homeroom. She said, "If you see a black dog wearing a white *collar, please tell me about that." She went to many places to look for Taro after school every day. [2] Her classmates looked for him, too, but she didn't get any information from them. Her father said to her, "You don't have to look for Taro *anymore. I think you should stop it. It's difficult for you to find him." But she said, "I want to see grandfather's happy face. I will never stop looking for Taro."

Two weeks later, when Yuri was walking near a park on Sunday morning, she saw something black in the park. She thought it was Taro, so she went into the park. The black thing was Taro. [3] She said, "Taro! Come here!" Taro looked at her and came to her. She said to him, "Where have you been? We have worried about you." Then, she took Taro to her grandfather's house.

Yuri's grandfather was very excited to see Taro. He started to cry. He said to her, "Thank you very much. I'm so happy now." [4] She was also happy to hear that and said, "You're welcome. You have helped me since I was small. Helping you was my dream. Today, I *realized it! I'm very happy, too."

* quarrel with～ ～と口論する　reconcile with～ ～と仲直りをする
be good at～ ～が得意である　in this way このように
get out of～ ～から出る　somewhere どこかに　board 掲示板
collar 首輪　anymore これ以上　realize～ ～を実現する

(1) 本文の内容に合う文を，次のア～クの中から三つ選んで，その記号を書きなさい。

ア Yuri's grandfather gave her a lot of good advice when she quarreled with her friends.

イ Yuri's father is an English teacher, and he helps her study it.

ウ Yuri's grandfather wanted her to help him, but she told him that she couldn't do that.

エ Yuri put a poster that had some information about her school on the board.

オ Yuri's grandfather had a black dog wearing a white collar, and the dog went somewhere in September.

カ Yuri's classmates gave her some information about Taro, so she was happy.

キ Yuri's father told her to stop looking for Taro anymore.

ク Yuri's grandfather cried when he realized his dream.

(2) 次の文は文中の［ 1 ］～［ 4 ］のどの位置に入るのが最も適切か，番号で答えなさい。

She did that all day on weekends, but she could not find him.

(3) 次の①，②の質問に，それぞれ指定された語数の英語で答えなさい。ただし，符号（ , . ? ! など）は，語数には含まないものとします。

① What did Yuri often do with her grandfather when she was a small child?（3語以上）

② Where was Taro when Yuri found him?（3語以上）

(4) 次の対話文は，本文を読んだ先生と生徒とのものです。①，②に入る英文をあなたの立場で，それぞれ8語以上12語以内で書きなさい。ただし，符号（ , . ? ! など）は，語数には含まないものとします。

Teacher : What is a good way to look for a dog? Tell me your ideas.
Student : （ ① ）
Teacher : I see. That's a good way. Do you want to make people around you happy?
Student : Yes, I do.
Teacher : How do you want to do that?
Student : （ ② ）
Teacher : That's very good.

6 以下の英文は，あなたが友人のサム(Sam)からもらったメールの一部です。サムの質問に対するあなたの答えを，英語30語以上，40語以内で答えなさい。なお，記入例にならい，符号(, . ? ! など)は，その前の語につけて書き，語数には含まないものとします。

【あなたがサムからもらったメールの一部】

> Now a lot of people use the Internet. Some people say that it is good. And other people say that it is bad. What do you think about using the Internet? I want to know your opinion about it.

記入例				
	Are	you	Ms.	Brown?
	No,	I'm	not.	

30

40

＜放送による問題放送文＞

ただいまから 1 の，放送による聞き取りテストを行います。問題は(1)から(4)までの四つです。放送中メモを取ってもかまいません。

それでは(1)の問題から始めます。

(1) これから，No. 1からNo. 5まで，五つの英文を放送します。放送される英文を聞いて，その内容に合うものを選ぶ問題です。それぞれの英文の内容に最もよく合うものを，ア，イ，ウ，エの中から一つ選んで，その記号を書きなさい。

それぞれの英文は，2回放送します。

では，はじめます。

No. 1　My mother is cutting a cake.

繰り返します。

No. 2　We use this when we give plants water.

繰り返します。

No. 3　You can see a restaurant on the right side of the museum, and you can see a CD shop on the left side of the museum.

繰り返します。

No. 4　Class A read as many books as Class C this month.　Both A and C classes read more books than Class B.

繰り返します。

No. 5　Yuji will have tests for three days this week.　The first day is Monday.

繰り返します。

これで(1)の問題を終わります。

次に，(2)の問題に移ります。

(2)　これから，No. 1からNo. 4まで，四つの対話を放送します。それぞれの対話のあとで，その対話について一つずつ質問します。それぞれの質問に対して，最も適切な答えを，ア，イ，ウ，エの中から一つ選んで，その記号を書きなさい。

対話と質問は，２回放送します。

では，はじめます。

No. 1

A：Will you go to the winter festival tomorrow, Akira?

B：No, Judy.　I'll go there with my brother today.　I'll be busy tomorrow.

A：I see.　My sister told me to take her there tomorrow, so I will.

B：You can listen to traditional music there tomorrow.

Question：Who will go to the festival tomorrow?

繰り返します。

No. 2

A：Hi, John.　Where are you going?

B：Hi, Nami.　I'm going to the art room.　Is it near the music room?

A：No.　It's near the computer room.　I'll take you there.

B：Thank you.　I've never been there.

Question：What is John's problem?

繰り返します。

No. 3

A：Do you have time after school today, Paul?

B：No, Aya.　I have to go to my piano teacher's house at four.　Sorry.

A：I see.　I have some questions about English.　Can I call you this evening?

B：Sure.　I'll come back home at about five.

Question：What does Aya want Paul to do?

繰り返します。

No. 4

A： Oh, you are using the pen I gave you on your birthday, Jun.

B： Yes, Sally. I like it very much. I use it every day.

A： I'm happy to hear that.

B： I always use it when I study at home, so my sister says to me, "I want a pen like yours."

Question： Why is Sally happy?

繰り返します。

これで(2)の問題を終わります。

次に，(3)の問題に移ります。

(3) これから，ナオキ(Naoki)と友達のジェーン(Jane)との対話を放送します。そのあとで，その内容について，Question No. 1 とQuestion No. 2 の二つの質問をします。それぞれの質問に対して，最も適切な答えを，ア，イ，ウ，エの中から一つ選んで，その記号を書きなさい。

対話と質問は，２回放送します。

では，はじめます。

Naoki： Jane, did you hear the news about Kayo?

Jane ： Yes, Naoki. She won the championship in the local tennis tournament last Saturday. She is really great.

Naoki： I think so, too. I hear she has been playing it for eight years.

Jane ： Yes. I have been playing it for two years, but I can't play it well. I wish I were a good player like her.

Naoki： Oh, I think you are a good player. I know you practice tennis every day, so I respect you.

Jane ： Really? Thank you. You practice singing in the music club, right?

Naoki： Yes. We practice from three thirty to six on Fridays.

Jane ： I see. I like listening to your songs very much.

Naoki： Thank you. I'll practice harder.

Questions：

No. 1 Why does Naoki respect Jane?

No. 2 How long does Naoki practice singing in the music club every Friday?

繰り返します。

これで(3)の問題を終わります。

次に，(4)の問題に移ります。

(4) ミカ(Mika)のクラスの授業で，ウェスト先生(Mr. West)が生徒たちに話をしています。これからその内容を放送します。ウェスト先生の話の内容について正しいものはどれですか。下のア，イ，ウ，エの中から一つ選んで，その記号を①に書きなさい。

また，あなたがミカの立場なら，ウェスト先生の質問に対して何と答えますか。英語１文で②に書きなさい。

英文は，２回放送します。

では，はじめます。

Next week, you will talk with some students in Australia on the Internet in my class. They are interested in Japanese culture. So please bring something to show them. You can use pictures, books, and many other things when you tell them about Japanese culture. They have been practicing Japanese for a year, so they can speak it. You will talk with them in Japanese and English. They are also interested in this school, so they will ask you about our school. What do you want to tell them about our school? Please think about that.

繰り返します。

これで，放送による聞き取りテストを終わります。続いて，問題 2 に進みなさい。

【数　学】（50分）〈満点：100点〉

1　次の各問に答えなさい。

（1）　A中学校の3年1組，2組，3組の3つのクラスは，3日間にわたって，公園でペットボトルや空き缶のごみを集めた。下の**表**は，それぞれのクラスが集めたペットボトルや空き缶のごみの個数について，10個を基準とし，基準より多い場合は正の数，基準より少ない場合は負の数で表したものである。

このとき，ア　に当てはまる数を書きなさい。

表

クラス	1日目	2日目	3日目	3日間で集めたペットボトルや空き缶のごみの合計〔個〕
3年1組	＋2	－1	－5	26
3年2組	－3	0	＋2	29
3年3組	＋2	－1	＋5	ア

（2）　下の**図**のように，1辺の長さが5cmの正方形ABCDがある。この正方形ABCDの4すみから，1つの面積が3cm^2である4つの合同な直角三角形を取り除いて，新しく正方形をつくる。

このとき，新しくつくった正方形の1辺の長さを求めなさい。

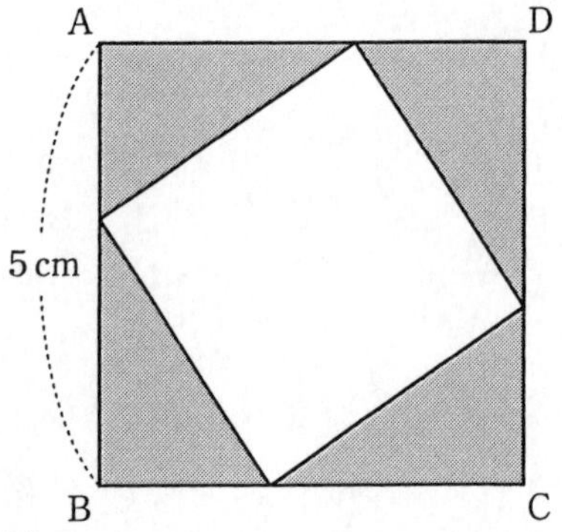

図

(3)　160cmのひもから15cmのひもをx本切りとったときの残りの長さはy cmになった。

この数量の関係を表した等式としてもっとも適切なものを，次のア～エの中から一つ選んで，その記号を書きなさい。

ア　$15x+160=y$

イ　$15x-160=y$

ウ　$160-15x=y$

エ　$160+15x=-y$

(4)　花子さんは，下の図の線分ＡＢを直径とする円をかくために，円の中心Ｏを作図しようと考えた。

このとき，線分ＡＢを直径とする円の中心Ｏを作図によって求めなさい。

ただし，作図に用いた線は消さずに残しておくこと。

図

2　次の各問に答えなさい。

（１）「連続する３つの奇数の和に３を加えると，６の倍数になる」
このことを次のように説明した。

> **（説明）**
> nを整数とすると，連続する３つの奇数は小さい順に，$2n-1$，[ア]，[イ]と表すことができる。
> ここで，
> $(2n-1)+($[ア]$)+($[イ]$)+3=6($[ウ]$)$
> [ウ]は整数だから，$6($[ウ]$)$は６の倍数である。
> したがって，連続する３つの奇数の和に３を加えると，６の倍数になる。

このとき，上の[ア]～[ウ]に当てはまる式を，それぞれ書きなさい。

（２）太郎さんは，**図**のように，長方形の厚紙を用いて，下の３つの条件①～③を満たすようなふたのない直方体の箱をつくった。ただし，厚紙の縦の長さは6 cmより長く，厚さは考えないものとする。

> **（条件）**
> ①　長方形の厚紙は，横の長さが縦の長さより5 cm長い。
> ②　長方形の厚紙の４すみから，１辺の長さが3 cmの正方形を取り除く。
> ③　直方体の箱の容積は，312cm^3である。

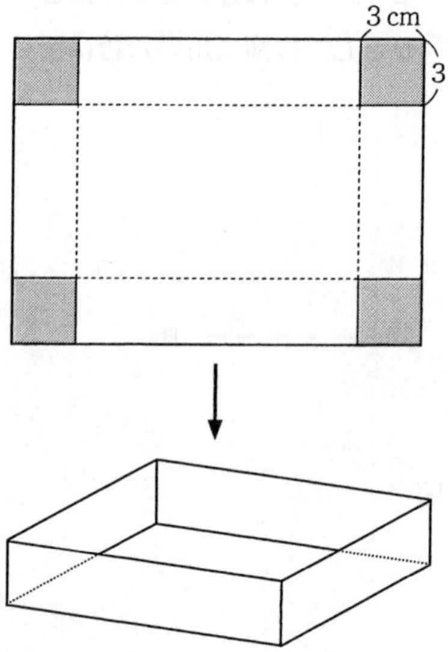

図

縦の長さをx cmとして方程式をつくると，次のようになる。

[ア]$=312$

したがって，この方程式を解くと，$x=$[イ]，[ウ]となる。
$x=$[イ]は，縦の長さとしては適していないから，縦の長さは[ウ]cmである。

このとき，上の[ア]には当てはまる式を，[イ]，[ウ]には当てはまる数を，それぞれ書きなさい。

（3） 下の図で，関数 $y=2x$ のグラフと関数 $y=ax^2$ のグラフの交点のうち，原点Oではないものを点Aとする。点Aの x 座標は4であり，関数 $y=ax^2$ のグラフ上の点Bの x 座標は -2 である。

このことから，a の値は［ア］であり，直線ＡＢの式は，$y=$［イ］である。

このとき，上の［ア］には当てはまる数を，［イ］には当てはまる式を，それぞれ書きなさい。

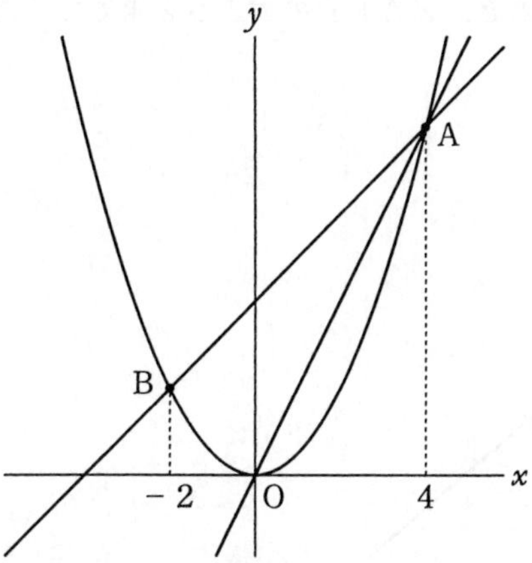

図

（4） 花子さんは，春と冬のそれぞれにおいて，ある地点での１日の最高気温から最低気温をひいた気温差を調査した。下の**表１**は春の25日間の気温差を，**表２**は冬の20日間の気温差を度数分布表に表したものである。これらの度数分布表をもとに，気温差が大きい季節を選ぶとする。また，春，冬の気温差の平均値はいずれも10.9度である。

表１　春の気温差

気温差(度)	日数(日)
以上　未満 4 ～ 7	5
7 ～ 10	7
10 ～ 13	5
13 ～ 16	4
16 ～ 19	4
計	25

表２　冬の気温差

気温差(度)	日数(日)
以上　未満 4 ～ 7	4
7 ～ 10	3
10 ～ 13	7
13 ～ 16	5
16 ～ 19	1
計	20

このとき，あなたならどちらの季節の気温差が大きいと判断しますか。春，冬のどちらか一方を選び，その理由を，最頻値(モード)または気温差が13度以上の度数の割合を比較して説明しなさい。

3　先生と太郎さんと花子さんの次の会話を読んで，あとの（**1**）～（**3**）の問いに答えなさい。

（先生と太郎さんと花子さんの会話）

先生：下の**図1**のように，円の周上に４点Ａ，Ｂ，Ｃ，Ｄがあり，４点をそれぞれ結びます。
次に，線分ＣＤを点Ｄの方向に延長した直線上に点Ｅをとり，点Ａと点Ｅを結びます。
このとき，線分ＡＣと線分ＢＤとの交点をＦとします。
この図形について考えましょう。
ＡＤ＝ＣＤ，∠ＢＣＡ＝45°，∠ＣＤＡ＝76°のとき，∠ＡＦＤの大きさを求めてください。

太郎：先生，∠ＡＦＤの大きさは［ア］です。

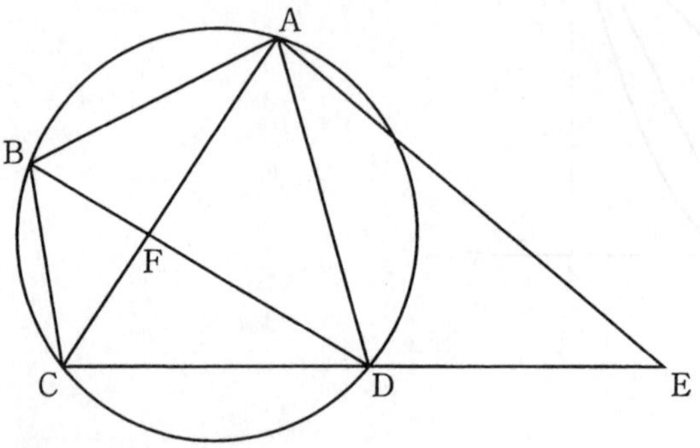

図1

先生：そのとおりです。よくできましたね。
では次に，下の**図2**のようにＡＥ∥ＢＤである場合を考えましょう。

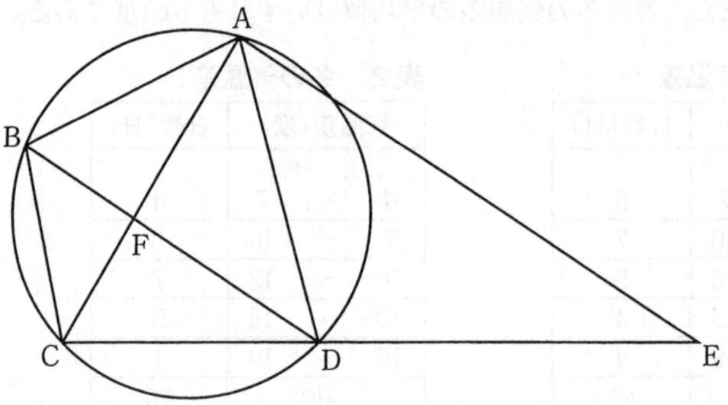

図2

花子：このとき，△ＡＢＣ∽△ＥＤＡが成り立ちそうね。

先生：では，花子さん，証明を書いてください。

花子：はい。次のように証明できます。

(花子さんの証明)

イ

先生：そのとおりです。よくできましたね。

では，**図2**において，ＡＣ＝15cm，ＡＥ＝25cm，ＣＤ＝12cm，ＤＥ＝18cmとして，線分ＢＦの長さを求めてみましょう。

太郎：はい，長さを求めると［ウ］cmになりました。

先生：そのとおりです。よくできましたね。

（１）　会話中の［ア］に当てはまる角の大きさを求めなさい。

（２）　会話中の［イ］に当てはまる証明を書きなさい。

（３）　会話中の［ウ］に当てはまる数を求めなさい。

4 花子さんは自転車で自宅を出発し，自宅から2000mの道のりにある書店へ分速200mで向かい，書店に到着した。書店に15分間滞在した後に書店を出発し，分速240mで自宅に向かった。自宅へ向かう途中で自転車が故障したため，自転車が故障した地点に６分間止まった後，分速80mで自転車を押して歩いて自宅に向かい，自宅を出発してから46分後に帰宅した。また，花子さんの弟の健太さんは，花子さんが自宅を出発してから２分後に書店を自転車で出発し，分速200mで花子さんと同じ道を通って帰宅した。

下の**図**は，花子さんが自宅を出発してからx分後の自宅から花子さん，健太さんのそれぞれがいる地点までの道のりをymとして，xとyの関係をグラフに表したものである。

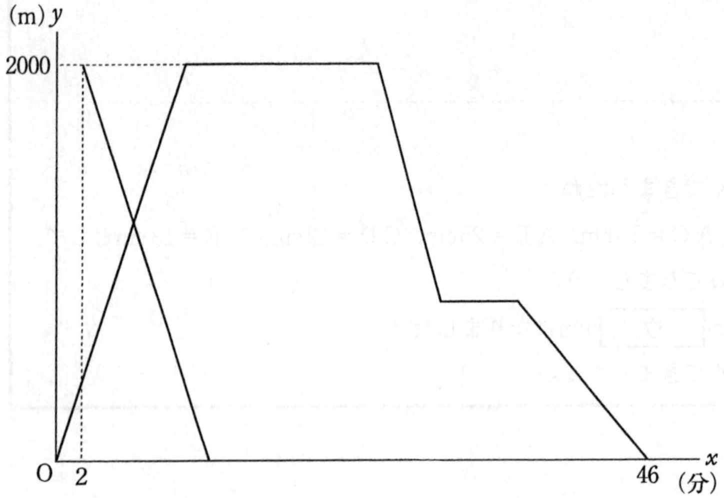

図

このとき，下の(１)～(３)の問いに答えなさい。

(１) 花子さんが書店に到着したのは，花子さんがはじめに自宅を出発してから何分後か求めなさい。

(２) 花子さんと健太さんがすれ違ったのは，花子さんがはじめに自宅を出発してから何分後か求めなさい。

(３) 花子さんの自転車が故障した地点は，自宅から何mの道のりにあるか求めなさい。

5　下の**図1**のような－5から5までの数字が書かれた11個の箱があり，玉を0が書かれた箱の中に入れる。また，下の**図2**は，[左1]，[左2]，[左3]，[右1]，[右2]，[右3]のように，玉を動かす方向と数が1つずつ書かれた6枚のカードが入った袋を示している。次の手順[1]～[4]にしたがって玉を動かす。ただし，カードに書かれている方向について，「左」は負の方向へ，「右」は正の方向へ動かすものとする。

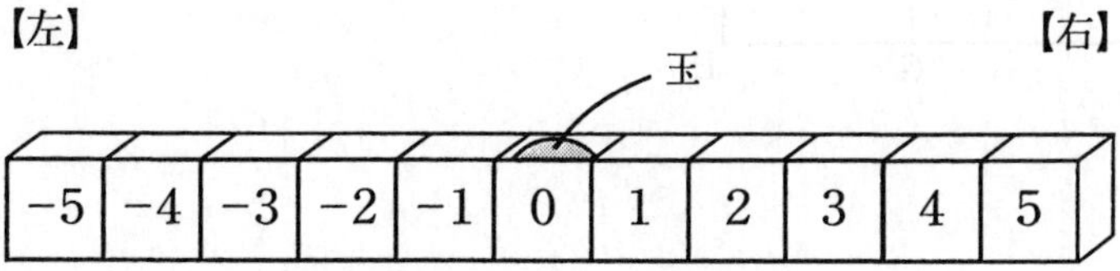

図1

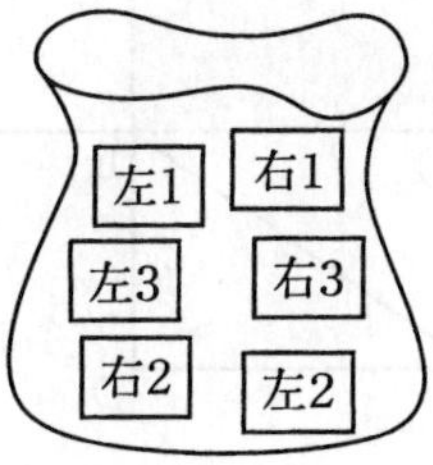

図2

（手順）

[1]　**図2**の袋からカードを1枚取り出す。

[2]　玉を取り出し，[1]で取り出したカードに書かれた方向に，書かれた数だけ玉を動かし，箱に入れる。

[3]　[1]で取り出したカードを袋にもどさずに，再度袋からカードを1枚取り出す。

[4]　玉を取り出し，[3]で取り出したカードに書かれた方向に，書かれた数だけ[2]で動かした後の箱から玉を動かし，箱に入れる。

例えば，手順[1]で[左2]と書かれたカードを取り出したとき，手順[2]で左に2動かすため，－2が書かれた箱に玉を入れる。

ただし，どのカードを取り出すことも同様に確からしいとする。

このとき，次の（1）～（3）の問いに答えなさい。

（1）　手順[2]終了後，絶対値が2以下の数字が書かれた箱に玉が入る確率を求めなさい。

（2）　手順[4]終了後，1以上の数字が書かれた箱に玉が入るカードの取り出し方は全部で何通りあるか求めなさい。

（3）　手順[4]を次の操作に変更する。

[4]　[2]で動かした後の箱から玉を取り出して，次の◎のように玉を動かし，箱に入れる。

◎　[3]で取り出したカードに書かれた方向に，書かれた数が奇数のときは1だけ，偶数のときは2だけ動かす。

このとき，手順[4]終了後，玉が入る確率が最も大きくなる箱を，－5から5が書かれた箱の中から一つ選んで，その数を書きなさい。また，その確率を求めなさい。

6 下の**図１**は，直方体の展開図であり，ＡＢ＝５cm，ＡＮ＝９cm，ＢＣ＝６cmである。

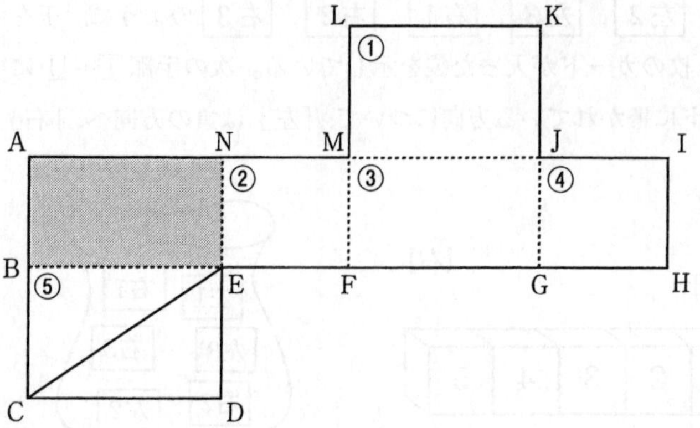

図１

太郎さんと花子さんの次の会話を読んで，あとの(**１**)～(**３**)の問いに答えなさい。

(太郎さんと花子さんの会話)

太郎：まずはこの展開図について考えてみよう。直方体において，向かいあう面は平行になるよね。

花子：面ＡＢＥＮに色をぬってみたよ。この展開図を組み立てたとき，面ＡＢＥＮに平行な面は面［ ア ］だね。

太郎：ところで，線分ＣＥがひいてあるのはどうしてかな。

花子：組み立てたときに，面の対角線にも注目してみたいと思ったの。

太郎：なるほど。では，実際に組み立てて線分ＣＥと平行になる線分をひいてから，もう一度開いて確かめてみよう。

（太郎さんが組み立てて線分をひく）

花子：開いてみましょう。…線分ＣＥと平行になるのは線分［ イ ］とわかるね。

太郎：面の対角線の位置関係も考えてみると興味深いね。

花子：次は体積や表面積について考えてみましょう。直方体の見取図をかいてみると**図２**のようになるね。ＰＱ＝５cm，ＱＲ＝９cm，ＱＵ＝６cmとしましょう。

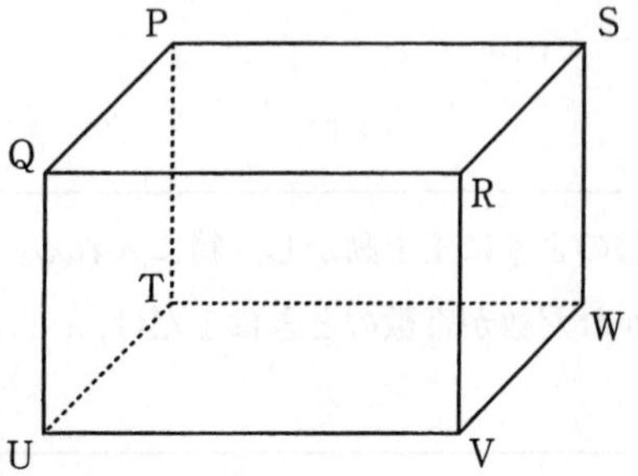

図２

太郎：**図２**の直方体の体積は［　ウ　］cm^3だね。この直方体を二等分した三角柱の体積は直方体の体積の半分になるけど，表面積についても同じことがいえるかな。

花子：**図２**の直方体の表面積は［　エ　］cm^2ね。これをふまえて，４点P，Q，V，Wを通る平面で**図２**の直方体を二等分するとき，点Tをふくむ三角柱を考えましょう。

太郎：調べてみると，$QV = 3\sqrt{13}$ cmとわかるから，その三角柱の表面積は［　オ　］cm^2となるよ。

花子：直方体を二等分した三角柱の表面積は，直方体の表面積の半分になるとはいえないね。

(1) 会話中の［　ア　］に当てはまる面を，**図１**の①～⑤の中から一つ選んで答えなさい。

(2) 会話中の［　イ　］に当てはまる線分を，解答用紙の図にかき入れなさい。

(3) 会話中の［　ウ　］～［　オ　］に当てはまる数をそれぞれ求めなさい。

【社　会】（50分）〈満点：100点〉

1　ある中学校の社会科の授業で，「日本と世界の産業の特色」というテーマで，班ごとに課題を設定し，学習しました。次の**1**～**3**に答えなさい。

1　A班では，「東北地方の産業」という課題を設定し，東北地方の産業に関連する**資料1**～**資料5**を集めました。あとの(1)～(4)の問いに答えなさい。

資料1　東北地方の略図

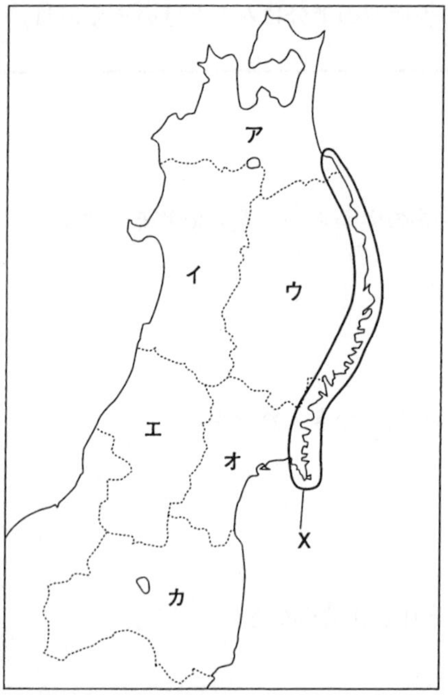

資料2　1993年の米のとれ具合

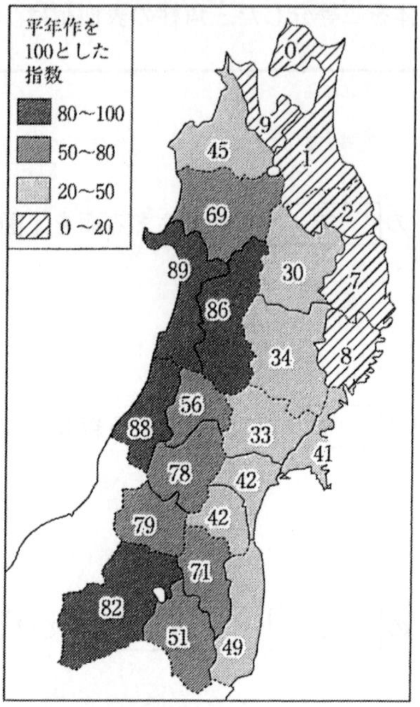

〔農研機構東北農業研究センター資料より作成〕

資料3　竿燈《かんとう》まつり

資料4　天童《てんどう》将《しょう》棋《ぎ》駒《こま》

資料5

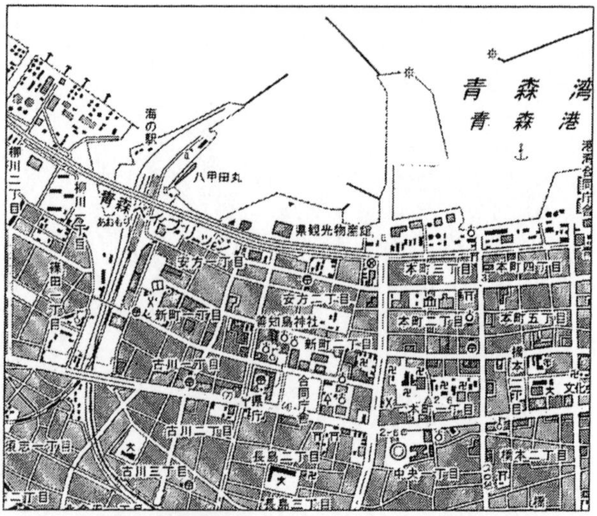

〔国土地理院発行２万５千分の１地形図「青森西部」より作成〕

〈編集部注：編集上の都合により原図の88%に縮小してあります。〉

(1) あおいさんは，**資料1**中の**X**の海岸について，次のような**＜メモ＞**を作成しました。**＜メモ＞**の［あ］に当てはまる語を書きなさい。

> **＜メモ＞**
> 　**X**の海岸の沖合いに暖流と寒流がぶつかる潮目《しおめ》（潮境《しおざかい》）があることや，**X**の海岸南部に入り組んだ海岸線をもつ［あ］海岸が見られることなどから，古くから漁業が発達しました。

(2) たくやさんは，**資料2**から読み取ったことをもとに，東北地方の農業について調べ，次のような**＜メモ＞**を作成しました。**＜メモ＞**の［い］に当てはまる内容を，この年に起こった自然災害とその要因となった風の名称にふれながら書きなさい。

> **＜メモ＞**
> 　東北地方は，稲作《いなさく》がさかんに行われていますが，**資料2**の年は，［い］の影響が大きかったことから，太平洋側を中心に，米のとれ具合が平年の半分以下となった地域が多く見られました。

(3) しんじさんは，東北地方の伝統行事や伝統産業について調べを進めるなかで，**資料3**，**資料4**を見つけ，次のようにまとめました。**＜まとめ＞**の［う］，［え］に当てはまる県の位置を，**資料1**中の**ア**～**カ**の中から一つずつ選んで，その記号を書きなさい。

> **＜まとめ＞**
> 　東北地方の伝統行事には，その地域の農業と結びついたものが多くあります。例えば，**資料1**の［う］で行われている**資料3**の竿燈まつりは，米の豊作への願いをこめた祭りです。
> 　東北地方の伝統産業は，冬に農作業ができないこともあり，江戸時代ごろから発達したものが多くあります。例えば，**資料1**の［え］でつくられている**資料4**の天童将棋駒は，江戸時代末からつくられるようになりました。

(4) あおいさんは，**資料5**の地形図を見ながら，たくやさんと話し合っています。［お］，［か］に当てはまる語の組み合わせとして最も適切なものを，下の**ア**～**エ**の中から一つ選んで，その記号を書きなさい。また，［き］に当てはまる数字を書きなさい。

> あおい：青森《あおもり》湾に面している県観光物産館には，青森県が日本全国の生産量の約6割を占めている［お］を使ったお土産がたくさん売っているみたいだよ。
> たくや：県観光物産館の南東の方角には，郵便局や［か］などがあるね。
> あおい：県観光物産館は，「あおもり」駅から歩いても行けそうだね。
> たくや：そうだね。県観光物産館から「あおもり」駅までの地形図上の長さは約2cmなので，実際の距離は約［き］mだよ。

ア［　お　みかん　　か　寺院　］　　　　　イ［　お　みかん　　か　図書館　］
ウ［　お　りんご　　か　寺院　］　　　　　エ［　お　りんご　　か　図書館　］

2　B班では，「関東地方の産業」という課題を設定し，関東地方の産業に関連する**資料6**，**資料7**を集めました。下の(1)～(3)の問いに答えなさい。

資料6　**工業地域の位置**

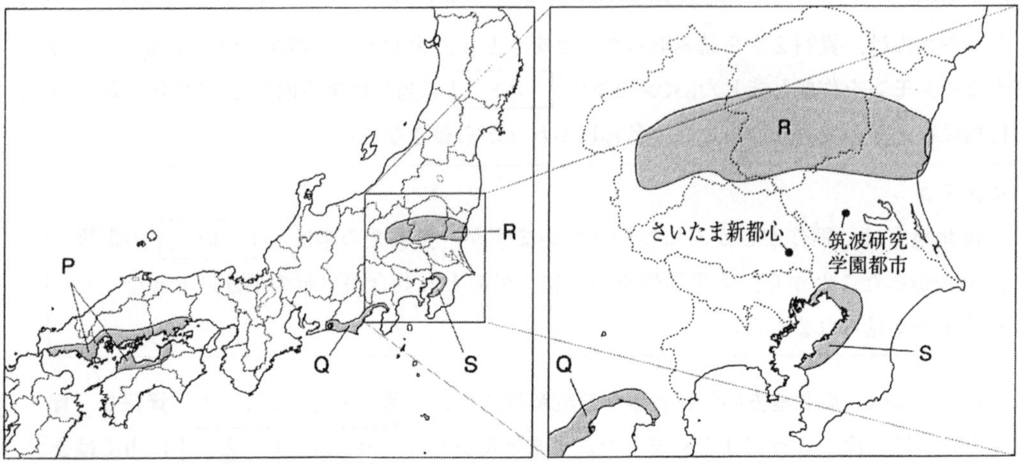

(1)　**資料6**中の筑波《つくば》研究学園都市やさいたま新都心がつくられた県などで近郊《きんこう》農業が行われている理由を，「大消費地」，「出荷」という語を用いて書きなさい。

(2)　**資料6**中の筑波研究学園都市やさいたま新都心がつくられた理由を，「都市機能」という語を用いて書きなさい。

資料7　**資料6のP，Q，R，Sで示した工業地域の製造品出荷額の内訳（2018年）**

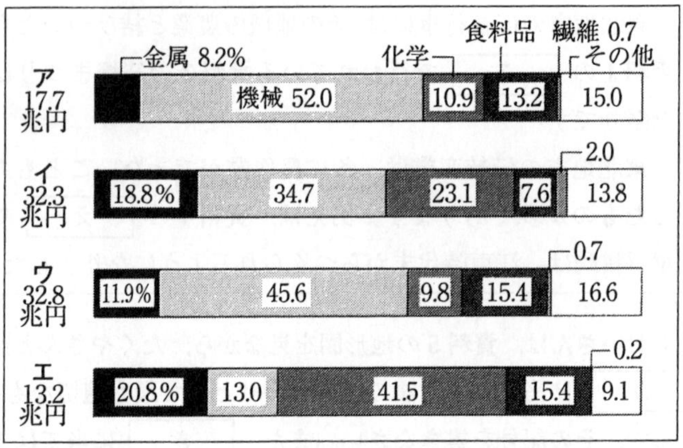

〔「日本国勢図会」2021/22年版より作成〕

(3)　**資料6**中のSの工業地域の製造品出荷額の内訳を示したグラフとして最も適切なものを，**資料7**中のア～エの中から一つ選んで，その記号を書きなさい。

3　C班では，「中国の産業」という課題を設定し，中国の産業に関連する**資料8**，**資料9**を見つけました。下の(1)，(2)の問いに答えなさい。

資料8　中国の地図

資料9　中国から日本への輸出品の変化

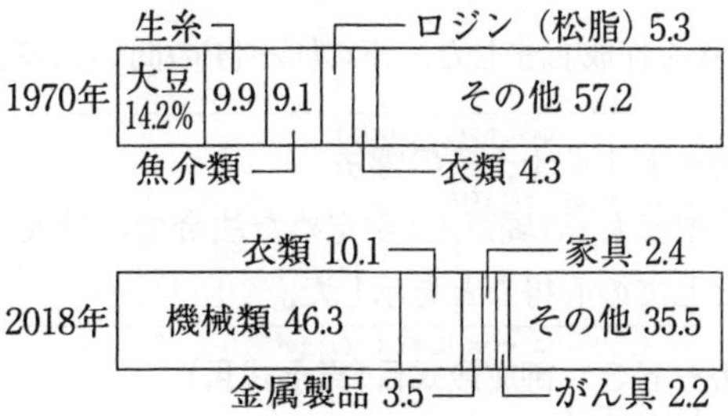

〔数字でみる日本の100年　改訂第７版より作成〕

(1)　C班では，中国の工業について調べを進め，**資料8**を見ながら，次のような**<メモ>**を作成しました。**<メモ>**の［く］に当てはまる語を書きなさい。

> **<メモ>**
> **資料8**の◆は，1970年代後半から，中国政府が外国の資本や技術を導入するために設けた，［く］とよばれる地域です。

(2)　C班では，**資料9**から読み取ったことをもとに，次のような**<メモ>**を作成しました。**<メモ>**の［け］に当てはまる語を書きなさい。

> **<メモ>**
> **資料9**から，中国から日本への輸出品が大きく変化したことが読み取れます。現在の中国は，日本だけでなく，世界中に工業製品を輸出していることから，「世界の［け］」とよばれるようになっています。

2　ある中学校の社会科の授業で，「それぞれの時代にはどのような特色があるのだろうか」という課題で，班ごとにテーマを設定し，学習しました。次の**1**，**2**に答えなさい。

1　A班は，「法律や法令に注目する」というテーマを設定し，資料を見つけ，**カード1**～**カード4**を作成しました。下の(1)～(4)の問いに答えなさい。

カード1　十七条《じゅうしちじょう》の憲法《けんぽう》 聖徳太子《しょうとくたいし》(厩戸王《うまやどのおう》)が定めた法令で，役人としての心得などを示した。	**カード2　大宝律令《たいほうりつりょう》** 唐《とう》の法律にならってつくられ，全国を支配するしくみが定められた。
カード3　御成敗式目《ごせいばいしきもく》(貞永《じょうえい》式目) 北条泰時《ほうじょうやすとき》が定めた法律で，武士の社会の慣習に基づいていた。	**カード4　武家諸法度《ぶけしょはっと》** 徳川家康《とくがわいえやす》が定めた法律で，以後将軍の代がわりごとに何度か出された。

(1)　あおいさんは，**カード1**の聖徳太子について調べ，次のような**<メモ>**を作成しました。**<メモ>**の[あ]に当てはまる内容を，下の**ア**～**エ**の中から一つ選んで，その記号を書きなさい。また，**<メモ>**の[い]に当てはまる語を書きなさい。

> **<メモ>**
> 聖徳太子は，おばの[あ]となり，天皇を中心とする政治制度を整えようとしました。また，聖徳太子のころには，日本初の仏教文化である[い]文化が栄えました。

ア　推古《すいこ》天皇の関白　　**イ**　推古天皇の摂政
ウ　持統《じとう》天皇の関白　　**エ**　持統天皇の摂政

(2)　たくやさんは，**カード2**のしくみについて調べていくなかで，**資料1**，**資料2**を見つけ，下の**<メモ>**を作成しました。**<メモ>**の[う]に当てはまる内容を，「負担」の語を用いて書きなさい。

資料1　周防国《すおうのくに》(現在の山口県)玖珂郡《くがぐん》の戸籍の一部

	男性	女性
21～60歳	2人	4人
61～65歳	1人	0人
65歳以上	0人	9人

〔延喜八年周防国戸籍残欠より作成〕

資料2　人々のおもな負担

	内容	負担者
租《そ》	稲(収穫量の約3％)	6歳以上の男女
調《ちょう》	絹，糸，真綿，特産物	17～65歳の男子
庸《よう》	布(麻布)など：労役10日の代わり	21～65歳の男子
雑徭《ぞうよう》	地方での労役(年間60日以下)	17～65歳の男子

> **<メモ>**
> **資料1**を見ると，女性の数に対して，男性の数が不自然に少ないことがわかります。これは，[う]ため，戸籍をいつわっているからだと考えられます。

(3)　**カード３**の時代の将軍と武士との関係を表す語のうち，**資料３**中の下線部の内容を表す語の名称を**漢字２字**で書きなさい。

資料３　御成敗式目

> 一　諸国の守護《しゅご》の職務は，頼朝《よりとも》公の時代に定められたように，京都の御所の警備と，謀反《むほん》や殺人などの犯罪人の取りしまりに限る。

(4)　しんじさんは，**カード４**の武家諸法度に興味をもち，**資料４**を見つけました。**資料４**に示した制度が，譜代《ふだい》大名よりも外様《とざま》大名の財政を悪化させた理由を，「江戸」，「費用」の語を用いて書きなさい。また，武家諸法度が出された時代につくられた文学作品を，次の**ア**～**エ**の中から一つ選んで，その記号を書きなさい。

資料４　武家諸法度

> 一　大名は，領国と江戸を交代で住むようにせよ。毎年四月中に江戸に参勤すること。

ア　平家《へいけ》物語　　**イ**　舞姫《まいひめ》　　**ウ**　南総里見八犬伝《なんそうさとみはっけんでん》　　**エ**　源氏《げんじ》物語

２　Ｂ班は，「外国と結ばれた条約や宣言に注目する」というテーマを設定し，年表を作成しました。次の(1)～(3)の問いに答えなさい。

西暦	できごと
1854	a 日米和親条約
1919	b ベルサイユ条約
1956	日ソ共同宣言
	Ａ
1978	日中平和友好条約

(1)　下線部**ａ**について，この条約を結んだペリーが，開国を求める国書を渡すために初めて来航した場所を，**資料５**の**Ａ**～**Ｄ**の中から一つ選んで，その記号を書きなさい。

資料５

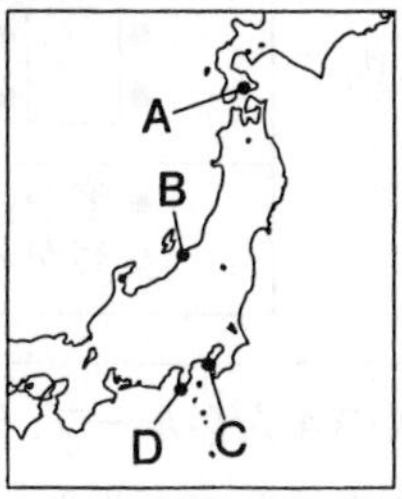

(2)　下線部**ｂ**と最も近い年に日本でおこったできごとを，次の**ア**～**エ**の中から一つ選んで，その記号を書きなさい。

ア　ええじゃないか　　**イ**　秩父《ちちぶ》事件　　**ウ**　日比谷《ひびや》焼き打ち事件　　**エ**　米騒動《こめそうどう》

(3)　りょうさんは，年表中のＡの時期の日本の経済について調べ，**資料６**を見つけ，次のようにまとめました。**<まとめ>**の［　え　］に当てはまる内容を書きなさい。

資料６　日本の経済成長率の推移

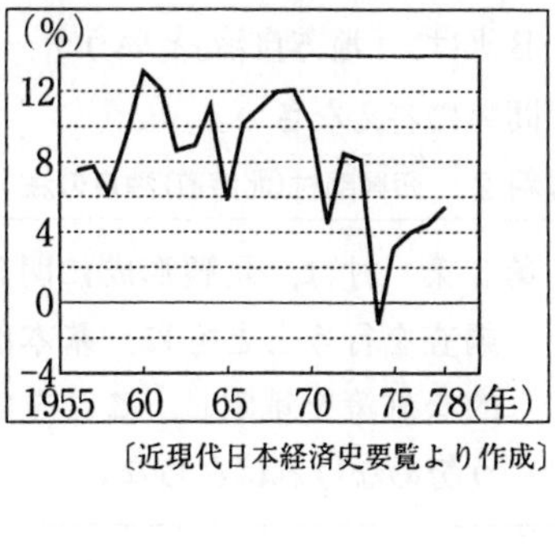

〔近現代日本経済史要覧より作成〕

<まとめ>

1970年代の経済成長率が一時期０％を下回ったのは，1973年に［　え　］ためだと考えられます。

3 ある中学校の社会科の授業で，「私たちの社会のしくみはどのようになっているのだろうか」という課題で，班ごとにテーマを設定し，学習しました。次の**1**～**3**に答えなさい。

1 A班は，「現代社会と私たち」というテーマを設定し，話し合いました。下の(1)，(2)の問いに答えなさい。

> あおい：最近はグローバル化が進み，各国が競争力の強い産業に力を入れ，その他の産業については他国にたよる［ あ ］が行われるようになっているね。
> たくや：そうだね。その結果，a効率化が進んで産業の発展をうながすことにつながっているね。
> あおい：その一方で，自国だけでは生活が成り立たなくなっていて，各国がたがいに依存し合う状態になっているわ。

(1) 文中の［ あ ］に当てはまる語を**漢字４字**で書きなさい。

(2) 下線部aについて，あおいさんは，効率と公正について調べを進めるなかで，飲食店における効率のよい客の案内の仕方を示した**資料１**をもとに，たくやさんと話し合いました。［ い ］に当てはまる語を書きなさい。また，［ う ］に当てはまる内容を書きなさい。

資料１

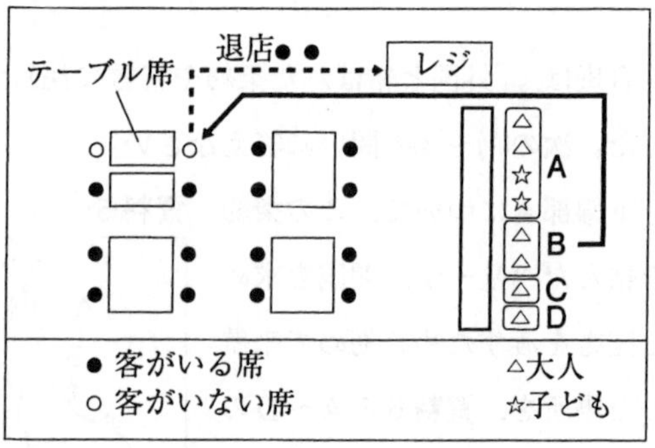

> あおい：**資料１**の**A**は両親と子ども２人の４人グループ，**B**は夫婦だけの２人グループ，**C**と**D**はどちらも大人１人ずつを示しているよ。
> たくや：**A**と**B**のグループのような家族を［ い ］世帯というね。
> あおい：**資料１**では，２人分の席が空いた場合は，先に来店していた**A**の４人グループよりも，**B**の２人グループを先に案内した方が効率がよいとなっているね。どうしてかな。
> たくや：［ う ］出ないからだよ。

2 B班は，「地方自治」というテーマを設定し，**資料２**，**資料３**を集めました。あとの(1)，(2)の問いに答えなさい。

資料２ 西興部村《にしおこっぺ》(北海道)独自の法

> 第３条　村は，景観形成に関し，必要な調査を行うとともに，基本的かつ総合的な施策《しさく》を策定し，これを実施《じっし》するよう努めなければならない。

資料３ 地方公共団体の歳入(2021年度)

地方税	地方交付税	国庫支出金	地方債	その他
42.5%	19.5	16.6	12.5	8.9

〔「日本国勢図会」2021/22年版より作成〕

(1) りょうさんは，**資料2**について調べ，次のような**＜まとめ＞**を作成しました。**＜まとめ＞**の [え] に当てはまる，地方公共団体の独自の法を示す語を書きなさい。また，[お] に当てはまる内容を，下の**ア**～**エ**の中から一つ選んで，その記号を書きなさい。

> **＜まとめ＞**
> **資料2**は，西興部《にしおこっぺ》村で定められた [え] です。地方自治体の住民には，直接請求権が認められているため，住民が [え] の制定を求めるときには，[お] の署名《しょめい》を集めると，首長に請求することができます。

ア　住民の３分の１以上　　**イ**　有権者の３分の１以上
ウ　住民の50分の１以上　　**エ**　有権者の50分の１以上

(2) さくらさんは，地方公共団体の歳入について調べ，**資料3**を見つけました。**資料3**から読み取れる地方公共団体の歳入の問題点を，「独自」の語を用いて書きなさい。

3　C班は，「経済」というテーマを設定し，学習しました。次の(1)～(3)の問いに答えなさい。

(1) 消費者を守るため，訪問販売《はんばい》や電話勧誘《かんゆう》などで商品を購入《こうにゅう》した場合に，購入後８日以内であれば消費者側から無条件で契約《けいやく》を解除できる制度の名称を書きなさい。

(2) こうたさんは，商品が届くまでの流れについて調べ，**資料4**を見つけ，右のような**＜まとめ＞**を作成しました。**＜まとめ＞**の [か] に当てはまる内容を，次の**ア**～**エ**の中から一つ選んで，その記号を書きなさい。

資料4　**商品が届くまでの流れ**

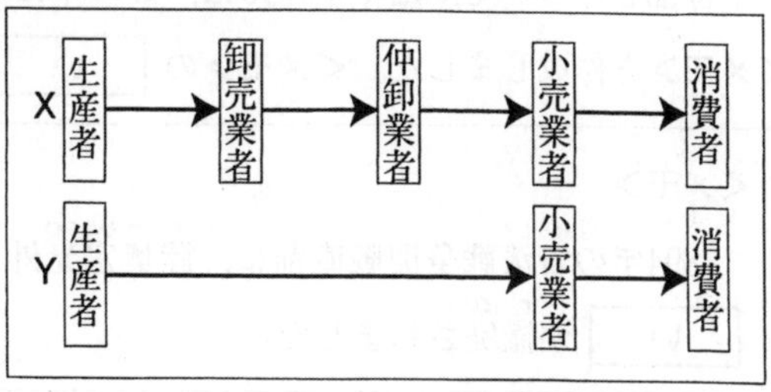

> **＜まとめ＞**
> **資料4**中の**X**と**Y**では，[か] と考えられます。

ア　流通の過程で経る人手が多い**X**のほうが，商品の価格が安くなる
イ　流通の過程で経る人手が少ない**Y**のほうが，商品の価格が安くなる
ウ　流通の過程で経る人手が少ない**X**のほうが，商品の価格が高くなる
エ　流通の過程で経る人手が多い**Y**のほうが，商品の価格が高くなる

(3) 「男女は同一賃金」とする原則が定められている法律を，次の**ア**～**エ**の中から一つ選んで，その記号を書きなさい。

ア　労働基準法　　**イ**　労働組合法
ウ　労働関係調整法　　**エ**　男女雇用《こよう》機会均等法

4 ある中学校の社会科の授業で，「東京オリンピック・パラリンピック2020」というテーマで，班ごとにテーマを設定し，学習しました。次の**1**～**3**に答えなさい。

1 A班では，「オリンピックの歴史」というテーマを設定し，年表を作成しました。次の(1)～(4)の問いに答えなさい。

西暦	で き ご と
紀元前9世紀	a 古代ギリシャでオリンピア祭典競技が始まる
b 1894	クーベルタンが近代オリンピック競技大会の開催《かいさい》を提唱する
c 1912	日本が初めてオリンピック大会に参加する
d 1964	日本で初めてのオリンピック・パラリンピック大会が開催される

(1) 下線部**a**について，あおいさんは，古代ギリシャについて興味をひろげ，次のようにまとめました。**<まとめ>**の［ あ ］に当てはまる語を書きなさい。

<まとめ>
古代ギリシャには，紀元前8世紀ごろから［ あ ］とよばれる都市国家が数多く誕生し，成人男子の市民が参加する民主政治が行われました。

(2) 下線部**b**について，たくやさんは，この年におこったできごとに興味をもち，次のような**<メモ>**を作成しました。**<メモ>**の［ い ］に当てはまる語を書きなさい。

<メモ>
1894年の日清《にっしん》戦争開戦直前に，陸奥《むつ》宗光《むねみつ》外相により不平等条約の改正交渉《こうしょう》が行われ，［ い ］が撤廃《てっぱい》されました。

(3) 下線部**c**について，あおいさんは，このころの日本のようすに興味をもち，次のようにまとめました。**<まとめ>**の［ う ］に当てはまる語を書きなさい。

<まとめ>
1912年に，軍備の拡張をおさえようとした西園寺《さいおんじ》公望《きんもち》内閣が陸軍の反対で倒れ，陸軍大将の桂《かつら》太郎《たろう》が組閣したことに対し，藩閥《はんばつ》を倒し，憲法に基づく政治を守ることをスローガンとする第一次［ う ］運動が始まりました。

(4)　下線部dについて，たくやさんは，このころの日本の経済に興味をもち，次のようにまとめました。＜まとめ＞の［え］に当てはまる内容を書きなさい。

＜まとめ＞
　このころの日本経済は，高度経済成長となっていました。日本経済の復興がこのように早かったのは，1950年に朝鮮《ちょうせん》戦争が始まると，［え］ことによって特需《とくじゅ》景気とよばれる好景気になったためであると考えられます。

2　B班では，「東京オリンピック・パラリンピック2020で感じたこと」というテーマを設定し，話し合いました。下の(1)，(2)の問いに答えなさい。

さくら：オリンピック・パラリンピックの開催にあたって，国立競技場などいろいろな施設《しせつ》がつくられたり，改修されたりしたね。
りょう：そうだね。公共の交通機関や建物なども，障がいのある人々も利用しやすいように，段差をなくすなどの［お］化がより進められたね。
さくら：今回のオリンピック・パラリンピックの開催は，新型コロナウィルスの流行もあって，e感染《かんせん》を防ぐためにさまざまな対策がとられていたよ。

(1)　文中の［お］に当てはまる語を書きなさい。

(2)　さくらさんは，下線部eについて調べを進め，わかったことを次のようにまとめました。＜まとめ＞の［か］に当てはまる語を，下のア～エの中から一つ選んで，その記号を書きなさい。また，［き］に当てはまる語を書きなさい。

＜まとめ＞
　新型コロナウィルスなどの感染力が強く，感染した人に与える影響《えいきょう》が大きい感染症《しょう》にかかった場合，［か］が制限され，入院措置がとられます。このように，社会全体の利益のために個人の人権が制限されることを，［き］による制限といいます。

ア　集会・結社の自由　　　**イ**　職業選択《せんたく》の自由
ウ　居住・移転の自由　　　**エ**　表現の自由

3　C班では，「東京オリンピック2020の閉会式」というテーマを設定し，話し合いました。下の(1)〜(3)の問いに答えなさい。

> ひろみ：オリンピックの閉会式は見たかな。
> こうた：見たよ。次に開催する f<u>フランス</u>の g<u>パリ</u>の映像なども流れていたね。
> ひろみ：その次の h<u>開催都市</u>はアメリカ合衆国のロサンゼルスなんだね。

(1)　下線部 f について，ひろみさんは，「フランスの農業」について興味をひろげ，次のようにまとめました。**＜まとめ＞**の［　く　］に当てはまる内容を，「飼育」の語を用いて書きなさい。

> **＜まとめ＞**
> フランスの広い地域では，［　く　］行われる混合農業がさかんです。

(2)　下線部 g について，こうたさんは，オリンピックの閉会式が始まった時刻についてひろみさんと話し合っています。［　け　］に共通して当てはまる日時を，下の**ア**〜**エ**の中から一つ選んで，その記号を書きなさい。

> こうた：オリンピックの閉会式が始まったのは，8月8日午後8時だったね。
> ひろみ：私たちが住んでいる茨城《いばらき》県とパリの時差は何時間あるかな。
> こうた：茨城県は，日本の標準時子午線である東経135度の経線を，パリは，東経15度の経線をそれぞれ標準時子午線にしているよね。
> ひろみ：ということは，オリンピックの閉会式が始まったときのパリの日時は，8月［　け　］だね。
> こうた：あっ，でも，パリはサマータイムを実施中だったから，8月［　け　］を1時間進めた時間だよ。

ア　8日午後0時　　**イ**　8日午後2時　　**ウ**　9日午前0時　　**エ**　9日午前2時

(3)　下線部 h について，こうたさんは，オリンピック・パラリンピックの開催都市について興味をひろげ，右の**資料**を見つけました。世界を六つの州に分けたとき，**資料**中に示した国々が全く位置していない州が一つあります。その州の名称を書きなさい。

資料　1992年以降のオリンピック開催都市

年	開催都市
1992	バルセロナ(スペイン)
1996	アトランタ(アメリカ合衆国)
2000	シドニー（オーストラリア)
2004	アテネ(ギリシャ)
2008	北京《ペキン》(中国)
2012	ロンドン(イギリス)
2016	リオデジャネイロ(ブラジル)

【理　科】（50分）〈満点：100点〉

1　次の(1)～(4)の問いに答えなさい。

(1)　**図1**のように，検流計をつないだコイルの上方から棒磁石のN極を近づけたところ，検流計の針が－側にふれた。次に，**図2**のように，**図1**と同じコイルの上方から棒磁石のS極を，**図1**でN極を近づけたときよりもすばやく遠ざけた。このときの検流計の針のふれ方として正しいものを，次の**ア**～**エ**の中から一つ選んで，その記号を書きなさい。

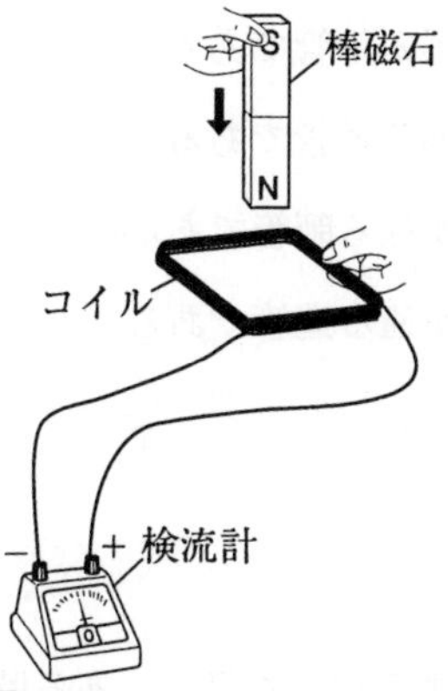

図1

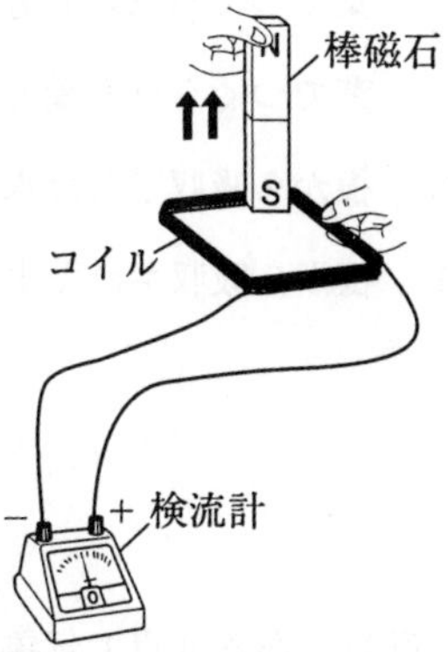

図2

ア　＋側に，図1のときより大きくふれた。　　**イ**　＋側に，図1のときより小さくふれた。
ウ　－側に，図1のときより大きくふれた。　　**エ**　－側に，図1のときより小さくふれた。

(2)　図のような電気分解装置にうすい塩酸を入れて電流を流したところ，電極**A**からは気体**a**が，電極**B**からは気体**b**が発生した。一定時間電流を流したあと，集まった気体**a**，**b**の体積の比較を行ったのち，ゴム栓をとって，気体**a**，**b**のにおいを調べた。その結果の組み合わせとして正しいものを，次の**ア**～**エ**の中から一つ選んで，その記号を書きなさい。

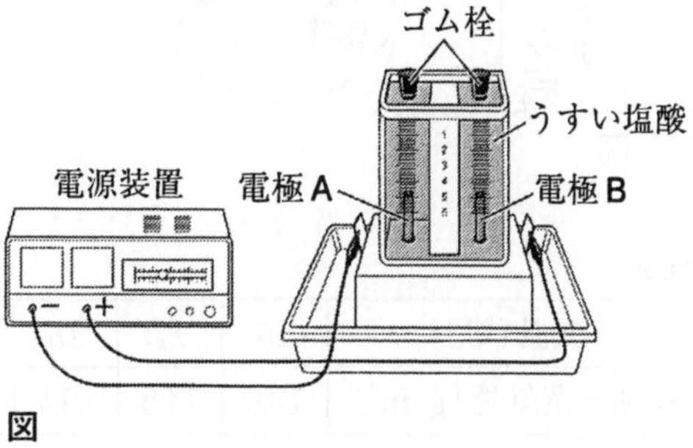

図

	集まった気体a，bの体積の比較	気体a，bのにおい
ア	気体aより気体bのほうが多かった。	気体aは無臭で，気体bは刺激臭があった。
イ	気体aより気体bのほうが多かった。	気体aは刺激臭があり，気体bは無臭だった。
ウ	気体bより気体aのほうが多かった。	気体aは無臭で，気体bは刺激臭があった。
エ	気体bより気体aのほうが多かった。	気体aは刺激臭があり，気体bは無臭だった。

(3) **図**は，ツバキの葉の断面を模式的に表したものである。**図**の**X**で示した管の説明として正しいものを，次の**ア**～**エ**の中から一つ選んで，その記号を書きなさい。

ア 葉でつくられた養分が通る師管である。

イ 葉でつくられた養分が通る道管である。

ウ 根から吸収された水分が通る師管である。

エ 根から吸収された水分が通る道管である。

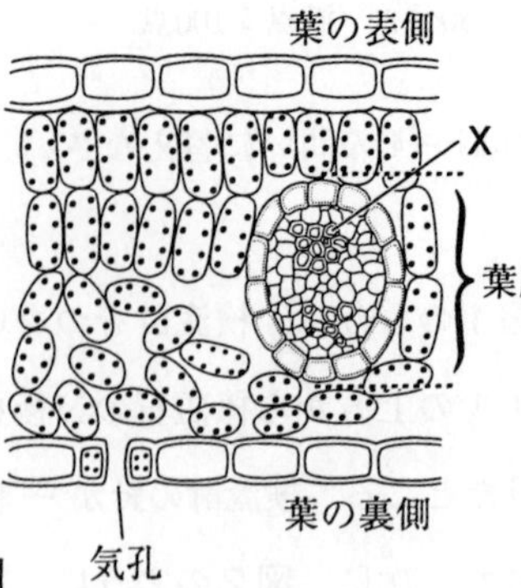

図

(4) **図**は，ある地点で気象観測を行った日の，ある時刻における乾湿計《かんしつけい》のようすを模式的に表したものである。また，**表1**は乾湿計の湿度表の一部を示したものであり，**表2**は気温と飽和水蒸気量との関係を示したものである。**図**のときの観測地点における露点は何℃～何℃の間であったか。正しいものを，下の**ア**～**カ**の中から一つ選んで，その記号を書きなさい。

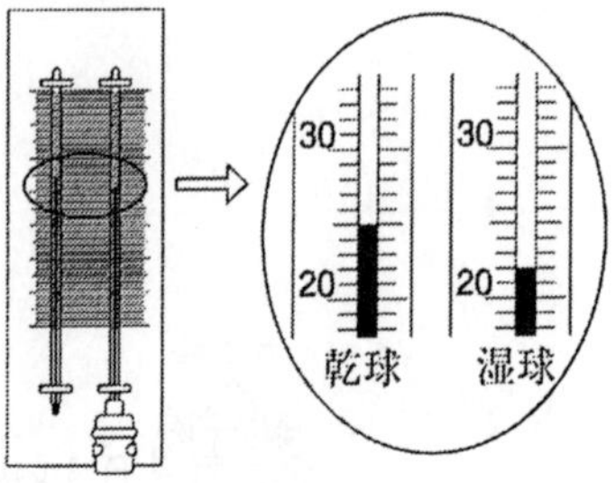

図

表1

		乾球と湿球の示度の差〔℃〕						
		0.0	1.0	2.0	3.0	4.0	5.0	6.0
乾球の示度〔℃〕	25	100	92	84	76	68	61	54
	24	100	91	83	75	68	60	53
	23	100	91	83	75	67	59	52
	22	100	91	82	74	66	58	50
	21	100	91	82	73	65	57	49
	20	100	91	81	72	64	56	48

表2

気温〔℃〕	16	17	18	19	20	21	22	23	24	25
飽和水蒸気量〔g/m³〕	13.6	14.5	15.4	16.3	17.3	18.3	19.4	20.6	21.8	23.1

ア 16℃～17℃の間　**イ** 17℃～18℃の間　**ウ** 18℃～19℃の間

エ 19℃～20℃の間　**オ** 20℃～21℃の間　**カ** 21℃～22℃の間

2 次の(1)~(3)の問いに答えなさい。

(1) りょうたさんと先生が，ヒトの肝臓のはたらきについて話している。次の会話を読んで，下の①~③の問いに答えなさい。

りょうたさん：ヒトの肝臓は化学工場とよばれるそうですが，それはなぜですか。

先　生：ヒトの肝臓は，2500億個にもおよぶ細胞が500種類以上もの化学反応を行っていて，血液中のさまざまな物質をつくり変えているからです。

りょうたさん：おもなはたらきにはどのようなものがありますか。

先　生：[あ]で吸収された養分を別の物質につくり変えたり，その一部をたくわえたりします。アミノ酸の一部はタンパク質に，ブドウ糖の一部は[い]という物質に変えられ，一時的にたくわえられます。

りょうたさん：[う]をつくるはたらきもしていますよね。

先　生：はい。[う]には，だ液や胃液などと違って消化酵素が含まれていませんが，脂肪の消化を助けるはたらきをしています。そのほかに，肝臓は有害な物質を無害な物質に変えるはたらきもしています。体内の細胞の活動によって生じた有害なアンモニアは無害な尿素に変えられ，じん臓から尿として排出されます。

りょうたさん：本当にたくさんのはたらきをしているのですね。

① 文中の[あ]，[い]に当てはまる語の組み合わせとして正しいものを，次のア~エの中から一つ選んで，その記号を書きなさい。

	あ	い
ア	胃	グリコーゲン
イ	胃	アミラーゼ
ウ	小腸	グリコーゲン
エ	小腸	アミラーゼ

② 文中の[う]に当てはまる語を書きなさい。

③ 文中の下線部について，アンモニアの性質として正しいものを，次のア~エの中から一つ選んで，その記号を書きなさい。

ア 空気より密度が小さく，水によく溶け，その水溶液はアルカリ性を示す。

イ 空気より密度が小さく，水によく溶け，その水溶液は酸性を示す。

ウ 空気より密度が大きく，水によく溶け，その水溶液はアルカリ性を示す。

エ 空気より密度が大きく，水によく溶け，その水溶液は酸性を示す。

(2) あおいさんと先生が，静電気について話している。次の会話を読んで，下の①～③の問いに答えなさい。

あおいさん：先生，乾燥した日が続くと，洋服がからだにまとわりつくのは，静電気による現象の一つなんですよね。

先　生：そうです。静電気は，材質の異なる２種類の物体をこすり合わせたとき，一方の物体からもう一方の物体に［あ］の電気が移動することによって生じます。それぞれの物体が異なる種類の電気を帯びるために，互いに［い］がはたらくようになるのです。

あおいさん：乾燥した日は，金属のドアノブに触れてビリッと衝撃を感じて，思わず手を引っこめることも少なくありませんが，これもやはり静電気による現象なのですか。

先　生：はい。くつと床などとの摩擦によって生じた静電気がからだにたまった状態でドアノブに手を近づけると，たまっていた静電気が一瞬で流れて，ビリッと感じるのです。このように，たまっていた静電気が，空間を一気に流れる現象を［う］といいます。

① 文中の［あ］，［い］に当てはまる記号と語の組み合わせとして正しいものを，次のア～エの中から一つ選んで，その記号を書きなさい。

	あ	い
ア	＋	引き合う力
イ	＋	しりぞけ合う力
ウ	－	引き合う力
エ	－	しりぞけ合う力

② 文中の下線部のように，無意識に起こる反応を何というか，書きなさい。また，無意識に起こる反応として正しいものを，次のア～エの中から一つ選んで，その記号を書きなさい。

ア　悲しい映画を見ているうちに，涙が流れた。

イ　教室が寒かったので，窓を閉めた。

ウ　ボールが飛んできたので，手でボールをとった。

エ　食べものを口に入れると，だ液が出た。

③ 文中の［う］に当てはまる語を書きなさい。

(3)　りょうたさんと先生が，安山岩のつくりについて話している。次の会話を読んで，下の①～④の問いに答えなさい。

りょうたさん：安山岩のつくりをルーペで観察して，そのつくりをスケッチしました（図1）。

図1

先　生：安山岩のようなつくりを［　あ　］といいます。流紋岩や［　い　］も同様のつくりをしています。

りょうたさん：安山岩のようなつくりは，どのようにしてできるのですか。

先　生：ミョウバンの水溶液をつくって，結晶のでき方を調べてみましょう。60℃の水100 gにミョウバン50 gをすべてとかして濃い水溶液をつくり，ペトリ皿A，Bに半分ずつ入れてください。次に，図2のように，ペトリ皿A，Bを約50℃の湯につけ，しばらくたったらペトリ皿Bだけを氷水のほうに移してください。さらに時間をおいてから，ペトリ皿A，Bの中にできた結晶を比べてみましょう。

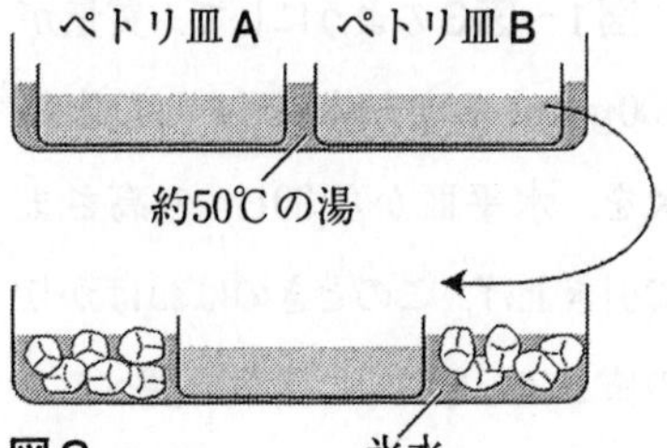

図2

⋮（中略）

りょうたさん：先生，ペトリ皿A，Bにできたミョウバンの結晶のようすをスケッチしました（図3）。ペトリ皿［　う　］にできた結晶のようすのほうが，安山岩のつくりと似ています。

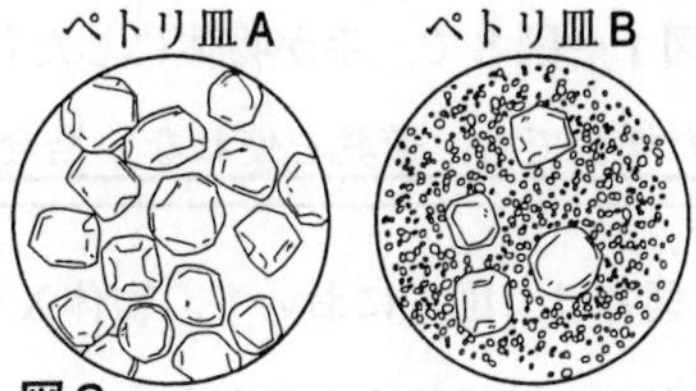

図3

先　生：そうですね。この結果から，安山岩はどのようにしてできたと考えられますか。

りょうたさん：マグマが［　え　］と考えられます。

先　生：はい，そのとおりです。

①　文中の［　あ　］に当てはまる語を書きなさい。

②　文中の［　い　］に当てはまる語として正しいものを，次のア～エの中から一つ選んで，その記号を書きなさい。

ア　花こう岩　　イ　玄武岩　　ウ　斑れい岩　　エ　せん緑岩

③　文中の下線部の水溶液の質量パーセント濃度は何％か，小数第1位を四捨五入して整数で答えなさい。

④　文中の［　う　］に当てはまる記号を書きなさい。また，［　え　］に当てはまる内容を，マグマが冷える速さに着目して書きなさい。

3　あおいさんは，仕事の大きさについて調べる実験を行い，ノートにまとめた。下の(1)～(4)の問いに答えなさい。ただし，ばねばかり，ひも，および滑車の重さや，ひもと滑車の間および物体と斜面の間にはたらく摩擦力，ひものの び縮みは考えないものとする。また，100gの物体にはたらく重力の大きさを１Nとする。

あおいさんの実験ノートの一部

【課題】　動滑車や斜面などの道具を使うと，仕事の大きさはどのようになるだろうか。

【手順】

図１～図３のようにして，質量が400gである立方体の形をした物体Xを，水平面から30cmの高さまで引き上げ，このときのばねばかりの値とひもを引いた距離を調べる。

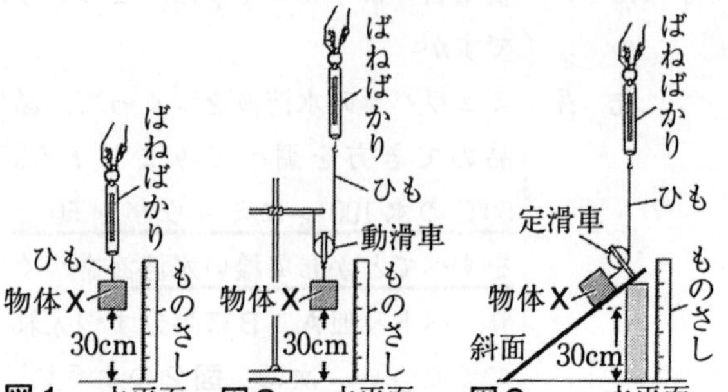

図１　図２　図３

【結果】

・ばねばかりの値は，図１のとき4.0N，図２のとき2.0N，図３のとき2.5Nを示した。

・ひもを引いた距離は，図１のときは30cmであったが，図２および図３のときは30cmより大きくなった。

・図１～図３で，手が物体にした仕事の大きさはいずれも［　あ　］Jになり，道具を使った場合でも，道具を使わない場合と仕事の大きさは変わらないことがわかった。

(1)　図４は，図１において，物体Xを水平面から30cmの高さまで引き上げて静止させたときのようすを表したものである。このときの物体Xにはたらいている力を，作用点を•として力の矢印ですべて表しなさい。ただし，方眼の１目盛りを１Nとする。

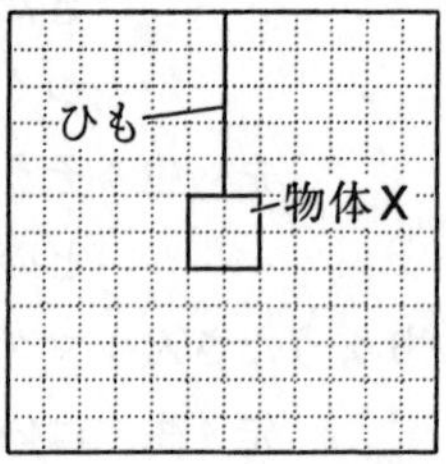

図４

(2)　文中の［　あ　］に当てはまる数値を求めなさい。

(3)　手が物体Xにした仕事の仕事率について，図１のときがa W，図２のときがb W，図３のときがc Wであったとすると，a，b，cの大小関係は等号または不等号を用いてどのように表されるか。正しいものを，次のア～オの中から一つ選んで，その記号を書きなさい。ただし，手がひもを引く速さはすべて等しく，いずれも一定であったものとする。

ア　a＝b＝c　　イ　a＞b＞c　　ウ　a＞c＞b

エ　b＞c＞a　　オ　b＞a＞c

(4)　文中の下線部のことを何というか，書きなさい。

4 りょうたさんは，カエルの発生について調べる観察を行い，ノートにまとめた。あとの(1)～(6)の問いに答えなさい。

> **りょうたさんの観察ノートの一部**
>
> **《カエルの受精卵の観察》**
>
> **【手順】**
>
> ❶ カエルの受精卵を採取し，図１のような水そうに入れる。
>
> ❷ a双眼実体顕微鏡を使って，受精卵が変化していくようすを継続して観察する。
>
> ❸ 受精卵がオタマジャクシに成長したあと，カエルになる過程で，［　あ　］ため，b図１の水そうの環境を図２のように変える。
>
> 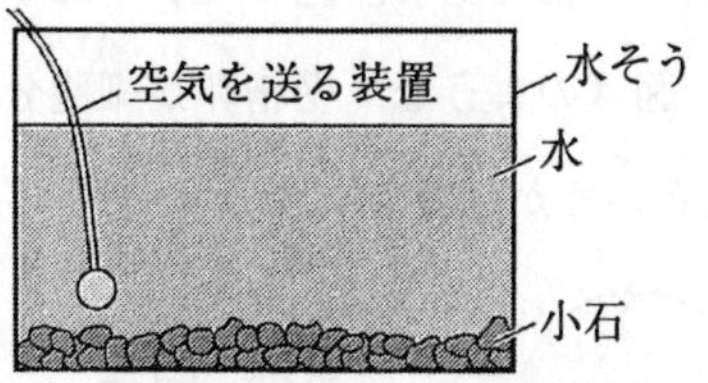
>
> 図１
>
> 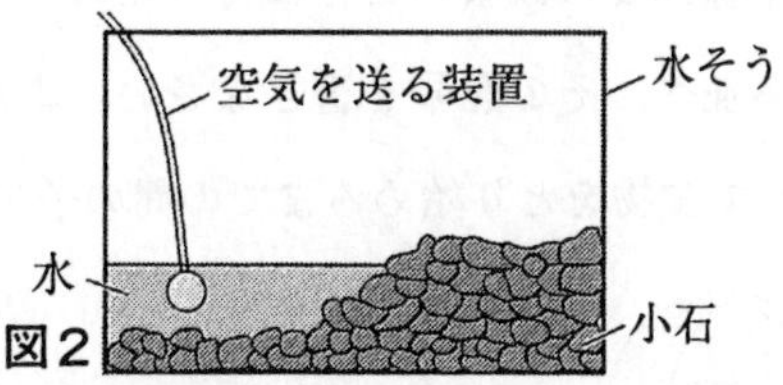
>
> 図２

りょうたさんと先生は，観察後に次のような会話をした。

> りょうたさん：先生，受精卵は雄の精子の核と雌の卵の核が合体してできるのですよね。
>
> 先　生：そうですよ。
>
> りょうたさん：そうすると，子の細胞がもつ染色体の数は，親の細胞がもつ染色体の数より多くなってしまうのではないですか。
>
> 先　生：精子や卵がつくられるときには，［　い　］という染色体の数が半分になる特別な細胞分裂が起こるため，受精卵に含まれる染色体の数は，親の体細胞に含まれる染色体の数と同じになるのです。
>
> りょうたさん：なるほど，そういうことなのですね。有性生殖では，子は両親のどちらともちがう形質が現れることがありますが，それは両親の染色体を半分ずつ受けつぐことと関係がありそうですね。
>
> 先　生：はい。形質を現すもとになるc遺伝子は対になって染色体に含まれています。その対になっている両親の遺伝子が子に半分ずつ受けつがれるため，d両親のどちらとも異なる遺伝子の組み合わせをもつ子ができることがあるのです。
>
> りょうたさん：よくわかりました。

(1) **図3**は，双眼実体顕微鏡を表したものである。**図3**の**X**，**Y**の名称の組み合わせとして正しいものを，次の**ア**～**エ**の中から一つ選んで，その記号を書きなさい。

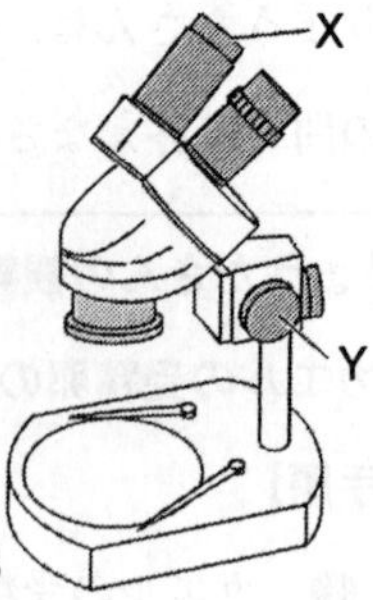

図3

	X	Y
ア	接眼レンズ	微動ねじ
イ	接眼レンズ	視度調節リング
ウ	対物レンズ	微動ねじ
エ	対物レンズ	視度調節リング

(2) **図4**は，下線部**a**の観察のときに行ったスケッチの一部である。**図4**の**ア**～**エ**を発生の進む順に左から並べ，その記号を書きなさい。また，**図4**のような，受精卵が細胞分裂を始めてから，自分で食物をとり始めるまでの間の子を何というか，書きなさい。

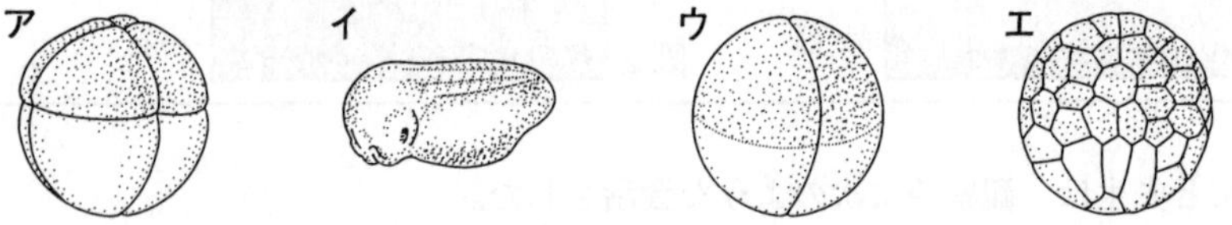

図4

(3) 下線部**b**のように水そうの環境を変えた理由を，オタマジャクシからカエルになる過程での呼吸のしかたの変化に着目して，[**あ**]に当てはまるように書きなさい。

(4) 文中の[**い**]に当てはまる語を書きなさい。

(5) 下線部**c**の本体は何という物質か，アルファベットで書きなさい。

(6) 下線部**d**で，カエルのある一つの形質について，顕性《けんせい》（優性）の形質を現す遺伝子をＦ，潜《せん》性《せい》（劣性）の形質を現す遺伝子をｆとするとき，いずれもＦｆの遺伝子の組み合わせをもつ両親から600匹の子が生まれた場合，両親と異なる形質が現れる子はそのうちのおよそ何匹であると考えられるか。最も適当なものを，次の**ア**～**エ**の中から一つ選んで，その記号を書きなさい。ただし，このカエルの形質の遺伝と現れ方は，メンデルがエンドウの交配実験で発見した法則にしたがうものする。

ア　75匹　　**イ**　150匹　　**ウ**　300匹　　**エ**　450匹

5 あおいさんは，ある地域における３地点A～Cの地層の重なりを調べ，ノートにまとめた。あとの⑴～⑸の問いに答えなさい。

あおいさんのノートの一部

【地層の重なりを調べた地点】

図１は，地層の重なりを調べた３地点A～Cの位置関係を表した地形図である。地点Aは標高120 mで，ほぼ垂直ながけの下にある。地点Bは標高150 mで，地点Aより東に200 mの位置にある。また，地点Cは標高160 mで，地点Bより北に200 mの位置にある。

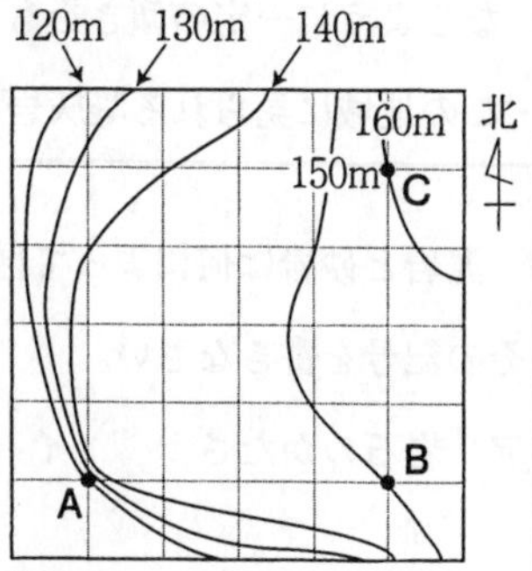

図１

【手順】

❶ 地点Aの北東側にあるほぼ垂直ながけに見られる地層のようすを観察し，スケッチする。

❷ 地点B，Cで行われたボーリング調査の結果をもとに，それぞれの地点における地表から地下30 mまでの地層の重なりを柱状図に表す。

【結果】

・a<u>地点Aのがけに見られた地層</u>のようすは，図２のようであり，P層の部分にはb<u>断層</u>が見られた。また，地点B，Cにおける地表から地下30 mまでの地層の重なりを表す柱状図は，図３のようになった。

・図２のP層にある砂岩の層には， あ の化石が含まれていた。 あ の化石は，代表的なc<u>示準化石</u>の１つである。

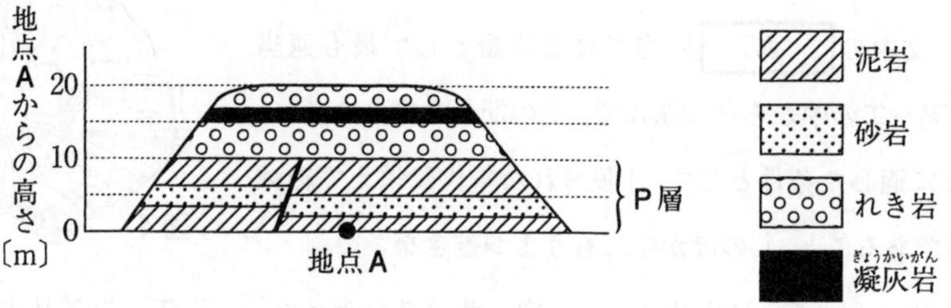

図２

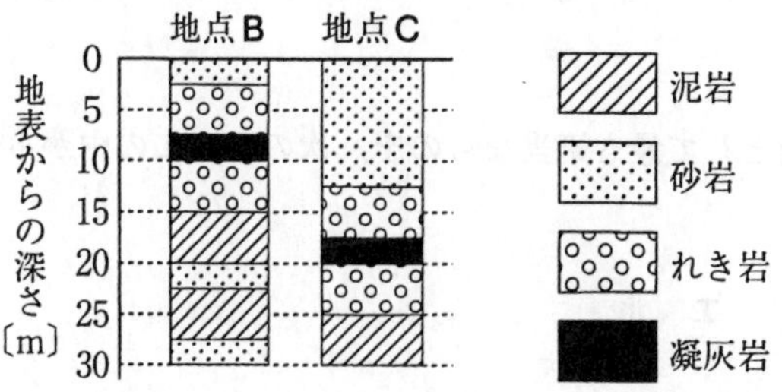

図３

【調べてわかったこと】

・この地域の地層にはしゅう曲は見られず，各層が平行に［　い　］の方向に向かって低くなるように一定の傾きをもって重なっている。

・この地域に見られる凝灰岩の層は1つだけである。

(1)　泥岩と砂岩は何によって区別されるか。最も適当なものを，次のア〜エの中から一つ選んで，その記号を書きなさい。

ア　岩石のかたさ　　イ　岩石の色　　ウ　粒の形　　エ　粒の大きさ

(2)　下線部aの地層は，その表面の岩石が，長い間の気温の変化や水のはたらきなどによってもろくなっていた。このような現象を何というか，書きなさい。

(3)　下線部bで，図2のP層の部分の断層はどのような向きに力がはたらき，どの向きに地層がずれてできたか。最も適当なものを，次のア〜エの中から一つ選んで，その記号を書きなさい。ただし，⇨は力のはたらいた向きを，→は地層がずれた向きを示すものとする。

ア　　　　イ　　　　ウ　　　　エ

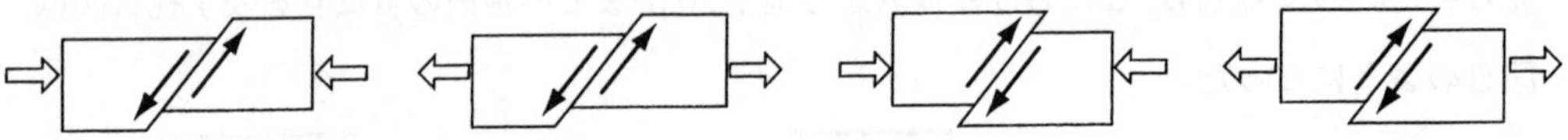

(4)　図4は，図2のP層にある砂岩の層に含まれていた化石を表したものである。文中の［　あ　］に当てはまる語として最も適当なものを，次のア〜エの中から一つ選んで，その記号を書きなさい。また，下線部cに適した条件として，「限られた年代に栄えて絶滅した生物の化石であること。」のほかに，もう1つ書きなさい。

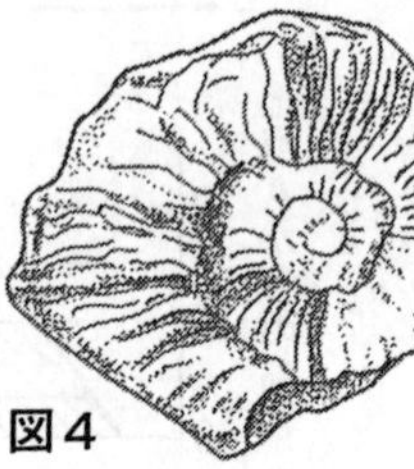

図4

ア　アンモナイト　　イ　ビカリア　　ウ　サンヨウチュウ　　エ　フズリナ

(5)　文中の［　い　］に当てはまる方角として最も適当なものを，次のア〜エの中から一つ選んで，その記号を書きなさい。

ア　東　　イ　西　　ウ　南　　エ　北

6 りょうたさんは，マグネシウムを加熱したときの質量の変化を調べる実験を行い，ノートにまとめた。下の(1)～(5)の問いに答えなさい。

りょうたさんの実験ノートの一部

【課題】 マグネシウムを加熱するとき，その質量の変化に規則性はあるのだろうか。

【手順】

❶ 質量をはかったマグネシウムの粉末をステンレス皿に入れ，皿全体の質量をはかる。

❷ a空気とよくふれ合うようにするために，マグネシウムの粉末を [あ] のち，**図**のようにして，bガスバーナーで十分に加熱する。

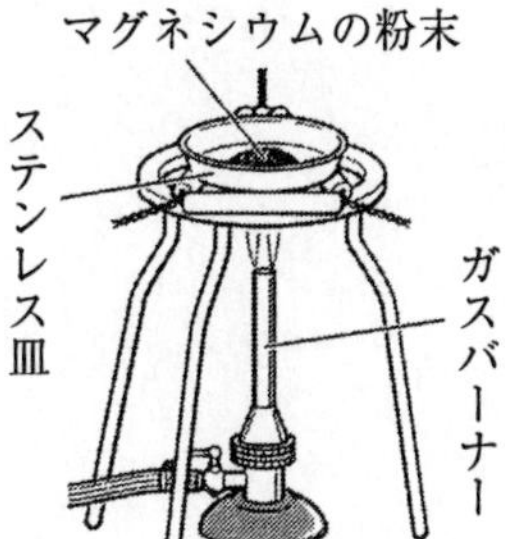

図

❸ 皿が冷えてから，再び皿全体の質量をはかる。

❹ 加熱後の皿全体の質量の変化が見られなくなるまで，❷，❸の操作をくり返し行う。

❺ ステンレス皿に入れるマグネシウムの粉末の質量をいろいろと変え，❶～❹の操作をくり返し行う。

【結果】

・得られた結果を，**表**にまとめた。

表

マグネシウムの質量〔g〕		0.3	0.6	0.9	1.2	1.5	1.8
皿全体の質量〔g〕	加熱前	24.3	24.6	24.9	25.2	25.5	25.8
	加熱後	24.5	25.0	25.5	26.0	26.5	27.0

(1) 文中の [あ] に当てはまる操作の内容を，下線部aの目的に合うように書きなさい。

(2) 下線部bで，ガスバーナーの炎を適切な大きさに調整したあと，赤色の炎を適正な青色にするにはどのようにすればよいか。最も適当なものを，次の**ア**～**エ**の中から一つ選んで，その記号を書きなさい。

ア ガスの量を多くする。　**イ** ガスの量を少なくする。

ウ 空気の量を多くする。　**エ** 空気の量を少なくする。

(3) マグネシウムを空気中で加熱したときに起こる化学変化を，化学反応式で表しなさい。

(4) マグネシウムの質量とマグネシウムと化合した物質の質量の比を求めなさい。

(5) ステンレス皿にマグネシウムの粉末3.6gを入れたのち，ガスバーナーで一定時間加熱したところ，皿の中の物質の質量は5.4gになった。このとき，皿の中にまだ反応せずに残っているマグネシウムの粉末は何gあると考えられるか，**表**をもとに小数第一位まで求めなさい。

(二) 次の行書で書かれた漢字を楷書で書くときの総画数と同じ総画数である漢字を、1～4の中から選んで、その番号を書きなさい。

1 選　2 慣　3 愛　4 港

(三) 次の【会話】の□に入る言葉として、最も適切なものを、1～4の中から選んで、その番号を書きなさい。

【会話】

大島　彼の良いところは、最初から最後まで同じ態度をくずさないところだと思うよ。
山根　ぼくもあんな風に、一つのことを貫けるような強い人になりたいな。
斎藤　私も、これからは□を心がけたいと思うわ。

1 暗中模索　2 栄枯盛衰　3 首尾一貫　4 五里霧中

(四) 本文と【Ⅰ】から読み取れることとして、最も適切なものを、次の1～4の中から選んで、その番号を書きなさい。

1 本文では、人間は本来、自然を守ろうという理念をもっていると述べられているが、このクラスには自然保護の意識がない生徒もいる。
2 本文では、人間は自然の一員といえないという考えが述べられているが、このクラスでは、はっきりその意見に同意する生徒は一人もいない。
3 本文では、自然と人間の共生は困難だと述べられているが、このクラスではそうした考えの人はおらず、全員が具体的な対策を考えている。
4 本文では、自然と人間の共生は太古の昔から人類の望みであったと述べられているが、このクラスではその望みを持たない生徒もいる。

(五) 【Ⅱ】の動植物の絶滅を防ぎ……が挙げられますという大沢さんの発言は、どのような意図から発されたものか。その説明として最も適切なものを、次の1～4の中から選んで、その番号を書きなさい。

1 前田さんの意見に反論するため、前田さんの意見に合う具体例を示してその難点を指摘する意図。
2 前田さんの意見に対抗して自分の意見を述べるため、異なる考え方の具体例を提示する意図。
3 前田さんの意見について追加の説明を求めるため、具体的な問題を取り上げて問いただす意図。
4 前田さんの意見に賛同し、その意見に合う具体例を提示して、考え方を説明しようとする意図。

(六) 【Ⅱ】の［A］に入る最も適切な言葉を、本文中から七字で抜き出して書きなさい。

(七) 本文と【Ⅰ】・【Ⅱ】を参考にして、自然と人間の共生についてあなたの意見を書きなさい。ただし、以下の条件に従うこと。

1 百字以上、百五十字以内で書くこと。（句読点を含む。）
2 二段落構成とし、第一段落には、自然と人間の共生は可能かどうかについてあなたの意見を書き、第二段落には、今後自然に対してどのような取り組みをしていくべきだと思うかを書くこと。
3 正しい原稿用紙の使い方をすること。ただし、題名と氏名は書かないこと。また、～～や＝＝等の記号（符号）を用いた訂正もしないこと。
4 文体は、常体「だ・である」で書くこと。

四

次の(一)～(三)の問いに答えなさい。

(一) 次の(1)～(6)の――線部について、片仮名の部分を漢字で、漢字の部分の読みを平仮名で書きなさい。

(1) 情報がカクサンする。
(2) 釣り糸をタらす。
(3) 虫歯をショチする。
(4) 危険な行為を戒める。
(5) 迷子を捜索する。
(6) あいまいに言葉を濁す。

【Ⅰ】 40人のクラスで行ったアンケートの結果

①人間は自然の一員だと思うか

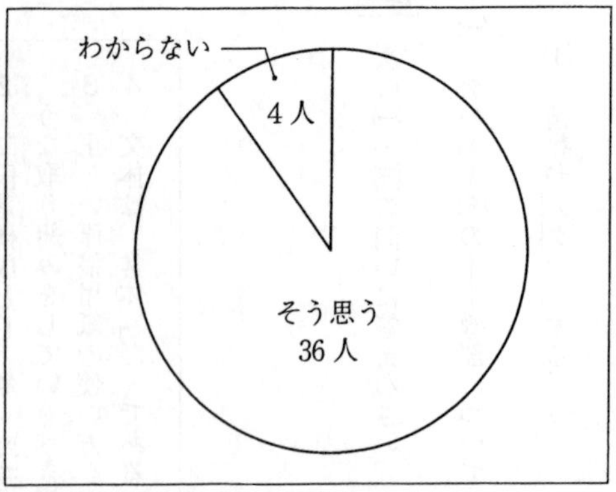

対象：中村さんのクラスの生徒40人全員

②自然と人間の共生は可能か

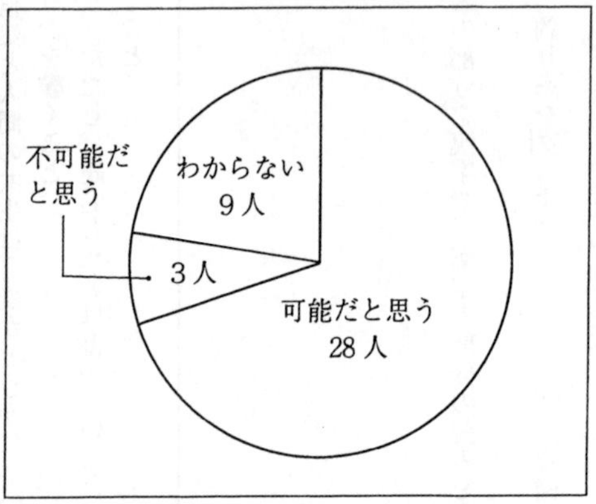

対象：中村さんのクラスの生徒40人全員

③自然との共生のために最も力を入れるべきこと

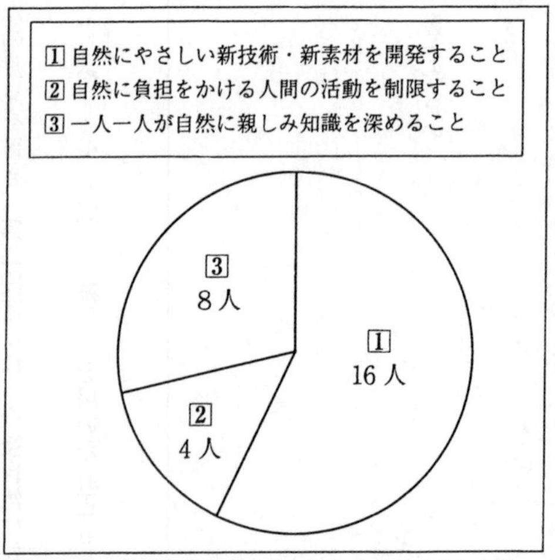

対象：②で「可能だと思う」と答えた生徒28人全員

【Ⅱ】 グループでの話し合いの一部

中村　それでは、自然と人間の関わりについて話し合っていきましょう。本文を読んで考えたことを自由に述べてください。

前田　人間は自然からさまざまな恵みを得て、利用しながら暮らしているのだから、自分たち人間の生存のためにも自然保護は大事だと思います。

大沢　動植物の絶滅を防ぎ、生物多様性を守っていくという観点から、海洋プラスチックごみ問題を解決することなどが挙げられます。日本もプラスチック製品を大量に生産したり消費しているので、対応しなければいけない責任がありますよね。

前田　自然が滅びたら人間だって生きていけないのだから、自然と人間の共生は難しいことだとしても、できる限り努力は続けていかないとだめだと思います。

坂本　そうですね。私は「宇宙船地球号」という言葉を思い出しました。人間も、他の動植物と衣食住を共にするこの地球の乗組員の一人なのだという考え方です。人間は他の乗組員たちとちょっと考え方が違うし力も強いから、気をつけないと宇宙船自体を壊してしまいそうです。

中村　人間は他の動植物とどう違うと考えていますか。

坂本　本文で筆者が述べているように、「自由」や「自然」など、あらゆるものを［A］とらえるところが違うのではないでしょうか。与えられた命をただ精一杯生きるというのとは違い、理念やイデオロギーを実現するために変革していくという点が違いだと思います。

大沢　自然の一員でありながら、異質な面もあるんですね。それに、人類は数が多いし、科学技術を発展させて自然を大きく改変する力も持ってしまっている。いつまでも自然の回復力に甘えていると取り返しのつかないことになりそうですね。

中村　本当にそうですね。アンケートでも、自然との共生のために力を入れるべきことについて、大きく三つの方向性で意見を聞いてみました。どれも大切だと思うのですが、これをもとに、どんな取り組みができるか考えていきましょう。

(一) 中村さんは、授業で、自然と人間の共生についてノートにまとめた。［ア］・［イ］に入る最も適切な言葉を、本文中からそれぞれ五字で抜き出して書きなさい。

> ○自然と人間の違い
> 人間はイデオロギーに支えられながら生きるが、自然はイデオロギーの支えを必要としない
> ↓
> 人間がもつ「イデオロギー」とは？
> ○［ア］を人間社会にとって不可欠な要素であるとする考え方
> ↓
> 「［ア］がもたらす人間の求めている自由」は、自然の求めている自由にとって妨げとなっている
> ⇩近代社会の形成以降の人間は、［イ］することをめざして行動することをイデオロギーとしていた
> ↓
> 今日では、多くの人々が自然と人間の共生を願っている

(二) 次の一文は、本文中の〈1〉～〈4〉のどこに入るか。最も適切な箇所の番号を書きなさい。

> それは自動車や電機製品のない時代に暮らしていた人々が、自分は不幸だと思っていたわけではないのと同じことである。

(三) 本文について述べたものとして、最も適切なものを、次の1～4の中から選んで、その番号を書きなさい。

1 自然と人間の共生の困難さについて例を挙げて述べた後、その解決法について論を展開している。
2 自由についての考え方の変化を時代を追って紹介し、それぞれの時代について考えを述べている。
3 自然と人間を対比しながら自由について述べ、人間と自然の共生における課題を述べている。
4 自然と対立しなければ生きられない人間の不自由さについて、自由な鳥と比較しながら述べている。

三 中村さんは、次の文章や、クラス内アンケートをもとに、グループで話し合いを行い、意見文を書くことになりました。次の文章と【Ⅰ】・【Ⅱ】について、後の㈠～㈦の問いに答えなさい。

自然は歴史の進歩も発達ものぞんではいない。あるとき、ふと、この当たり前のことに気づいた。自然の求めている自由とは、自在に生きることであって、永遠に変わらない世界のなかで、昔と同じように自在に存在しつづけることのはずである。

ところが、もしそうだとするなら、自然と人間の共生には、大きな困難がよこたわっていることになる。進歩も発達ものぞまず、永遠の世界の持続しつづけることを理想とする自然と、すべてを変えようとする人間とが、同じ時空を共有することなどできるのであろうか。人間は進歩や発達の道が閉ざされていることを不自由だと感じ、自然は変化によって自分たちの生存基盤が変えられていくことを、不自由だと感じるのである。もしも太古の世界が回帰[※1]したとしたら、それは自然にとっては自由の回復であり、人間にとっては、少なくとも現代人にとっては、自由の喪失であろう。

とするとこの自然と人間の違いは、どこから生じたのであろうか。私にはそれは、イデオロギー[※2]に支えられながら生きる人間と、イデオロギーの支えを必要としていない自然との相違であるように思われる。

よく考えてみれば、進歩や発達が人間にとって幸福なことなのか、不幸なことなのかは、誰にもわからない。〈１〉

しかし人間たちは、進歩や発達を人間社会にとって不可欠の要素だと考えるイデオロギーをもつことによって、自らの行動を支えながら生きている。自由もまた同じ性格をもっている。なぜなら人間は、自由をも一度理念[※3]化し、その理念をイデオロギー的な支えとして、自由を語る習慣をもっているからである。〈２〉

自然はそんなめんどうなことはしない。自在に生きていられることが、自然にとっての自由である。それは、ときに水辺に降り立ち、ときに大空を舞い、ときに森や草原に木の実、草の実を探しながら、自らの尊厳に満ちた一生を送ることが、鳥たちの自由であるように。〈３〉

イデオロギーに支えられるようになった人間は、その理念を実現していく変化を望む。そしてそのこと自体が、自然が自在に、のびやかに生きていくためには妨げになってきた。あるいは次のように述べればよいのかもしれない。自然は自分がのびやかに生きていくことが、自然の創造なのである。森の木がのびやかに生きていくことが森の創造であり、動物や鳥や虫たちが自由に生きていくこと自体が、自然そのものであるようにである。自己の存在が自由であり、自分がさまざまな自然と自由な関係をもつことができること、それが自由な自然の姿である。〈４〉

ところが人間は、自然とは何かということさえ知性をとおしてとらえ、理念化、自然保護というイデオロギーをつくりだすことによってしか、自然とつきあうこともできない。人間にとっては自然もまた知性によってとらえられたもの、知性によってとらえられた他者である。だから自然という他者の存在をも、変えようとするイデオロギーの支えが必要になる。

近代社会の形成以降は、人々はこの自然と人間の関係を、人間が自然を征服することをめざして行動してきた。それが近代人の理念であり、イデオロギーであった。ところが今日では多くの人々が、自然を征服しようとした人間たちの傲慢《ごうまん》さを批判し、自然と人間の共生を願うようになった。私もこの変化をよいことだったと思っている。しかしそれでもなお、理念やイデオロギーの助けを借りながら、理念を実現する変革をとおしてしか自然の問題を語れない私たちは、自然の一員ではないという気持ちは残るのである。自分が自由に生きることが自然の創造である自然の生き物たちと同じように、人間が自由に生きることが自然の創造だとはいえないのだから。それは人間の自由が、自然のように生命の発現とともにあるものではなくて、理念化された自由だからであろう。

とすると、この点でも自然と人間の共生は容易ではない、ということになる。少なくともこの困難さを忘れてしまったら、自然と人間の間によこたわるもっとも重要なことを、私たちは忘却したことになるだろう。

（内山節「自由論―自然と人間のゆらぎの中で」による。）

※1　回帰＝もとの状態に戻ること。
※2　イデオロギー＝物事に関して歴史的・政治的な自分の立場によって構築された考え方。
※3　理念＝ある物事がどうあるべきかについての考え。

(一) 【Ⅱ】の三コマめに入る絵として、最も適切なものを、次の1〜4の中から選んで、その番号を書きなさい。

1

2

3

4

(二) 【Ⅲ】の美咲さんの感想にある、満月のことを「餅月」とも呼ぶ理由 について述べている部分を、【Ⅰ】から九字で抜き出して書きなさい。

(三) 【Ⅲ】の京助さんの質問に対する答えとして、最も適切なものを、次の1〜4の中から選んで、その番号を書きなさい。

1 歌の名手である浮世房の前で下手な歌を披露するわけにはいかないと思ったから。
2 想定していた状況と違い、あらかじめ考えてきた歌が提出できなくなったから。
3 十五夜の夜に満月の歌を詠むのはありきたりすぎてつまらないと考えたから。
4 急に呼び集められたため、歌を詠むための準備をする余裕がなかったから。

(四) 【Ⅲ】の静さんの感想の□に入る次の文中の A ・ B に入る最も適切な言葉を、【Ⅰ】から抜き出して書きなさい。

まず「三五夜中の」という詠み出しで人々に白居易の漢詩を思い起こさせ、その漢詩の「新月」という言葉を、その時の状況に合わせて「 A 」に変えています。そして、「くらかり」は「暗がり」の意味と、さらに一部で「 B 」の意味が重ね合わされて、掛詞《かけことば》にしているのですね。

【Ⅱ】 優治さんが【Ⅰ】の古典を紹介する際に作った四コマ漫画

＜一コマめ＞

＜二コマめ＞

＜三コマめ＞

＜四コマめ＞

【Ⅲ】 優治さんが紹介した古典について、グループで出された質問や感想の一部

美咲

<u>満月のことを「餅月」とも呼ぶ理由</u>がおもしろいなと思いました。

京助

夜がふけても一首も出てこなかったのはなぜですか。

静

私は、浮世房が詠んだ和歌に感心しました。［　　　　　　　］

二 優治さんは、「自分の選んだ古典を紹介しよう」という国語の授業で、自作の四コマ漫画を使ってグループの友達に紹介し、その後で質問や感想をもらいました。次の【Ⅰ】～【Ⅲ】について、後の㈠～㈣の問いに答えなさい。

【Ⅰ】 優治さんが選んだ古典

今はむかし、八月十五日夜は、名におふ（その名のとおり）月の満てる時分なり。この夜は、日と月とさし望む（太陽と月とがまっすぐに対面し合うから）事の正しければ、月の光もことさらに明らかなる故《ゆゑ》に望月《もちづき》ともいふなり。又、まんまるに満つる故に餅月《もちづき》とも申し伝へし。詩作り・歌詠《よ》みども（漢詩を作る人や和歌を詠む人たちは）、日頃より含み句※1をこしらへて、ただ今作りしやうにもてなし（とりつくろい）、うめきすめきて（苦心している様子で）詠み出《い》だす。さる（ところがさて）ままに日暮《ひぐれ》より雲うづまきて（雲が渦巻いて）雨ふり出でしかば、かねて（前もって）作りける詩歌《しいか》相違して、夜ふくれども（夜が更けたけれども）一首も出でず。「浮《うき》世房《よぼう》※2、いかにいかに」と仰《おほ》せられしかば、仰《あふ》のきうつぶき、麦穂の風にふかるるやうにして案じける折節、鴈《がん》※3のわたる声聞《きこ》えければ、「雲外に鴈を聞きて夜《よる》声を」※4ととなへ（口ずさみかけて）さまに、ふと思ひよりてかく（このように）ぞ詠みける。

雨ふれば三五夜※5中の真の闇二千里《じせんり》わたるくらかりの声

（浅井了意「浮世物語」による。）

※1 含み句＝あらかじめ作っておいて、歌会や句会でその時作ったように提出する詩歌や句。
※2 浮世房＝人名。この物語の主人公で、出家している。
※3 鴈＝雁《かり》とも呼ぶ。秋に列をなして飛来する渡り鳥。
※4 雲外に鴈を聞きて夜声を＝『和漢朗詠集《わかんろうえいしゅう》』に掲載されている漢詩の一節。
※5 三五夜＝十五夜のこと。『和漢朗詠集』に掲載されている白居易《はくきょい》の漢詩の「三五夜中の新月の色　二千里の外の故人の心」をふまえたもの。

【Ⅱ】春菜さんのメモ

○　タイトルと著者名
　『時速47メートルの疾走』　吉野万理子

○　内容メモ・感想
・一章ずつ別の人が主人公。構成がおもしろい。
　第一章「立ちすくむ人」←自分に近い。共感できた
　第二章「見守る人」←授業で読んだ
　第三章「見守りたくなかった人」
　第四章「疾走する人」←町平視点
・第四章を読んで本のタイトルの意味が理解できた。
・町平以外の四人もそれぞれ悩みを抱えている。町平の姿に励まされて一歩踏み出せた。

○　おすすめポイントなど
・読みやすい。
・各章の主人公のうち誰かには共感できるはず。
・同じ著者の別の作品も読みやすいものが多いのでぜひ手に取ってもらいたい。（おすすめ本の横に関連本として陳列する？）

【Ⅲ】メモをもとにした本の紹介記事

〈今月のおすすめ本〉
　吉野万理子『時速47メートルの疾走』

「時速47メートル」は分速何センチでしょうか？　答えは78.33センチです。1分間に1メートルも進まない速さで「疾走」とは？
　この物語の中心になっているのは、普段は目立たない中学生の町平くんが校庭を逆立ちで一周する場面です。その速さが「時速47メートル」なのです。
　この本は「立ちすくむ人」「見守る人」「見守りたくなかった人」「疾走する人」の四章構成。第四章の「疾走する人」が町平くん、ほかは町平くんと関わる別の三人の中学生が主人公で、同じ場面を四人それぞれの視点で描いています。複数の視点で描くことで一つの場面が立体的に見えてきますし、四人それぞれの思いが鮮やかに読み取れます。第一章の「立ちすくむ人」が、私が一番共感した章です。
　四人の主人公はそれぞれいろんな事情を抱え、さまざまに思い悩んでいます。きっと誰もが、自分に近い人物を見つけて共感できるはず。自分の中の弱さを見つめ直させ、奮《ふる》い立たせてくれる、そんな物語です。そして読み通したあとに、タイトルの「疾走」の意味が納得できるでしょう。
　物語の筋はシンプルで短いので、長い物語を読むのが苦手な人にもおすすめです。ぜひ、手に取ってみてください。

(四)　春菜さんは、【Ⅱ】のメモをもとにして、【Ⅲ】のように本の紹介記事を書いた。書く際に工夫した点として適切なものを、次の1～4の中から一つ選んで、その番号を書きなさい。
1　記事の読者に問いを投げかけることで、主人公の気持ちについて考えさせている。
2　一章ごとに簡単に内容を説明することで、読者の興味をかきたてようとしている。
3　これから読む人に配慮して物語の筋には触れず、自分の感想を中心に書いている。
4　意表を突く問いかけで書き出すことで、紹介記事に興味を持たせようとしている。

(五)　春菜さんは、【Ⅲ】の紹介文について、第一章の「立ちすくむ人」が、私が一番共感した章です。という箇所を分かりやすく書き直すことにした。その箇所を、「私が」という書き出しに続けて、同じ言葉を繰り返さないように、二十字以上、二十五字以内で書きなさい。（句読点を含む。）

【Ⅰ】「文章の表現と登場人物の思いの変化に着目して読む」という学習課題に取り組む春菜さんのグループでの話し合い

春菜　最初に「息をのんだ」とあるけれど、このときの「わたし」はどんな気持ちだったんだろう。

直人　「息をのむ」は、思いがけないことに出会って驚く様子を表す慣用表現だよ。町平が「今まで見たことのない表情」をしたから驚いたんだね。その表情は「細くて鋭い千枚通しでふたりを刺すようににらむ」と、比喩を使って表されているよ。

真紀　「わたし」は少しあとでも、「さっきのは、なんだったのだろう。あの視線は。」と、町平の視線について思い返しているね。

千秋　「わたし」にとって、町平のその表情はかなり大きな驚きだったんだろうね。今まで「わたし」は「町平を聖者のように祀り上げてしまっていた」から、その表情の違いにとても驚いたんだと思う。

学　「息をのんだ」でまず驚いて、「さっきのは、なんだったのだろう」と思い返して、「でも、本当はそうじゃなかったんじゃないのだろうか……」と町平の人物像についての自分の見方を考え直す、という流れが読み取れるよ。

直人　「わたし」の町平に対する見方が完全に変わったのは、［　A　］のところだね。比喩表現を使って印象的に表されているよ。

春菜　「わたし」の町平に対する見方は、どんなふうに変わったのかな。

1　千秋　あまり自己主張の強くない穏やかな人物という見方から、強い意志を持った荒々しい人物という見方に変わったんだと思う。

2　学　自分とは全然違う平然とした人物という見方から、自分と同じ揺れ動く感情を持つ人物という見方に変わったんじゃないかな。

3　真紀　自分にも他人にも厳しい近寄りがたい人物という見方から、親しみやすい人物という見方に変わったように思うんだけど。

4　直人　何でもできて人にも優しいすばらしい人物という見方から、どうしようもなく情けない人物という見方に変わったと思うな。

春菜　なるほど、いろんな意見があるみたいだね。図書だよりに、おすすめの本を一冊選んで紹介記事を書くコーナーがあるんだけど、来月は私がそのコーナーの担当なんだ。この本を全部読んで、おすすめ本として紹介記事を書くことにするよ。

㈠　【Ⅰ】に「町平を聖者のように祀り上げてしまっていた」とあるが、これは「わたし」が町平をどのような人物であるととらえていたか。それをまとめた次の文の［　　］に入る言葉を、三十字以内で書きなさい。（句読点を含む。）ただし、「他者」という言葉を用いて書くこと。

町平は、どんなときも［　　］人物であるととらえていた。

㈡　【Ⅰ】の［　A　］に入る最も適切な言葉を、本文中から二十六字で探し、はじめと終わりの五字を抜き出して書きなさい。

㈢　【Ⅰ】の［　　］の中で、「わたし」の町平に対する見方の変化について、最も適切な発言をしている人物は誰か。次の1～4の中から選んで、その番号を書きなさい。

1　千秋　　2　学　　3　真紀　　4　直人

二〇二二年度 水戸葵陵高等学校

【国語】(五〇分)〈満点:一〇〇点〉

一

次の文章と【Ⅰ】~【Ⅲ】について、後の㈠~㈤の問いに答えなさい。

(ある中学校の体育祭で、町平《まちひら》を応援団長とするチームが負けてしまった。町平と同じチームの「わたし」(美鈴《みすず》)は、町平が他チームの応援団長たちにけしかけられ、罰ゲームとして逆立ちで校庭を一周させられるという話を聞き、駆《か》け付けた。)

息をのんだ。町平は今まで見たことのない表情をしていた。細くて鋭い[※1]千枚通しでふたりを刺すようににらむ。

でも、わずか二、三秒のことだった。

すぐに町平は屈伸運動を始め、彼らが到着したときには、パッと足を上げた。

おー、と集団から声が上がり、大門がほめている。

「なんか、フツーにやってるな」

「ああ、[※2]リアクションに困るよな」

誰かが後ろでぼそぼそつぶやく。

町平は、みんなに突っこませる機会をまったく与えないほど逆立ちが上手で、淡々と前進していた。ときどき足をついて体を起こしては、手についた土を払って、再びしゃがむ。

わたしは、少しずつ移動していく町平について、五歩ずつ動いては止まり、また動いては止まっていた。

さっきのは、なんだったのだろう。あの視線は。

いつの間にか、町平を聖者のように祀《まつ》り上げてしまっていたかもしれない。[※3]じゃんけんにわざと負けて、五人を救ってくれて、そしてこんな罰ゲームに巻き込まれても、動じることなくこなしている。わたしがこうであったらいいな、という人に仕立て上げてしまっていた。

でも、本当はそうじゃなかったんじゃないのだろうか……。

忠之が走ってきた。掃除をサボったわたしをとがめに来たのかと思ったら、こちらを見もしなかった。町平に軍手を渡して、また走り去っていった。

町平は、少し進んでは足をつく。立ち上がって両手をぱんぱんと合わせて軍手の泥を払う。そして、肩をぐるんと回してからまたかまえる。

後ろ姿しか見えない。

そのことに気づいて、わたしは二十歩くらい移動して、先回りした。少しずつ町平が近づいてきた。頭に血が降りてきたためか、顔が赤くなっている。歩くときは息を止めて、ストップしたときに、果てしなく大きなため息のような深呼吸をしていた。風が強くなっていて、彼の前髪がひっきりなしに揺れる。

突然、町平がバランスを失った。右肩から落ちるんじゃないか、と一瞬焦ったが、ちゃんと両足で着地した。けれど、しゃがんだまま動かない。

「大丈夫かよ」

言った後で、反省した。わたしは知らず知らずのうちに腕組みしていて、クラスメイトを心配しているようにはとても見えなかった。が、幸い彼は、こちらに目を向けていなかった。

「あ、うん。別に」

いつもどおりの[※4]平板な声が返ってきた。ただ、その声が、何かを我慢しているように聞こえた。

そのとき、思いこみの[※5]オブラートがぐるぐるはがれて、溶けて消えた。

町平だって、恥ずかしいのではないだろうか。それを必死にこらえて、見事に隠して、やるべきことをやって見せているのではないだろうか。本当はこんな罰ゲームなんてやりたくなかったし、応援団長だって引き受けたくなかったのでは。

だったら、なんでパーを出し続けたのか。

まさか。

考えを振り払って、わたしは言った。

「がんばれよ」

けれど、あまりに小さかったその声はそのまま、わたしのところへ押し戻されてきた。おまえこそ頑張れよ、と。

彼の細長い身体が、左に、右に、傾きながら進んでいく。

わたしは同じ速度で歩こうと、一歩、踏み出した。

(吉野万理子「時速47メートルの疾走」による。)

※1 千枚通し=重ねた紙に刺して穴を空ける器具。
※2 リアクション=反応。
※3 じゃんけんにわざと負けて……=応援団長をじゃんけんで決めることになったとき、町平はわざとパーを出し続けて負け、応援団長を引き受けた。
※4 平板=変化がなく、面白みのない。
※5 オブラート=薬を包んで飲みやすくする、溶けるフィルム。転じて、物事を直接でなく遠回しにぼかすもの。

英語解答

1 (1) No.1 イ No.2 ウ No.3 ア
No.4 エ No.5 イ
(2) No.1 エ No.2 ウ No.3 ア
No.4 イ
(3) No.1 ウ No.2 イ
(4) ① イ
② (例) I want to tell them about our club activities.

2 (1) ① selling ② dishes
③ began
(2) ④ subject ⑤ have
⑥ borrow

3 (1) ウ (2) イ→ウ→ア

4 (1) ①…ウ ②…イ ③…エ ④…ウ
⑤…ア
(2) How much money will you

5 (1) ア，オ，キ (2) 2
(3) ① She (often) read books (with him).
② (He was) In the park (then).
(4) ① (例) I think telling many people about it on the Internet is good.
② (例) I want to help my mother cook dinner every evening.

6 (例) I think that it's very useful. We can buy many things and study about some things without going out. But I also think that it's bad for us to use it for long hours. (34語)

1〔放送問題〕解説省略

2〔長文読解総合―Ｅメール〕

≪全訳≫A．こんにちは，サキ。元気？ あなたが私の町についてメールで質問していたので，それについて書くね。私の町には長い歴史があるのよ。この町には伝統的な服を売っている店があるんだ。一部のレストランでは，伝統的な料理を食べられるよ。先月，私はそうした料理のつくり方を母から習い始めたの。とても楽しいわよ。それから，私は自分の町についてインターネットで勉強して楽しんでるんだ。私は歴史を勉強するのが一番好きなの。あなたは何を勉強するのが一番好き？

B．こんにちは，ルーシー。メールありがとう。あなたの質問に答えるね。私の好きな科目は理科よ。私は理科部に入っていて，そこでとても楽しんでいるんだ。それから，学校の図書館に行って，理科に関する本を借りているよ。

(1)<語形変化>①「伝統的な服を売っているお店」となればよい。「～している」の意味を表すのは現在分詞(～ing)。‘名詞＋分詞＋その他の語句’の形で前の名詞を修飾する現在分詞の形容詞的用法。②dish は‘数えられる名詞’。前に some があるので複数形にする。dish の複数形は dishes。③Last month「先月」とあるので，過去形にする。 begin－began－begun （類例）swim－swam－swum／sing－sang－sung

(2)<適語補充>④history「歴史」や science「理科」は，subject「科目，学科」である。 ⑤have a great〔good/wonderful〕time「楽しい時間を過ごす」(≒enjoy ～self) ⑥library「図書館」に関する表現なので，borrow books「本を借りる」とする。 *cf.* lend books「本を貸す」

3〔長文読解総合〕

(1)**<要旨把握―説明文>《全訳》**公園や病院，競技場など多くの施設で，私たちは絵文字を見ることができる。絵文字は私たちに多くの必要な情報を示す。例えば，トイレやエレベーターがどこにあるのかを示す。言葉も私たちに情報を示せるが，絵文字は情報を私たちにより早く示してくれる。絵文字を見ることによって，私たちは施設を問題なく利用できるのだ。

<解説>最終文を言い換えた内容であるウ．「絵文字は私たちが多くの施設を問題なく利用するのに役立つ」が適切。'help＋人＋(to) ～'「〈人〉が～するのに役立つ」　ア．「言葉を読むことは私たちにとって絵文字を見ることより重要だ」　イ．「絵文字から必要な情報を得ることは私たちにとって良くない」　エ．「絵文字は言葉ほどうまく必要な情報を私たちに示せない」

(2)**<文整序―エッセー>《全訳》**私には，猫を飼っている友人がいる。先月，彼女が私にこう言った。「今週末，おばあちゃんが私の家に泊まる予定なの。おばあちゃんは猫が好きじゃないんだ。その日，あなたの家で私の猫を世話してくれる？」／**→イ．**私も家族も猫が好きなので，私は「いいわよ」と答えた。／**→ウ．**また，私は彼女に猫についてたくさん質問して，猫の世話の仕方を彼女から学んだ。／**→ア．**そういうわけで，その週末，私たちは彼女の猫にご飯をあげたり，一緒に遊んだりして楽しんだ。今，私たちは家で猫を飼うことを考えている。

<解説>まず，空所直前のCould you ～？「～していただけますか」という依頼に対する応答を含むイを置く。その後は友人にその猫の世話の仕方などを尋ねるウ，実際に猫の世話をしている様子を示すアの順に時系列に続ければよい。

4〔長文読解総合―対話文〕

《全訳》❶タク(T)：やあ，アンディ。何をしているの？**❷アンディ(A)**：ある語学学校の英語のホームページを読んでいるんだ。そこには①3か国語の先生がいて，そのうちの1つはスペイン語なんだ。僕はアメリカにいたとき，1年間スペイン語を勉強していたんだ。**❸T**：スペイン語をまた勉強したいの？**❹A**：うん。僕は日常会話は楽しめるんだ。だけど，将来はスペイン語を話す国で働きたいから，スペイン語をもっと勉強するつもりなんだ。**❺T**：なるほど。何か資格を取りたいの？**❻A**：いや，今はそのことは考えていないよ。ビジネス会話の練習をしたいんだ。だから②Bコースが僕には一番いいと思うんだ。**❼T**：それを受講するためには，どれくらいのお金が必要なの？**❽A**：受講料はここに書いてある。1か月当たり2万円が必要になるね。ええと，毎週2回授業があるね。タク，君はこの英語コースに興味があるだろ？　君が③将来，アメリカで勉強したいのを知ってるよ。この時間割を見てよ。君がこのコースを受講すれば，土曜は一緒に語学学校に通えるよ。**❾T**：そうだね。僕も受講したいな。**❿A**：あっ，でもCコースの授業は全部，④60分だ。土曜は3時半に終わるね。一緒に帰れないな。土曜は5時から家の近くのギター教室でギターの練習をするんだよね？**⓫T**：心配しないで。もし4時に語学学校を出れば，⑤4時10分にミナミ駅に着けるよ。ギター教室には5時までに着けるから，君の授業が終わるまで待っているよ。**⓬A**：ありがとう。

アオバ語学学校／私たちは50年にわたり，多くの人々にすばらしいレッスンを提供してきました。本校では英語・中国語・スペイン語を学べます。本校はアオバ町にあり，ミナミ駅から徒歩10分，キタ駅からは徒歩12分です。／コースと料金／コース／対象／料金(1か月)／A：日常会話を練習したい人／B：ビジネス会話を練習したい人／C：留学したい学生／D：資格を取りたい人

(1)＜**適語(句)選択**＞①ウェブサイトの学校案内参照。この学校がレッスンを提供しているのは３か国語。　②コースと料金の表参照。ビジネス会話を行うのはコースB。　③アンディはこの直前でタクに「この英語コースに興味があるだろ？」と尋ねていることから，英語に関連する内容が入ると考えられる。　④時間割参照。Cコースの授業時間は，「60分」である。　⑤学校案内の第４文参照。ミナミ駅までは徒歩10分である。

(2)＜**適語句補充**＞この質問に対してアンディは受講料を答えているので，金額を尋ねる表現が入る。How much do you (need to take it ?)などとしてもよい。

5〔**長文読解総合―物語**〕

≪**全訳**≫❶ユリは中学生だった。祖父が彼女の家の近くに住んでいた。ユリは祖父が大好きだった。ユリは幼い頃，よく祖父と一緒に本を読んだ。祖父は，ユリに困ったことがあると，いつも助けてくれた。例えば，ユリは友達と口論したとき，祖父にそのことを話した。すると，祖父はユリにたくさんの適切なアドバイスをしてくれたので，ユリは友達と仲直りした。ユリは小学校で英語の勉強を始めたとき，英語が得意ではなかった。英語はユリには難しかったのだ。祖父は若い頃，英語の先生だったので，ユリが英語を勉強するのを手伝ってくれた。祖父のおかげで，ユリは英語を理解し始めた。このように，ユリはいつも祖父に助けられていたので，自分もいつか祖父を手伝いたいと思っていた。❷９月のある日，ユリの祖父の犬のタロウが，祖父の家から出てどこかに行ってしまった。祖父はそのことをとても悲しんでいた。ユリは祖父の悲しい顔を見て，悲しくなった。ユリは祖父のために何かをしたかったので，タロウを捜すことに決めた。ユリは，タロウに関する情報を載せたポスターをつくって，それを学校の掲示板に貼った。さらに，クラスメートたちにもホームルームでタロウについて話した。「もし白い首輪をつけている黒い犬を見たら，私にそのことを教えてください」とユリは言った。ユリは毎日，放課後，いろいろな場所に行ってタロウを捜した。ユリは週末には一日中そうしたが，タロウを見つけられなかった。クラスメートたちもタロウを捜したが，ユリは何の情報も彼らから得られなかった。父はユリにこう言った。「タロウをこれ以上捜さなくてもいいぞ。お父さんは捜すのをやめるべきだと思う。ユリがタロウを見つけるのは難しいよ」　しかし，ユリはこう答えた。「私はおじいちゃんの喜ぶ顔が見たいの。タロウを捜すのは絶対にやめないわ」❸２週間後，日曜日の朝にユリが公園の近くを歩いていると，公園の中に何か黒いものが見えた。ユリはそれがタロウだと思ったので，公園の中に入っていった。その黒いものはタロウだった。ユリは「タロウ！　こっちへおいで！」と言った。タロウはユリを見て，ユリの所に来た。ユリはタロウに「どこへ行っていたの？　私たちはあなたのことを心配していたのよ」と言った。そして，ユリはタロウを祖父の家に連れていった。❹ユリの祖父は，タロウに会えてとても喜んだ。彼は泣き出した。祖父はユリに「どうもありがとう。今とてもうれしいよ」と言った。ユリもそれを聞いてうれしくなり，こう言った。「どういたしまして。おじいちゃんは，私が小さい頃から私を助けてくれたから，おじいちゃんを手伝うのが私の夢だったの。今日，私は夢を実現させたの！　私もとてもうれしいわ」

(1)＜**内容真偽**＞ア.「ユリの祖父は，ユリが友達と口論したとき，たくさんの適切なアドバイスをしてくれた」…○　第１段落第６，７文に一致する。　イ.「ユリの父は英語の先生で，ユリが勉強するのを手伝っている」…×　第１段落最後から３文目参照。父ではなく，祖父が昔，英語の先生だった。　ウ.「ユリの祖父は，ユリに自分を手伝ってほしかったが，ユリは祖父にそれはできないと言った」…×　そのような記述はない。　エ.「ユリは，自分の学校に関する情報を載せたポスターを，掲示板に貼った」…×　第２段落第５文参照。自分の学校ではなく，タロウに関する情報である。　オ.「ユリの祖父は白い首輪をつけている黒い犬を飼っており，その犬は９月にどこかに行ってしまった」…○　第２段落第１，７文に一致する。　カ.「ユリのクラスメートたちが，ユリにタロウに関する情報を与えたので，ユリはうれしかった」…×　第２段落最後から６文目参照。情報は得られなかった。　キ.「ユリの父親は，ユリにタロウをこれ以上捜すのをやめるように言った」…○　第２段落最後から５，４文目に一致する。　ク.「ユリの祖父は，自分の夢が実現したとき泣いた」…×　第４段落参照。夢を実現させたのは，ユリの祖父ではなく，ユリである。

(2)＜**適所選択**＞脱落文の did that「それをした」の内容が何を指すのか考える。文の後半の「彼を見つけられなかった」という内容から，did that は「タロウを捜した」という意味だと考えられる。

(3)＜**英問英答**＞①「ユリは幼い頃，祖父とよく何をしたか」―「(彼と一緒によく)本を読んだ」　第１段落第４文参照。　②「ユリがタロウを見つけたとき，タロウはどこにいたか」―「(彼はそのとき)公園に(いた)」　第３段落第１～３文参照。

(4)＜**条件作文**＞**≪全訳≫先生**(T)：犬を捜す良い方法は何ですか？　みんなの考えを聞かせてください。／**生徒**(S)：①(例)多くの人々にそれについてインターネットで知らせるのが良い，と私は思います。／T：なるほど。それは良い方法ですね。あなたは周りの人を幸せにしたいですか？／S：はい。／T：どうやってそれをしたいですか？／S：②(例)私は毎晩，母が夕食をつくるのを手伝いたいです。／T：それはとても良いですね。

＜**解説**＞①犬を捜す方法を英語で書く。本文に「情報を載せたポスターをつくり，それを学校の掲示板に貼る」という例が出ているが，それとは別の内容が良いだろう。　②周りの人を幸せにする方法を英語で書く。解答例のように，誰かの手伝いをすることのほか，volunteer activities「ボランティア活動」などについて述べても良いだろう。

6〔**テーマ作文**〕

≪全訳≫今，多くの人々がインターネットを使っているね。それが良いという人もいれば，悪いという人もいる。あなたはインターネットの使用についてどう考える？　それについての君の意見を知りたいな。

＜**解説**＞インターネットの使用に関する意見を述べる問題。良い面，悪い面の少なくともいずれかを，具体例とともに書くのがよい。解答例では良い面，悪い面の両方を挙げている。解答例の訳は「私はそれ(インターネット)はとても役立つと思う。私たちは外に出ることなく，多くのものを買ったり，いろいろなことを勉強したりできる。でも，私たちがインターネットを長時間使うのは良くないとも思う」。

2022年度／水戸葵陵高等学校

数学解答

1 (1) 36

(2) $\sqrt{13}$ cm

(3) ウ

(4) 右図

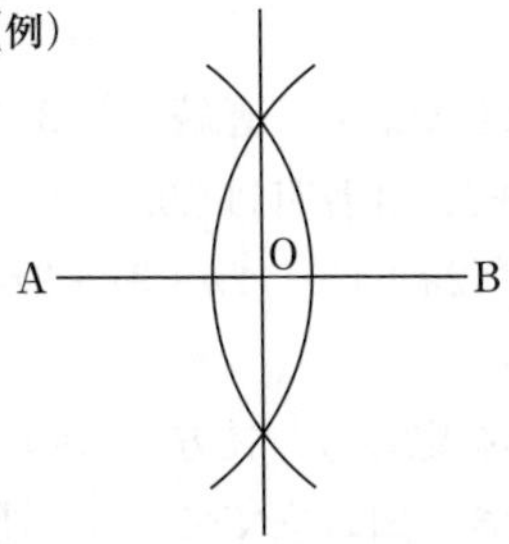

2 (1) ア…$2n+1$

イ…$2n+3$

ウ…$n+1$

(2) ア…$3(x-6)(x-1)$　イ…-7

ウ…14

(3) ア…$\frac{1}{2}$　イ…$x+4$

(4) 選んだ季節…冬

理由…(例)冬の最頻値11.5度は，春の最頻値8.5度より大きいので，冬の気温差が大きいといえる。

選んだ季節…春

理由…(例)春の13度以上の度数の割合0.32は，冬の13度以上の度数の割合0.3より大きいので，春の気温差が大きいといえる。

3 (1) 83°

(2) (例)△ABCと△EDAにおいて，$\overset{\frown}{BC}$に対する円周角だから，∠BAC＝∠BDC……①　平行線の同位角だから，∠BDC＝∠DEA……②　①，②から，∠BAC＝∠DEA……③　$\overset{\frown}{AB}$に対する円周角だから，∠ACB＝∠ADB……④　平行線の錯角だから，∠ADB＝∠EAD……⑤　④，⑤から，∠ACB＝∠EAD……⑥　③，⑥から，２組の角がそれぞれ等しいので，△ABC∽△EDA

(3) $\frac{27}{5}$

4 (1) 10分後　(2) 6分後

(3) 800m

5 (1) $\frac{2}{3}$　(2) 12通り

(3) 箱…0　確率…$\frac{1}{5}$

6 (1) ③　(2) 下図

(3) ウ…270　エ…258

オ…$129+15\sqrt{13}$

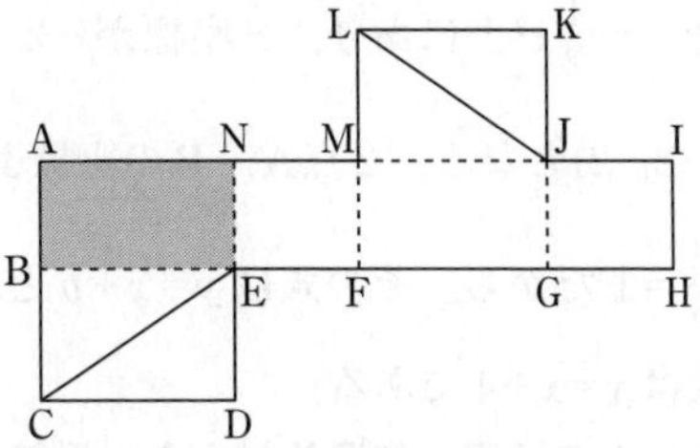

1〔独立小問集合題〕

(1)＜数量の計算＞３年３組が集めたごみの個数は，１日目は基準の10個より２個多いので $10+2=12$ (個)，２日目は10個より１個少ないので $10-1=9$ (個)，３日目は10個より５個多いので $10+5=15$ (個)となる。よって，３日間の合計は，$12+9+15=36$ (個)である。

(2)＜平面図形―長さ＞正方形ABCDの面積は $5\times5=25$ で，取り除いた直角三角形の面積は，１つが３cm²だから，４つで $3\times4=12$ となる。よって，新しくつくった正方形の面積は $25-12=13$ だから，その１辺の長さは，$\sqrt{13}$ cmとなる。

(3)＜文字式の利用―等式＞160cmのひもから15cmのひもを x 本切り取るので，切り取ったひもの長さは $15x$ cmであり，残りの長さは $160-15x$ cmとなる。これが y cmだから，$160-15x=y$ が成り立つ。

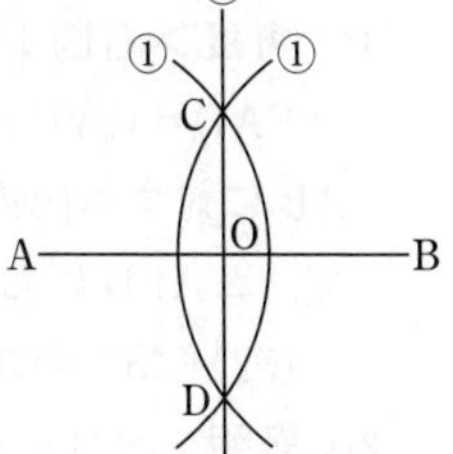

(4)＜平面図形―作図＞線分ABを直径とする円の中心Oは，線分ABの中点である。よって，線分ABの垂直二等分線と線分ABの交点が点Oとなる。作図は，右図で，①２点A，Bをそれぞれ中心とする半径の等しい円をか

き（交点をC，Dとする），②2点C，Dを通る直線を引く。②の直線と線分ABとの交点が中心Oとなる。解答参照。

2〔独立小問集合題〕

(1)**＜文字式の利用―説明＞**隣り合う2つの奇数の差は2だから，連続する3つの奇数は，最も小さいものを$2n-1$とすると，2番目は$(2n-1)+2=2n+1$，3番目は$(2n+1)+2=2n+3$となり，小さい順に，$2n-1$，$2n+1$，$2n+3$と表せる。$(2n-1)+(2n+1)+(2n+3)+3=6n+6=6(n+1)$となり，$n+1$は整数だから，$6(n+1)$は6の倍数である。

(2)**＜二次方程式の応用＞**右図1のように，4点A～Dを定める。長方形の厚紙の4隅から1辺が3cmの正方形を取り除き，組み立ててふたのない直方体の箱をつくるから，底面は長方形ABCD，高さは3cmとなる。厚紙の縦の長さを$x$cmとすると，横の長さは，縦の長さより5cm長いので，$x+5$cmと表せる。よって，$AB=x-3\times2=x-6$，$BC=(x+5)-3\times2=x-1$となる。直方体の箱の容積は$312cm^3$だから，$(x-6)\times(x-1)\times3=312$より，$3(x-6)(x-1)=312$が成り立つ。これを解くと，$(x-6)(x-1)=104$，$x^2-7x+6=104$，$x^2-7x-98=0$，$(x+7)(x-14)=0$より，$x=-7$，14となる。$x=-7$は縦の長さとしては適していないから，縦の長さは14cmである。

図1

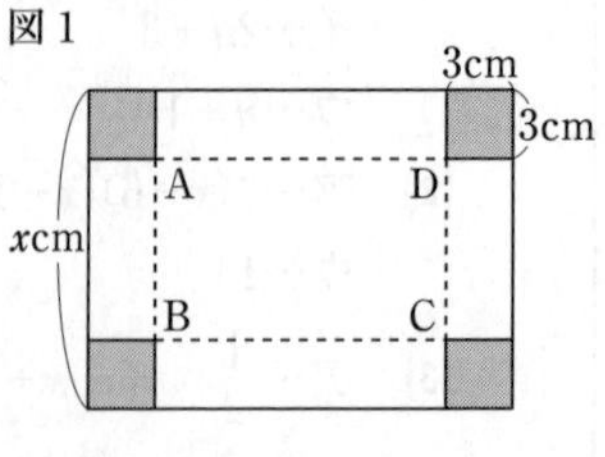

(3)**＜関数―比例定数，直線の式＞**右図2で，点Aは直線$y=2x$上にあり，x座標は4だから，$y=2\times4=8$より，A(4, 8)である。点Aは放物線$y=ax^2$上にもあるので，$8=a\times4^2$，$a=\dfrac{1}{2}$となる。これより，点Bは放物線$y=\dfrac{1}{2}x^2$上にあり，x座標が-2だから，$y=\dfrac{1}{2}\times(-2)^2=2$より，B$(-2,\ 2)$となる。2点A，Bの座標より，直線ABの傾きは$\dfrac{8-2}{4-(-2)}=\dfrac{6}{6}=1$だから，その式は$y=x+b$とおける。点Aを通るので，$8=4+b$，$b=4$となり，直線ABの式は$y=x+4$である。

図2

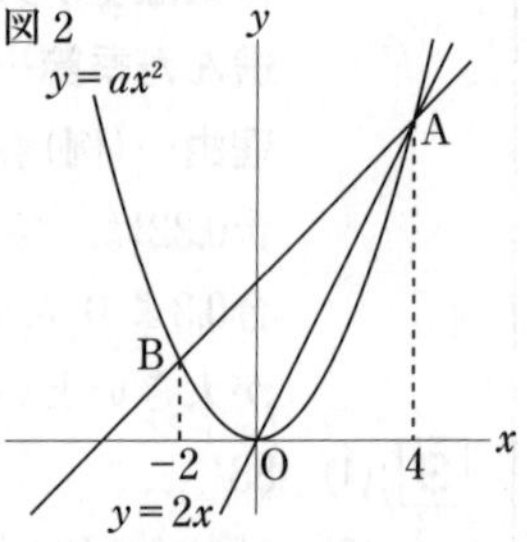

(4)**＜データの活用―気温差が大きい季節，理由＞**度数が最も大きい階級は，表1は度数が7日の7度以上10度未満の階級，表2は度数が7日の10度以上13度未満の階級だから，春の気温差の最頻値は$(7+10)\div2=8.5$(度)，冬の気温差の最頻値は$(10+13)\div2=11.5$(度)である。最頻値で比較する場合は，冬の気温差の方が大きいと判断できる。また，表1は，度数の合計が25日で，13度以上の度数が$4+4=8$(日)だから，その割合は，$8\div25=0.32$である。表2は，度数の合計が20日で，13度以上の度数が$5+1=6$(日)だから，その割合は，$6\div20=0.3$である。気温差が13度以上の度数の割合で比較する場合は，春の気温差の方が大きいと判断できる。解答参照。

3〔平面図形―円〕

(1)**＜角度＞**右図1で，△ACDはAD＝CDの二等辺三角形だから，$\angle FAD=(180°-\angle CDA)\div2=(180°-76°)\div2=52°$となる。また，$\overset{\frown}{AB}$に対する円周角だから，$\angle FDA=\angle BCA=45°$である。よって，△AFDにおいて，$\angle AFD=180°-(\angle FAD+\angle FDA)=180°-(52°+45°)=83°$となる。

図1

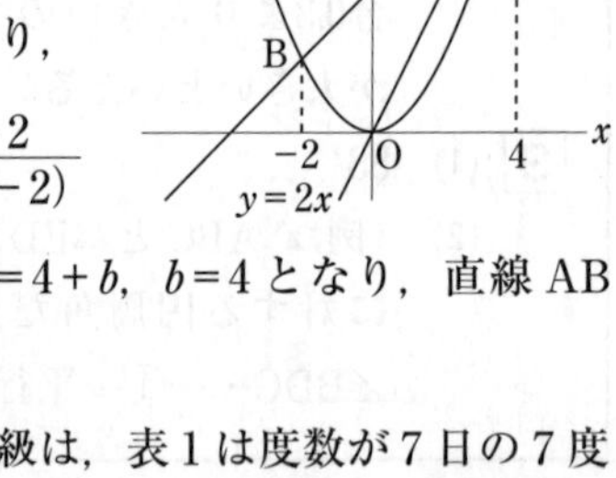

(2)**＜証明＞**次ページの図2の△ABCと△EDAにおいて，2組の角がそれぞれ等しいことを示す。まず，$\overset{\frown}{BC}$に対する円周角より，∠BAC＝∠BDCであり，AE∥

BDより同位角が等しいから，∠BDC＝∠DEAである。
また，$\overset{\frown}{\mathrm{AB}}$に対する円周角より，∠ACB＝∠ADBであり，AE∥BDより錯角が等しいから，∠ADB＝∠EADである。解答参照。

図2

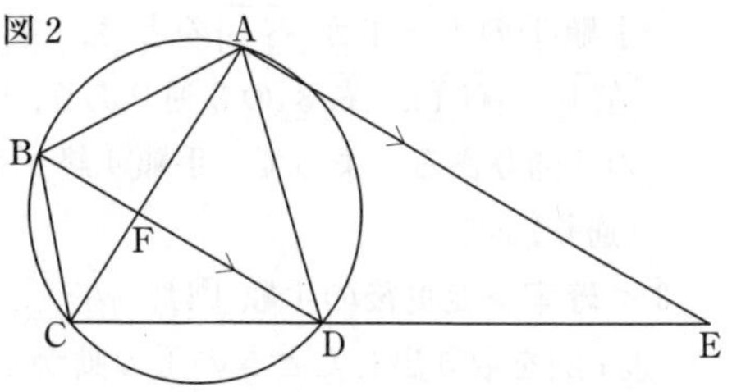

(3)＜長さ＞右図2で，AE∥BDより，AF：CF＝ED：CD＝18：12＝3：2だから，AF＝$\dfrac{3}{3+2}$AC＝$\dfrac{3}{5}\times 15$＝9，CF＝AC－AF＝15－9＝6となる。また，∠ACE＝∠FCD，∠AEC＝∠FDCより，△ACE∽△FCDだから，EA：DF＝CE：CD＝(12＋18)：12＝5：2となり，DF＝$\dfrac{2}{5}$EA＝$\dfrac{2}{5}\times 25$＝10となる。さらに，対頂角より∠AFB＝∠DFCであり，$\overset{\frown}{\mathrm{BC}}$に対する円周角より∠FAB＝∠FDCだから，△FBA∽△FCDとなる。よって，BF：CF＝AF：DFだから，BF：6＝9：10が成り立ち，10BF＝6×9より，BF＝$\dfrac{27}{5}$(cm)となる。

4 〔関数―関数の利用〕

(1)＜時間＞自宅から書店までの道のりは2000mで，花子さんが書店へ向かうときの速さは分速200mだから，花子さんが書店に到着したのは，自宅を出発してから，2000÷200＝10(分)後である。

(2)＜時間＞花子さんと健太さんがすれ違うとき，花子さんは書店に向かっている途中である。花子さんの速さは分速200mだから，自宅から花子さんがいる地点までの道のりは200xmと表せる。また，健太さんの速さは分速200mで，健太さんは花子さんが自宅を出発してから2分後に書店を出発しているので，自宅から健太さんがいる地点までの道のりは2000－200(x－2)＝－200x＋2400(m)と表せる。2人がすれ違うとき，自宅から2人がいる地点までの道のりは等しいから，200x＝－200x＋2400が成り立ち，400x＝2400，x＝6となる。よって，2人がすれ違ったのは，花子さんが自宅を出発してから6分後である。

(3)＜道のり＞自宅から自転車が故障した地点までの道のりをamとする。(1)より，花子さんは自宅から書店まで10分かかり，書店に15分滞在し，その後，自転車が故障するまで，分速240mで2000－am走ったから，書店から自転車が故障する地点までは$\dfrac{2000-a}{240}$分かかっている。そこで6分間止まった後，残りのamを分速80mで歩いたから，自転車が故障した地点から自宅までかかった時間は$\dfrac{a}{80}$分となる。自宅を出発してから46分後に帰宅したから，$10+15+\dfrac{2000-a}{240}+6+\dfrac{a}{80}=46$が成り立つ。これを解くと，$\dfrac{2000-a}{240}+\dfrac{a}{80}=15$，$2000-a+3a=3600$，$2a=1600$より，$a=800$(m)である。

5 〔データの活用―確率―カード〕

(1)＜確率＞手順[1]では，カードが6枚あるので，カードの取り出し方は6通りある。このうち，手順[2]終了後，絶対値が2以下の数字の箱に玉が入るのは，－2，－1，0，1，2の箱のいずれかに入るときである。このようになるのは，[左2]，[左1]，[右1]，[右2]を取り出す場合の4通りだから，求める確率は$\dfrac{4}{6}=\dfrac{2}{3}$となる。

(2)＜場合の数＞手順[4]終了後，1以上の数字の箱に玉が入るのは，手順[1]で取り出したカードが[左1]のとき，手順[3]で取り出すカードは[右2]，[右3]の2通りある。手順[1]のカードが[左2]のとき，手順[3]のカードは[右3]の1通りある。以下同様にして，手順[1]のカードが[左3]のときはなく，手順1のカードが右1のとき，右2，右3の2通りあり，手順1のカードが右2のとき，左1，右1，右3の3通りあり，手順1のカードが右3のとき，左1，左2，右1，右2の4通りある。よって，手順4終了後，1以上の数字の箱に玉が入る場合は，$2+1+2+3+4=12$(通り)ある。

(3)<**確率**>変更後の手順4は，左1，左2，右1，右2を取り出したときの玉の動かし方は変更前と変わらず，左3を取り出したときは左に1，右3を取り出したときは右に1動かすことになる。2回のカードの取り出し方それぞれについて，手順4終了後に玉が入る箱の数字をまとめると，右表のようになる。玉が入る箱の数字が，-5の場合は1通り，-4の場合は1通り，-3の場合は3通り，-2の場合は3通り，-1の場合は4通り，0の場合は6通り，1の場合は4通り，2の場合は3通り，3の場合は3通り，4の場合は1通り，5の場合は1通りとなり，最も多いのは0の場合だから，玉が入る確率が最も大きい箱は0の箱である。また，カードを2回取り出すときの取り出し方は全部で$6\times5=30$(通り)あるから，その確率は$\frac{6}{30}=\frac{1}{5}$となる。

手順3で取り出すカード

手順1で取り出すカード	左1	左2	左3	右1	右2	右3
左1	×	−3	−2	0	1	0
左2	−3	×	−3	−1	0	−1
左3	−4	−5	×	−2	−1	−2
右1	0	−1	0	×	3	2
右2	1	0	1	3	×	3
右3	2	1	2	4	5	×

6 〔空間図形—直方体〕

(1)<**平行な面**>展開図を面ABENが上の面になるように組み立てると，右図1のようになる。よって，面ABENに平行な面は面MFGJであり，面③となる。

図1

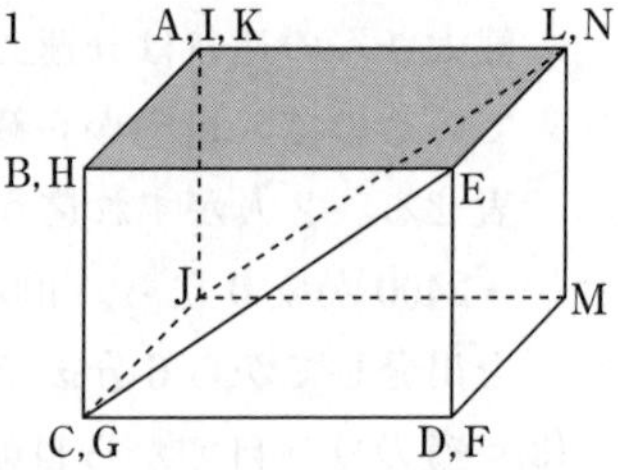

(2)<**平行な線分**>右図1で，線分CEと平行になる線分は線分JLである。展開図の面①に，2点J，Lを結ぶ線分をかけばよい。解答参照。

(3)<**体積，表面積**>右図2の直方体PQRS-TUVWで，$PQ=5$，$QR=9$，$QU=6$より，体積は，$5\times9\times6=270(cm^3)$である。また，直方体PQRS-TUVWの表面積は，縦，横が5cm，6cmの長方形2つ，縦，横が5cm，9cmの長方形2つ，縦，横が6cm，9cmの長方形2つの面積の合計となる。それぞれの長方形の面積は，$5\times6=30$，$5\times9=45$，$6\times9=54$だから，直方体PQRS-TUVWの表面積は，$30\times2+45\times2+54\times2=258(cm^2)$となる。4点P，Q，V，Wを通る平面で直方体PQRS-TUVWを2等分してできる点Tを含む三角柱は，三角柱PTW-QUVである。三角柱PTW-QUVの表面積は，△PTW，△QUV，長方形PQUT，長方形TUVW，長方形PQVWの面積の和である。$\triangle PTW=\triangle QUV=\frac{1}{2}\times6\times9=27$，〔長方形PQUT〕$=30$，〔長方形TUVW〕$=45$，〔長方形PQVW〕$=5\times3\sqrt{13}=15\sqrt{13}$だから，三角柱PTW-QUVの表面積は，$27\times2+30+45+15\sqrt{13}=129+15\sqrt{13}(cm^2)$となる。

図2

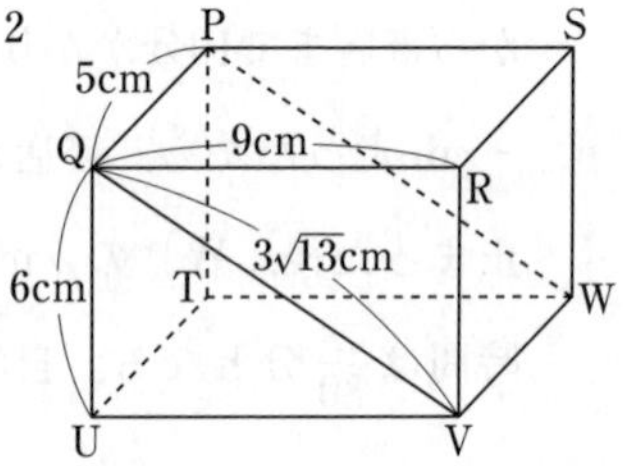

2022年度／水戸葵陵高等学校

社会解答

1 1 (1) リアス
(2) (例)やませによる冷害
(3) う…イ　え…エ
(4) 記号…ウ　き…500
2 (1) (例)大消費地に近い条件を生かして，都市向けに野菜を出荷するのに適しているから。
(2) (例)東京に集中する都市機能を分散させるため。
(3) エ
3 (1) 経済特区〔経済特別区〕
(2) 工場

2 1 (1) あ…イ　い…飛鳥
(2) (例)女性と比べて，男性の負担が重い
(3) 奉公
(4) 理由　(例)江戸から離れたところに配置されたため，参勤交代の費用がより多くかかるから。
記号…ウ
2 (1) C　(2) エ
(3) (例)中東で始まった戦争の影響で，石油危機が起こった

3 1 (1) 国際分業
(2) い…核家族
う　(例)空席の数に合う人数のグループから先に案内することで，無駄な空席が
2 (1) え…条例　お…エ
(2) (例)地方公共団体の独自の財源の割合が小さい点。
3 (1) クーリング・オフ制度
(2) イ　(3) ア

4 1 (1) ポリス
(2) 領事裁判権〔治外法権〕
(3) 護憲
(4) (例)大量の軍需物資が日本で調達された
2 (1) バリアフリー
(2) か…ウ　き…公共の福祉
3 (1) (例)穀物の栽培と家畜の飼育を組み合わせて
(2) ア　(3) アフリカ

1〔地理―東北地方，関東地方，地形図，中国〕

1(1)<リアス海岸>資料１より，Ｘの海岸は三陸海岸で，その南部には，岬と湾が複雑に入り組んだリアス海岸が見られる。リアス海岸の湾や入り江は，水深が深く波が穏やかであるため天然の良港となり，養殖業などの漁業に適している。三陸海岸では，沖合の潮目付近でとれた魚が水あげされる漁港が栄えているほか，かきやわかめなどの養殖が盛んに行われている。

(2)<やませと冷害>資料２を見ると，太平洋側の地域を中心に，米のとれ具合が大きく減少していることがわかる。東北地方の太平洋側では，夏の時期に冷たく湿った北東の風が吹き，冷気や霧の発生によって気温が下がったり日照不足になったりすることがある。この風をやませと呼ぶ。やませの影響で稲などの農作物が十分に育たなくなる冷害が起こることがある。なお，1993年にはやませの影響によって深刻な冷害が発生し，日本全体が米不足となった。

(3)<東北地方の伝統行事と伝統産業>う．竿燈まつりは，秋田市で毎年８月に行われる。　え．天童将棋駒は，山形県天童市を中心とする地域で生産されている伝統的工芸品である。

(4)<青森県のりんご生産，地形図>記号．りんごは冷涼な気候に適した作物であり，青森県が生産量第１位，長野県が第２位となっている(2019年)。なお，みかんは和歌山県，愛媛県，静岡県などの温暖な地域で生産されている。また，特にことわりのないかぎり，地形図では上が北となる。県観光物産館の南東には，郵便局(〶)や多くの寺院(卍)が見られる。なお，図書館(🕮)は県観光物産館

の南西にある。　き．この地形図の縮尺は2万5千分の1であることから，実際の距離は，2cm×25000＝50000cm＝500mとなる。

2⑴**＜近郊農業＞**筑波研究学園都市は茨城県，さいたま新都心は埼玉県にある。これらの県は大消費地である東京に近く，生産した野菜を安い輸送費で新鮮なうちに届けることができるため，都市向けに野菜などを出荷する近郊農業が盛んに行われている。

⑵**＜都市機能の分散＞**さまざまな都市機能が集中する東京の中心部では，ラッシュアワーの混雑や交通渋滞，ごみの増加などの都市問題が深刻となった。そのため，都市機能の分散が図られるようになり，筑波研究学園都市やさいたま新都心，幕張新都心(千葉県)，横浜みなとみらい21(神奈川県)などの整備が進められた。

⑶**＜京葉工業地域の製造品出荷額割合＞**千葉県の東京湾岸に広がる資料6中のSは京葉工業地域である。京葉工業地域には，石油化学コンビナートや製鉄所が多く分布し，中でも製油や石油化学などの工業が発達している。したがって，化学工業の割合が特に高いエが京葉工業地域のグラフである。なお，アはQの東海工業地域，イはPの瀬戸内工業地域，ウはRの関東内陸工業地域のグラフである。

3⑴**＜経済特区＞**中国では1979年以降，外国の資本や技術を導入して工業化を進めるため，南部の沿岸地域にあるシェンチェン，チューハイ，アモイなど5か所に経済特区を設け，税金を軽減するなどして外国企業を誘致した。その結果，中国の工業は急速に発展し，経済は大きく成長した。

⑵**＜世界の工場＞**資料9を見ると，1970年には大豆などの農水産物や生糸などの軽工業品を多く輸出していたが，2018年には機械類が主な輸出品となっており，工業化の進展によって工業製品の輸出が増えていることがわかる。現在の中国は，世界各地に工業製品を輸出する工業国となっており，「世界の工場」と呼ばれている。

2　**〔歴史―古代～現代の日本と世界〕**

1⑴**＜聖徳太子と飛鳥文化＞あ．**聖徳太子は，6世紀末に叔母の推古天皇の摂政となって政治を行い，十七条の憲法や冠位十二階の制度を定めるなどして，天皇を中心とする政治制度を整えようとした。**い．**聖徳太子の頃には，最初の仏教文化である飛鳥文化が栄え，法隆寺の釈迦三尊像などがつくられた。

⑵**＜律令制下の戸籍と税負担＞**律令制度のもとでは，人々は戸籍に登録され，租・調・庸などの税や労役を負担した。資料2からわかるとおり，これらの負担は女子よりも男子の方が重かった。そのため，平安時代になると，負担から逃れるために男子を女子といつわって登録した資料1のような戸籍が増え，やがて律令制度は崩れていくことになった。

⑶**＜御恩と奉公＞**鎌倉幕府の将軍と御家人(将軍に忠誠をちかった武士)は，御恩と奉公と呼ばれる主従関係で結ばれていた。御恩は，将軍が御家人の領地を保護したり，手柄に応じて新たに領地を与えたりすることである。奉公は，御家人が京都や鎌倉の警備を行ったり，戦いの際に一族を率いて軍役をはたしたりすることである。

⑷**＜参勤交代，南総里見八犬伝＞理由．**資料4の制度(第3代将軍徳川家光が1635年に定めた)は，大名に対して1年おきに領地と江戸を往復することを義務づけた参勤交代である。江戸幕府は，譜代大名(関ヶ原の戦い以前から徳川氏に従っていた大名)を江戸の近くや重要地に配置し，外様大名(関ヶ原の戦い以降に徳川氏に従った大名)の多くを江戸から離れた地域に配置していた。そのため，外様大名は譜代大名に比べて領地と江戸の往復にかかる費用の負担がより大きかった。　**記号．**武家諸法度は1615年に初めて出されて以降，将軍の代替わりごとに出された。江戸時代の19世紀初めには，江戸の庶民を中心に化政文化が栄えた。『南総里見八犬伝』は，この時期に曲亭(滝沢)馬

琴によって書かれた長編小説である。なお，『平家物語』は鎌倉時代，『舞姫』（森鷗外）は明治時代，『源氏物語』は平安時代に書かれた。

2(1)**＜浦賀＞**アメリカの東インド艦隊司令長官であったペリーは，1853年に浦賀（神奈川県）に来航し，開国を求めるアメリカ大統領の国書を江戸幕府に渡した。翌年，幕府はアメリカとの間に日米和親条約を結んで開国した。

(2)**＜1919年に近い時期の出来事＞**第一次世界大戦中の1918年，シベリア出兵で軍が米を大量に購入すると予想し，商人が米を買い占めたため，米の値段が大幅に上がり，米の安売りを求めて民衆が米屋などをおそう米騒動が起こった。翌1919年に第一次世界大戦の講和条約であるベルサイユ条約が結ばれた。なお，「ええじゃないか」は江戸時代末期，秩父事件は1884年，日比谷焼き打ち事件は1905年の出来事である。

(3)**＜日本経済と石油危機＞**日本は，1950年代後半から1970年代初めにかけて高度経済成長期をむかえ，経済成長率は年平均で10％程度と高い水準が続いていた。しかし，1973年に第四次中東戦争が起こり，これに伴う石油価格の上昇によって石油危機が起こると，日本経済も大きな打撃を受け，1974年の経済成長率はマイナスとなり，高度経済成長が終わった。

3〔公民―総合〕

1(1)**＜国際分業＞**現代の世界では，各国が競争力の強い分野の産業に力を入れて商品を輸出し，競争力の弱い分野については外国からの輸入に頼っている。いわば国と国との間で分業を行っている状態であることから，このような体制を国際分業と呼ぶ。国際分業が進むと，各国とも自国の産業だけでは国民の生活が成り立たず，互いに依存し合うようになる。

(2)**＜核家族，効率＞**い．親（父母またはひとり親）と子ども，または夫婦のみで構成される家族を核家族という。　う．お金やもの，労力などが無駄なく使われ，効果的に物事が行われていることを「効率がよい」という。資料1のように2人分の席が空いた場合，来店した順番どおりにAの4人グループを先に案内しようとすると，もう2人分の席が空くまで待たなければならず，待っている間は2人分の空席が無駄になってしまう。一方，後に来店したBの2人グループを先に案内すれば，無駄な空席がなくなり，効率がよいといえる。

2(1)**＜条例と直接請求権＞**資料2のように，地方公共団体が憲法や法律の範囲内で定める独自の法を，条例という。地方公共団体の住民は，一定以上の署名を集めることによって政治上の請求を行うことができる直接請求権を認められており，このうち条例の制定・改廃を請求する場合は，有権者の50分の1以上の署名を集めて首長に提出する。

(2)**＜地方財政の問題点＞**地方公共団体の財源のうち，地方公共団体が独自に集める財源を自主財源といい，主に地方税を指す。一方，自主財源以外の財源を依存財源といい，国から支給される地方交付税交付金や国庫支出金，地方公共団体の借金である地方債などがある。資料3を見ると，地方税の割合は4割程度で，歳入の多くが依存財源でまかなわれており，地方公共団体が自由に使える自主財源の割合が小さいことがわかる。

3(1)**＜クーリング・オフ制度＞**クーリング・オフ制度は，訪問販売や電話勧誘など，消費者にとって突然の取引となるような方法で商品を購入した場合に，購入後8日以内（マルチ商法などの場合は20日以内）であれば消費者側から無条件で契約を解除できる制度である。

(2)**＜流通＞**商品が生産者から消費者のもとに届くまでの流れを流通という。流通の過程で経る人手が多いと，それだけ多くの費用がかかるため，商品の価格は高くなる。したがって，資料4では，XよりもYの方が流通費用が抑えられ，商品の価格が安くなると考えられる。近年は，流通費用を節約するため，大規模小売業者が生産者から商品を直接仕入れるなどの流通の合理化の動きが進んでいる。

(3)＜**労働基準法**＞労働基準法は，労働条件の最低基準を定めた法律であり，男女同一賃金の原則のほか，労働時間を週40時間以内，１日８時間以内とすることなどが定められている。なお，労働組合法は労働組合の結成や争議行為を行うことなどを保障する法律，労働関係調整法は労働者と使用者の対立の予防や解決を目指す法律，男女雇用機会均等法は雇用における性別による差別をなくすための法律である。

4〔**三分野総合―東京オリンピック・パラリンピック2020を題材とする問題**〕

1(1)＜**ポリス**＞古代ギリシャでは，紀元前８世紀頃からポリスと呼ばれる都市国家が見られるようになった。ポリスには神殿や広場などが建設された。代表的なポリスの１つであるアテネでは，成人男子の市民全員が参加する民主政治が行われた。

(2)＜**領事裁判権**＞明治政府は，幕末に結ばれた不平等条約(日米修好通商条約など)の改正を目指し，欧米諸国と交渉を行ってきた。日清戦争直前の1894年，外務大臣の陸奥宗光はイギリスとの間に日英通商航海条約を結び，領事裁判権〔治外法権〕の撤廃を実現した。その後，1911年には外務大臣の小村寿太郎がアメリカとの間に条約を結び，関税自主権の完全回復を実現した。

(3)＜**第一次護憲運動**＞1912年，立憲政友会の西園寺公望内閣が陸軍と衝突して倒され，代わって藩閥や陸軍の支持を受けた桂太郎内閣が成立した。これに対し，新聞や知識人が中心となり，憲法に基づく政治を守ろうとする第一次護憲運動を起こした。運動は民衆の間にも広がっていき，翌年に桂内閣は退陣した。

(4)＜**特需景気**＞1950年に朝鮮戦争が始まると，アメリカ軍は日本の本土や沖縄の基地を拠点とし，大量の軍需物資を日本国内で調達した。そのため，日本は特需景気と呼ばれる好景気となり，経済の復興が早まった。

2(1)＜**バリアフリー化**＞バリアフリーとは，障がいのある人や高齢者などの活動の妨げとなるような障壁(バリア)をなくそうという考え方である。公共の交通機関や施設などでは，段差の解消やエレベーターの設置，音声案内の整備などのバリアフリー化が進められている。

(2)＜**公共の福祉と人権の制限**＞公共の福祉とは，社会全体の利益といった意味を持つ。日本国憲法では基本的人権が保障されているが，人権の行使によって他人の人権が侵害されるような場合には，「公共の福祉」の観点から例外的に人権が制限されることもある。例えば，新型コロナウイルスのような感染症にかかったときには，隔離しなければ社会全体に不利益が及ぶため，強制力を持って入院措置などが取られる。この場合，住む場所を一時的に強制されるという点で，居住・移転の自由が制限されているといえる。

3(1)＜**混合農業**＞混合農業は，小麦やライ麦などの穀物栽培と，豚や牛などの家畜の飼育を組み合わせた農業である。フランスやドイツなど，ヨーロッパ北西部から東部にかけての広い地域で古くから行われてきた。

(2)＜**時差の計算**＞東経135度と東経15度の経度差は，135－15＝120度である。経度15度につき１時間の時差が生じるので，パリと東京の時差は，120÷15＝８時間となる。時刻は西へ行くほど遅れるため，東京が８月８日午後８時のとき，東京より西に位置するパリの日時は，東京よりも８時間遅れた８月８日午後０時となる。

(3)＜**世界の州と国**＞資料中のスペイン，ギリシャ，イギリスはヨーロッパ州，アメリカ合衆国は北アメリカ州，オーストラリアはオセアニア州，中国はアジア州，ブラジルは南アメリカ州に属している。いずれの国も属していない州はアフリカ州である。

理科解答

1 (1) ウ　(2) ウ　(3) エ　(4) オ

2 (1) ①…ウ　② 胆汁　③…ア

(2) ①…ウ　② 名称…反射　記号…エ

③ 放電

(3) ① 斑状組織　②…イ　③ 33%

④ う…B

え…(例)急速に冷え固まってできた

3 (1) 右図　(2) 1.2　(3) ウ

(4) 仕事の原理

4 (1) ア

(2) 記号…ウ→ア→エ→イ　名称…胚《はい》

(3) (例)えら呼吸から肺呼吸に変わる

(4) 減数分裂　(5) DNA　(6) イ

5 (1) エ　(2) 風化　(3) ウ

(4) 記号…ア

条件…(例)広い地域で栄えた生物の化石であること。

(5) イ

6 (1) (例)皿全体にうすく広げた

(2) ウ　(3) $2Mg + O_2 \longrightarrow 2MgO$

(4) 3：2　(5) 0.9g

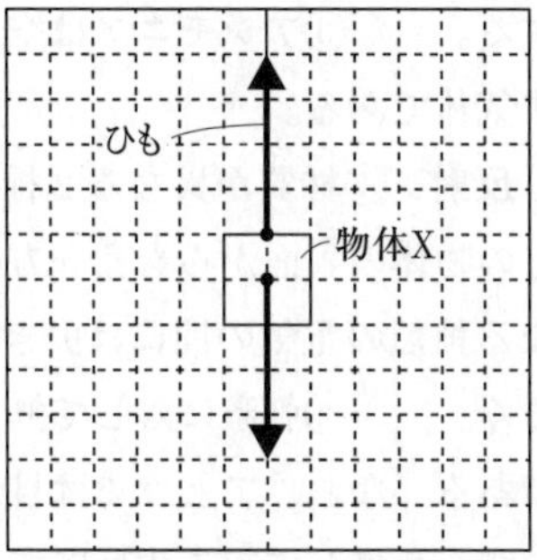

1 〔小問集合〕

(1)＜電磁誘導＞コイルと磁石が近づいたり遠ざかったりすることでコイルの中の磁界が変化すると，コイルに電圧が生じて電流が流れる。この現象を電磁誘導といい，流れる電流を誘導電流という。誘導電流は，コイルに近づける棒磁石の極を異なる極にすると逆に流れ，棒磁石を動かす向きを逆にすると逆に流れるので，図２のように，図１の場合と棒磁石の異なる極を逆の向きに動かすと，誘導電流は図１と同じ向きに流れる。よって，図２で，検流計の針は図１と同じ－側にふれる。また，図２では，図１で近づけたときよりすばやく遠ざけるので，コイルの中の磁界の変化が大きくなるため，大きな誘導電流が流れ，針は大きくふれる。

(2)＜電気分解＞図で，電源装置の－極に接続された電極Aが陰極，＋極に接続された電極Bが陽極である。うすい塩酸に電流を流すと，陰極側に無臭の水素，陽極側に刺激臭を持つ塩素が発生するので，電極Aから発生する気体aは水素，電極Bから発生する気体bは塩素である。また，水素は水に溶けにくく，塩素は水に溶けやすいため，集まった気体の体積は，気体bより気体aの方が多くなる。

(3)＜葉のつくり＞図のように，葉の葉脈である維管束で，葉の表側に近い方を通っている管Xは道管である。道管は，根から吸収された水分と水に溶けた肥料分の通り道となる。なお，葉でつくられた養分が通る師管は，葉脈の葉の裏側に近い方を通っている。

(4)＜露点＞図で，乾球の示度は25.0℃で，これが気温を表し，湿球の示度は22.0℃である。表１より，乾球の示度25℃の行と，乾球と湿球の示度の差 25.0－22.0＝3.0(℃)の列が交わる所の数値が湿度となるので，このときの湿度は76%である。よって，表２より，気温25℃での飽和水蒸気量は23.1g/m³なので，$〔\text{湿度}(\%)〕=\dfrac{〔\text{空気}1\,\mathrm{m}^3\text{中の水蒸気量}(\mathrm{g/m}^3)〕}{〔\text{その温度での飽和水蒸気量}(\mathrm{g/m}^3)〕}\times100$ を変形して，〔空気１m³中の水蒸気量(g/m³)〕=〔その温度での飽和水蒸気量(g/m³)〕×$\frac{〔湿度(\%)〕}{100}$より，気温25℃で湿度76%の空気1m³中の水蒸気量は，$23.1\times\frac{76}{100}=17.556$(g/m³)である。この水蒸気量は，20℃と21℃における飽和水蒸気量17.3g/m³と18.3g/m³の間であり，露点は空気1m³中の水蒸気量と飽和水蒸気量が一致する温度なので，求める露点は20℃～21℃の間である。

2〔小問集合〕

(1)<**肝臓のはたらき，アンモニアの性質**>①養分の吸収は小腸あで行われ，ブドウ糖の一部は肝臓でグリコーゲンいに変えられ蓄えられる。　②消化酵素を含まないが，脂肪の消化を助けるはたらきをする消化液は胆汁である。胆汁は脂肪を小さな粒にすることで，脂肪がすい液による分解を受けやすくする。　③アンモニアは空気より密度が小さく，水に非常によく溶け，水溶液はアルカリ性を示す気体である。

(2)<**静電気，反射**>①材質が異なる2種類の物体をこすり合わせると，−あの電気を持つ粒子である電子が一方の物体の表面からもう一方の物体の表面に移動する。また，電気には+と−の2種類があり，異なる種類の電気の間には引き合う力いがはたらき，同じ種類の電気の間にはしりぞけ合う力がはたらく。　②刺激に対して無意識に起こる反応を反射という。ア～エの中で，反射による反応はエである。なお，アとウでは目からの信号を，イでは皮膚からの信号を脳で受けとって判断しているので，意識して起こす反応である。　③たまっていた静電気が流れ出したり，電気が空間を移動したりする現象を放電という。

(3)<**火山岩，質量パーセント濃度**>①図1のように，細かな粒(石基)の間に比較的大きな鉱物(斑晶)が散らばったつくりを斑状組織という。　②安山岩と同様に斑状組織を持つのは，火山岩である流紋岩や玄武岩である。なお，花こう岩や斑れい岩，せん緑岩は，マグマが地下深くで長い時間をかけてゆっくりと冷え固まった深成岩で，大きな鉱物が組み合わさったつくり(等粒状組織)を持つ。
③水100gにミョウバン50gを全て溶かしたので，求める質量パーセント濃度は，〔質量パーセント濃度(%)〕=$\frac{〔溶質の質量(g)〕}{〔溶媒の質量(g)〕+〔溶質の質量(g)〕}\times100$より，$\frac{50}{100+50}\times100=33.3\cdots$となるから，約33%である。　④図3で，図1の安山岩のつくりと似ているのは，大きな結晶と細かな結晶が混ざっているペトリ皿Bうである。また，ペトリ皿Bに見られる大きな結晶は50℃の湯でゆっくり冷やしたときにでき，細かな結晶は氷水に移して急に冷やしたときにできたものである。これより，安山岩も同様に，温度が高い地下深くでマグマがゆっくり冷えたときに斑晶ができ，その後，地表近くにマグマが上昇して急激に冷え固まったときに石基の部分ができたと考えられる。

3〔運動とエネルギー〕

(1)<**力のつり合い**>図1で物体Xにはたらいている力は，重力とひもが物体Xを引く力である。質量400gの物体Xにはたらく重力の大きさは，400÷100×1=4(N)である。重力は，作用点(・)が物体Xの中心である下向きの矢印で表され，方眼の1目盛りが1Nなので，矢印の長さは4目盛りとなる。また，物体Xは静止しているので，重力とひもが物体Xを引く力はつり合っている。つり合う2力は，大きさは等しく，向きは逆で，一直線上にあるから，ひもが物体Xを引く力は，作用点(・)がひもと物体Xの接点である上向きの矢印で表され，矢印の長さは4目盛りとなる。

(2)<**仕事の大きさ**>〔仕事(J)〕=〔力の大きさ(N)〕×〔力の向きに動かした距離(m)〕より，図1で，ひもを引いた力の大きさはばねばかりが示した値で4.0N，引いた距離は30cm，つまり，30÷100=

0.30(m)なので，手が物体Xにした仕事は，4.0×0.30＝1.2(J)である。よって，図1～3で，手が物体Xにした仕事の大きさはいずれも1.2Jである。

(3)＜**仕事率**＞(2)より，図1～3で手が物体Xにした仕事はいずれも1.2Jである。よって，〔力の向きに動かした距離(m)〕＝〔仕事(J)〕÷〔力の大きさ(N)〕より，ひもを引いた距離は，図2では2.0Nの力でひもを引いたので，1.2÷2.0＝0.60(m)，図3では2.5Nの力でひもを引いたので，1.2÷2.5＝0.48(m)である。同じ大きさの仕事をする場合，$〔仕事率(W)〕=\frac{〔仕事(J)〕}{〔仕事に要する時間(s)〕}$より，仕事に要する時間が短いほど仕事率は大きくなる。したがって，ひもを引く速さが等しい場合，ひもを引いた距離が短いほど仕事に要する時間が短くなるため，最も仕事率が大きいのはひもを引いた距離が一番短い図1のときのａW で，最も仕事率が小さいのはひもを引いた距離が最も長い図2のときのｂWとなり，ａ＞ｃ＞ｂである。

(4)＜**仕事の原理**＞滑車や斜面などの道具を使うと物体を動かすために必要な力を小さくできるが，物体を動かす距離が長くなり，仕事の大きさは変わらない。これを仕事の原理という。

4 〔生命・自然界のつながり〕

(1)＜**双眼実体顕微鏡**＞図3の双眼実体顕微鏡の各部の名称は，右図のようになり，Xは接眼レンズ，Yは微動ねじである。

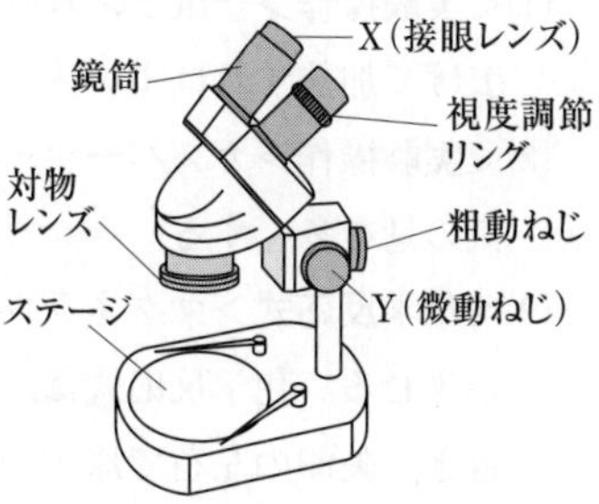

(2)＜**発生**＞1個の細胞である受精卵は，体細胞分裂によって，ウ→ア→エのように細胞の数を増やす。細胞の数が増えると，イのようにオタマジャクシの姿になっていく。また，受精卵が細胞分裂を始めてから，自ら食物をとり始めるまでの間の個体を胚という。

(3)＜**呼吸**＞オタマジャクシは水中で生活し，えらと皮膚で呼吸をするが，カエルになる過程でえらが消え，肺と皮膚での呼吸のしかたに変わり，陸上でも生活するようになる。そのため，図2のように小石を積み，陸をつくる必要がある。

(4)＜**減数分裂**＞精子と卵のような生殖細胞がつくられるときに行われる特別な細胞分裂を，減数分裂という。減数分裂では，染色体の数がもとの細胞の半分になる。

(5)＜**DNA**＞遺伝子の本体はDNA(デオキシリボ核酸)である。DNAは染色体に含まれ，親から子に形質の情報を伝える物質である。

(6)＜**遺伝の規則性**＞遺伝子の組み合わせFfを持つ両親から生まれる子の遺伝子の組み合わせと数の比は，右表のように，FF：Ff：ff＝1：2：1となる。遺伝子の組み合わせがFFとFfの子は両親と同じ顕性形質が現れるので，両親と異なる潜性形質が現れるのは遺伝子の組み合わせがffの子である。ffの子は全体の$\frac{1}{1+2+1}=\frac{1}{4}$なので，600匹の子が生まれた場合，両親と異なる潜性形質の子は$600\times\frac{1}{4}=150$(匹)であると考えられる。

	F	f
F	FF	Ff
f	Ff	ff

5 〔大地の変化〕

(1)＜**砂岩と泥岩**＞砂岩と泥岩はどちらも堆積岩で，粒の大きさで区別され，粒の直径が2mm～0.06mmのものを砂岩，0.06mm以下のものを泥岩という。なお，粒の直径が2mm以上のものをれき岩という。

(2)＜**風化**＞岩石の表面が，気温の変化や風雨などのはたらきでもろくなる現象を風化という。

(3)＜**断層**＞図２のＰ層の部分の断層は，向かって左側が右側に対して上がっているので，ウのように，左右から押される力がはたらきずれた。なお，左右に引く力がはたらくと，地層はイのようにずれる。

(4)＜**示準化石**＞図４はアンモナイトの化石で，中生代の代表的な示準化石である。また，示準化石に適した条件は，広い地域で限られた年代に栄えて絶滅した生物の化石であることである。

(5)＜**地層の傾き**＞凝灰岩の層は，火山灰が短期間に広い範囲に堆積してできたものなので，この標高を調べることで，地域全体の地層の傾き方がわかる。凝灰岩の層の下面の標高は，図２より，標高120mの地点Ａからの高さが15mなので標高は135m，図３より，標高150mの地点Ｂの地表からの深さが10mなので標高は140m，標高160m地点Ｃの地表からの深さが20mなので標高は140mである。よって，凝灰岩の層の標高は，地点Ｂと地点Ｃでは等しいので，南北方向には傾いていないが，地点Ｂよりも西の地点Ａの方が低いので，東西方向には西の方向に向かって低くなっていることがわかる。

6 〔化学変化と原子・分子〕

(1)＜**実験操作**＞空気とふれ合う表面積を大きくするためには，マグネシウムの粉末を皿全体にうすく広げて加熱すればよい。

(2)＜**実験操作**＞ガスバーナーの炎の色を，赤色から適正な青色にするには，空気調節ねじを開いて空気の量を多くする。

(3)＜**化学反応式**＞マグネシウム(Mg)を加熱すると，酸素(O_2)と結びついて酸化マグネシウム(MgO)が生じる。化学反応式は，矢印の左側に反応前の物質の化学式を，右側に反応後の物質の化学式を書き，矢印の左右で原子の種類と数が等しくなるように化学式の前に係数をつける。

(4)＜**質量比**＞図のようにマグネシウムを加熱すると，マグネシウムに酸素が結びつくので，増加した皿全体の質量がマグネシウムと結びついた酸素の質量となる。表より，マグネシウム0.3gを加熱すると，皿全体の質量が$24.5-24.3=0.2$(g)増えるので，このときマグネシウムに結びついた酸素の質量は0.2gである。よって，マグネシウムの質量とマグネシウムに結びついた物質の質量の比は，$0.3:0.2=3:2$である。なお，マグネシウムの質量を変えても，マグネシウムの質量とマグネシウムに結びついた物質の質量の比は$3:2$になる。

(5)＜**未反応の物質の質量**＞マグネシウム3.6gを加熱して質量が5.4gになったことから，マグネシウムに結びついた酸素の質量は，$5.4-3.6=1.8$(g)である。(4)より，マグネシウムの質量と結びついた酸素の質量の比は$3:2$なので，酸素1.8gと結びついたマグネシウムの質量は，$1.8\times\frac{3}{2}=2.7$(g)である。よって，まだ反応せずに残っているマグネシウムは，$3.6-2.7=0.9$(g)である。

2022年度／水戸葵陵高等学校

国語解答

一 ㈠ 動じることなく，他者のためになるような行動をする(24字)

㈡ 思いこみの～けて消えた　㈢ 2

㈣ 4

㈤ ［私が］一番共感した章は，第一章の「立ちすくむ人」です。(24字)

二 ㈠ 4　㈡ まんまるに満つる故

㈢ 2

㈣ A 真の闇　B 鴈〔雁／かり〕

三 ㈠ ア 進歩や発達　イ 自然を征服

㈡ 1　㈢ 3　㈣ 2　㈤ 4

㈥ 知性をとおして

㈦ (例)自然と人間の共生は可能だと私は思う。／人間が自然に悪影響を及ぼす力が大きくなっているが，人間はこれまでもずっと自然の一員であったはずだ。衣食住が自然から離れ，その恩恵が見えにくくなったから，自然をおろそかにし始めたのではないか。今こそ私たちは身近な自然を見直し，感謝の気持ちを持つべきだと思う。(149字)

四 ㈠ (1) 拡散　(2) 垂　(3) 処置

(4) いまし　(5) そうさく

(6) にご

㈡ 2　㈢ 3

一〔**小説の読解**〕出典；吉野万理子『時速47メートルの疾走』。

㈠＜**文章内容**＞「わたし」は，町平が自分を犠牲にしてじゃんけんにわざと負けることで，他の「五人を救って」くれたことや，逆立ちで校庭を一周する罰ゲームをやることになっても，「動じることなくこなしている」ことから，町平を普通の人と違う「聖者」のようだと思い込んでいた。

㈡＜**表現**＞「わたし」は，町平が平然と応援団長を引き受け，罰ゲームもこなしていると思い込んでいた。しかし，町平の「何かを我慢している」ような声を聞き，やはり町平も恥ずかしくつらい気持ちを押し殺しているのだと気づいたのである。思い込みに気づき見方が変わる様子が，「思いこみのオブラートがぐるぐるはがれて，溶けて消えた」という比喩表現で表されている。

㈢＜**文章内容**＞「わたし」は，町平のことを，罰ゲームにも動じない「平然とした人物」だと思い込んでいた。しかし，町平の「何かを我慢している」ような声を聞き，「わたし」は，町平も「恥ずかしい」と思っているけれど，「それを必死にこらえ」て隠していて，本当は自分と同じように「揺れ動く感情を持つ人物」なのではないかと思い直した。

㈣＜**表現**＞春菜さんは，紹介記事の冒頭で，本の内容の紹介でもなく春菜さんの感じたことでもない「時速47メートル」という速さや「疾走」という言葉について問いかけることで，読者が記事の内容に興味をひくように工夫している。

㈤＜**文の組み立て**＞「私が」という書き出しに続くように，「私が一番共感した章は」を文の主部にし，「第一章の『立ちすくむ人』です」を文の述部になるよう書き直すことで，よりわかりやすくなる。

二〔**古文の読解―仮名草子**〕出典；浅井了意『浮世物語』巻第四ノ七。

≪**現代語訳**≫今となっては昔のことだが，八月十五日の夜は，その名のとおり月が満ちるときだ。この夜は，太陽と月とが真っすぐに対面し合うから，月の光もとりわけ明るくなるゆえに望月ともいう。また，まんまるに満ちるゆえに餅月というとも言い伝えられている。漢詩をつくる人や和歌をよむ人たちは，ふだんから詩歌や句をあらかじめつくっておいて，たった今つくったかのようにとりつくろい，苦心している様子でよみあげる。ところがさて日暮れから雲が渦巻いて雨が降り出したので，前もってつくっておいた詩歌は(その場の状況に)合わなくなり，夜が更けたけれども(誰も)一首も歌をよめなかった。「浮世房，どうだどうだ」と(主君が)おっしゃったので，(浮世房は)上を向いたり下を向いたり，麦の穂が風に吹かれるようにして考えていたちょうどそのとき，鴈が(空を)渡っていく鳴き声が聞こえたので，「雲外に鴈を聞きて夜声を」と口ずさみかけて，ふと思いついてこのようによんだ。

雨が降ったのでこの十五夜も真っ暗な闇になってしまったが，その暗がりの中に二千里渡っていくという鴈の声が聞こえる。

㈠＜古文の内容理解＞満月の夜，夕方から降り出した雨により準備しておいた「含み句」が使えず，歌会の参加者は皆，歌をよみあげられずにいた。主君に「浮世房，いかにいかに」と歌をせかされた浮世房は，「麦穂の風にふかるる」ように上を向いたり下を向いたりして歌を考えていたところ，鴈が渡っていく鳴き声が聞こえた。

㈡＜古文の内容理解＞満月が「まんまるに満つる」様子が，丸い餅の形にそっくりであるため，満月のことを「餅月」とも呼ぶのである。

㈢＜古文の内容理解＞漢詩をつくる人や和歌をよむ人たちは，「含み句」として，あらかじめ歌をつくっていた。しかし，八月十五日の夜は，雨が降って，想定と状況が変わってしまったため，誰も歌をすぐには提出できなくなったのである。

㈣．A＜和歌の内容理解＞浮世房は，もともとの白居易の漢詩で「新月」となっていたのを，雲に隠れて満月が全く見えないという実際の状況に合わせ，「真の闇」と表現した。　B＜和歌の技法＞「くらかり」という表現は，月明かりがささないことによる「暗がり」の意味と，「かり」の部分に渡り鳥の「鴈」の意味とを重ね合わせた掛詞になっている。

三〔論説文の読解─哲学的分野─人間〕出典；内山節『自由論─自然と人間のゆらぎの中で』。

≪本文の概要≫人間が歴史を積み重ねる中で進歩し発達していくことを望むのに対して，自然は，進歩や発達ではなく，ずっと変わらずに自在に存在し続けることを望んでいる。変化を不自由と感じる自然と，変化を望む人間が共生することには，大きな困難が伴うことになる。人間は，進歩や発達を人間社会にとって不可欠であるというイデオロギーによって，自身の行動を支え，同様に，自由も理念化したうえで，そのイデオロギーに支えられて生きている。そして人間は，自然とは何かということさえ，知性を通して自然をとらえ，自然保護というイデオロギーをつくることで，自然に対応してきた。近代以降，人間は，自然を征服するというイデオロギーを持って行動してきたが，今日では自然との共生を願うようになってきており，その変化はよいことである。しかし，人間はイデオロギーの助けを借り，理念化しなければ自然の問題を語れないという点で，自然の一員とはいえない面もあり，自然と人間の共生には困難さが伴うのである。

㈠＜文章内容＞ア．人間は，「進歩や発達を人間社会にとって不可欠の要素だと考えるイデオロギー」を持っている。　イ．近代社会の形成以降の人間は，「人間が自然を征服することをめざして行動」することをイデオロギーとしていた。

㈡＜文脈＞進歩や発達が人間にとって「幸福なことなのか，不幸なことなのか」は，人間が進歩と発達を，欠かすことなく常に追求してきたために，「誰にもわからない」のである。それは，例えば，

「自動車や電機製品のない時代に暮らしていた人々が，自分は不幸だと思っていたわけではないのと同じ」である。

㈢＜**主題**＞自然が，自在に存在し続けるという自由を求めているのに対して，人間は，進歩や発達によって得られる変化の自由を求めている。この違いがあるため，「自然と人間の共生には，大きな困難がよこたわっている」のである。

㈣＜**資料**＞人間は，「理念やイデオロギーの助けを借り」て「理念を実現する」形でなければ，自然の問題を語れない点で，「自然の一員ではない」と本文で述べられている。一方，クラスのアンケートでは，「人間は自然の一員だと思うか」という質問に対し，クラスの生徒40人中36人が「そう思う」と答え，残りの４人は「わからない」と答えていることから，人間が自然の一員ではないという考えにはっきり同意している生徒は一人もいないということがわかる。

㈤＜**表現**＞前田さんは，人間の生存のためにも自然保護をすることが重要であると感じたことを話している。それを受けて，大沢さんは，前田さんの考えに沿う形で，「海洋プラスチックごみ問題」という具体的な自然保護に関する例を挙げている。

㈥＜**文章内容**＞人間は，「イデオロギーをもつことによって，自らの行動を支えながら生きて」いる。「進歩や発達」も「自由」も「自然」も，何を考えるのにも人間は，「知性をとおしてとらえ」て，理念やイデオロギーをつくり出し，「理念を実現する変革をとおして」行動しているのである。

㈦＜**作文**＞まず第一段落には，「自然と人間の共生は可能かどうか」についての自分の考えを書く。次に，第二段落では，共生が可能だとする場合には，人間がどのような取り組みをすれば共生していけるかを書き，共生は困難だとする場合には，共生できないとしても自然に対してどう取り組むべきかを書く。書く際には，原稿用紙の正しい使い方を意識し，誤字脱字や文体を確認する。

四〔**国語の知識**〕

㈠＜**漢字**＞⑴「拡散」は，広がり，散らばること。　⑵音読みは「垂直」などの「スイ」。　⑶「処置」は，場面や状況に応じた判断をして，物事の取り扱い方を決めること。また，病気などの手当てをすること。　⑷音読みは「自戒」などの「カイ」。　⑸「捜索」は，行方不明の人や物を捜し求めること。　⑹音読みは「濁流」などの「ダク」。

㈡＜**漢字の知識**＞行書で書かれている「複」は，楷書では十四画。「選」は十五画。「慣」は十四画。「愛」は十三画。「港」は十二画。

㈢＜**四字熟語**＞最初から最後まで同じ態度を崩さないのだから，考え方や態度などが始めから終わりまで変わらないで，筋が通っている，という意味の「首尾一貫」が入る。「暗中模索」は，手がかりのないまま，あれこれとやってみること。「栄枯盛衰」は，さかえたりおとろえたりすること。世の中の全ての人や物事には繁栄と衰退があるということ。「五里霧中」は，物事の事情がわからず，見通しや方針が全く立たないこと。

2022年度 水戸葵陵高等学校(推薦)

【英　語】 (50分) 〈満点：100点〉

1 次の(1)～(5)の語群ア～エのうちから，下線部の発音が各文中の下線部の発音と同じものを一つずつ選んで，その記号を書きなさい。

(1) My school is famous for its soccer team.

ア math　イ change　ウ father　エ fall

(2) Mary didn't even open the book.

ア held　イ event　ウ meter　エ check

(3) It will be cloudy tomorrow.

ア around　イ group　ウ young　エ soup

(4) Playing sports is good for your health.

ア break　イ leave　ウ reason　エ already

(5) Our club visits the hospital every month.

ア through　イ other　ウ clothes　エ those

2 次の(1)～(3)の見出し語と最も強いアクセントの位置が同じものを，下のア～エの中から一つずつ選んで，その記号を書きなさい。

(1) un-til

ア earth-quake　イ num-ber　ウ trav-el　エ re-port

(2) sta-di-um

ア ex-am-ple　イ mu-se-um　ウ cus-tom-er　エ for-ev-er

(3) ac-tu-al-ly

ア va-ri-e-ty　　イ Feb-ru-ar-y

ウ in-for-ma-tion　　エ ac-tiv-i-ty

3 次の(1)～(6)の英文の(　　)内に入る最も適切なものを，下のア～エの中から一つずつ選んで，その記号を書きなさい。

(1) All of Ken's classmates agreed (　　) him.

ア at　　イ for　　ウ from　　エ with

(2) My brother has been (　　) baseball for an hour.

ア practice　　イ practices　　ウ practicing　　エ practiced

(3) I know (　　) car this is. It's Mr. Green's.

ア who　　イ whose　　ウ where　　エ how

(4) My teacher often (　　) me that studying hard is important.

ア tells　　イ says　　ウ hopes　　エ wishes

(5) A: It's Sunday tomorrow. (　　)

B: OK. I hear it's a good place to visit.

ア What is our plan?　　イ What do you want to do?

ウ How about visiting Nishi Zoo?　　エ How can we go there?

(6) A: I have never been to the city library. (　　)

B: Sure. I'll take you there in my car.

ア May I take you there?

イ Could you take me there?

ウ　How long does it take?

エ　When do you go there?

4　次の(1)～(3)の英文の（　　）内の語を，それぞれ１語で最も適切な形に直して書きなさい。

また，(4)，(5)の英文の（　　）内の文字で始まる，最も適切な英語を，それぞれ１語で書きなさい。

(1)　Your bag looks (*heavy*) than mine.

(2)　Have you (*lose*) your pen?

(3)　If I (*be*) you, I would call her now.

(4)　A:　Look. This sports shop has a lot of tennis rackets.

B:　Yes. There are so many rackets (t　　) I can't find the best one for me.

(5)　A:　This is the bag (w　　) I want.

B:　Oh, it looks nice.

5　次の(1)～(3)の日本文に合うように，（　　）に入る最も適切な英語を，それぞれ４語程度で書きなさい。

(1)　マイクは日本史に興味があります。

Mike (　　　　　　　) Japanese history.

(2)　これはルーシーによって送られたＥメールです。

This is an (　　　　　　　) Lucy.

(3) トムは私がこの部屋をそうじするのを手伝ってくれました。

Tom (　　　　　　　) room.

6 中学生の美穂(Miho)とジェーン(Jane)との次の対話文を読んで，(1)～(3)の問いに答えなさい。

Miho : We are going to go on a picnic in Midori Park this Sunday. I hope it will be sunny.

Jane : I hope so, too. I'm going to make some sandwiches for us.

Miho : Really? That sounds great. Then, I'll make some food for us, too.

Jane : Oh, I remember you made a cake on my birthday. It was very good. Can you make *the same cake again?

Miho : OK. I will. I'll take something to drink, too.

Jane : Thank you. Well, I told my sister Lisa about the picnic. Ⓐ Can she join it, too?

Miho : Of course, she can.

Jane : She can play the guitar very well. If you want her to play it, we will take her guitar.

Miho : That's a good idea. I'll be happy if she plays it. I want to Ⓑ (ア it / イ learn / ウ to / エ play / オ how) from her.

Jane : I think she will teach you.

* the same ～　同じ～

(1) 下線部Ⓐを下のように言いかえたとき，(　　)に入る最も適切な語(句)を，次のア～エの中から一つ選んで，その記号を書きなさい。

Can Lisa (　　　) the picnic, too?

ア come to　　イ talk about　　ウ hear about　　エ take Jane to

(2) 下線部Ⓑの(　　)の中の語を正しく並べかえて，記号で書きなさい。

(3) 対話文の内容に合うように，①，②の(　　)に入る最も適切な英語を，それぞれ１語ずつ書きなさい。

① Both Miho and Jane are going to make something to (　　　) for the picnic.

② Jane remembers what Miho did for her on her (　　　).

7 下の英文を読んで，⑴～⑷の問いに答えなさい。

When Jun was a junior high school student, he lived in a big city. During the summer vacation, his family took a camping trip to a small village. He was not excited because he liked playing video games at home.

At the campsite, Jun met an old man who was giving a tour to people. The old man said to Jun, "How are you doing? You look sad." Jun said that he was *bored and wanted to go back home. Then, the old man said, "Oh, you are bored. Then, you may be surprised to hear that I have lived here for thirty years."

Jun was surprised and asked, "Is living in the mountains *boring? [　　　　　　]." The old man started laughing. Jun didn't know why he did that. The old man said, "You may think that there is nothing to do in the mountains, but you're wrong. There are many things to do here." Jun was surprised again. The old man also said, "I catch some fish in the river every morning. I grow some vegetables in my own *field. Every day, I come here to talk to my neighbors and the people camping here."

Jun said to the old man, "It's a little *inconvenient to live in the *countryside, right?" Then, the old man said, "When I was young, I *used to think the city was better than the countryside. It's very convenient to live in the city because we can get things easily there. But one day, I *realized I didn't need many things. I go shopping every weekend, and I can get all of the things that I need. That's enough for me. Can we say people surrounded by a lot of things are always happy?" Jun was *confused and said, "Well, I don't know." Then, the old man smiled and said, "You'll understand *as you grow older."

The next morning, Jun went fishing with the old man. It was his first time, but he caught some big fish. He had a lot of fun. During the trip, the old man told him a lot of things about the mountains, and Jun listened very carefully. Jun was very *refreshed *while he was walking with the old man in the mountains. When he left the campsite, he thought, "I want to come here again."

Twenty years later, Jun *moved to a small village in the mountains and began working at a campsite. He remembered the old man's words and thought, "I understand his words now."

* bored　退屈した　boring　退屈させる　field　畑
inconvenient　不便な　countryside　田舎　used to ～　よく～したものだ
realize ～　～だと気づく　confused　困惑した　as ～　～するにつれて
refreshed　さわやかになって　while ～　～している間に　move　引っ越す

(1) 本文中の[　　　　　　]に入る最も適切なものを，次の**ア～エ**の中から一つ選んで，その記号を書きなさい。

ア　You look very busy, so I'll help you
イ　I don't think you have many things to do here
ウ　I have wanted to do that for a long time
エ　If you want to do that, you can stay here

(2) 文中の下線部の内容を下の日本文のように具体的に表したとき，(　　)に入る**15字以内**の日本語を書きなさい。ただし，**句読点は字数に含む**ものとします。

たくさんの物に(　　　　　　　　　　　　)と言えるかわからない。

(3) 本文の内容に合う英文を，次の**ア～オ**の中から**二つ**選んで，その記号を書きなさい。

ア　Jun was excited because he found some games at the campsite.
イ　The old man giving a tour to people looked sad when Jun met him.
ウ　When the old man was young, he thought that the city was better than the countryside.
エ　The old man told Jun a lot of things about the mountains, but Jun didn't listen to him.
オ　Jun remembered the old man's words when he moved to a small village in the mountains.

(4) 次の①，②の質問に，それぞれ3語以上の英語で答えなさい。ただし，符号(, . ? ! など)は，語数には含まないものとします。

①　What did the old man do in the river every morning?
②　How did the old man get the things that he needed?

【数　学】（50分）〈満点：100点〉

1 次の計算をしなさい。

（1） $-6+11$

（2） $63\times\left(-\frac{7}{9}\right)$

（3） $-32x^2y^3\div\frac{8}{5}xy$

（4） $9(3x+y)-4(5x-3y)$

（5） $\sqrt{2}\times\sqrt{27}+\sqrt{24}$

2 次の問いに答えなさい。

(1)　２次方程式　$x^2 - 7x + 4 = 0$　を解きなさい。

(2)　ある中学校で出題数10問のクイズ大会を行った。下の図は，クイズ大会に参加した生徒20人が正解した問題の数をヒストグラムに表したものである。例えば，正解した問題の数が３問だった生徒は２人である。

このとき，正解した問題の数の中央値(メジアン)を求めなさい。

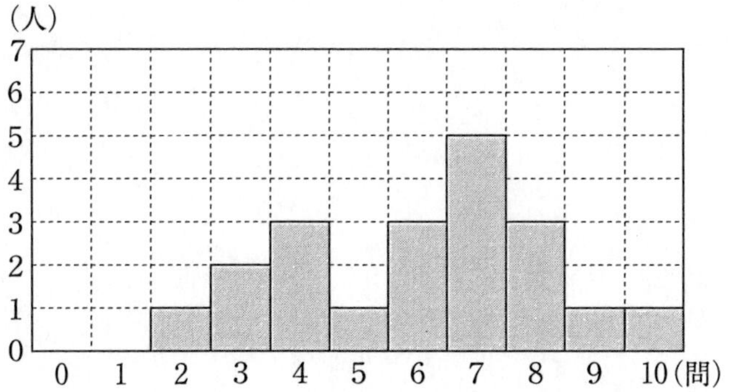

(3)　下の図のように，箱の中に「１等」，「２等」と書かれたくじが１枚ずつと，「３等」，「４等」と書かれたくじが２枚ずつ入っており，合計で６枚のくじが入っている。引いたくじに応じて景品がもらえるものとし，くじに書かれている数字が小さいものほど，もらえる景品が高価であるものとする。

この箱の中から，Ａさんが６枚のくじから１枚引き，Ｂさんが残りの５枚のくじから１枚引くとき，Ｂさんがもらう景品の方が高価である確率を求めなさい。

ただし，箱からどのくじが引かれることも同様に確からしいものとする。

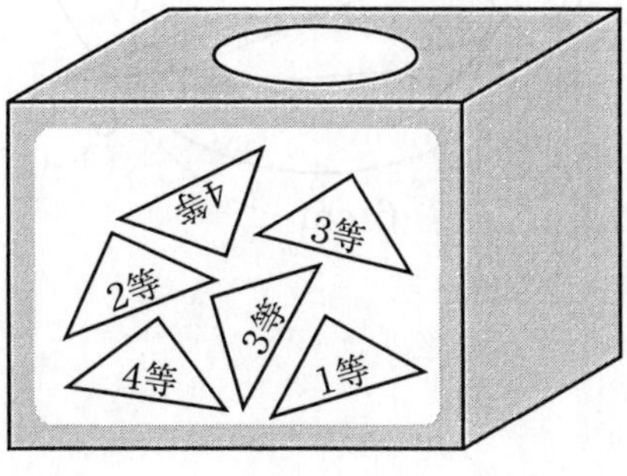

（4） ある中学校の３年生の生徒の人数は127人である。３年生の生徒を４人の班と５人の班に分けたところ，４人の班の数は，５人の班の数の２倍より４班少なくなった。
このとき，４人の班の数を求めなさい。

（5） 下の図のように，円Ｏの周上に４点Ａ，Ｂ，Ｃ，Ｄがある。
$\angle BAC = 48^\circ$，$\angle CBD = 52^\circ$，$\overset{\frown}{AB} = 2$ cm，$\overset{\frown}{BC} = 6$ cmのとき，$\angle ACD$の大きさを求めなさい。

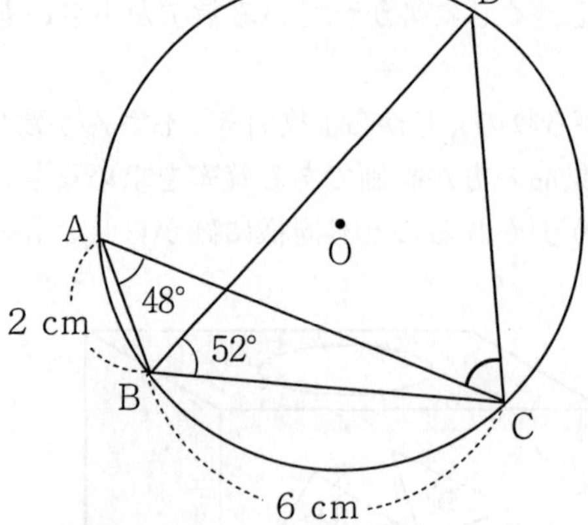

3 下の図のように，ＡＤ＝４cm，ＢＣ＝８cm，ＣＤ＝６cm，∠ＡＤＣ＝∠ＢＣＤ＝90°の台形ＡＢＣＤを底面とし，ＢＦ＝８cmを高さとする四角柱ＡＢＣＤＥＦＧＨがある。点Ｐは点Ｆを出発し，秒速１cmで辺ＦＧ，辺ＧＨ上を点Ｇ，点Ｈへと移動し，点Ｈで停止する。また，点Ｑは点Ｆを点Ｐと同時に出発し，秒速１cmで辺ＦＢ上を点Ｂへと移動し，点Ｂで停止する。点Ｐが点Ｆを出発してからx秒後の三角すいＥＦＰＱの体積をy cm^{3}とする。

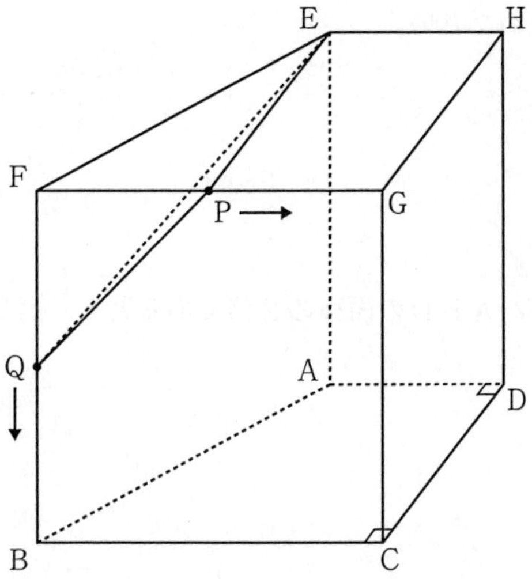

次の問いに答えなさい。ただし，$x=0$のとき，$y=0$とする。

（1）　$0 \leqq x \leqq 8$のときのyをxの式で表しなさい。

（2）　三角すいＥＦＰＱの体積が36cm^{3}になるのは，２点Ｐ，Ｑが点Ｆを出発してから何秒後と何秒後か，すべて求めなさい。

4 下の図において，曲線**ア**は関数$y = x^2$のグラフ，曲線**イ**は関数$y = \frac{1}{4}x^2$のグラフである。曲線**ア**上の点で，x座標が-2である点をAとし，曲線**イ**上の点で，x座標が-6である点をBとする。また，点Aを通りx軸に平行な直線と曲線**イ**との交点のうち，x座標が正である点をCとし，曲線**ア**上にx座標が正で，y座標が点Aのy座標より小さい点Dをとる。

次の問いに答えなさい。ただし，Oは原点とする。

(1) 直線ＡＢの式を求めなさい。

(2) △ＡＢＣの面積が△ＡＢＤの面積の２倍であるとき，点Dの座標を求めなさい。

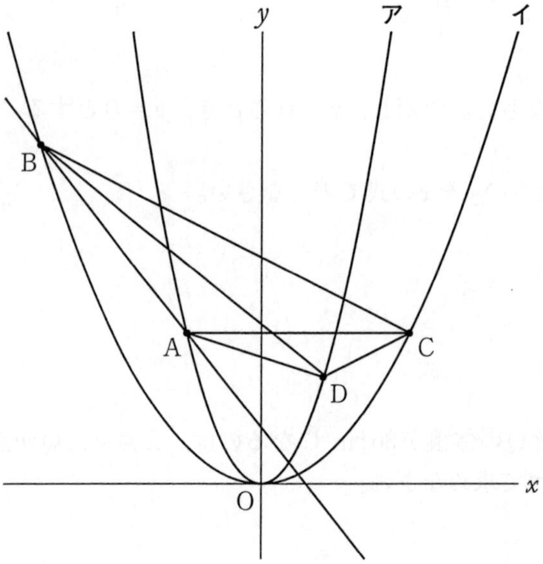

5 下の図のように，ＢＣ＝９cmの平行四辺形ＡＢＣＤがある。辺ＡＤ上の点Ｅは，ＡＥ＝４cm，ＢＥ＝６cmとなる点である。点Ｂと点Ｅ，点Ｃと点Ｅをそれぞれ結ぶ。

このとき，△ＡＢＥ∽△ＥＣＢであることを証明しなさい。

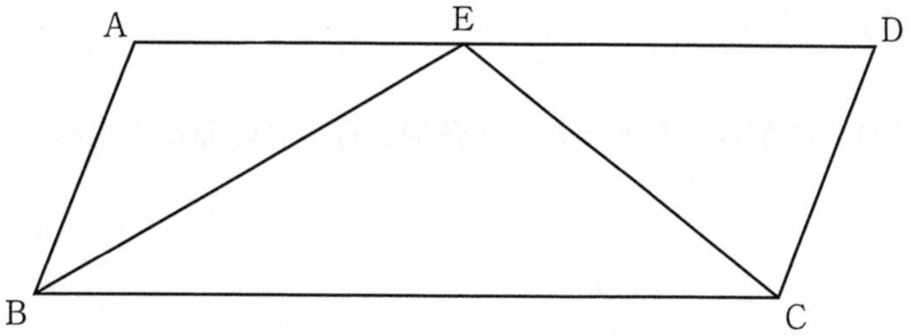

6　下の図のように，１辺の長さが12cmの正三角形ＡＢＣを底面とし，ＯＡ＝９cmを高さとする三角すいＯＡＢＣがある。点Ａから辺ＢＣにひいた垂線と辺ＢＣとの交点をＨとすると，ＡＨ＝$6\sqrt{3}$cmである。また，辺ＯＢ上に点Ｐをとり，点Ｐを通り辺ＢＣに平行な直線と辺ＯＣとの交点をＱとし，線分ＰＱをふくみ，面ＡＢＣに垂直な平面と辺ＡＢ，ＡＣとの交点をそれぞれＲ，Ｓとする。

次の問いに答えなさい。

(1)　点Ｐが線分ＯＢの中点であるとき，四角形ＰＱＳＲの面積を求めなさい。

(2)　ＯＰ：ＰＢ＝２：１とする。三角すいＯＡＢＣを平面ＰＱＳＲで切ったとき，点Ｏをふくむ立体の体積を求めなさい。

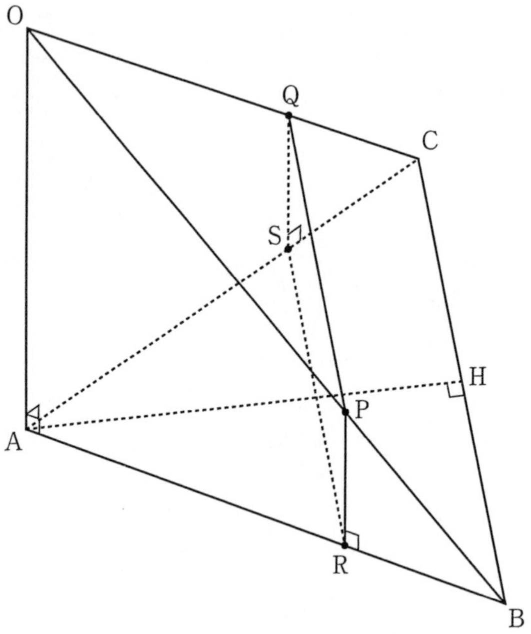

〔書き下し文〕

イ善く士※1為る者は武しからず。善く戦ふ者は怒らず。善く戦に勝つ者は争はず。善く人を用ふる者は下※2ることを為す。是を不争の徳と謂ひ、是を（　　）を用ふるの力と謂ひ、是を天に配※3すと謂ふ。古の極※4なり。

［注］※1　士……優れた人物。　※2　下ることを為す……へりくだる。
※3　天に配す……天にも匹敵する（徳）。　※4　古の極……大昔に行きついた、これ以上ない正しい道。

(1) □に入る漢字として最も適切なものを、漢文中から一字で抜き出して書きなさい。

(2) ア謂　配　天　に、書き下し文を参考にして返り点を書き入れなさい。ただし、送りがなは書き入れないこと。

(3) イ善く士為る者は武しからず　の意味として、最も適切なものを番号で答えなさい。

1　本当に優れた人物は武勇を自慢しないものだ
2　優れた人物には武力では決して勝てない
3　優れた人物は武力を否定しないものだ
4　善行を積み武勇に頼らなければ優れた人物になれる

(4) この漢文の教訓として、最も適切なものを番号で答えなさい。

1　感情のままに行動することが国を治める上で重要である。
2　多くの人の力を合わせればどんな強敵にも勝てる。
3　人と争わないことでさまざまなことがうまくいく。
4　昔の人の教えを今の時代に生かすことが必要だ。

4　返事をもしたら、仕方なく帰ることもなかった

(2)　イやうやう　の読み方を現代かなづかいに直して、すべてひらがなで書きなさい。

(3)　ウ言ふ　とあるが、これはだれの動作か。古文中から二字で抜き出して書きなさい。

(4)　この文章から読み取れる内容として、最も適切なものを番号で答えなさい。

1　樋口屋では、日頃から下男の教育が行き届いており、夜中でも客が来れば商いをした。
2　樋口屋の下男は、夜中に酢を売って得た一文を、門のそばの地面に埋めて隠した。
3　樋口屋の亭主は、酢を勝手に安く売った下男を罰するため、きつい作業を言いつけた。
4　樋口屋の亭主は、ありもしない銭を探させることで、下男に一文の大切さを教えた。

四　次の漢文と書き下し文を読んで、後の(1)〜(4)の問いに答えなさい。ただし、返り点が省略されているところがある。

善《ク》為《たル》レ士者《ハ》不《ず》レ武《たけだけシカラ》。善《ク》戦《フ》者《ハ》不《ず》レ怒《ラ》。善《ク》勝《ツ》レ戦《ニ》者《ハ》不《ず》レ争《ハ》。善《ク》用《フル》レ人《ヲ》者《ハ》為《なス》レ下《くだルコトヲ》。是《これヲ》謂《いヒ》二不争之《の》徳《ト》一、是《ヲ》謂《ヒ》二用《フル》レ□《ヲ》之《の》力《ト》一、是《ヲ》ア謂《フ》配《スト》天《ニ》。古《いにしへ》之《の》極《ナリ》。

（「老子」より）

4 「わたし」は、ベンチを作るという口実でデンさんに会いに行ったものの、素っ気ないデンさんにがっかりしている。
2 「わたし」は、峯川村を去ることを惜しみつつ、デンさんと共に木に触れていられる時間を大切に過ごしている。
3 デンさんは、もうすぐ村を去ってしまう「わたし」に惜しみなく自分の技術を教え、木工の楽しさを説いている。
4 デンさんは、「わたし」が自分に憧れていると知り、気持ちを冷めさせるために、あえて冷たい態度を取っている。

三

次の文章を読んで、後の(1)～(4)の問いに答えなさい。

或《あ》る時、夜更《ふ》けて、樋口屋《ひのくちや》の門《かど》を叩《たた》きて、酢《す》を買ひに来る人あり。※1中戸《なかど》を、奥へは(中戸をへだてて奥へは)幽《かす》かに聞《きこ》えける。下男目を覚まし、「何程がの」(どれだけほしいのか)と言ふ。「むつかしながら(ご面倒ながら)、※2一文《もん》がの」と言ふ。空寝《そらね》入《い》りして(下男は寝たふりをして)、その後ア返事もせねば、是非《ぜひ》なく帰りぬ。夜明けて、亭主はかの下男呼び付けて、何の用もなきに、「門口《かどぐち》※3(門の所を)三尺掘れ」と言ふ。御意に任せ(ご意向どおり)、※4久三郎《きゅうさぶろう》、諸肌《もろはだ》脱ぎて鍬《くは》を取り、堅地《かたち》に気を尽し(堅い地面に根気を使い果たし)、身汗水なして、イやうやう掘りける。その深さ三尺といふ時、「銭が有るはず、いまだ出ぬか」とウ言ふ。「小石・貝殻より外に、何も見えませぬ」と申す。「それ程にしても、銭が一文ない事、よく心得て、重ねては一文商《あきな》ひも大事にすべし」。

(井原西鶴《いはらさいかく》「日本永代蔵《にっぽんえいたいぐら》」より)

[注] ※1 中戸……店と奥とを仕切る戸。
※2 一文……当時の通貨の最も小さい単位。
※3 三尺……約九十センチメートル。
※4 久三郎……下男などの通称。

(1) ア返事もせねば、是非なく帰りぬ　とあるが、この内容として、最も適切なものを番号で答えなさい。

1 返事もしないならば、仕方なく帰らなかった
2 返事もしなかったので、仕方なく帰った
3 返事もしなければならず、仕方なく帰った

(1) ①～③のカタカナの部分を漢字で書きなさい。

(2) ア一枚目、これがいい　とあるが、「わたし」がこの板を選んだ理由をまとめた次の文の□に入る言葉を、文章中から十二字で抜き出して書きなさい。

耳付きの板で木の曲線がおもしろく、□の大きな節をアクセントにした背もたれ用に使いたいと思ったから。

(3) イウィーンという機械の音　を聞いたときの「わたし」の気持ちとして、最も適切なものを番号で答えなさい。

1　あせりといらだち　　2　わき上がる喜び　　3　軽い失望　　4　大きな驚き

(4) ウ明日、もう一回確かめてからカットしよう　とあるが、このような「わたし」の作業に対する取り組みの姿勢をよく表す言葉が、文章中には複数回出てくる。その言葉を漢字二字で抜き出して書きなさい。

(5) エものすごく強く、鉛筆を握っていた　とあるが、この「わたし」の様子の説明として、最も適切なものを番号で答えなさい。

1　自分の力だけでベンチを完成させるのは不可能なのではないかと思い悩んでいる。
2　自分が選んだ木材で自分の好きなものを好きなように作る喜びをかみしめている。
3　思っていた以上に細かい作業が多くて後悔しながらも、必死で取り組んでいる。
4　しっかりした物を作るため、間違えてはいけないという思いで気負い込んでいる。

(6) オ顔がにやけた　とあるが、これとほぼ同じ意味の慣用句として、最も適切なものを番号で答えなさい。

1　目を細めた　　2　耳をふさいだ　　3　口をにごした　　4　鼻で笑った

(7) この文章から読み取れる内容として、最も適切なものを番号で答えなさい。

なるべくデンさんの力は①カりたくない。

「あのでかい機械、使いたいなあ。電動丸ノコとかも」

冗談めかしていってみた。

「小学生にできることと、できないことがある。わきまえろ」

と叱られた。

板を※5ウマに乗せ、※6クランプで固定させた。墨線《すみせん》にそって当て木を当てる。それからノコを手前に挽《ひ》いて、切り込みを入れた。きちんと真下に切り進むように、慎重にまっすぐにノコを挽く。ジーコジーコと音をたてるがなかなか進まない。今まで切った板よりは厚くて幅も広いのだ。切ってもらったほうが早かったなという思いがかすめたが、なにくそ、と懸命に挽いた。やがて、ことりと端が落ちた。同時に、汗がぽたりと作業台に落ちた。ふっと息を吐いて、断面を確認する。電動ノコで切ったようにはいかないけれど、まあまあかな。

部材を切り終えたときにはぐったりしてしまった。

部材をカットしたあとは、※7差し金を当てて、鉛筆で墨付けをする。接合部分、木ネジを打ち込む穴、設計図を見ながら慎重にしるしをつけていった。木ネジ、こんなに必要なんだ。そうだよな、人間が三人座っても大丈夫なものにするには、しっかり固定しなくちゃいけない。

「力、抜け」

いわれて気がついた。エものすごく強く、鉛筆を握っていた。

それでも、作業が楽しかった。木のにおいが漂《ただよ》う作業場で、やわらかな早春の光を感じながら、できあがりを②ソウゾウする。それにデンさんと同じ場所にいられることが嬉《うれ》しかった。だけど、どうしても、もうすぐ峯川から去っていかなくてはならないのだ、という思いがわき起こる。それを振り払うように作業に没頭する。もっともっと木に触れたい。そっと板をなでる。お年玉はたいて自分が選んで買った木がいとおしい。

部材を③トトノえたあとは、一度仮組みをしてみた。ちらっと見たデンさんが何もいわずに奥の部屋に行ってしまった。思わずオ顔がにやけた。デンさんが何もいわないのは、ＯＫサインと同じなのだ。

（濱野《はまの》京子《きょうこ》「木工少女」より）

［注］※1　耳付きの板……丸太の一番外側の凹凸を残してカットされた板。

※2　木取り……丸太から用途に応じた部材を得られるように、切る方向、位置、手順などを決めること。

※3　鼻切り線……木材の端を切り落とす線。　※4　ノコ……のこぎり。

※6　クランプ……木材を固定する器具。　※7　差し金……直角に曲がった金属定規。　※5　ウマ……木工で使う作業台。

「お年玉があるから大丈夫」
選んだ板は、背もたれ用と、椅子《いす》の部分と脚になる部分の二枚。
「よし、やってみろ」
一枚目に選んだのは厚さが三センチぐらいある耳[※1]付きの板だった。木の曲線がおもしろくて、背もたれに耳を残したいと思ったのだ。

こんなに大きな板を扱うのは初めてだった。設計図を見ながら長いスチール定規を当てて慎重に木取り[※2]を始める。まずは鼻切り[※3]線にラインを引く。ベンチのサイズは、デンさんのと同じでおよそ一メートル。三人ぐらい座れる大きさだ。
主な部材は、座る部分と、脚にする二枚の板、そして背もたれ。背もたれと座る部分は角材で結ぶ。さらには、椅子部分の下に補強の角材を渡らせて脚になる板と板を結ぶ。流れるような木目に濃い色の節。背もたれに大きな節を持ってきてアクセントにしたい。できあがりを考えながら、測り、線を引き、また測る。
気がつくと、デンさんはいなくなっていた。ふと手を止める。イウィーンという機械の音。そうだよな、ずっとわたしのやること見てくれるほどヒマじゃない。他人行儀な機械の音。それとも、一人でやってみろ、っていっているのかな。
二枚の板の木取りをしたところで、ベンチ作りの初日を終えることにした。ウ明日、もう一回確かめてからカットしよう。お年玉をほとんどつぎ込んで買った板なのだから、間違って切ったらしゃれにもならない。
次の日、デンさんにいわれた。
「このまま切ったらやばいわなあ」
つんつんと板に引いた鉛筆のラインを指さす。寸法を間違えていた。あわててラインを引き直す。
「これでいい？」
「さあなあ」
デンさんはけっこう意地が悪い。わたしはその場に腕組みをして立ち、板をしばらくにらんでいた。
「いつまで立ってんだ」
「これでいいことにする」
いよいよ板を切ることになった。今まで切った板よりは厚い。
「切ってやろうか」
と、デンさんがちょっと心配そうな顔でいった。電動の工具で、ということだ。そのほうが簡単。そのほうが早い。そのほうができばえもきれいだ。でも、やっぱりノコ[※4]で切ることにした。
「自分で切る」

(5) ウ・エ に入る言葉の組み合わせとして、最も適切なものを番号で答えなさい。

1 ウ たとえば　エ ところが　　2 ウ なぜなら　エ さらに
3 ウ だから　エ しかし　　4 ウ けれども　エ あるいは

(6) この文章からは次の一文がぬけている。この文が入る箇所として、最も適切なものを文章中の〔1〕～〔4〕の番号で答えなさい。

しかし、実際には小さい方が有利ということもたくさんあります。

(7) この文章では、大きく分けて二つの話題について述べられている。二つ目の話題はどの段落から述べられているか。文章中から探し、段落のはじめの五字を抜き出して書きなさい。

二 次の文章を読んで、後の(1)～(7)の問いに答えなさい。

小学六年生の「わたし」は、一年間だけ、山林に囲まれた峯川村《みねかわむら》で暮らしている。木でさまざまなものを作る木工に興味を持ち、木工職人のデンさんの工房に出入りしていろいろと教えてもらっていた。峯川村で過ごす日々が残り少なくなってきたころ、何か記念になるものを作って村に残していってはどうかとデンさんにすすめられ、「わたし」はベンチを作ることにした。

「これは、大丈夫だよね」
と、節を指さして聞く。デンさんはにやっと笑った。
「ああ、それは死節《しにぶし》じゃない」
スギの木は節が多い。なかには死節といって、欠けてしまったりすっぽりと抜けてしまう節があるのだ。わたしはその板をしばらく点検してからいった。
「ア一枚目、これがいい」
「それは、ちょっと値がはるだろ」

つまり、ガゼルが、時速一〇〇キロメートルのチーターから逃げ切っているのです。

チーターに追われると、ガゼルは巧みなステップで飛び跳ねながらジグザグに走って逃げます。そして、ときには、クイックターンをして方向転換をします。

〔4〕

もちろん、走り方を複雑にすると、ガゼルも、本来の最高速度を出すことはできません。

しかし、まっすぐに走るだけではチーターのほうが速いに決まっています。チーターにはできない走り方をすることでガゼルがチーターに勝ってしまうのです。

（稲垣栄洋《いながきひでひろ》「はずれ者が進化をつくる　生き物をめぐる個性の秘密」より）

[注]　※1　はびこって……草木などが生い茂《しげ》って。　※2　争奪……自分のものにしようとして、たがいに争うこと。

(1) ①――～③――の漢字の読みをひらがなで書きなさい。

(2) ア しのぎを削っている　とはここではどのような意味か。最も適切なものを番号で答えなさい。

1 じっと耐え忍んでいる　2 激しい競争を繰り広げている

3 仲良く共存している　4 豊かな環境を作り出している

(3) 生存する　の活用の種類と活用形の組み合わせとして、最も適切なものを番号で答えなさい。

1 五段活用・終止形　2 サ行変格活用・終止形

3 五段活用・連体形　4 サ行変格活用・連体形

(4) イ そういう場所には、雑草は生えることができます　とあるが、その理由を、「人間」「変化」「強さ」という言葉を使って三十五字以内で答えなさい。（句読点を含む。）

ができます。厳しい環境に負けないでじっと我慢することも、「強さ」なのです。
三つ目が変化を乗り越える力です。
さまざまなピンチが②訪れても、次々にそれを乗り越えていく、これが三つ目の強さです。
じつは、雑草はこの三つ目の強さに優れていると言われています。

〔2〕

雑草の生える場所を思い浮かべてみてください。
草取りをされたり、草刈りをされたり、踏まれてみたり、土を耕されたり。雑草が生えている場所は、人間によってさまざまな環境の変化がもたらされます。そのピンチを次々に乗り越えていく、これが雑草の強さなのです。
実際には、地球上の植物が、この三つのいずれかに分類されるということではなく、むしろ、すべての植物が、この三つの強さを持っていて、そのバランスで自らの戦略を組み立てていると考えられています。
植物にとって競争に勝つことだけが、強さの象徴ではありません。一口に「強さ」と言っても、本当にいろいろな強さがあるのです。
自然界は弱肉強食の世界です。
しかし、競争や戦いに強いものが勝つとは限らないのが、自然界の面白いところです。
競争や戦いをする上では、体が大きい方が有利です。

〔3〕

大きな体は体自体を維持しなければなりませんし、何しろ目立ちますから、常にライバルに③狙われて、戦い続けなければなりません。小さい体であれば、すばしこく逃げたり、物陰に隠れたりすることができます。大きいことが強さであるのと同じように、小さいことも強さなのです。
他にも例はあります。
動物の中でもっとも走るスピードが速いのがチーターです。
チーターの走る速度は、時速一〇〇キロメートルを上回ると言います。
一方、獲物となるガゼルのスピードは、時速七〇キロメートルしかありません。これでは、とてもチーターから逃げ切ることはできないように思えます。
[エ]、これだけ圧倒的なスピードの差があるにもかかわらず、チーターの狩りは、半分くらいは失敗しているようです。

二〇二二年度 水戸葵陵高等学校（推薦）

【国　語】（五〇分）〈満点：一〇〇点〉

一　次の文章を読んで、後の(1)～(7)の問いに答えなさい。

どこにでも生えるように見える雑草ですが、じつはたくさんの植物が^ア^しのぎを削っている森の中には生えることができません。豊かな森の環境は、植物が生存するのには適した場所です。しかし同時に、そこは激しい競争の場でもあります。そのため、競争に弱い雑草は深い森の中に生えることができないのです。

もしかすると、森の中で雑草を見たという人もいるかもしれません。おそらくそこは、手つかずの森の中ではなく、ハイキングコースやキャンプ場など、人間が森の中に作りだした環境です。^イ^そういう場所には、雑草は生えることができます。

それは、雑草がある強さを持っているからなのです。

〔　1　〕

強くなければ生きていけない自然界で、弱い植物である雑草ははびこっています[※1]。これはなぜでしょう。

強さというのは、何も競争に強いだけを指しません。

英国の生態学者であるジョン・フィリップ・グライムという人は、植物が成功するためには三つの強さがあると言いました。

一つは競争に強いということです。

植物は、光を浴びて光合成をしなければ生きていくことができません。植物の競争は、まずは光の奪い合いです。成長が早くて、大きくなる植物は、光を^①^独占することができます。もし、その植物の陰になれば、十分に光を浴びることはできません。

植物にとって、光の争奪[※2]に勝つことは、生きていく上でとても大切なことなのです。

しかし、この競争に強い植物が、必ずしも勝ち抜くとは限りません。競争に強い植物が強さを発揮できない場所もたくさんあるのです。それは、水がなかったり、寒かったりという過酷《かこく》な環境です。

この環境にじっと耐えるというのが二つ目の強さです。

［　ウ　］、サボテンは水がない砂漠でも枯れることはありません。高い雪山に生える高山植物は、じっと氷雪に耐え忍ぶこと

英語解答

1 (1) イ　(2) ウ　(3) ア　(4) エ
(5) ア

2 (1) エ　(2) ウ　(3) イ

3 (1) エ　(2) ウ　(3) イ　(4) ア
(5) ウ　(6) イ

4 (1) heavier　(2) lost　(3) were
(4) that　(5) which

5 (1) is interested in
(2) e(-)mail sent by
(3) helped me (to) clean this

6 (1) ア　(2) イ→オ→ウ→エ→ア
(3) ① eat　② birthday

7 (1) イ
(2) 囲まれた人々がいつも幸せだ
(3) ウ，オ
(4) ① (例) He caught some fish (there).
② (例) He went shopping every weekend.

数学解答

1 (1) 5　(2) -49　(3) $-20xy^2$
(4) $7x+21y$　(5) $5\sqrt{6}$

2 (1) $x=\frac{7\pm\sqrt{33}}{2}$　(2) 6.5問
(3) $\frac{13}{30}$　(4) 18班　(5) $64°$

3 (1) $y=x^2$　(2) 6秒後と$\frac{53}{4}$秒後

4 (1) $y=-\frac{5}{4}x+\frac{3}{2}$　(2) $\left(\frac{7}{4},\ \frac{49}{16}\right)$

5 (例) △ABEと△ECBにおいて，仮定から，AE：EB＝4：6＝2：3……①，EB：BC＝6：9＝2：3……②　①，②から，AE：EB＝EB：BC……③　AD∥BCより，平行線の錯角は等しいから，∠AEB＝∠EBC……④　③，④から，2組の辺の比とその間の角がそれぞれ等しいので，△ABE∽△ECB

6 (1) 27cm^2　(2) $80\sqrt{3}\text{cm}^3$

国語解答

一 (1) ① どくせん　② おとず
③ ねら
(2) 2　(3) 4
(4) 雑草は人間がつくり出した環境の変化を乗り越える強さに優れているから。(34字)
(5) 1　(6) 3　(7) 自然界は弱

二 (1) ① 借　② 想像　③ 整
(2) 流れるような木目に濃い色
(3) 3　(4) 慎重　(5) 4
(6) 1　(7) 2

三 (1) 2　(2) ようよう　(3) 亭主
(4) 4

四 (1) 人　(2) (右参照)　謂レ配レ天
(3) 1　(4) 3

●要点チェック●　図形編一相似と平行線

◎相似な図形

相似……一方の図形を拡大または縮小して，他方の図形と合同となるとき，２つの図形は相似である。

・相似な図形の性質

１．対応する線分の長さの比はすべて等しい。

２．対応する角の大きさはそれぞれ等しい。

・三角形の相似条件

２つの三角形は次のどれかが成り立つとき相似である。

１． ３組の辺の比がすべて等しい。

２． ２組の辺の比とそのはさむ角がそれぞれ等しい。

３． ２組の角がそれぞれ等しい。

1.

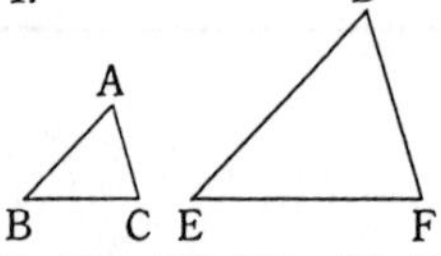

AB : DE=BC : EF=AC : DF

2.

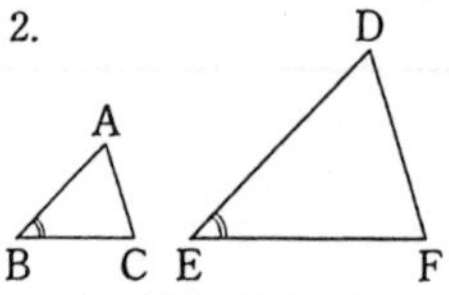

AB : DE=BC : EF
∠ABC=∠DEF

3.

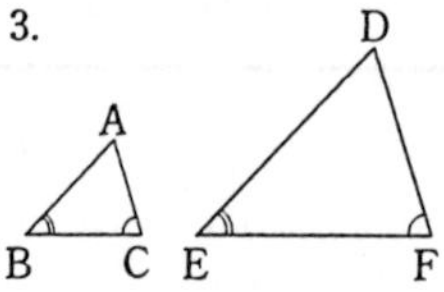

∠ABC=∠DEF
∠ACB=∠DFE

・平行線と線分の比

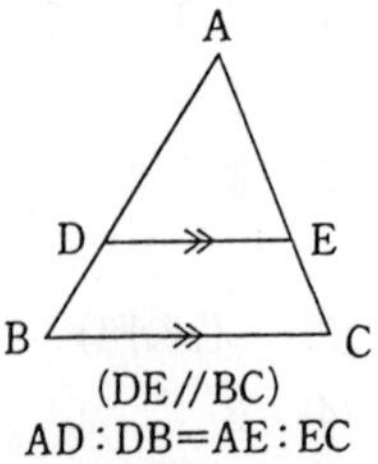

(DE//BC)
AD : DB=AE : EC
AD : AB=DE : BC=AE : AC

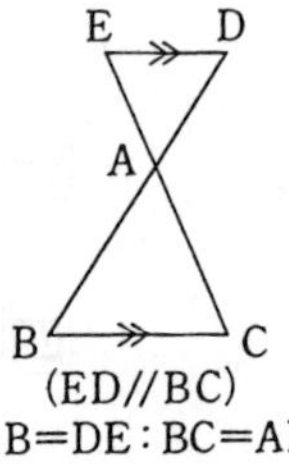

(ED//BC)
AD : AB=DE : BC=AE : AC

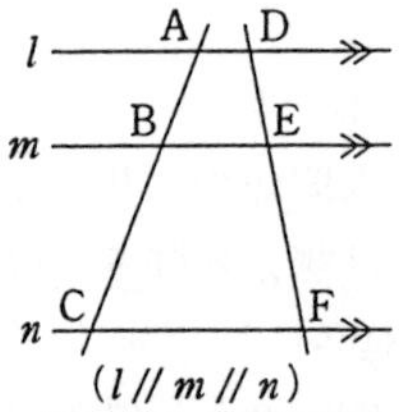

(l // m // n)
AB : BC=DE : EF

●要点チェック●　図形編―合同

◎**図形の合同**

合同……一方の図形を移動させて(ずらしたり《平行移動》，回したり《回転移動》，裏返したり《対称移動》して)，他方の図形に重ね合わせることのできるとき，この２つの図形は合同である。

・**合同な図形の性質**

１．対応する線分の長さは等しい。

２．対応する角の大きさは等しい。

・**三角形の合同条件**

２つの三角形は次のどれかが成り立つとき合同である。

１．３組の辺がそれぞれ等しい。

２．２組の辺とそのはさむ角がそれぞれ等しい。

３．１組の辺とその両端の角がそれぞれ等しい。

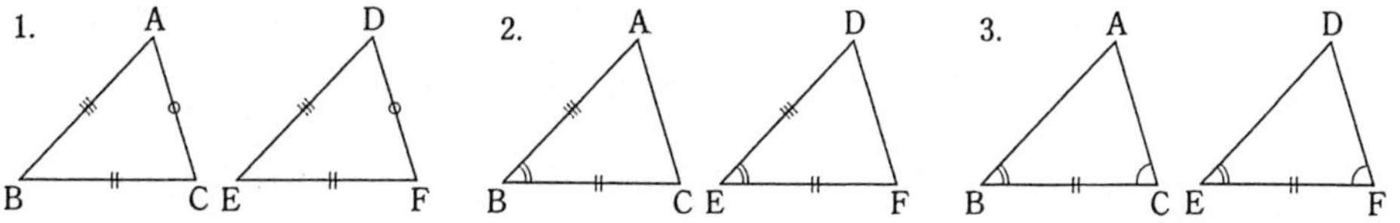

AB＝DE
BC＝EF
AC＝DF

AB＝DE
BC＝EF
∠ABC＝∠DEF

BC＝EF
∠ABC＝∠DEF
∠ACB＝∠DFE

・**直角三角形の合同条件**

２つの直角三角形は次のどちらかが成り立つとき合同である。

１．斜辺と１鋭角がそれぞれ等しい。

２．斜辺と他の１辺がそれぞれ等しい。

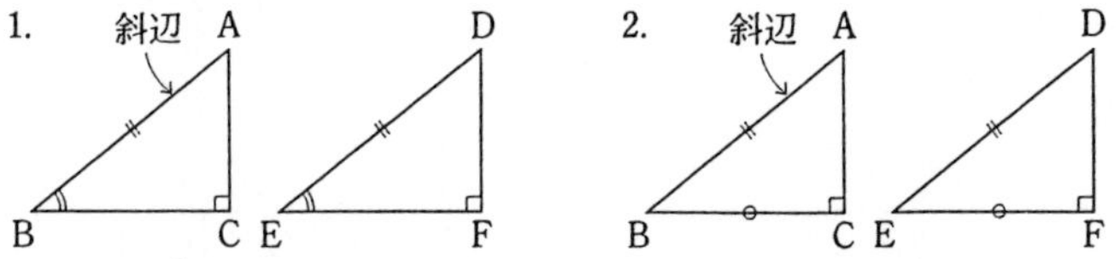

∠ACB＝∠DFE＝90°
AB＝DE
∠ABC＝∠DEF

∠ACB＝∠DFE＝90°
AB＝DE
BC＝EF

Memo

高校を受験する生徒とご父母のための…

2025 年度用 高校合格資料集

■首都圏有名書店にて今秋発売予定！

※表紙は昨年のものです。

内容目次

1. まず試験日はいつ？ 推薦ワクは？競争率は？
2. この学校のことは どこに行けば分かるの？
3. かけもち受験のテクニックは？
4. 合格するために大事なことが二つ！
5. もしもだよ！ 試験に落ちたらどうしよう？
6. 勉強しても成績があがらない
7. 最後の試験は面接だよ！

定価1430円（税込）

当社発行物の無断使用は固くお断りいたします。御使用の前はまずご相談ください。

当社発行物には500点余の首都圏中・高過去問をはじめ、6点の学校案内、そのほかいくつかの情報誌などがございます。その多くが年度版で、限られたスタッフが来るべき受験シーズン前に余裕を持って受験生へ届けられるよう、日夜作業にあたり出版を重ねております。

最近、通塾生ご父母や塾内部からの告発によって、いくつかの塾が許諾なしに当社過去問を複写（コピー）し生徒に配布、授業等にも使用していることが発覚し、その一部が紛争、係争に至っております。過去問には原著作者や管理団体、代行出版等のほか、当社に著作権がございます。当社としましては、著作権侵害の発覚に対しては著作権を有するこれらの著作権関係者にその事実を開示して、マスコミにリリースする場合や法的な措置を取る場合がございます。その事例としましては、毎年当社過去問の発行を待って自由にシステム化使用していたＡ塾、個別教室でコピーを生徒に解かせ指導していたＢ塾、冊子化していたＣ社、生徒の希望によって書籍の過去問代わりにコピーを配布していたＤ塾などがあります。

当社発行物の全部もしくは一部を無断使用することは固くお断りいたします。

当社コンテンツの中にはリーズナブルな設定で紙面の利用を許諾している塾もたくさんございますので、ご希望の方は、お気軽にご相談くださいますようお願いします。同時に、当社発行物を無断で使用している会社などにつきましての情報もお寄せいただければ幸いです。

株式会社 声の教育社

スーパー過去問の **解説執筆・解答作成スタッフ（在宅）募集！**

※募集要項の詳細は、10月に弊社ホームページ上に掲載します。

2025年度用
高校スーパー過去問

■編集人 声の教育社・編集部
■発行所 株式会社 声の教育社
〒162-0814 東京都新宿区新小川町8-15
☎03-5261-5061㈹ FAX03-5261-5062
https://www.koenokyoikusha.co.jp

※本書の内容についての一切の責任は当社にあります。内容・解説・解答その他の質問等は文書にて当社に御郵送くださるようお願いいたします。

水戸葵陵高等学校

別冊解答用紙

丁寧に抜きとって、別冊
としてご使用ください。

★教科別受験者平均点

推薦

年度		英語	数学	国語
2024	学･特	45.6	43.2	61.6
	総 合	55.0	48.2	79.5
2023		43.8	40.1	56.9
2022		42.8	38.1	67.5

2024年度：学･特＝学業奨学生推薦・特技推薦　総合＝総合推薦

一般

年度	英語	数学	社会	理科	国語
2024	49.9	50.6	53.5	45.4	64.4
2023	50.2	34.8	53.8	45.6	70.4
2022	47.7	41.7	50.2	52.2	64.4

注意

○ 解答用紙は、収録の都合により縮小したものや、小社独自に作成したものもあります。
○ 学校配点は学校発表のもの、推定配点は小社で作成したものです。
○ 無断転載を禁じます。
○ 解答用紙を拡大コピーする場合、表示した拡大率に対応する用紙サイズは以下のとおりです。
101%～102%＝B5　103%～118%＝A4　119%～144%＝B4　145%～167%＝A3
（タイトルと配点表は含みません）

2024年度 水戸葵陵高等学校 英語解答用紙

番号		氏名	

評点
/100

1

(1) No. 1 / No. 2 / No. 3 / No. 4 / No. 5

(2) No. 1 / No. 2 / No. 3 / No. 4

(3) No. 1 / No. 2

(4) ① □ → □ → □ → □　②

2

(1) ① ③ ④

(2) ② ⑤ ⑥

3

(1)

(2) 英語 (　　)(　　)

英文 □ → □ → □

4

(1) (　　)(　　)(　　)

(2) ① ② ③ ④ ⑤

5

(1) 　　(2)

(3) ① ②　(1)順不同

(4) (　　)(　　)(　　)(　　)(　　)

(5) ① (　　)(　　)(　　)

② (　　)(　　)(　　)

6

①

② □ → □ → □ → □ → □

③ □ → □ → □ → □ → □

④ □ → □ → □ → □ → □

（注） この解答用紙は実物を縮小してあります。179%拡大コピーすると、ほぼ実物大で使用できます。（タイトルと配点表は含みません）

学校配点	
1 (1)、(2) 各2点×9 (3)、(4) 各3点×4 2 各2点×6 3 (1) 4点 (2) 各2点×2 4 (1) 3点 (2) 各2点×5 5 (1)〜(4) 各3点×7 (5) 各2点×2 6 各3点×4	
100点	計

2024年度　数学解答用紙

水戸葵陵高等学校

番号		氏名		評点	/100

1

(1)	①	
	②	
	③	
	④	
(2)		

2

(1)	n =
(2)	
(3)	a =
(4)	本

3

(1)	①	cm						
	②							
(2)	①		②		③		④	

4

(1)	①	cm
	②	(証明)
(2)		cm

5

(1)	a =
(2)	
(3)	t =

6

(1)	
(2)	cm
(3)	cm^3

（注）この解答用紙は実物を縮小してあります。Ａ３用紙に164%拡大コピーすると、ほぼ実物大で使用できます。（タイトルと配点表は含みません）

学校配点	
1 各4点×5 2 各5点×4 3 (1)① 4点 ② 5点 (2) 8点 4 (1)① 4点 ② 5点 (2) 6点 5 (1) 4点 (2)、(3) 各5点×2 6 (1) 4点 (2)、(3) 各5点×2	
100点	計

2024年度 水戸葵陵高等学校

社会解答用紙

番号		氏名		評点	/100

1

1 (1) (2) (3) 時間 (4) ① ②

2 (1) (2) (3)

ア	イ	ウ	エ

2(3) 全部できて得点

2

1 (1) (2) (3) (4)

2 (1) ① ② (2) (3)

3

1 (1) (2)

2 (1) (2) (3) (4)

3 (1) (2) (3)

ア	イ	ウ	エ

3(2) 全部できて得点

4

1 (1) (2) (3) (4) □ → □ → □ → □

1(2) 順不同、両方できて得点

1(4) 順に、全部できて得点

2 (1) (2) 記号 目的

（注）この解答用紙は実物を縮小してあります。208%拡大コピーすると、ほぼ実物大で使用できます。（タイトルと配点表は含みません）

学校配点

1 1 (1)～(3) 各2点×3 (4) 各4点×2 2 各4点×3
2 1 (1)、(2) 各2点×2 (3)、(4) 各4点×2 2 (1) 各4点×2 (2)、(3) 各2点×2
3 1 (1) 4点 (2) 2点 2 (1)、(2) 各2点×2 (3)、(4) 各4点×2 3 (1) 2点 (2) 4点 (3) 2点
4 1 (1)、(2) 各4点×2 (3) 2点 (4) 4点 2 (1) 2点 (2) 各4点×2

計	100点

2024年度 水戸葵陵高等学校

理科解答用紙

番号		氏名		評点	/100

4

(1)			
(2)	蒸散は、		
(3)			
(4)	あ	い	

4 (4) 両方できて得点

5

(1)			
(2)		(3)	
(4) い		う	

5 (4) 両方できて得点

6

(1)			
(2)			
(3)		(4)	

6 (4) 順不同・両方できて得点

(注) この解答用紙は実物を縮小してあります。Ａ３用紙に161%拡大コピーすると、ほぼ実物大で使用できます。(タイトルと配点表は含みません)

1

(1)		(2)	
(3)		(4)	
(5)		(6)	
(7)		(8)	

2

(1)

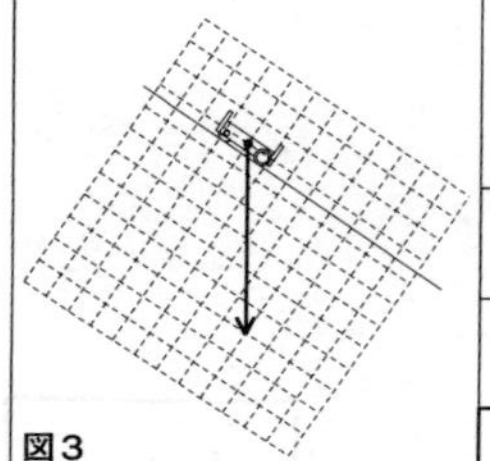

図3

(2)	あ	
	い	
(3)		
(4)		

2 (1) 両方できて得点

3

(1)		(2)	
(3)			
(4)			
(5)	cm^3		

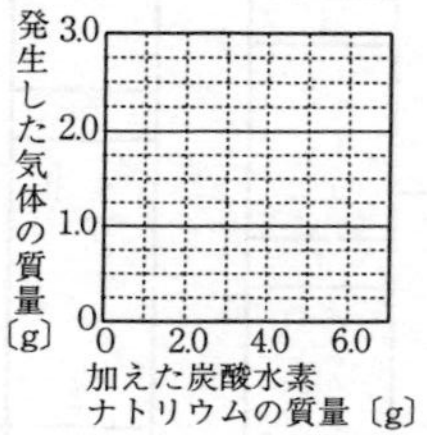

学校配点
1 各3点×8
2 (1) 4点 (2) 各2点×2 (3)、(4) 各4点×2
3 (1)～(4) 各3点×4 (5) 4点
4、5 各4点×8
6 各3点×4
100点 計

二〇二四年度　水戸葵陵高等学校

国語解答用紙

番号		氏名	

評点
/100

一
(一)
(二) 初め　終わり
(三)
(四)
(五)

二
(一)
(二)
(三)
(四)
(五)

三
(一)
(二)
(三)
(四)
(五)
(六)
(七) →　→　→　→

四
(一) (1) (2)
(二) (1) (2) らむ (3) (4) ます
(三)

(注) この解答用紙は実物を縮小してあります。A３用紙に167%拡大コピーすると、ほぼ実物大で使用できます。(タイトルと配点表は含みません)

学校配点	
一 (一) 6点 (二)～(五) 各5点×4 二 (一)、(二) 各4点×2 (三)、(四) 各5点×2 (五) 6点 三 (一)～(三) 各4点×3 (四) 6点 (五) 5点 (六) 4点 (七) 6点 四 (一) 各3点×2 (二) 各2点×4 (三) 3点	
計	100点

2024年度 水戸葵陵高等学校 推薦

英語解答用紙

番号 ______ 氏名 ______

評点 ／100

1 (1) (2) (3) (4) (5)

2 (1) (2) (3)

3 (1) (2) (3) (4) (5) (6)

4 (1) (2) (3) (4) (5)

5
(1) Jim told me ______ guitar.
(2) My cat ______ five hours.
(3) This is a ______ Sunday.

6
(1)
(2) → → → →
(3) ① ②

7
(1)
(2)
(3)
(4) ① ②

（注）この解答用紙は実物を縮小してあります。169%拡大コピーすると、ほぼ実物大で使用できます。（タイトルと配点表は含みません）

学校配点	
1〜4 各3点×19 5 各4点×3 6 各3点×4 7 (1) 3点 (2) 4点 (3)、(4) 各3点×4	
100点	計

2024年度　水戸葵陵高等学校　推薦

数学解答用紙

番号		氏名	

評点
/100

1

(1)		(2)	
(3)		(4)	
(5)			

2

(1)	x =	(2)	時間
(3)		(4)	度
(5)	円		

3

(1)	y =	(2)	秒後と　　　秒後

4

(1)	y =	(2)	

5

（証明）

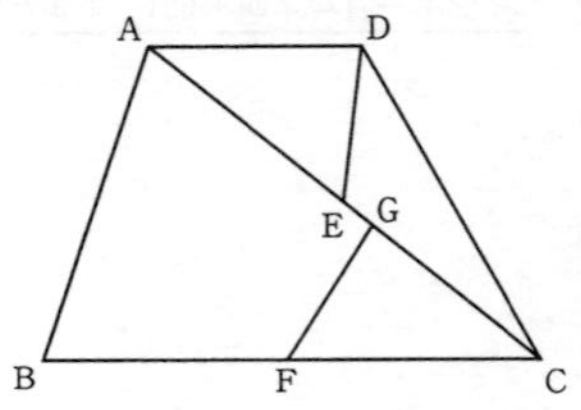

6

(1)	cm	(2)	cm^3

（注）この解答用紙は実物を縮小してあります。A３用紙に152％拡大コピーすると、ほぼ実物大で使用できます。（タイトルと配点表は含みません）

学校配点	
1 各5点×5　2〜4 各6点×9　5 9点　6 各6点×2	
100点	計

二〇二四年度　水戸葵陵高等学校　推薦

国語解答用紙

番号　　氏名

評点　／100

一

(1) ①　②　③　う

(2)

(3)

(4) a　b

(5)

(6)

二

(1) ①　れて　②　③

(2)

(3)

(4)

(5) a　b

(6)

三

(1)

(2)

(3)

(4)

四

(1)

(2)

(3)

(4)

(5)

(6)

（注）この解答用紙は実物を縮小してあります。Ｂ４用紙に139％拡大コピーすると、ほぼ実物大で使用できます。（タイトルと配点表は含みません）

学校配点	
一　(1) 各2点×3　(2)〜(6) 各5点×5 二　(1) 各3点×3　(2)〜(6) 各5点×5 三　(1) 4点　(2) 3点　(3)、(4) 各4点×2 四　(1)、(2) 各4点×2　(3)〜(6) 各3点×4	
100点	計

2023年度　水戸葵陵高等学校

英語解答用紙

番号		氏名		評点	/100

1

	No. 1	No. 2	No. 3	No. 4	No. 5
(1)					

	No. 1	No. 2	No. 3	No. 4
(2)				

	No. 1	No. 2
(3)		

(4)	①	
	②	

2

(1)	①	②	③
(2)	④	⑤	⑥

3

(1)	
(2)	→ →

3(2)　順番に全部できて得点

4

(1)	①	②	③	④	⑤
(2)					

5

(1)		
(2)		
(3)	①	(　　)(　　)(　　)(　　)
	②	(　　)(　　)(　　)
(4)	①	
	②	
	③	
(5)		

5(1)　順不同，それぞれ得点

6

30

40

（注）この解答用紙は実物を縮小してあります。A３用紙に161%拡大コピーすると、ほぼ実物大で使用できます。（タイトルと配点表は含みません）

学校配点	
1 (1)、(2) 各2点×9 (3)、(4) 各3点×4 2 各2点×6 3 各4点×2 4 (1) 各2点×5 (2) 3点 5 (1) 各2点×3 (2) 3点 (3) 各2点×2 (4)、(5) 各3点×4 6 12点	
100点	計

２０２３年度 水戸葵陵高等学校

数学解答用紙

番号		氏名		評点	/100

1	(1)	①	
		②	
		③	
		④	
	(2)	$x =$	

2	(1)	$x =$, $y =$
	(2)	
	(3)	m
	(4)	cm^2

3	(1)	右上の解答欄に証明を書くこと。
	(2)	度
	(3)	cm

3	(1)	(証明)

4	(1)	$\leqq x \leqq$
	(2)	$y =$
	(3)	$x =$

5	(1)	①	時間						
		②							
	(2)	①		②		③		④	

6	(1)	cm
	(2)	cm^2
	(3)	cm^3

(注) この解答用紙は実物を縮小してあります。Ａ３用紙に149%拡大コピーすると、ほぼ実物大で使用できます。(タイトルと配点表は含みません)

学校配点	
1 各4点×5　2 各5点×4　3 (1) 5点 (2) 4点 (3) 6点　4 (1) 4点 (2) 5点 (3) 6点　5 (1) ① 4点 ② 5点 (2) 6点　6 (1) 4点 (2) 5点 (3) 6点	
100点	計

２０２３年度 水戸葵陵高等学校

社会解答用紙

番号		氏名		評点	/100

1

1	(1)				
	(2)	キリスト教		仏教	
	(3)	a		bとc	
2	(1)	a	海里	b	
	(2)				
	(3)	沖縄県			
		内容			
	(4)			(5)	

1(2)　両方できて得点

2

1	(1)			(2)	
	(3)				
	(4)				
	(5)	いとう		場所	
2	(1)	条約名	条約		
		記号			
	(2)			(3)	

3

(1)					
(2)	a		b～d		
(3)	①				
	②				
(4)			(5)		
(6)					

(3)①　順不同・全部できて得点

4

1	(1)				
	(2)	記号		都市名	
	(3)	あ			
		い			
2	(1)	→	→	→	
	(2)			(3)	
3	(1)			(2)	
	(3)				

2(1)　全部できて得点

（注）この解答用紙は実物を縮小してあります。Ａ３用紙に154%拡大コピーすると、ほぼ実物大で使用できます。（タイトルと配点表は含みません）

学校配点	
1 1 各2点×4〔(2)は完答〕 2 (1)、(2) 各2点×3 (3) 沖縄県 2点 内容 4点 (4)、(5) 各2点×2 **2** 1 (1)～(3) 各2点×3 (4) 4点 (5) 各2点×2 2 (1) 条約名 4点 記号 2点 (2)、(3) 各2点×2 **3** (1) 2点 (2) a 4点 b～d 2点 (3) 各4点×2 (4) 2点 (5) 4点 (6) 2点 **4** 1 (1)、(2) 各2点×3 (3) あ 2点 い 4点 2 (1) 4点 (2) 2点 (3) 4点 3 各2点×3	
100点	計

2023年度 水戸葵陵高等学校

理科解答用紙

番号		氏名		評点	/100

1

(1)		(2)	
(3)		(4)	
(5)		(6)	
(7)		(8)	

2

(1)				
(2)			(3)	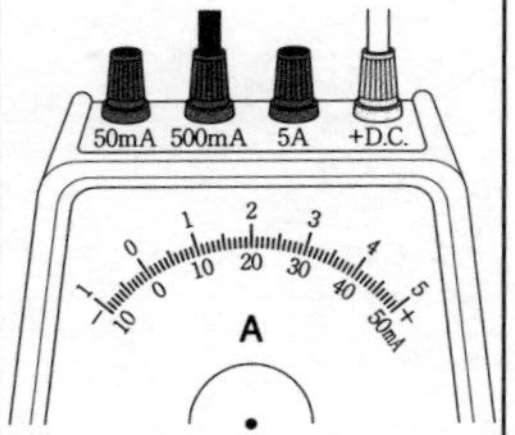
(4)		Ω		
(5)	え			
	お			

3

(1)	記号			
	操作			
(2)			(3)	
(4)				

4

(1)	初期微動継続時間は、			
(2)	あ		い	
(3)			(4)	

5

(1)				
(2)	う			
	え			
(3)	お		か	
(4)	あ		い	
(5)				

5 (3)・(4) 両方できて得点

6

(1)				
(2)	う			
	え	g		
(3)			(4)	

(注) この解答用紙は実物を縮小してあります。Ａ３用紙に149%拡大コピーすると、ほぼ実物大で使用できます。(タイトルと配点表は含みません)

学校配点

1 各3点×8 2 (1) 4点 (2) 2点 (3) 4点 (4)、(5) 各2点×3
3 (1) 各2点×2 (2)～(4) 各4点×3
4 (1) 4点 (2) 各2点×2 (3)、(4) 各4点×2
5 (1) 4点 (2) う 2点 え 4点 (3)～(5) 各2点×3
6 (1) 2点 (2) う 4点 え 2点 (3)、(4) 各2点×2

計	100点

二〇二三年度　水戸葵陵高等学校

国語解答用紙

番号		氏名		評点	/100

一

(一)

(二) 20 30

(三)

(四)

(五)

二

(一)

(二)

(三)

(四)

(五)

三

(一)

(二) 20 30

(三)

(四)

(五)

(六)

(七) C　D

四

(一)

(二)

(三) (1)　(2) う

(四) (1) える　(2)　(3) やす

(注) この解答用紙は実物を縮小してあります。169%拡大コピーすると、ほぼ実物大で使用できます。(タイトルと配点表は含みません)

学校配点

一 (一) 5点　(二) 6点　(三)～(五) 各5点×3

二 (一)～(三) 各4点×3　(四) 5点　(五) 4点

三 (一) 5点　(二) 6点　(三)～(六) 各5点×4　(七) 各3点×2

四 (一)、(二) 各3点×2　(三)、(四) 各2点×5

計 100点

２０２３年度　水戸葵陵高等学校　推薦

英語解答用紙

番号		氏名	

評点	/100

1

(1)		(2)		(3)		(4)		(5)	

2

(1)		(2)		(3)	

3

(1)		(2)		(3)		(4)		(5)		(6)	

4

(1)		(2)		(3)	
(4)		(5)			

5

(1)	You	perfect English.
(2)	That	is my sister.
(3)	I	new one.

6

(1)					
(2)	→	→	→	→	
(3)	①		②		

7

(1)		
(2)		
(3)		
(4)	①	
	②	

（注）この解答用紙は実物を縮小してあります。169％拡大コピーすると、ほぼ実物大で使用できます。（タイトルと配点表は含みません）

学校配点	
1〜4 各3点×19　5 各4点×3　6 各3点×4　7 (1) 3点　(2) 4点　(3)、(4) 各3点×4	
100点	計

2023年度　水戸葵陵高等学校　推薦

数学解答用紙

番号		氏名	

評点
/100

5

(証明)

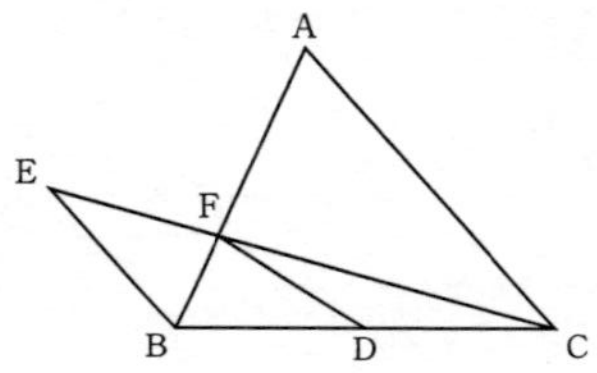

6	(1)	:	(2) cm³

(注) この解答用紙は実物を縮小してあります。Ａ３用紙に149%拡大コピーすると、ほぼ実物大で使用できます。(タイトルと配点表は含みません)

1	(1)		(2)	
	(3)		(4)	
	(5)			

2	(1)		(2)	
	(3)		(4)	度
	(5)			

3	(1)	$y =$	(2)	分後

4	(1)	$y =$	(2)	

学校配点	
1 各5点×5 2～4 各6点×9 5 9点 6 各6点×2	
100点	計

二〇二三年度 水戸葵陵高等学校 推薦

国語解答用紙

番号　　　氏名

評点　／100

一

(1) ①　②　③　り

(2)

(3)

(4) a　b

(5)

(6)

二

(1) ①　えて　②　いて　③

(2)

(3)

(4)

(5) a　b

(6)

三

(1)　(2)

(3)　(4)

四

(1)　(2)

(3)　(4)　(5)

(6)

(注) この解答用紙は実物を縮小してあります。B４用紙に141%拡大コピーすると、ほぼ実物大で使用できます。(タイトルと配点表は含みません)

学校配点	
一 (1) 各2点×3　(2)〜(6) 各5点×5 二 (1) 各3点×3　(2)〜(6) 各5点×5 三 (1) 3点　(2)〜(4) 各4点×3 四 (1)、(2) 各4点×2　(3)〜(6) 各3点×4	
計	100点

2022年度 水戸葵陵高等学校

英語解答用紙

番号　　氏名　　評点 /100

1
(1) No. 1 No. 2 No. 3 No. 4 No. 5
(2) No. 1 No. 2 No. 3 No. 4
(3) No. 1 No. 2
(4) ① ②

2
(1) ① ② ③
(2) ④ ⑤ ⑥

3
(1)
(2) → →

4
(1) ① ② ③ ④ ⑤
(2) need to take it?

5
(1)
(2)
(3) ① ②
(4) ① ②

6
30
40

（注）この解答用紙は実物を縮小してあります。179% 拡大コピーすると、ほぼ実物大で使用できます。（タイトルと配点表は含みません）

学校配点

1 (1)、(2) 各2点×9 (3)、(4) 各3点×4
2 各2点×6 3 各4点×2
4 (1) 各2点×5 (2) 3点
5 (1) 各2点×3 (2)、(3) 各3点×3 (4) 各5点×2
6 12点

計 100点

２０２２年度 水戸葵陵高等学校

数学解答用紙

番号		氏名		評点	/100

1

(1)	ア	(4)	A ――― B
(2)	cm		
(3)			

2

(1)	ア　イ　ウ
(2)	ア
	イ　ウ
(3)	ア　イ
(4)	選んだ季節（　　　）
	理由

3

(1)	ア　度
(2)	イ　右上の解答欄に証明を書くこと。
(3)	ウ　cm

(2) イ

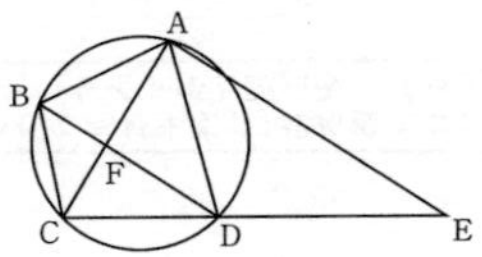

4

(1)	分後
(2)	分後
(3)	m

5

(1)	
(2)	通り
(3)	箱　確率

6

(1)	ア
(2)	イ
(3)	ウ　cm^3
	エ　cm^2
	オ　cm^2

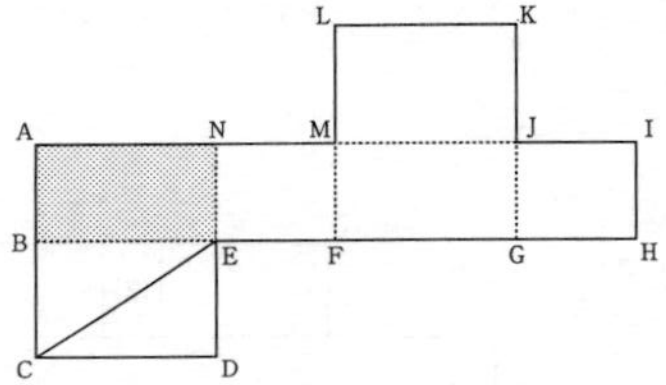

（注）この解答用紙は実物を縮小してあります。182%拡大コピーすると、ほぼ実物大で使用できます。（タイトルと配点表は含みません）

学校配点

1 各4点×4　2 各6点×4
3 (1)4点 (2)5点 (3)6点
4 (1)4点 (2)5点 (3)6点
5 (1)4点 (2)5点 (3)各3点×2
6 (1)4点 (2)5点 (3)各2点×3

100点	計

2022年度　水戸葵陵高等学校

社会解答用紙

番号		氏名		評点	/100

1

1	(1)	海岸
	(2)	
	(3)	う　え
	(4)	記号　き　m
2	(1)	
	(2)	
	(3)	
3	(1)	(2) 世界の

2

1	(1)	あ　い　文化
	(2)	
	(3)	
	(4)	理由 / 記号
2	(1)	(2)
	(3)	

3

1	(1)	
	(2)	い　世帯 / う
2	(1)	え　お
	(2)	
3	(1)	(2)
	(3)	

4

1	(1)	(2)
	(3)	第一次　運動
	(4)	
2	(1)	化
	(2)	か　き
3	(1)	
	(2)	(3)　州

（注）この解答用紙は実物を縮小してあります。182%拡大コピーすると、ほぼ実物大で使用できます。（タイトルと配点表は含みません）

学校配点	
① 1 (1) 2点 (2) 4点 (3)、(4) 各2点×4 2 (1)、(2) 各4点×2 (3) 2点 3 各2点×2 ② 1 (1) 各2点×2 (2) 4点 (3) 2点 (4) 理由 4点 記号 2点 2 (1)、(2) 各2点×2 (3) 4点 ③ 1 (1) 2点 (2) い 2点 う 4点 2 (1) 各2点×2 (2) 4点 3 (1) 4点 (2)、(3) 各2点×2 ④ 1 (1)～(3) 各2点×3 (4) 4点 2 各2点×3 3 (1) 4点 (2)、(3) 各2点×2	
100点	計

2022年度 水戸葵陵高等学校 理科解答用紙

番号 / 氏名 / 評点 /100

1

(1)		(2)		(3)		(4)	

2

(1)	①		②	
	③			
(2)	①			
	②	名称	記号	
	③			
(3)	①		②	
	③	%		
	④	う		
		え		

3

(1)

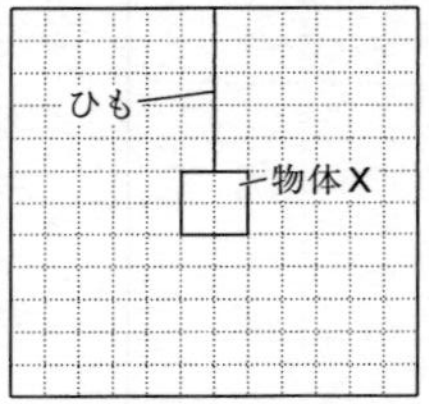

(2)	J
(3)	
(4)	

4

(1)		
(2)	記号 → → →	名称
(3)		
(4)		(5)
(6)		

5

(1)		(2)
(3)		
(4)	記号	
	条件	
(5)		

6

(1)		
(2)		
(3)		
(4)	：	(5) g

（注）この解答用紙は実物を縮小してあります。Ａ３用紙に149%拡大コピーすると、ほぼ実物大で使用できます。（タイトルと配点表は含みません）

学校配点

1 各3点×4　2 各2点×12　3 各4点×4

4 (1)、(2) 各2点×3　(3) 4点　(4)〜(6) 各2点×3

5 (1)〜(3) 各3点×3　(4) 各2点×2　(5) 3点

6 (1)〜(4) 各3点×4　(5) 4点

計 100点

二〇二二年度 水戸葵陵高等学校

国語解答用紙

番号 ｜ 氏名 ｜ 評点 /100

一

(一)

(二) 〜

(三)

(四)

(五) 私が

二

(一)

(二)

(三)

(四) A　B

三

(一) ア　イ

(二)

(三)

(四)

(五)

(六)

(七)

四

(一) (1) らす (2) (3)

(4) める (5) (6) す

(二)

(三)

（注）この解答用紙は実物を縮小してあります。169%拡大コピーすると、ほぼ実物大で使用できます。（タイトルと配点表は含みません）

学校配点	
一 (一) 6点 (二)〜(四) 各5点×3 (五) 6点 二 (一)〜(三) 各4点×3 (四) 各2点×2 三 (一) 各3点×2 (二)〜(六) 各4点×5 (七) 10点 四 (一) (1)〜(3) 各3点×3 (4)〜(6) 各2点×3 (二)、(三) 各3点×2	
100点	計

２０２２年度　水戸葵陵高等学校　推薦

英語解答用紙

番号　　氏名

評点　/100

1 (1)　(2)　(3)　(4)　(5)

2 (1)　(2)　(3)

3 (1)　(2)　(3)　(4)　(5)　(6)

4 (1)　(2)　(3)　(4)　(5)

5
(1) Mike　　Japanese history.
(2) This is an　　Lucy.
(3) Tom　　room.

6 (1)
(2) →　→　→　→
(3) ①　②

7 (1)
(2)
(3)
(4) ①　②

（注）この解答用紙は実物を縮小してあります。172%拡大コピーすると、ほぼ実物大で使用できます。（タイトルと配点表は含みません）

学校配点	
1～4 各３点×19　5 各４点×３　6 各３点×４　7 (1) ３点　(2) ４点　(3)、(4) 各３点×４	
100点	計

2022年度 水戸葵陵高等学校 推薦 数学解答用紙

番号

氏名

評点 /100

学校配点
1 各5点×5
2～4 各6点×9
5 9点
6 各6点×2
100点 計

1

(1)
(2)
(3)
(4)
(5)

2

(1) $x =$
(2) 問
(3)
(4) 班
(5) 度

3

(1) $y =$
(2) 秒後と 秒後

4

(1) $y =$
(2) (,)

5

（証明）

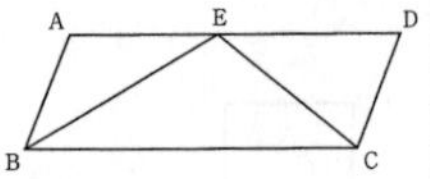

6

(1) cm^2
(2) cm^3

二〇二二年度 水戸葵陵高等学校 推薦 国語解答用紙

番号

氏名

評点 /100

学校配点
一 (1) 各2点×3 (2) 3点 (3) 4点 (4) 5点 (5) 4点
(6)、(7) 各5点×2
二 (1) 各3点×3 (2)～(5) 各5点×4 (6) 4点 (7) 5点
三 (1) 4点 (2) 3点 (3)、(4) 各4点×2
四 (1) 4点 (2) 3点 (3)、(4) 各4点×2
100点 計

一

(1) ① ② れ ③ われ
(2)
(3)
(4) 30 35
(5)
(6)
(7)

二

(1) ① り ② ③ えた
(2)
(3)
(4)
(5)
(6)
(7)

三

(1)
(2)
(3)
(4)

四

(1)
(2) 謂 配 天
(3)
(4)

高校後見返し